21世纪经济管理新形态教材·电子商务系列

跨境电商
理论、系统与方法

王 玉 屈 挺 ◎ 主编

清华大学出版社
北京

内 容 简 介

本书以当前 5G、区块链等各类数字技术及我国数字经济蓬勃发展为背景，介绍了新一代信息技术对我国跨境电商的影响，以及跨境电商数字化运营、管理等重要内容。本书共分为十章，涵盖了数字经济与跨境电商，跨境电商发展的理论基础，跨境电商的商业模式及其分类，大数据下跨境电商生态系统及平台构建，跨境电商供应链网络与管理方法，跨境电商营销与用户行为分析，跨境电商金融与区块链技术，跨境电商物流与建设，跨境电商政策、法规及促进效应和跨境电商企业转型、成长及战略创新等内容。

本书既可作为高等院校经济、管理等相关专业本科生和研究生的教材，又可作为政府与企业管理者的参考用书。

图书在版编目 (CIP) 数据

跨境电商：理论、系统与方法 / 王玉，屈挺主编 . 一北京：清华大学出版社，2023.9
21 世纪经济管理新形态教材 . 电子商务系列
ISBN 978-7-302-64037-0

Ⅰ . ①跨…　Ⅱ . ①王…②屈…　Ⅲ . ①国际贸易－电子商务－高等学校－教材　Ⅳ . ① F740.4

中国国家版本馆 CIP 数据核字 (2023) 第 128781 号

责任编辑：胡　月
封面设计：汉风唐韵
版式设计：方加青
责任校对：宋玉莲
责任印制：丛怀宇

出版发行：清华大学出版社
　　　网　　　址：http://www.tup.com.cn，http://www.wqbook.com
　　　地　　　址：北京清华大学学研大厦 A 座　　　　　邮　　编：100084
　　　社 总 机：010-83470000　　　　　　　　　　　邮　　购：010-62786544
　　　投稿与读者服务：010-62776969，c-service@tup.tsinghua.edu.cn
　　　质 量 反 馈：010-62772015，zhiliang@tup.tsinghua.edu.cn
印 装 者：三河市少明印务有限公司
经　　销：全国新华书店
开　　本：185mm×260mm　　　印　　张：21.75　　　字　　数：452 千字
版　　次：2023 年 9 月第 1 版　　　印　　次：2023 年 9 月第 1 次印刷
定　　价：69.00 元

产品编号：086892-01

前　言

PREFACE

　　跨境电子商务作为推动经济一体化、贸易全球化的技术基础，具有非常重要的战略意义。跨境电子商务不仅冲破了国家间的障碍，使国际贸易走向无国界贸易，同时它也正在引起世界经济贸易的巨大变革。对企业来说，跨境电子商务构建的开放、多维、立体的多边经贸合作模式，极大地拓宽了其进入国际市场的路径，大大促进了多边资源的优化配置与企业间的互利共赢；对于消费者来说，跨境电子商务使他们非常容易获取其他国家和地区的信息并买到物美价廉的商品。

　　我国跨境电子商务在一系列政策的支持下迅猛发展，使得我国对跨境电商复合型人才的需求量增加，此类人才需要熟知跨境电商供应链的各环节内容，掌握理论知识和具体方法。本书梳理出完整的理论体系，并且介绍了跨境电商各环节涉及的方法，有利于学生系统、全面地掌握跨境电商供应链相关理论、方法，有助于高校跨境电商复合型人才的培养。目前，国内各本科院校陆续开设了跨境电商课程，但针对本科生、研究生的跨境电商课程的教材较少。当前已有的跨境电商教材编写质量良莠不齐，内容五花八门，理论深度不一，大部分教材以高职高专的学生为主要授课对象，与本科生、研究生人才培养目的相匹配的教材相对较少。同时，目前已有的跨境电商教材大多数是阐述概念、平台类型，针对已有跨境电商平台做简单运营性、操作性的阐述，而系统性和方法性的提炼不够，不利于对本科生、研究生人才创新性思维的培养。

　　因此，为了全面适应我国跨境电商的发展和跨境电商课程教育需要，本书力图体现以下特点。

　　（1）增强理论深度。基于现有的跨境电商教材和相关书籍，通过比较这些书籍的优缺点，取其精华，去其糟粕，同时将跨境电商各环节涉及的国内外先进理论纳入教材中，形成了跨境电商一般理论框架，增强了理论深度。

　　（2）系统性和方法性相结合。本教材从系统性和方法性相结合的角度重新构建跨境电商教材的知识架构，如融入了跨境电商生态系统、跨境电商用户行为分析方法等，有利于学生系统思维和创新思维的培养。

（3）融入案例，以问题为导向。结合近年来的跨境电商企业与平台，抽取合适的内容作为每章开头的引例，帮助学生更加容易地理解每章内容的主题，增加学习的兴趣；选取合适的案例作为每章重点理论内容的案例分析，用案例引出每章节主题，准确把握案例中蕴含的知识重点难点；设计有效的问题分析途径与思路，用问题引导学生对案例进行讨论，并结合理论知识，使课程具有趣味性。

（4）体现"一带一路"和粤港澳大湾区特色。结合"一带一路"与粤港澳大湾区独特背景，分析了"一带一路"和粤港澳大湾区的跨境电商发展情况、"一带一路"和粤港澳大湾区供应链网络建设等内容，为"一带一路"和粤港澳大湾区的跨境电商发展提供理论基础及方法支持。

（5）注重先进性。与时俱进，结合跨境电商新发展，纳入了新的商业模式、新技术、新方法。同时，本书融入了大数据、区块链技术等新技术，把其对跨境电商的影响和跨境电商的内容进行了应用和整合。

本书由王玉、屈挺担任主编。在编写过程中，广东新安怀电子商务有限公司梁锡钧董事长对本书提出了宝贵的修改建议，提供了跨境电商实际企业、外贸综合服务等资料，并参与了"跨境电商理论与实践"慕课的课程拍摄，在此表示衷心的感谢。另外，访问学者胡廉，研究生朱玲玲、曾倩、付煜姝、王辉、张淇参与资料收集整理工作，在此表示感谢！

我们对本书引用资料的各位作者表示感谢！同时，真挚感谢长期以来关心、帮助和支持作者学习、工作与生活的各位领导、老师、亲人、朋友们！

由于可借鉴与参考的资料有限以及我们的知识水平有限，书中难免存在不妥与疏漏之处，衷心地希望能够得到学界同人、实务界的朋友以及广大读者的批评指正，在今后的教学实践中我们会使本书质量不断地得以提高与完善。

编　者

2023 年 9 月

目　　录

CONTENTS

第 6 章 跨境电商营销与用户行为分析 ··················· 146

第 1 章
数字经济与跨境电商

导入案例

数字经济赋能乌鲁木齐综合保税区

2021 年 10 月 31 日，在乌鲁木齐综合保税区，满载着 41.83 万件跨境电商 B2C 出口商品，以及 201.31 万件跨境电商 B2B 商品的全国首趟"乌鲁木齐—布达佩斯跨境电商班列"，在乌昌海关监管下完成通关，由乌鲁木齐三坪集装箱中心站启程发运，预计 20 天后将抵达境外目的地。

据了解，"跨境电商出口海外仓"（监管代码 9810），指境内企业先将货物通过跨境物流出口至海外仓，通过跨境电商平台实现交易再从海外仓送达境外购买者。这是乌昌海关开展"9810"跨境电商 B2B 出口监管模式以来的首批出口货物，也是乌鲁木齐综保区自口岸作业区批复后首次核放出区的货物。

中欧班列首次"牵手"乌鲁木齐综保区与跨境电商业务实现对接，也标志着乌鲁木齐综保区在全疆率先开辟国际陆运货物通关新模式，将中欧班列的"终点站"延伸至区内。

乌昌海关副关长窦鲁新介绍道："在综保区实现'一站式通关'，能够高效完成货物申报、审单、查验、放行。考虑到电商企业的实际情况，我们首次应用人工智能识别技术，针对跨境电商货物品类多、纸箱包装的特点，启用数字辅助系统帮助查验，严格监管的同时提升查验效率。"未来，将打造"中欧班列＋综保区＋跨境电商"的新型模式，进一步利用数字经济的优势赋能乌鲁木齐综合保税区"一区多功能"发展。

资料来源：http://www.customs.gov.cn//customs/xwfb34/302425/3989048/index.html.

1.1　数字经济的概念与特征

1.1.1　数字经济概述

20 世纪 40 年代以来，计算机、大规模集成电路的发明与应用使得数字技术与其他经济部门渐趋融合，"信息经济"的概念由此诞生，而"数字经济"这一概念与互联网的快速发展密不可分。20 世纪 90 年代，互联网技术快速从信息产业外溢，在加快传统部门数字化的同时，不断创造出新的商业模式，电子商务就是其中的典型代表。在这一技术与经济背景下，塔普斯科特（Tapscott）在《数字经济：网络智能时代的机遇和挑战》一书中，首次详细论述了互联网会如何改变我们的商务模式，他被认为是最早提出"数字经济"概念的学者。尼葛洛庞帝（Negroponte）等在《数字化生存》一书中将数字化比喻为原子向比特的转变，这是因为数字经济时代，信息储存于虚拟化的比特而非实体化的原子之中，原有工业经济时代的运输、出版等方式将发生颠覆性的变化。梅森伯格（Mesenbourg）对数字经济做了范围界定，他将数字经济划分为三个部分：数字化的软硬件基础设施、数字化的商务网络与组织，以及电子商务中交易的产品。在数字化概念广泛传播的同时，各国政府也把发展数字经济作为推动经济增长的重要手段。欧盟和美国分别于 2010 年和 2015 年公布了数字经济议程，英国、德国、法国等国均发布了数字化战略，以推动本国、本区域经济的数字化转型。

2016 年 9 月，杭州 G20 峰会通过了《二十国集团数字经济发展与合作倡议》，首次将"数字经济"列为 G20 创新增长蓝图中的一项重要议题。该倡议明确提出数字经济是"以使用数字化的知识和信息作为关键生产要素、以现代信息网络作为重要载体、以信息通信技术的有效使用作为效率提升和经济结构优化重要推动力的一系列经济活动"。这一定义十分准确、科学地阐释了数字经济的核心与本质。此后，"数字经济"这一提法也被中国各类官方文件与重大会议所采用。需要强调的是，数字经济紧扣三个要素，即数据资源、现代信息网络和信息通信技术，这三个要素缺一不可。

为真实准确反映我国数字经济发展状况，2021 年 5 月 27 日，国家统计局公布了《数字经济及其核心产业统计分类（2021）》（简称《数字经济分类》），首次确定了数字经济的基本范围，为我国数字经济核算提供了统一可比的统计标准。《数字经济分类》从"数字产业化"和"产业数字化"两个方面确定了数字经济的基本范围，将其分为数字产品制造业、数字产品服务业、数字技术应用业、数字要素驱动业、数字化效率提升业五大类。其中，前四大类为数字产业化部分，即数字经济核心产业，是指为产业数字化发展提供数字技术、产品、服务、基础设施和解决方案及完全依赖于数字技术、数据要素的各类经济活动，是数字经济发展的基础。第五大类为产业数字化部分，是指应用数字技术和数据资源为传统产业带来产出增加和效率提升，是数字技术与实体经济的融合。该部分涵盖智慧农业、智能制造、智能交通、智慧物流、数字金融、数字商贸、数字社会、数字政府等数字化应用场景，体现了数字技术已经并将进一步与国民经济各行业产生深度渗透和广泛融合。

在数字经济背景下，出现了很多新兴技术，如人工智能、区块链、云计算、大数据、元宇宙等。它们正代表着最先进而实在的技术生产力，涉及日常生活、工作和学习的每一方面。

1. 人工智能

人工智能（artificial intelligence，AI），是研究、开发用于模拟、延伸和扩展人的智能的理论、方法、技术及应用系统的一门新的技术科学。计算机视觉、机器学习、自然语言处理、机器人、语音识别等为人工智能的五大核心技术，并发展为人工智能子产业。

2. 区块链

区块链（block chain）又称分布式账本，本质上是一个共享数据库。区块链技术是比特币的底层技术和基础架构。区块链是一串使用密码学方法相关联产生的数据块，每一数据块中包含了每一次比特币网络的交易信息。区块链上的数据是同步的，因为记录的每一副本是相同的、自动更新的，并且不可改变。智能合约的开发给区块链技术提供了新的应用场景。

2018 年，全球爆发了多起由大数据使用诱发的隐私泄露问题，直指数字经济时代的数据安全大课题。抛开行业应用层面的成功案例欠缺不论，单单用来保护数字资产的安全和规范使用，已经为区块链打开了宽敞的大门。可以预见，随着超级互联网公司加速引入区块链技术解决底线问题，该技术的更多应用也将逐步涌现。

延伸阅读 1-1

区块链技术的五大应用场景

3. 云计算

云计算是分布式计算的一种，指通过"网络云"将巨大的数据计算处理程序分解成无数个小程序，然后，通过多部服务器组成的系统处理和分析这些小程序，得到结果并返回给用户。云计算早期，简单地说，就是简单的分布式计算，解决任务分发，并进行计算结果的合并。因而，云计算又称为网格计算。通过这项技术，可以在很短的时间内（几秒钟）完成数以万计的数据处理，从而实现强大的网络服务功能。

云计算是相对来说较成熟的应用，目前主流的云平台提供商主要是互联网巨头的产品，如阿里云、腾讯云、华为云等。因为互联网企业在自身发展过程中，面对海量的数据，需要开发云平台来支撑应用产品。

4. 大数据

大数据是指无法在一定时间范围内用常规软件工具进行捕捉、管理和处理的数据集合，是需要新处理模式才能具有更强的决策力、洞察发现力和流程优化能力的海量、高增长率和多样化的信息资产。维克托·迈尔 - 舍恩伯格（Viktor Mayer-Schonberger）和肯尼斯·克耶（Kenneth Cukier）在《大数据时代》一书中提出大数据的 4V 特征，分别是规模性（volume）、高速性（velocity）、多样性（variety）、价值性（value）。规模性是指随着信息化技术的高速发展，数据开始爆发性增长；高速性是指大数据区分于传统数据挖掘最显著的特征，数据的增长速度和处理速度是大数据高速性的重要体现；多样性主要体现在数据来源多、数据类型多、数据之间关联性强三个方面；价值性是指大数据背后潜在的价值巨大，大数据真正的价值体现在从大量不相关的各种类型的数据中挖掘出对未来趋势与模式分析预测有价值的数据。

最早提出"大数据"时代已经到来的机构是全球知名咨询公司麦肯锡。麦肯锡在研究报告中指出，数据已经渗透到每一个行业和业务职能领域，逐渐成为重要的生产因素；而人们对于海量数据的运用将预示着新一波生产率增长和消费者盈余浪潮的到来。

5. 元宇宙

元宇宙（Metaverse）是指一个虚拟的、互联的、三维的、可交互的虚拟世界，由多个虚拟现实和增强现实环境构成。虽然元宇宙本质上是对现实世界的虚拟化、数字化过程，需要对内容生产、经济系统、用户体验以及实体世界内容等进行大量改造，但元宇宙的发展是循序渐进的，是在共享的基础设施、标准及协议的支撑下，由众多工具、平台不断融合、进化而最终成形。

在元宇宙中，用户可以通过虚拟角色与其他用户进行互动、参与各种虚拟体验、创造虚拟物品、购买和销售虚拟资产等。"元宇宙"本身并不是新技术，而是集成了一大批现有技术，包括 5G、云计算、人工智能、虚拟现实、区块链、数字货币、物联网、人机交互等。

1.1.2 数字经济特征

为了避免泛化数字经济存在的风险，有效发挥数字化技术对实体经济的支撑，应从以下三个方面把握数字经济独有的特征。

（1）数据成为推动经济发展关键的生产要素。在农业经济时代，经济发展依靠的关键生产要素是土地和劳动；在工业经济时代，经济发展依靠的关键生产要素是资本和技术；在数字经济时代，经济发展依靠的关键生产要素是数据。数据是未来企业和国家之间竞争的核心资产，是"未来的新石油"。农业经济和工业经济时代的关键生产要素，面临着稀缺性的制约。然而，当数据成为一种关键的生产要素，只要有人的活动，数据的产生就是无穷尽的，加之数字化技术可复制和共享，从根本上打破了稀缺性生产要素的制约，成为推动经济持续发展的根本保障。

（2）数字基础设施成为新的基础设施。在数字经济时代，数据成为推动经济发展的关键生产要素，改变了基础设施的形态，数字基础设施成为新的生产要素。一方面是加大投入资金，推动无线网络、云计算、宽带、云储存等信息基础设施的普及和推广，加强对劳动者数字素养的培训；另一方面是利用数字化技术，对传统的基础设施进行数字化改造，通过在传统基础设施上安装传感器，实现数字化转型。

（3）供给和需求的界限日益模糊。从传统的经济形态看，供给侧和需求侧相互分离。工业化早期物质比较稀缺，需求的满足取决于供给的产品，著名的"萨伊定律"即供给自动创造出需求，表达了在物质尚为稀缺的时代，供给侧和需求侧之间的关系。传统经济时代，即便是经济发展到一定阶段，已基本解决了稀缺的问题，完全按照消费者的需求来生产相关产品，在技术和效率层面也不可能办到，供给侧和需求侧分离的关系并没有改变。然而，到了数字经济时代，数字化技术的成熟，推动供给侧和需求侧逐渐走向融合。

1.2　跨境电商的背景与概念

1.2.1　跨境电商的背景

作为一种新兴的商业交易模式，电子商务正在从单一关境内部的交易服务延伸为跨境关境的全球化交易服务，跨境电子商务正成长为全球商品与服务的重要流通方式。这种新商品交易形式的兴起是在互联网技术变革、政策开放、传统外贸发展进入增长平缓期等多因素综合作用驱动下形成的。目前，中国电子商务蓬勃发展，已成为全球市场的重要力量。以中小企业为主的中国跨境电子商务市场同样呈现出迅猛态势，凭借其强大的生命力不断发展壮大。

1. 传统外贸的局限性

传统外贸的模式制约了国内中小企业的发展，依赖传统销售、买家需求封闭、订单周期长、汇率风险高、利润空间低等问题长期存在。具体来说，传统外贸具有以下局限性：

（1）品牌垄断。传统零售模式下，海外品牌在国内拓展需要依靠本土代理，而本土代理在开始帮助海外品牌推广后自然要通过垄断优势来获取超额利润，结果是造成终端销售价格虚高。

（2）产品国内外上市周期不同。在传统外贸模式下，由于地域因素导致上市周期不同会给产品价格造成巨大的差异。例如，美国产品周期较短而中国产品周期长，中美两国产品周期差异导致价差长期存在（图 1-1）。美国商品一个季度内未卖出就进入奥特莱斯，此时同款产品刚刚在中国上线，进一步扩大了不同地域间的价差。

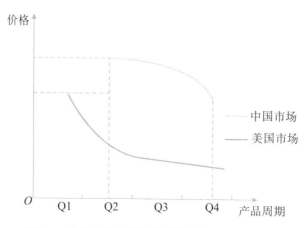

图 1-1　中美两国产品周期差异导致价差长期存在

（3）产品不能满足国内消费需求。随着人们消费水平的提高和品牌意识的提升，国内的商品已经不能完全满足消费者的需求，人们开始将眼光投放到国际范围内，搜寻性价比更高的商品，但是某些品牌和商品品类仅在国外有售，国内没有引进，原因可能是传统外贸商无法在不考虑成本的因素下部分引进只有少量市场的长尾商品。

（4）交易成本高效率低。生产厂商要想对自己的产品进行宣传，需要花费大量的宣传费用；买方想要收集自己所需商品的信息，需要广泛收集，进行比较分析，从而得到比较满意的商品和价格，这些都需要花费大量的金钱与时间成本。

由此可见，传统外贸已经满足不了企业与消费者的需求，在信息科技不断发展的情况下，跨境电商借势推进，很好地解决了许多传统外贸难以解决的弊端。所谓优胜劣汰，跨境电商有着比传统外贸更强的适应性，这也是跨境电商出现并不断发展的原因。

2. 互联网技术变革

互联网在我国的发展为跨境电商提供了媒介，是跨境电商出现的基础。20 世纪 90 年代初是我国互联网的起步阶段，互联网开始进入公众生活，1996 年年底中国互联网用户数达到 20 万人。互联网的发展改变了人们的消费习惯和行为方式，也在极大程度上改变了中国传统贸易形式。一些企业开始自建网站，通过互联网平台分享资讯。1998—2002 年，先后出现了一批帮助中小企业出口的跨境电商 B2B 平台，如慧聪网、中国制造网、阿里巴巴、环球资源网等，通过收录、展示企业信息，营销推广，将我国商品信息传递给国外买家。从此，跨境电子商务在我国拉开了序幕。

3. 关联基础设施发展与完善

基础设施是跨境电商发展的基石，网络、技术、物流、支付等相关基础设施与资源的建设与完善，推动了跨境电商的快速发展。与互联网络、移动网络相关联的网络基础设施推动了互联网普及率的提升，打通了跨境电商的实现媒介；支付工具及技术、金融网络与设施等方面的布局，完善了跨境电商所需的支付载体；以物流网点、交通运输为代表的物流基础设施的大力发展，满足了跨境电商的商品流通需求。个人计算机的性能提升以及价格走低，智能手机的普及，推动了电商网络以及移动网络的发展，新兴市场对跨境电商发展的推力尤其显著。

4. 政策红利的驱动

我国相关政策不断出台，鼓励企业通过互联网形式进行跨国贸易，即大力支持跨境电商新兴业态的发展，为我国跨境电商快速发展提供了原动力。自 2013 年我国跨境电商发展元年起，国务院已相继颁布政策文件批准建设跨境电商综合试验区，要求各部门落实跨境电商基础设施建设、监管实施，以及要求优化和完善支付、税收、收结汇、检验、通关等过程。

随着近年来相关政策更加向出口倾斜，通关、汇兑、税收等领域实现便利化，跨境电商可先发货再集中报关，并享受退税。同时海外仓作为出口货物的集货和中转枢纽，国家也十分重视其建设，从 2014 年发布的《国务院办公厅关于支持外贸稳定增长的若干意见》

开始，国务院在后续的跨境电商政策文件中均谈及"海外仓"建设。2015 年，《"互联网＋流通"行动计划》指出将推动建设 100 个电子商务海外仓。2016 年，李克强总理在政府工作报告中明确强调"扩大跨境电子商务试点"，支持企业建设一批出口产品海外仓，促进外贸综合服务企业发展。2016 年 1 月国务院发布《关于同意在天津等 12 个城市设立跨境电子商务综合试验区的批复》等文件，2017 年国家大力支持跨境电商综合试验区建设，将跨境电商监管过渡期政策又延长一年。2018 年 8 月 31 日，《中华人民共和国电子商务法》通过，于 2019 年 1 月 1 日正式实施。2020 年 4 月，我国新增 46 家跨境电商综试区，跨境电商综试区增加到 105 个。商务部会同相关部门，坚持鼓励创新、包容审慎原则，鼓励跨境电商综试区开展服务、业态和模式创新，支持整合设计、生产、营销、交易、售后等跨境电商全链条发展，加快建设对外开放新高地。2021 年 7 月 29 日，围绕贯彻落实国务院常务会议精神，海关总署会同国家发展改革委、财政部、交通运输部、商务部等部门推出 5 方面 27 项具体措施，推动我国跨境商务环境持续优化。深化改革创新，进一步优化通关全链条、全流程，进一步降低进出口环节费用，进一步提升口岸综合服务能力，进一步改善跨境贸易整体服务环境，进一步加强口岸跨境通关合作交流。以上政策为我国跨境电商营造健康有序环境的同时，也带动了跨境电商的持续快速发展。

1.2.2　跨境电商的概念

随着互联网的快速发展，电子商务行业发展迅猛，作为互联网和相关服务业中的新业态，不仅创造了新的消费需求，同时也引发了新的投资新潮，开辟了就业增收新渠道，为大众创业、万众创新提供了新空间。而在经济全球化发展的背景下，世界各国之间的贸易往来越来越频繁，跨境电商已然成为时代的主题。

跨境电子商务（cross-border e-commerce）是指分属于不同关境的交易主体，通过电子商务手段将传统进出口贸易中的展示、洽谈和成交环节电子化，并通过跨境物流或异地仓储送达商品、完成交易的一种国际商业活动。从狭义上看，跨境电商近似于跨境零售电商，主要针对的是消费者群体，指分属于不同关境的交易主体，借助计算机网络达成交易、进行支付结算，并采用快件、小包等行邮的方式通过跨境物流将商品送达消费者手中的交易过程。但是，跨境电商的交易主体不仅仅局限于个体消费者，故从广义上看，跨境电商既包括针对个体消费者的交易行为，也包括商家或企业间的交易行为。因此，根据交易对象的不同，我国的跨境电子商务可以划分为跨境零售和跨境 B2B（business-to-business）贸易。

跨境零售包括 B2C（business-to-customer）和 C2C（consumer-to-consumer）两种模式。跨境 B2C 电子商务是指分属不同关境的企业直接面向消费个人开展在线销售产品和服务，通过电商平台达成交易、进行支付结算，并通过跨境物流送达商品、完成交易的一种国际商业活动。跨境 C2C 电子商务是指分属不同关境的个人卖方对个人买方开展在线销售产品和服务，由个人卖家通过第三方电商平台发布产品和服务，售卖产品信息、价格等内容，个人买方进行筛选，最终通过电商平台达成交易、进行支付结算，并通过跨境物流送达商品、完成交易的一种国际商业活动。

跨境 B2B 贸易是指分属不同关境的企业对企业，通过电商平台达成交易、进行支付结算，并通过跨境物流送达商品、完成交易的一种国际商业活动，现已纳入海关一般贸易统计。

在中国跨境电商市场中，如图 1-2 所示，2016—2020 年中国跨境出口 B2B 电商的交易规模占整个中国跨境电商市场交易规模的大部分，在跨境电商行业中扮演着支柱型产业的角色，但随着物流便利性提高以及订单的碎片化，交易结构正逐渐从对企业交易向直接卖给消费者转化，跨境出口 B2C 市场交易占比逐年提升。

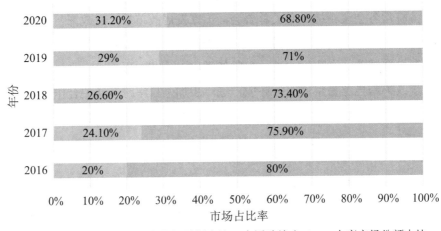

图 1-2   中国跨境电商出口 B2B、B2C 占比

资料来源：https://www.chyxx.com/industry/202108/968420.html.

相对于同一国家而言，按照商品进出口类型，跨境电商业务可以分为跨境出口与跨境进口业务，业务属性不同，业务流程也不同。以商品进出口形成的跨境进口与跨境出口为例，跨境电子商务的进出口产业链及出口流程分别如图 1-3、图 1-4 所示。

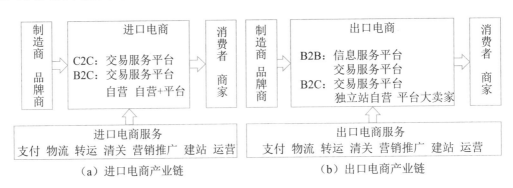

图 1-3   跨境电子商务的进出口产业链

资料来源：https://zhuanlan.zhihu.com/P/352599741.

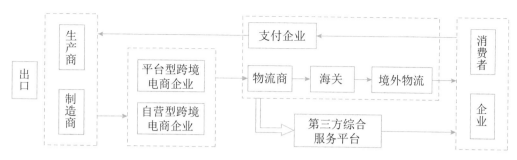

图 1-4　跨境电子商务出口流程

1.2.3　跨境电商的特征与意义

1. 跨境电商的特征

1）全球性（global forum）

互联网是一个虚拟的网络平台，拉近了世界各国的距离。而作为依附于互联网的跨境电商也具备了全球性、非中心化的特征。跨境电商和传统的国际贸易方式相比，最大的特征在于网络的虚拟化，互联网用户不需要考虑商品的国别就可以把喜欢的商品，尤其是高附加值产品和服务提供到全球化的市场，从而进行交易，真正地实现了全球性。

2）无形性（intangible）

互联网的发展使数字化产品和虚拟的服务传递得更快，也使得税务机关很难跟踪和管理相应的交易活动。比如，传统的贸易中买卖双方洽商交易、处理货物、支付货款等环节，在跨境电商中可通过互联网完成，且以数据、声音和图像等无形的形式进行，极大地提高了贸易的效率。传统国际贸易以实物贸易为主，而通过电子商务，无论是有形产品还是无形产品都可以成为交易的对象，并且更快捷、更便利。比如电子书，传统贸易中需要经历排版、印刷等环节，而跨境电商省略了这些环节，消费者只要购买网上的数据阅读权就可以跨越国界下载阅读。

3）即时性（instantaneously）

对于虚拟的互联网，信息传输的速度和现实的地理距离无关。跨境电商的即时和便利大大提高了人们从事国际贸易的效率，而电子商务主体的国际贸易活动可能随时开始、随时终止、随时变动，当然这其中也隐藏了巨大的贸易风险和法律危机。

4）无纸化（paperless）

跨境电商主要以电子化的手段来从事商务活动，通过虚拟网络，发布大量信息，进行宣传、谈判、签订电子合同等，这些都节约了外贸企业的成本投入。商检、报关、投保、租船订舱等环节也都可以在线申请、在线办理，这种通过计算机网络来取代纸质交易单据的无纸化贸易形式，也极大地缩减了各中间环节操作流程，节约了成本，提高了效率。

2.跨境电商的意义

1）优化贸易结构，拉动经济增长

互联网的应用和发展，使世界各国紧密联系在一起，人们的消费观念和方式也发生了翻天覆地的变化。跨境电商平台可以使更多的国外优质产品以更加优惠的价格进入国内市场，为国内用户挑选、购买国外产品和服务提供了便利。同样，中国产品也能够直接进入国外消费者的视线中，物美价廉的"中国制造"，势必会吸引更多的国外消费者。跨境电商通过优化国内外产品与服务的信息交互，拓宽对外贸易的实现途径，来连接进出口贸易结构，保持世界经济稳定增长。

2）精简流通环节，扩大利润空间

供应链是产品从采购原料起，到制成中间品及最终产品，通过经销商等销售节点，最终送达消费者手中的完整功能网结构。传统的供应链，一般包括"厂商—出口商—进口商—消费者"四大环节。其中，各个环节信息传递不及时、大部分利润被中间各个节点所占据、资金流和物流的效率低下等因素，在不同程度上影响了外贸行业的发展。而跨境电商借助跨境电商平台，将此供应链简化成"厂商—消费者"两大环节，通过对信息流和资金流的重新整合，实现产品与流转信息同步共享，以在线支付方式优化交易手续，形成自己的独特优势。跨境电商既减少了中间环节，提高了流通效率，又降低了渠道成本，中间环节的利润将最大限度地回到企业手中。

3）提高工作效率，促进产品创新

受到金融危机的后续影响，进口企业为了缓解资金压力，规避资金风险，越来越多地采用多批次的小额订单，取代周期长的传统大额订单。跨境电商因其自身的特点，单笔订单多为单件或小批量，顺应了当前外贸订单"小单多批"的"碎片化"趋势。同时，跨境电商平台可以更为容易地获得交易数据来进行数据的分析和整合，精准地把握住消费者的需求及偏好。企业针对用户属性进行营销来追求企业利益最大化，可以在很大程度上节约人力物力，提高工作效率。因此，企业将有更多的时间、财力和精力投入产品研发和品牌树立，追求专业化、规模化发展，打造自己的独特优势，提升产品的国际竞争力。

4）提升中小企业实力，为外贸行业注入新活力

跨境电商为中小企业进入国际舞台提供了便利。中小企业因受资金、信誉等条件的约束，很难凭借自身力量在世界市场上取得较好的发展，而跨境电商使之成为可能。借助跨境电商平台的力量，将品牌建设、产品销售和售后服务合为一体，突破传统贸易壁垒，完善市场信息的流通渠道，通过网络营销，直接连接国外客户，挣脱国家政策对消费行为的约束，从而增加交易机会，便于世界市场的开发。中小企业的发展，将会壮大我国外贸行业的队伍，企业间的竞争将在一定程度上优化产业结构，提升产品科研力度，加速外贸行业的改革升级。

1.3　数字经济、跨境电商与数字贸易

1.3.1　数字经济、跨境电商与数字贸易的关系

数字经济席卷全球，成为全球经济增长新引擎，并助推多国经济转型，同时也影响着全球国际贸易进程。包括 5G 在内的新一代信息技术推动跨境电商飞速发展，也主导着新一代数字贸易体系的演变。

数字经济催生了数字贸易，既创造了新的贸易内容，也改变了传统的贸易形式；不仅增加了贸易利益的新内涵，重塑了世界经济增长的新模式，推动了全球经济增长，也提高了全球的福利水平。数字贸易作为数字经济的延伸和应用，是以作为关键生产要素的数字化知识和信息为核心内容，以借助现代信息网络进行传输甚至完成交易为特征，最终以传统经济活动效率提升和经济结构优化为目的的贸易活动。当前，数字贸易不再局限于互联网领域，已扩散至传统产业领域，制造业智能化也成为数字贸易发展趋向之一。

延伸阅读 1-2

数字经济和跨境电商将是中国企业的亮点和机遇

1. 数字经济是跨境电商、数字贸易发展的基础

数字经济注重通过数字化基础设施与设备、改造数字化生态系统的技术，来实现数字的转化。数字化基础设施与可数字化技术是数字经济的核心，二者作用于数字经济并促进互联网平台发展与数字贸易产生。跨境电商以互联网和信息技术为载体，这也是跨境电子商务交易活动的基础和核心要素。数字贸易的出现源于数字经济的发展，通信技术与互联网技术的日益推广深刻影响与改变着传统经济范式下的生产与生活方式，包括云计算、大数据和 AI 等在内的数字技术从制造业扩散到服务业，乃至社会生活的各个领域，为传统贸易向数字贸易转变奠定坚实的基础。数字贸易发展初期的表现行为更多体现为电子商务，包括国内电子商务与跨境电子商务。数字贸易的跨境贸易层面可以理解为跨境电子商务，也是全球经济一体化、传统贸易优化升级、跨境贸易活动及数字经济发展的结果。数字经济是土壤，以此为基础，衍生出数字贸易和跨境电商。

2. 数字贸易是跨境电商发展的数字化趋势

跨境电子商务与数字贸易出现的时间不相上下，业内多将其归属为两个不同的维度。在数字经济发展作用下，跨境电商同样受到数字经济的诸多影响。跨境电商出现初期，更多地强调商品交易主体通过互联网络实现跨境商品交易活动。在一系列新兴的数字经济出现与推广后，数字技术与传统产业融合发展，驱动了制造业、服务业等传统行业智能化转型与升级。跨境电商在数字经济与数字技术多重作用下，逐渐打上数字贸易的诸多烙印，且数字化特征越发显著。数字贸易出现后，热度不如跨境电商，但也在快速发展。在数字经济发展刺激下，跨境电商也逐渐融入数字经济，更多地表现为数字化特征。整体上看，

数字贸易的出现，既是数字经济跨越国界的结果，也是跨境电商向数字化方向发展与升级的必然结果。

3. 跨境电商、数字经济与数字贸易交互融合

跨境电商、数字经济与数字贸易虽有差异，但又存在交互融合的状态，换言之，三者存在"你中有我，我中有你"的状态。就其发展内涵看，数字经济既包括国内商品交易，也包括跨境商品交易；既包括以互联网方式实现的商品交易，也包括以传统方式实现的商品交易。数字经济范畴中以跨境电子商务平台实现商品交易活动的部分可视为跨境电商范畴。数字经济范畴中通过数字化平台或载体实现商品贸易活动的部分，可以归纳到数字贸易范畴，既包括国内数字贸易，也包括跨境数字贸易。数字贸易出现初期的表现形式也可以视为跨境电商范畴，随着自身的发展与演变，其内涵与外延均超出了跨境电商，但又不完全囊括跨境电商，如图1-5所示。跨境电商强调通过互联网实现跨境商品交易，数字贸易则强调数字形态的跨境商品交易。数字经济的内涵最广，与跨境电商、数字贸易存在较多的重合；跨境电商、数字贸易与数字经济不完全重合，三者之间是交互融合、互相影响的关系，如图1-6所示。

图 1-5　跨境电商、数字经济与数字贸易时间轨迹

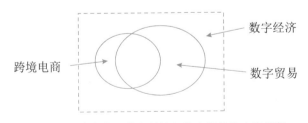

图 1-6　跨境电商、数字经济与数字贸易的内涵逻辑

1.3.2　数字经济、跨境电商与数字贸易的发展趋势

1. 平行推进：数字经济、跨境电商与数字贸易各有趋向

数字经济、跨境电商与数字贸易虽有千丝万缕的联系，也具有一定的交集，但是数字经济、跨境电商与数字贸易并非同一概念，也不具有相同的范畴。相同之处在于，三者都

与互联网、信息通信等存在一定关联，可以理解成都是数字化或拟数字化的基础设施，同时，三者也都将与 5G 产生很多的关联，随着 5G 网络的发展迎来新的机遇。

数字经济、跨境电商与数字贸易将来的发展也表现出不同的趋向。

（1）数字经济。数字经济将成为各个国家经济发展的主旋律，成为经济的重要构成，将融入人们生活的方方面面。数字经济更多反映在宏观层面与战略层面，是一种大的行业走势，是各国未来重点发展领域。

（2）跨境电商。随着电子商务逐渐普及，电子商务交易模式也融入人们的日常生活，网店与网商层出不穷，各类电商平台风起云涌。在全球经济一体化、跨国贸易频繁化、传统贸易方式疲软等因素综合作用下，通过电子商务平台实现跨境商品交易，跨境电商成为经济发展不可忽略的促进因素与重要组成部分，中国跨境电商成为全球跨境电商的重要组成，引领着全球跨境电商市场发展。我国的《电子商务法》出台后，加强了对跨境电商市场与经营者的规范与约束，使跨境电商更加健康有序地发展。跨境电商倒逼传统企业转型与升级，使其积极参与和融入跨境电商商业模式，跨境电商产业集群初具规模。

（3）数字贸易。数字贸易源于数字经济，是数字经济与国际贸易结合的产物。数字贸易发展初期多被认同为跨境电商，实则不等同于跨境电商。数字贸易强调依托数字产品、数字载体或数字组织实现跨境商品交易，既包括通过互联网渠道实现商品交易，也包括通过非互联网渠道实现商品交易。数字贸易不是简单的货物交易活动，而是强调数字技术与传统产业融合，推动传统消费模式向数字消费、互联网消费转变，推动传统制造业的数字化、智能化升级。

2. 互融共生：数字经济、跨境电商与数字贸易彼此影响

从演变轨迹看，数字经济、跨境电商与数字贸易存在相互融合、彼此影响的状态，其中又以数字经济最为基础。数字经济表现形式既包括电子商务，也包括跨境电子商务，即数字经济通过互联网络实现跨境商品贸易。

从时间维度看，跨境电商与数字贸易前后出现，但数字贸易热度低于跨境电商，甚至可以认为数字贸易是数字经济与跨境电商的融合体。

从内涵维度看，数字经济的内涵与外延最广泛，包含跨境电商与数字贸易；跨境电商与数字贸易存在很大交集，数字贸易出现之初更被视为跨境电商，也有人提出跨境电商是数字贸易的初期表现形式。

在各自发展历程中，数字经济、跨境电商与数字贸易存在交互融合的情况。例如，数字经济发展趋向于通过互联网络实现跨境商品交易时，可视为跨境电商范畴；数字经济的跨境商品交易部分不通过互联网载体实现交易时，可视为数字贸易范畴；跨境电商又强调通过互联网载体实现跨境商品交易，既包括商品与服务，也包括数字化商品，这又与数字贸易的数字表现形式相重合。

3. 殊途归一：数字经济、跨境电商与数字贸易发展目标相同

数字经济、跨境电商与数字贸易都衍生于数字化基础，数字化基础又依托互联网、信

息和通信技术。信息技术掀起了信息革命，推动数字经济出现并不断发展壮大。数字经济、跨境电商与数字贸易的出现除了技术因素刺激外，更多的是经济与社会发展所需。从宏观层面看，数字经济被视为继农业经济、工业经济、信息经济后的一种新的经济社会发展形态，与信息经济是交互融合与升级发展态势。跨境电商与数字贸易同样在电子商务腾飞、传统国际贸易方式疲软的双重作用下出现与发展起来，最终目标都是推动经济与社会发展与进步。

数字经济、跨境电商与数字贸易依托信息技术，都受新兴技术影响。近几年，物联网、大数据、云计算、移动互联网、人工智能、区块链等新兴技术不断涌现，这些新兴技术的完善与融合发展促进了数字经济、跨境电商与数字贸易的升级。数字经济、跨境电商与数字贸易都需要应用这些新兴技术，并将其有效地应用到自身实践中，成为数字经济、跨境电商与数字贸易发展战略的重要组成部分。除此之外，超级计算机、无人驾驶、3D打印、生物识别、量子计算、再生能源等技术也不断涌现，这些硬科技是影响未来的重要技术，与前文所述的软科技起到相互促进作用。硬科技与软科技的不断创新融合，成为数字经济、跨境电商与数字贸易创新发展的助推器，硬科技、软科技融合发展也是数字经济、跨境电商与数字贸易的发展目标。

1.4　跨境电商与传统国际贸易

1.4.1　跨境电商与传统国际贸易的区别

跨境电商基于互联网平台，大幅降低了买卖双方的信息沟通成本，在线上直接匹配交易主体、减少商品流通环节、提高商品流通效率、增加贸易发生机会。大多数传统国际贸易存在众多中间环节，产品通常需要跨越至少 5 个渠道才能到达消费者手里，且层层加价，导致贸易商利润较低，如图 1-7 所示。

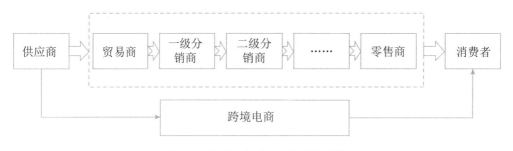

图 1-7　跨境电商减少商品流通环节

另外，传统国际贸易往往通过大规模、集装箱式的方式将商品从出口国运送至进口国，再通过进口国的批发商、零售商进一步分销，发货时间的间隔长，发货批次少；而跨境电商则通过小规模、包裹式的方式将商品从出口国运送至进口国，并直接配送至零售商或是消费者手中，发货时间的间隔短，发货批次多。

跨境电商跳过传统外贸冗长的流通环节，直面终端买家，极大地降低了商品进出口的流通成本，商品价格优势更为明显，且企业利润更高。对于消费者来说，跨境电商可以提供更丰富的产品选择，同时可以直接实现与卖家的实时交流，产品时效性、性价比、消费体验更高。表 1-1 给出了传统国际贸易与跨境电子商务的差异。

表 1-1　传统国际贸易与跨境电子商务的差异

	传统国际贸易	跨境电子商务
模式	以 B2B 为主	包括 B2B、B2C、B2B2C、C2C 等
交易磋商方式	利用电话、邮件，以及其他即时通信工具及软件等方式来联系，通过线下贸易会、交易会等方式进行面对面交易	交易磋商从线下转到线上，通过互联网平台交易
参与渠道商	A 国出口商，B 国进口商、批发商、分销商、零售商	去中介化，企业、分销商、零售商，甚至个人均可直面消费者
中间环节	中间环节多，涉及中间商多	中间环节简单，涉及中间商比较少
订单类型	大批量、小批次、订单集中、周期长	小批量、多批次、订单分散、周期相对短
物流方式	海运、空运、陆运三种方式	国际商业快递、海外仓、保税区、第三方物流等方式
商品种类	商品种类少，更新速度慢	商品种类繁多，更新速度快
价格与利润	价格高利润低	价格实惠，利润相对高
支付方式	信用证、汇款和托收等	信用卡、网上银行、电子转账、手机支付，以及 Pay Pal 和支付宝等第三方支付方式

1.4.2　跨境电商与传统国际贸易的优劣势对比

1. 跨境电商的优势

相对于传统国际贸易来说，跨境电商在商品流通过程中具有诸多优势。

（1）缩短贸易中间渠道，减少渠道费用加成，提高企业毛利率水平。对于企业来说，传统贸易进出口的环节较多，需要经过多级经销商，最终送达消费者手中。同时，由于经过的中间商众多，且他们需要赚取利润，因此导致贸易商的利润微薄。而跨境电商跳过传统外贸冗长的流通环节，直面终端买家，极大地降低了商品出口的成本，商品价格优势更为明显，且企业利润更高。

（2）随着相关技术进步与产业配套（如信息、物流、通关、支付等）的完善，全球贸易门槛降低，参与企业数量增加。跨境电商作为互联网信息技术下的产物，与其相关的产业链都在随科技进步而不断推进，企业对世界各国的贸易壁垒了解更为充分，借助大数据技术对包括通关、检验环节的数据进行数据分析，对市场动态全方位掌握，有效打破贸易壁垒降低贸易风险。另外跨境电商平台的建立有助于减少国家壁垒对跨境贸易的重重限制，使得更多企业积极参与进来，企业间实现更为普遍的互惠共赢。

（3）直接获取境外市场信息和反馈，提高对境外市场的灵敏度，有利于精准营销和个性化定制等服务。跨境电商作为一种新型的贸易营销模式，可以有效整合市场信息和物流信息，提供可靠的物流配送服务，同时还可以对产品质量进行把关，并且信息中蕴含巨大的商业价值，在大数据技术下，通过分析用户数据，构造"用户画像"，让企业准确地掌握用户的交易行为、商品喜好、市场需求等，从而通过网络向消费者准确推送商品广告或改进企业产品，并且推进个性化定制服务。

2. 跨境电商的劣势

相比传统国际贸易，跨境电商也存在一些劣势。

（1）市场竞争更加激烈。在传统贸易中，无论是国内市场还是国际市场，来自市场的竞争比较激烈，而在国际贸易中，开放的市场平台，使得贸易商之间的竞争加剧。

（2）从业难度更大。与国内贸易不同，跨境电商涉及的国际贸易惯例和规则增多，这些都要求外贸企业在进军跨境电商时，必须了解新的贸易制度和贸易规则，增加了跨境电商的从业难度。

（3）监管难度更大。关于国际贸易税收的收取，在跨境电商运作模式下，因为买卖双方处在不同的国家，又通过网络平台进行了贸易，这就加大了税务部门监管的难度。

（4）安全风险更突出。在网络平台上，个人信息的安全性和支付的安全性，都会给不法分子以可乘之机，一旦这些重要信息泄密，就会给企业造成重大损失，这些都增加了国际贸易的风险。

1.5　跨境电商与传统电子商务

传统的电子商务，其交易买卖双方一般属于一个国家，即国内的卖家在线销售给国内的买家；而跨境电商是不同国别或关境地区间的买卖双方进行的交易，简单来看，从业务模式上增加了国际物流、出入境清关、国际结算等业务。

1. 业务环节

传统电子商务业务环节简单，属于国内贸易，路途近，可以将货物直接以快递的形式送达消费者，到货速度快，货物损坏概率低。跨境电子商务业务环节复杂，需要经过海关通关、检验检疫、外汇结算、出口退税、进口征税等环节。在货物运输上，跨境电商通过邮政小包、快递方式出境；货物从售出到送达国外消费者手中的时间长；因路途遥远，货物容易损坏，且各国邮政派送的能力相对有限，急剧增长的邮包量也容易引起贸易摩擦。

2. 交易主体

传统电子商务交易主体一般在国内，国内企业对企业、国内企业对个人或者国内个人对个人。而跨境电子商务的交易主体是不同关境的主体，可能是国内企业对境外企业、国内企业对境外个人或者国内个人对境外个人。交易主体遍及全球，有不同的消费习惯、文化心理、生活习俗，这要求跨境电商对国际化的流量引入、广告推广推销、国外当地品牌认知等有更深入的了解，需要对国外贸易、互联网、分销体系、消费者行为有很深的了解，要有"当地化 / 本地化"思维，对从业者有着极高的要求。

3. 交易风险

传统电子商务行为发生在同一国家，交易双方对商标、品牌等知识产权的认识比较一致，侵权纠纷较少，即使产生纠纷，处理时间较短，处理方式也比较简单。跨境电子商务行为发生在不同的国家，每个国家的法律都不相同，当前有很多低附加值、无品牌、质量不高的商品和假货仿品充斥跨境电商市场，侵犯知识产权等现象时有发生，很容易引起知识产权纠纷，后续的司法诉讼和赔偿十分麻烦。

4. 适用规则

传统电子商务只需要遵循一般的电子商务规则，而跨境电子商务需要适应的规则多、细、复杂。例如平台规则，跨境电商经营的平台很多，各个平台均有不同的操作规则，跨境电商需要熟悉不同海内外平台的操作规则，具有针对不同需求和业务模式进行多平台运营的技能。跨境电商还需要遵循国际贸易规则，如双边或多边贸易协定，需要有很强的政策、规则敏感性，及时了解国际贸易体系、规则、进出口管制、关税细则、政策的变化，对进出口形势也要有深入的了解和分析能力。

1.6 跨境电商的发展现状及未来趋势

1.6.1 跨境电商的发展历程

1999 年，作为阿里巴巴集团的第一个业务，阿里巴巴国际站的成立开创了中国互联网的电商新纪元，从此跨境电商在我国发展起来。1999 年至今，跨境电商在我国的发展大致可以分为萌芽期、成长期、成熟期。

1. 萌芽期：跨境电商 1.0 阶段（1999—2003 年）

在萌芽期，随着互联网技术开始普及，交易主体通过网络平台搜索客户信息。从事跨境贸易的交易双方在线上借助跨境电商平台提供的黄页服务实现信息撮合，以此为基础，在线下完成跨境贸易其他环节，这是传统贸易结合互联网技术首次进行拓展的结果。不过，从 1999 年阿里巴巴国际站的成立开始到 2003 年之前，跨境电商平台虽然提供信息服务，但尚未出现线上交易。

2. 成长期：跨境电商 2.0 阶段（2004—2014 年）

2004 年，跨境电商线上交易开始产生，交易双方开始借助数字化的供应链服务来降低交易成本、提升交易效率。跨境电商平台的盈利方式发生改变。第三方平台实现后向收费模式，将"会员收费"改为以收取"交易佣金"为主，即按成交效果来收取一定比例的佣金，还通过在平台上营销推广、开展支付服务、开展物流服务等获得增值收益。

2014 年，人工智能、云计算等针对大数据的分析技术进入商业应用。跨境电商平台在数字化进程中具备了提供一站式营销、交易、支付结算、通关、退税、物流和金融等服务的能力。从事跨境贸易的交易双方开始借助数字化的供应链服务来降低交易成本、提升交易效率。跨境电商平台通过上述能力的应用，大幅降低了单一企业产品出口的成本，例如，平台的海外仓设置大幅提升了物流能力，缩短了送货时间。这些能力，对于试图从事境外贸易的中小企业而言带来很大的便利性，引发中小企业逐渐在跨境电商平台上集聚。

在成长期，以淘宝、天猫为代表的国内 B2C 交易模式继 B2B 之后迅速兴起，并率先实现了交易线上化；如 B2C 出口领域的速卖通、兰亭集势，B2C 进口领域的洋码头、天猫国际等平台则使得消费者直接跨境购物成为现实。随后 B2B 交易也开始逐步线上化，同时支付、物流、外贸综合服务等供应链服务开始逐渐由平台提供，交易数据实现逐步沉淀。

2013 年是跨境电商发展的元年，随着对非法代购的打击、政策上对跨境电商的引导和支持，以及资本的不断涌入，多种形式的跨境电商如雨后春笋般相继成立，如 2014 年天猫国际、小红书、海淘 1 号、苏宁全球购、聚美优品、唯品会全球特卖等上线，具体内容如表 1-2 所示。

表 1-2　跨境电商成长期巨头进入跨境电商领域

企　　业	上　线　时　间	模　　式
淘宝全球购	2007 年	C2C
兰亭集势	2007 年	B2C
洋码头	2011 年 7 月	B2C
速卖通	2010 年 4 月	B2C
天猫国际	2014 年 2 月	B2C
海淘 1 号	2014 年 9 月	保税进口 + 部分直邮
唯品会全球特卖	2014 年 9 月	特卖保税 + 海外直邮
聚美优品	2014 年 9 月	极速免税店保税闪购 + 海外直邮

3. 成熟期：跨境电商 3.0 阶段（2015 年至今）

2015 年后，全球跨境电商进入相对成熟期。交易双方能够充分利用平台上沉淀的海量交易数据，实现供需的精准匹配，并借助平台上低成本、专业、完善的生态化服务完成线上交易和履约。例如，2015 年阿里巴巴国际站信保业务的全面上线使得交易全链路数据基本实现沉淀，标志着国内 B2B 跨境电商向线上交易的全面转型；到 2025 年，"中国制造 2025"计划完成，阿里巴巴国际站的全球外贸操作系统成型，跨境电商将趋于成熟。

在此阶段，我国跨境电商的国际竞争优势显著提高，尤其是出口品牌化建设表现优异，我国对"一带一路"沿线国家以及拉美国家的出口比重提升，开拓新市场的成效明显；从进口表现来看，跨境电商平台引入新零售模式，线上线下双线结合，加大线下新零售门店布局。

1.6.2　全球跨境电商的发展现状

1. 全球零售电商份额及其销售额持续增长

随着互联网普及率上升，全球主要国家（地区）网购渗透率呈上升趋势。网购渗透率的提升为跨境 B2C 电商的发展提供了丰厚土壤。与此同时，新冠疫情迫使人们改变购物习惯，使 B2C 电商消费习惯得到了强化，并推动了 B2C 跨境电商业务的进一步发展。据阿里速卖通的数据，在 2020 年 3 月，速卖通平台上的商家店铺入驻量环比增加了 130%。意大利、西班牙、法国和美国等疫情较严峻的国家，成交额平均增长同比在 40%~50% 以上。艾媒的数据显示，2022 年中国跨境电商进出口零售总额达到 2.11 万亿元，同比增长 9.8%，其中零售出口总额为 1.55 万亿元。

2. 全球更多消费者选择在线购物

如今，越来越多的消费者喜欢在线购物，根据全球数据资料库 Statista 统计，2020 年全球在线购物渗透率为 65.5.%，2021 年全球在线购物者数量超过 21.4 亿人，预计 2040 年全球将会有超过 90% 的消费者实现网络购物。因此，未来在线购物将会在全球进一步普及。

3. 中国和美国是全球跨境电商主要市场

在联合国公布的报告中提到，中国的 B2C 在线零售规模依然占据较大优势，2020 年达到 14143 亿美元（超过 1.4 万亿美元），是全球唯一线上零售规模超过万亿美元的国家。美国的 2020 年线上零售（B2C）规模为 7917 亿美元，排在全球第二名，但仅约为我国线上市场规模的 56%。英国和韩国的 2020 年线上零售（B2C）规模也超过了 1000 亿美元，也属于电子商务发展活跃的地区。

据联合国贸易和发展会议的统计，在 2020 年中国已是全球 B2C 跨境电商出口第一大经济体，美国为第二大经济体，两国合计占据全球 B2C 跨境电商销售总额的 45.8%，详见表 1-3。

表 1-3　2020 年各国家和地区 B2C 线上零售额及比重

国家/地区	B2C 线上零售额（亿美元）	B2C 线上零售额占全部零售额比重（%）
中国	14143	24.9
美国	7917	14
英国	1306	23.3
韩国	1044	25.9
新加坡	32	11.7
澳大利亚	229	9.4
加拿大	281	6.2

资料来源：作者根据搜集资料整理。

4. 全球跨境电商平台竞争激烈，头部平台优势明显

全球跨境电商平台经过多年激烈竞争，头部平台逐渐占据优势，阿里巴巴和亚马逊

是其中最主要的两个平台。东南亚的来赞达（Lazada）和 Tokopedia，印度的 Flipkart 和 Snapdeal，以及土耳其的 Trendyol 都具有较强的成长性，因而被头部平台投资。鉴于上述地区的互联网渗透率还有较高的提升空间，且这些地区的人口规模极其庞大，构成了有发展潜力的市场，各个平台在这些市场的激烈竞争将会一直持续下去。在排名前十的跨境电商中可以看到，货物贸易类的跨境电商是全球跨境电商的主流。服务类电商主要包括亿客行（Expedia）、缤客（Booking）、美团点评、Shopify 和优步（Uber），这五个平台的商品交易总额（gross merchandise volume，GMV）占据前十的比例约为 19.2%。其余份额全部为货物贸易。

5. 服饰鞋袜和 3C 电子产品为跨境消费者主要采购品类

在全球范围内，B2C 跨境电商的主要销售产品面对的消费者是购买和消费欲望都比较强的年轻消费者。调查显示，全球跨境采购频率最高的是服饰鞋袜，其次是电子消费产品，再次则是玩具类及个人趣味爱好用品。大多数网民跨境购买的产品有较高的附加值，其中不乏有艺术品这类高附加值和高利润的产品，如图 1-8 所示。

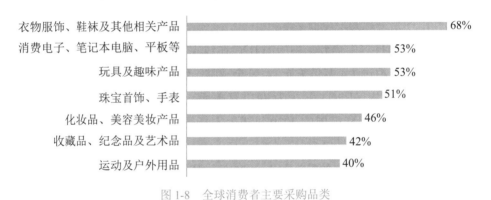

图 1-8　全球消费者主要采购品类

1.6.3　我国跨境电商的发展现状

关于我国跨境电商行业的发展现状，从国内、国际两个维度以及基础设施建设、经营环境、服务体系、可持续发展能力四个方面进行分析。

1. 跨境基础设施建设

传统贸易依靠准入和配额进行要素管理，工具应用性不强，对基础设施的要求较低，但跨境电商业务的开展要依托网络、平台、海关特殊监管区域等基础设施，对基础设施的要求较高。

1）平台服务能力

平台主要是指交易平台、支付平台、综合供应链平台等，这些平台是跨境电商业务开展的基础支撑。目前，我国对平台类基础设施建设未给予足够重视，具有国际影响力的平台较少，平台体系化建设不足，平台基础设施协同效应不强。

2）网络保障能力

网络设施是跨境电商发展的重要设施。目前我国具备强大的光纤保障能力，尤其是

5G 的应用全球领先，美国发起贸易争端，打压中国诸多企业的根本原因是看到以 5G 为代表的网络保障是未来经济发展的核心竞争力。

3）物流服务能力

物流服务能力主要包括两个部分：一是物流基础设施保障能力，主要是指运力基础设施，如航空港、铁路、公路、海港和场站等基础设施的吞吐能力；二是运能保障能力，是指配套的设备、技术、调度、供应链等综合集成服务能力。我国国内物流水平世界领先，但是我国物流业的国际化发展水平较低，尤其是航空运力短缺和海运"一箱难求"，暴露了我国在国际物流服务方面的发展短板。

4）特殊监管区域的准入

海关特殊监管区域是进口货物前置存放的基础，也是跨境网购保税"1210"模式创新的前提。2020 年，我国一般贸易进出口增长 3.4%，跨境电商进出口增长 31.1%。基于海关特殊监管区域的基础设施建设，跨境电商产品 72 小时可被送达，这是消费市场销售占有率的基础保障。但是，对比国际上特殊监管区域准入标准，我国对于海关特殊监管区域的准入制度严、门槛要求高、投资成本大，一定程度上降低了部分城市的积极性和投资热度。

以上四个基础保障设施缺一不可，四者相辅相成、相互协同，是各地跨境电商发展占据核心竞争力的关键。

2. 跨境经营环境

1）"三限"制度

欧美国家的跨境电商经营环境相对开放，我国实行的是限区域、限产品、限额度的"三限"管理制度。截至 2020 年 4 月，已批复的 105 个跨境电商综合试验区并不全是跨境电商零售进口试点城市，尚不能开展跨境网购保税进口"1210"模式。直到 2021 年 3 月跨境电商零售进口试点范围扩大至所有自由贸易试验区、跨境电商综合试验区、综合保税区、进口贸易促进创新示范区、保税物流中心所在城市。总体而言，"三限"的设置，限制了跨境电商新业态的发展，对行业未来持续增长非常不利。

2）税收政策

跨境电商的意义在于服务市场端、市场主体以及消费者，很多国家采用关税和增值税为零的政策，而我国实现关税为零、增值税和消费税按 70% 征收的关税政策，目前综合税率约为 9.6%，这与国际通行制度不相符。

3）扶持政策

我国高度重视跨境电商这种新兴贸易方式，国家层面和地方政府纷纷出台各种支持政策，包括物流补贴和进出口额奖励等。而世界其他国家，基本没有单独的跨境电商支持政策。

3. 跨境服务体系

1）关务体系

关务是跨境电商服务体系的核心，目前国家间关务体系并未实现互联互通和国际化，所以我国跨境出口商品在进入目的国关境时，往往转换成一般贸易或邮政报关渠道。我国

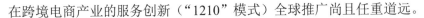

在跨境电商产业的服务创新（"1210"模式）全球推广尚且任重道远。

2）支付体系

支付服务体系也是我国跨境电商规模增长的重要影响因素。目前，我国跨境电商支付通道主要依赖于以 PayPal 为代表的国际支付公司。西方国家支付通道成为我国跨境电商领域最大的贸易壁垒和技术壁垒。

3）征信体系

跨境电商是单个卖家面对多个全球消费者的"一对多"贸易模式。目前，跨境电商领域从物流服务征信到跨境电商卖家征信，再到消费者征信的服务体系尚未完全建立。因征信体系缺失而导致跨境电商中小微企业融资难问题，是影响跨境电商企业可持续发展的重要因素。

4. 跨境可持续发展能力

近几年，受复杂多变的国际政治经济局势和以新型冠状病毒感染疫情为代表的突发事件影响，加之国际物流成本的不断上涨，中小微跨境电商企业发展艰难，盈利能力持续下降。此外，中小微跨境电商企业利用第三方跨境电商平台开展业务，企业需要向平台缴纳年费、推广费、广告费、上架费、佣金等平台服务费用，水涨船高的平台费用几乎蚕食了企业的利润。

可喜的是，以上两个因素都得到了国家和地方政府的高度重视，相继出台了各种政策予以解决。2021 年 8 月商务部等 9 部门联合印发了《商贸物流高质量发展专项行动计划（2021—2025 年）》，其中第十三条提到要保障国际物流畅通，积极培育有国际竞争力的航运企业，持续增强航运自主可控能力。2021 年 2 月，国务院反垄断委员发布了《关于平台经济领域的反垄断指南》，旨在保护市场公平竞争；2021 年国务院政府工作报告也提出"引导平台企业合理降低商务服务费"。整体来看，企业短期运营成本和费用有所降低。

1.6.4　我国跨境电商面临的挑战

1. 市场定位模糊不清

跨境电商平台经历着一系列的发展历程。有的平台纵深发展，不断开疆拓土；有的从传统模式出发逐步向跨境模式转型；有的平台基于购物热潮，实现了向电商业务的转型；有的平台靠地缘优势、用户等资源，涉足跨境电商并实现跨界经营。综观这些跨境电商的竞争，大多忙于市场开拓，忽视了市场的准确定位，造成了市场竞争的恶性循环。例如，近几年来，传统电商行业的发展，使得跨境电商呈爆发式增长，但是商品的过度集中，以及平台服务定位的不同，引发了同质化的竞争，使用户无所适从并激发价格战，使得用户流失率较高。

2. 货物周转时效较长，物流体验感较差

跨境电商交易一般具有批量小、批次多、订单分散、采购周期短、货运路线长等特点。目前我国跨境电商常用的物流形式主要有中国邮政的国际包裹、国际商业快递、海外

仓库等，各有优势。对于跨境电商公司来说，集中反映的是物流体验不佳和物流成本高昂、物流业务的专业化水平低，以及物流可追溯性差的问题。

3. 支付安全事件频发，消费者安全感欠缺

跨境电商与外贸行业有一定的相似性，但是外贸行业由于发展时间较长，各种支付问题已经提前暴露和解决，针对各类已经出现的问题和将会出现的问题有规范和健全的争端处理机制，但是跨境电子商务作为近年来新兴事物，它的支付仍处于起步阶段，并且面临着许多需要解决的问题，如支付系统的安全性和稳定性问题、电子货币的发行和使用安全问题、法律监督问题等。

4. 信用体系和争端解决机制尚未有效构建

在跨境电商交易中，往往会涉及两个甚至两个以上的国家，因各国的语言环境、文化背景和交易方式的差异加之信息不对称，导致初次合作时双方对彼此的信任度低，在交易过程中存在着较大的障碍。同时，由于缺乏对买卖双方进行身份认证、资格审查和信用评估的信用体系，跨境电子商务问题也日益突出。面对交易问题和交易纠纷，法律适用也是跨境电商无法避免的问题。

5. 通关手续、法律和监管问题仍是痛点

传统的海关监管难以适应小批量、高频率、多品种的新特点。传统贸易每批次交易以大量商品通过快件和邮递渠道通关，但跨境电商贸易以单件为基础、出货频次高、商品品类繁多，造成海关通关效率低下；跨境电商无法提供报关单、增值税发票缺失、法律对货物规范性不明确等问题，造成出口退税困难。同时，境外买家支付外币无法在国内直接兑换，结汇渠道不畅制约跨境电商的发展，也衍生了"水客""非法代购"等灰色清关市场。综合各类因素，报关成本过高、时间过长，严重影响消费者体验。

6. 跨境电商人才短缺问题

跨境电子商务的出现，极大地改变了传统外贸市场的操作模式，随着跨境电商的迅速发展壮大，逐渐暴露出人才储备严重不足的问题。与此同时，还存在电商企业利润的降低与人力资源成本的上升之间的矛盾，以及企业对电商人才的要求与传统教育模式之间的矛盾。

1.6.5　跨境电商的未来发展趋势

在经历多年的高速发展之后，中国跨境电商无论是规模还是效率都进入了一个新的发展阶段。跨境电商思维将从卖货思维向营销思维转变，跨境电商的竞争将更加激烈，品牌战略、精细化管理、数据运营将是大趋势。行业快速发展吸引更多企业入局跨境电商，但其发展仍然面临获客成本高和用户体验感不足的问题。在此背景下，定制、交互、沉浸、融合、共赢成为行业发展五大趋势。

延伸阅读 1-3

数字经济的到来对制造型跨境电商核心竞争力的影响

1. 行业发展趋势

1）定制——满足个性消费需求

从宏观环境来看，面对激烈的国际竞争和市场布局，以及新冠病毒感染疫情对全球消费心理和消费行为带来的极大颠覆，消费主体对于跨境网购的消费黏性大幅增强，在以"客户为中心"的时代，定制企业对互动创新更为重视。跨境电商必须作出适应性调整，摆脱粗犷的运营模式，转向更加精细化、个性化方向发展，充分利用数字技术、信息技术以及互联网技术的融合，准确洞察出消费者复杂的、碎片的、多元的消费需求并及时满足，定制化成为跨境电商发展的趋势。

从消费者层面看，伴随着生活水平和消费能力的提高，消费者对于产品和服务的个性化需求被进一步激发，消费者不仅希望通过跨境电商平台购买到来自更多国家更加丰富的产品，享受到不同国家更加多元优质的服务，而且更希望能够通过跨境电商使得自身个性化的消费诉求得到满足。所以跨境电商企业需要有效地掌握客户的显性和隐性偏好，根据消费偏好精准地识别消费者的个性化需求，通过向顾客提供定制化服务及个性化产品，满足消费者个性的、追求品质的特定需求，从而不断获取消费者较高的忠诚度和消费黏性。

2）交互——提供交流分享功能

跨境电商早已不再是传统电商单一的商品买卖模式，而是在精细化发展过程中，逐渐具备更多的社交属性，将关注、分享、评论、沟通、讨论、互动等社交化元素应用于跨境电商的传播过程，直播电商、社交电商等新型的、互动式的电商模式的发展，直接对在网用户进行全面的"种草"和"收割"，增进了用户与用户之间、用户与平台之间的交流互动，吸引更多的流量与热度来带动平台销售，具有更强的导购作用，极大地提高了流程转化率和产品购买率，有利于跨境电商进一步扩大影响力。新媒体时代提供交互性，并借助智能网络等技术优势更加注重人的实际需求及真实感受。新冠病毒感染疫情期间，跨境电商表现出强劲的优势，网络直播更是表现出明显增长的需求，在直播围观的受众中形成互动，为人们带来不同寻常的体验的同时，也进一步促进了消费需求，提升受众的参与和交互体验，在参与过程中跨境电商企业不断完善交互设计，逐步提升用户交流分享以及信息获取的黏性。

3）沉浸——增强购物真实体验

VR、AR、MR 等虚拟现实技术的发展和应用强化了跨境电商受众沉浸式体验，全方位产品展示、VR 试穿、虚拟直播、3D 实时互动等成为现实，让用户身临其境地畅游在购物空间中，为人们带来更加真实、深度沉浸的虚拟消费体验。在逼真的情景再现中，用户可以通过穿戴 VR 设备，以第一人称的视角全方位地浏览并沉浸在虚拟的购物场景中，利用虚拟现实技术可以高度还原并增强人们的沉浸式购物体验；通过 VR 试穿，用户足不出户就可以看到服装的穿戴效果，并自由地尝试并选择自己的个性穿搭。近两年来，随着"元宇宙"一词的爆火，全网对其的关注度越来越高，未来元宇宙概念很可能在各个行业实现应用。据艾瑞研究的行业报告显示，元宇宙概念已经渗透到了品质直播领域，品质直播经历了单项直播、互动直播、MR 直播的形态演变，将进入元宇宙直播模式，元宇宙直播将注重虚拟现实的充分结合，以虚拟人物 + 虚拟环境为直播的形态特征，应用并融入了数字人和交互感知技术，这也意味着个人可以借助虚拟身份参与直播互动，在平行的虚拟消费场景中人们的沉浸体验有望进一步得到提升。

4）融合——线上线下深度融合

伴随着新零售模式的逐步成熟和落地，线上、线下早已不再是冲突矛盾、各自封闭的状态，而是相互融合促进，彼此优势互补，以用户需求为导向，促进线上、线下的联动协调以及全渠道的深入融合，为消费者提供精准性产品以及定制化产品，成为跨境电商新的发展趋势。线上更多承载着支付、交易的职能，并且还会对买卖双方的信息进行收集整理，对平台数据进行分析反馈，方便电商企业作出更好的决策；线下则是更好地满足消费者对高品质、体验感的需求，线下将打造"产品 + 服务 + 场景 + 体验"四位一体的服务平台，为消费者呈现出一幅"产品个性化、服务精细化、场景多样化、体验内容化"的全新购物图景。线上线下的深度融合，使得消费者摆脱时间、空间以及特定形式的束缚，方便消费者在不同的渠道购买、使用不同的支付方式的条件下，都能够获得几乎一致的价格、服务和权益，这也意味着消费者既能够获得线上电商的低价和优惠，又能够体验线下零售的优质商品和服务。

5）共赢——参与各方均能获利

网络智能时代，跨境电商打破了信息不对称的阻碍，实现了供给方与需求方的有效匹配和对接，减少了跨境商品流通的渠道和层级，产业链的各环节成本都被大幅度压缩。在整个产业链条与较大规模的产业范围中，无论是上游的生产厂家和供应商，还是中间环节的经销商或物流企业，以及销售平台的搭建商等众多参与主体，都可以实现自身的增值，达到互利共赢。借助于跨境电商平台数据的低边际成本特点，跨境电商发展过程中可以聚焦更多的上下游企业，平台的生产成本呈指数降低态势。此外，跨境电商改变了传统国际贸易扁平化的供应链，贸易商、批发商以及国外进口商等环节的中间成本被大幅度挤压，最大限度地实现利润的回归。

2.跨境电商发展趋势

在互联网行业高度发展的条件下，我国跨境电商的发展潜力无穷，具体来说，呈现以下 7 个趋势。

1）跨境电商仍处于政策红利期

2012 年开始，中国逐步放开和推动跨境电商行业发展，并在当年确定了郑州、上海、重庆、杭州和宁波 5 个城市，由国家发改委和海关总署牵头开展跨境电子商务服务试点，提出要构建"六体系两平台"，旨在通过海关、国检、税务、外汇管理等部门的数据交换，形成"信息互换、监管互认、执法互助"的政府管理模式。截至 2022 年 2 月，我国已经拥有 132 个跨境电商综合试验区。此外，跨境电商综合试验区也给予了在综合试验区登记备案的电商诸多方面的优惠，包括减免增值税等政策。

随着相关基础设施的不断完善，截至 2022 年，中国网民数量已经达到 9.89 亿人，互联网普及率达 70.4%，全国网络购物用户规模达 7.82 亿人。与之相对应的移动支付市场同样发展迅速，据普华永道统计，中国移动支付率高达 86%，高居全球第一位。这一庞大的网络用户群体，成了信息时代经济增长的新引擎，也为中国跨境电商产业的发展打下了坚实的基础。

2）跨境电商行业规范化发展

伴随着跨境电商行业快速发展，假货、维权困难、捆绑搭售、大数据杀熟等乱象不断滋生。《中华人民共和国电子商务法》及一系列跨境电商新政策的出台对商品安全、税收、物流、售后等方面作出了明确规定，有利于改变原有跨境电商平台良莠不齐、行业野蛮生长的状况，使企业发展有法可依，推动市场有序竞争。同时，一系列法律法规的出台也加强了对消费者权益的保护，有利于促进购买，推动行业发展。

3）平台开启全渠道模式

网易考拉、天猫国际等跨境电商平台纷纷开设线下体验店，将渠道从线上发展到线下，开启"线上＋线下"全渠道模式。这种模式能够将线上产品信息与线下用户体验相结合，拉近与用户之间的距离，提高用户互动频率，从而促进用户购买，并提升品牌知名度。

4）上下游供应链逐渐完善

自 2018 年以来，多个跨境电商平台加强与国外品牌的合作，并在中国国际进口博览会签订大额采购订单，加强对其上游供应链的整合与管理。与此同时，跨境电商企业不断强化物流仓储等配套服务，降低物流运输成本与仓储成本。跨境电商平台之间的竞争逐渐由原本的销售竞争向供应链竞争转变。

5）商品品质成关注重点

近年来，中国海淘用户越发重视商品品质，正品保障成为跨境电商企业赢得客户和持续发展的关键。目前各大跨境电商平台均采取相应措施进行正品把控，尤其是溯源体系的建设与完善，能够加强对商品质量的把控，提升用户信任度。

6）人工智能和大数据助力跨境电商发展

跨境电商企业不断加强在人工智能和大数据方面的研发和应用，智能机器人分拣中心、自动化智能物流仓库、人工智能客服、基于大数据的精准消费者洞察等先进技术将会降低企业的人工服务成本，持续助力跨境电商行业发展。

7）中国跨境电商业务向"一带一路"区域延伸

决定跨境电商能否保持增长趋势的几个因素，除了跨境电商目标市场本身应该具有较为完善的物流和网络措施外，还包括该地区的互联网渗透率。"一带一路"倡议提出以来，"一带一路"沿线各国与中国的商贸往来变得更为密切频繁。根据全球速卖通（AliExpress）大数据，2010 年至今，成交总额（GMV）进入前十位的国家中，"一带一路"沿线国家占比 38%，并且这些国家大多属于最近四五年的新晋市场。根据阿里巴巴跨境电子商务大数据编制的"一带一路"沿线国家 ECI 跨境电商连接指数显示，东欧、西亚、东盟国家与中国跨境电商连接最紧密。

从中国海关统计来看，2022 年，中国与"一带一路"沿线国家进出口总值 13.83 万亿元，增长了 19.4%，高出外贸整体增速 11.7 个百分点，占进出口总值将超过 30%。不过，"一带一路"沿线国家互联网渗透率还相对较低，沿线电商市场有待挖掘，跨境电商在沿线国家仍有较大增量空间。

思考题

1. 跨境电商的特征有哪些？
2. 数字经济、跨境电商以及数字贸易三者之间存在怎样的关系？
3. 如何区分数字经济与数字贸易？
4. 跨境电商发展面临的优势和挑战有哪些？
5. 结合自身实际谈谈在跨境电商平台的消费体验。
6. 如何理解跨境电商定制、交互、沉浸、融合、共赢五大发展趋势？

即测即练

案例分析

扫描书背面的二维码，获取答题权限。

第 1 章
即测即练

案例分析 1-1
广东新安怀电子商务有限公司

参考文献

[1] 赵芳 . 跨境电商对传统国际贸易的影响分析 [J]. 现代营销（信息版）,2019(01):233.
[2] 彭哨 . 我国跨境电商平台发展中的问题与对策 [J]. 合作经济与科技 ,2019(07):103-105.
[3] 钊阳 , 戴明锋 . 中国跨境电商发展现状与趋势研判 [J]. 国际经济合作 ,2019(06):24-33.
[4] 合肥工业大学经济学院张先锋 . 推动数字经济高质量发展 [N]. 安徽日报 ,2020-05-26(007).
[5] 孙杰 . 从数字经济到数字贸易 : 内涵、特征、规则与影响 [J]. 国际经贸探索 ,2020,36(05):87-98.
[6] 陈可旺 . 数字经济时代下跨境电商的发展机遇、挑战及对策 [J]. 经济研究导刊 ,2019(21):149+152.
[7] 张夏恒 , 李豆豆 . 数字经济、跨境电商与数字贸易耦合发展研究——兼论区块链技术在三者中的应用 [J]. 理论探讨 ,2020(01):115-121.

[8] 杜庆昊 . 中国数字经济协同治理研究 [D]. 中共中央党校 ,2019.

[9] 夏友仁 . 中国数字贸易发展现状及策略选择 [J]. 全球化 ,2019(11):84-95+135.

[10] 王璐 . 数字经济背景下安徽移动公司新零售渠道策略研究 [D]. 安徽大学 ,2019.

[11] 许辉 . 数字经济下跨境电商产业生态系统战略布局研究 [J]. 改革与战略 ,2019,35(08):78-86.

[12] 张怀永 , 李宣璋 . 数字经济和跨境电商将是中国企业的亮点和机遇 [N]. 每日经济新闻 .2022-07-29.

[13] 陈倩 . 数字经济背景下的政府支持、产业集聚与跨境电商发展 [J]. 商业经济研究 ,2020(24):68-71.

导入案例

独角兽 Shein 疯狂成长之路

快时尚跨境电商品牌希音（Shein），是中国最神秘的跨境电商巨头。虽然大多数中国人并不知道这家公司，但它被业内认为是增长速度最快的未来之星。根据 CB Insights 的数据，最新一轮融资后，希音估值可能将高达 1000 亿美元，与坐拥 20 亿名用户、手握抖音和 TikTok 的字节跳动，马斯克的 SpaceX 比肩，有望跻身全球独角兽企业排行前三名。

2008 年，希音前身由刚大学毕业不久的许仰天在南京成立。2012 年，希音放弃了跨境电商的婚纱生意，收购了一个域名为 SHEINside.com 的网站，开始专注于海外时尚单品市场，并由此开启了希音疯狂且传奇的成长之路。

公开数据显示，希音在超 20 个国家和地区的购物 App 下载量中排名第一，在超过 60 个国家和地区的购物 App 下载量排名前五，这个数据已超过 Amazon（亚马逊），成为全球最受欢迎的线上购物 App。

当传统电商巨头们在国内血拼厮杀的时候，希音却瞄准了全球市场的蓝海，并快速跑马圈地，打下了一片江山。

10 年间，从名不见经传的小电商成长为全球最受欢迎的线上购物 App，希音是怎么做到的？那么，跨境电商的本质是什么？其中所蕴含的理论基础到底有哪些？希音到底是怎么利用其中的理论去发展跨境电商的呢？

资料来源：吴清. 独角兽 Shein 疯狂成长之路 [N]. 中国经营报，2022-06-20（D04）.DOI：10.38300/ n.cnki.nzgjy.2022.001522.

2.1 比较优势理论

2.1.1 比较优势理论概述

比较优势理论（compared with advantage theory），又称比较成本说（theory of comparative cost），是英国经济学家大卫·李嘉图（David Ricardo，1772—1823 年）的学说。1817 年李嘉图在亚当·斯密绝对成本学说的基础上，运用国际贸易"2×2 模型"，提出了比较成本学说。该理论认为，国际贸易的基础是生产技术的相对差异（而非绝对差异），以及由此产生的相对成本的差异。每个国家都应根据"两利相权取其重，两弊相权取其轻"的原则，集中生产并出口具有"比较优势"的产品，进口具有"比较劣势"的产品。李嘉图以英国的毛呢和葡萄牙的葡萄酒为例，把两国之间的成本比较改为国内商品之间的成本比较，为各国都可以参加国际贸易并能从中获得好处的自由贸易主张奠定了理论基础。因为，各国的资源优势和生产优势构成了本国的比较优势，每一个国家都有资源、地理位置、人口等方面的比较优势，各国发挥自己的比较优势进行国际贸易，就可以使各个国家都从中受益。李嘉图比较优势理论的问世，揭示了一个客观规律——比较利益定律，从实证经济学的角度证明了国际贸易的产生不仅在于绝对成本的差异，而且在于比较成本的差异。这一理论为世界各国参与国际分工和国际贸易提供了理论依据，成为国际贸易理论的基石，具有合理的、科学的成分，以及历史的进步意义。

20 世纪初，瑞典经济学家赫克歇尔·俄林提出要素禀赋理论，从生产要素比例的差别而不是生产技术的差别出发，解释了生产成本和商品价格的不同，以此说明比较优势的产生。这个解释克服了亚当·斯密和李嘉图贸易模型中的局限性，以要素分布为客观基础，强调各个国家和地区的不同要素禀赋和每种商品的生产函数对于贸易发展的决定作用。也就是说所在地域的生产要素比例才是决定其比较优势的根据，而不是人们通常以为的技术水平的差异。

然而无论是相对优势理论还是要素禀赋理论都是一个静态的理论体系，缺乏动态的分析，为了克服这种缺陷，一些经济学家比如波特，在 20 世纪初期提出了国际竞争优势模型，此模型包括四种本国的决定因素（要素条件，需求条件，相关及支持产业，本国战略、组织及竞争）和两种外部因素（随机事件和政府）。并认为一国的贸易优势并不像传统宣称的那样简单地决定于一国的资源、劳动力、利率、汇率，而是很大程度上取决于一国的产业创新和升级的能力。这一观点使得该理论成为多数企业在拟定竞争战略时重点参考的法则，对国际贸易的开展具有非常深远的影响。

从李嘉图的比较优势理论到赫克歇尔·俄林的要素禀赋理论，再到波特的国际竞争优势理论，这些理论一步步科学地揭示了国际分工和国际贸易的普遍性，即一国与其他国家相比，其商品无论处于优势还是劣势，都可以在跨境贸易中获利，从而在理论上证明了发展程度不同的国家应积极参与国际分工和贸易，这对扩大世界市场起到了促进作用。

2.1.2　跨境电商下的竞争优势理论

延伸阅读 2-1

国际分工理论对
跨境电商的影响

正如第 1 章所述，跨境电商作为传统跨境贸易的互联网化，是跨境贸易与电子商务的有机结合，在运营流程上具有两者的双重特征。也就是说，当涉及国家与国家之间的交易时，跨境电商也就包括国际贸易的基本特征，故竞争优势这一系列理论作为传统国际贸易的理论基础，同样适用于跨境电商。

跨境电商是电子商务环境下的跨境贸易，电子商务环境也在很大程度上影响了这些理论。其中，对比较优势理论主要产生了以下两点影响。

（1）生产可能性边界所依据的前提条件发生变化。李嘉图在解释国际贸易时，运用的就是比较优势里面的生产可能性边界作为主要分析工具，而保持技术不变是生产可能性边界的重要前提。但是，电子商务环境中电子订货系统，条形码技术以及电子数据交换技术对产业结构产生了重大影响，使得社会生产率大大提高。

（2）边际收益递减规律的适用范围发生了很大变化。李嘉图模型中描述，当边际收益递减规律产生作用时，使得生产可能性边界向外突出，是一条凸出的曲线。但是，由于电子商务活动中最重要的因素是知识，而知识这一生产要素非常好复制，并且没有排他性，因此生产成本不会随着消费量增加而增加，例如电脑软件。由此看来，边际收益递减规律在电子商务的环境下并没有得到很好的应用。

跨境电子商务的深入和发展也对要素禀赋理论的发展提出了新的挑战，很多新的生产要素例如知识、信息以及一些潜在客户，随着经济形态的改变开始慢慢浮现，大大削弱了以往生产要素在国际贸易中所起的作用。在跨境电商发展中，一方面是互联网畅通带来了极大的便利，使世界各地迅速传播数字化信息技术，从而使发展中国家能够很容易获得电子数据信息。若发展中国家能将自己的劳动力优势和信息化优势很好地结合起来，就会表现出极大的竞争力。另一方面是网络中的通用技术迅速蔓延，劳动力在产品成本中的比例逐渐下降，所有这些都有利于发达国家占据传统产业领域，并继续保持其地位优势。由此可见，电子商务在国际贸易中的快速发展可以迅速调整其在全球的格局，使得最初的比较优势利益在国际贸易中发生了一些改变。

2.2　交易成本理论

2.2.1　交易成本理论概述

交易成本经济学发端于科斯（Coase）在 1937 年发表的《企业的性质》一文。在这篇文章中他提出了"企业为什么会存在"的问题，并用交易成本的概念对这个问题作了解释。科斯写道："利用价格机制是有成本的。通过价格机制组织生产的最明显的成本就是所有发现相对价格的工作，市场上发生的每一笔交易的谈判签约的费用也必须考虑在内。"科斯于 1960 年发表了著名的《社会成本问题》，对交易成本的内容作了进一步的界定，科斯把它定义为获得准确的市场信息所需要付出的费用以及谈判和经常性契约的费用。

其后，威廉姆森等许多经济学家对交易费用理论作了进一步的发展和完善。威廉姆森（Williamson）将交易费用分为事前的交易费用和事后的交易费用。

所谓事前的交易费用是指由于未来存在不确定性，因而需要事先规定交易双方的权利、义务和责任。而在明确这些权利、义务和责任的过程中是要花费代价的，这种代价的大小与某种产权结构的初始清晰度有关。

所谓事后的交易费用是指交易已经发生之后的成本，它可以有许多形式：第一，当事人想退出某种契约关系所必须付出的费用；第二，如果市场关系是一种双头垄断关系，交易者发现了事先确定的价格有误而需要改变原价格所必须支付的费用；第三，交易当事人为政府解决他们之间的冲突所付出的费用；第四，为确保交易关系的长期化和持续性所必须付出的费用。

自斯密提出"经济人"以来，经济学就假定经济活动的主体是理性的，各个学派的分歧主要体现在对理性的界定上。而威廉姆森将自己的分析建立在"合同人"的假设上，他认为，"任何问题都可以直接或者间接地作为合同问题来看待，这对于了解是否能节约交易成本很有用处"。在此基础上，威廉姆森认为交易成本发生的原因来自人性因素与交易环境交互影响下所产生的市场失灵现象，造成交易困难所致。威廉姆森指出五项交易成本的来源。

（1）有限理性（bounded rationality）。西蒙提出了这个概念，认为有限理性就是"人意欲做到有理性，但只能很有限地做到如此（Man is intendedly rational, but only limitedly so）"。由于有限理性的存在，个体不能瞬间解决复杂问题，也无法预知未来所有可能发生的事；对于他们所遇见的突发事件，他们也不能总是计划周详并有效地作出恰当的反应，这将增加事前起草合约的成本，同时也将增加事后解决意外情况的成本。

（2）机会主义（opportunism）。机会主义（或者说投机）是指只要自己不被处罚或者自己的行为不易被发现，人们在交易的过程中就会不择手段地（甚至在损害他人利益的情况下）牟取私利。因为至少部分个体存在机会主义倾向，交易的潜在收益有可能无法实现。

（3）资产专用性（asset specificity）。所谓资产专用性是指一种资产一旦形成，就只有一种用途，而不能转化他用。由于资产专用性的存在，只要契约双方一方投入专用资产，一旦另一方采取机会主义行为而提前终止交易，投资方就有可能蒙受损失。但若交易双方采取企业形式，就可以保证契约关系的连续性，从而达到降低交易成本的目的。

（4）不确定性（uncertainty）。所谓不确定性是与有限理性联系在一起的。不确定性的范围是广泛的，既包括可以预期到的意外事件，但进行预期并在合约中提出解决办法是有成本的；也包括一方具有信息，另一方缺乏信息的那种不确定性。由于环境因素中充满不可预期性和各种变化，交易双方均将未来的不确定性纳入契约中，使得交易过程增加不少签订契约时的议价成本，使交易难度上升。

（5）交易频率（frequency of transaction）。交易频率是指交易发生的次数。如果交易双方经常进行交易，那么双方就会想办法建立一个治理结构，降低交易成本；但若交易是很少发生的，那么就不容易建立这样的治理结构，其交易的成本就要高很多。

2.2.2　跨境电商中的交易成本

跨境电子商务的成本包括客户应用的软硬件配置、学习和使用、信息获得、网上支付、信息安全、物流配送、售后服务以及商品在生产和流通过程中所需的费用总和。在跨境电子商务环境下，信息技术和互联网的发展，使得贸易活动的交易成本从开始到结束的每个环节都会降低，从而降低了贸易活动的总成本，提高了企业的生产效率和参与贸易活动的效率，如图 2-1 所示。

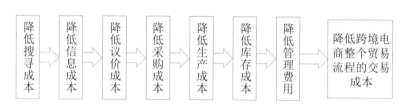

图 2-1　跨境电商降低交易成本

具体而言，从交易成本的观点来看，相比传统的交易模式，跨境电商的价值体现在以下几个方面。

1. 降低组织内部的交易成本，即降低组织成本

与传统外贸相比，跨境电商添加了电商这个新基因，应用互联网技术手段，实现传统外贸信息化、网络化和智能化。对企业而言，跨境电商加快了各国企业的全球化运营进程，有助于树立全球化的品牌定位，形成更加虚拟的数字化销售网络，大大降低了生产者与全球消费者的交易成本，企业可以直接与全球供应商和消费者互动交易，特别是降低了广大中小企业"零距离"加入全球大市场的成本，更多企业享受到全球化红利，有助于推动更加平等和普惠的全球贸易。

2. 降低信息收集成本

（1）大数据获取内容广泛，在获取人群基本数据的同时可以对数据进行二次分析，从而得到更多的信息。并且可以针对不同企业的需求建立人群画像，从而匹配出最精准的客户。

（2）大数据可以精准地分析出企业想要获得的精准客户群体，并针对这些群体的属性选择最优营销渠道和营销方式。用最少成本获得大量有效的客户资源，实现了成本利用的最大化，大大减少了获客成本。

（3）不同于传统渠道的滞后性，大数据可以实时刷新，随时访问、监控数据的变化，并根据数据的变化预测结果，及时完善或更改营销方案。

3. 降低供应链交易成本

主要体现在精减中间环节、优化组织与供应商以及组织与客户之间的商务处理流程，降低供应链协作成本和客户服务成本，加快供应链上信息流的处理效率，降低企业宣传广告投入，降低供应链信息成本。

4. 提高企业的运作效率

增强企业的整体竞争力、强化企业的竞争优势，实现企业与供应商、企业与客户多赢的结果，提高客户满意度。这一方面的价值反过来又能够进一步降低交易成本，增强企业竞争优势。

但是，从经济学角度来讲，只要进行交往互换活动，交易成本就会产生，不存在交易成本完全消失。对于跨境电商交易活动来说，虽然交易成本被降低，但也产生了一些诸如安全、技术及法律问题，增加了与电子商务有关的一些维护成本。怎样保障交易的公平性、合法性、安全性和交易信息的完整性，是跨境电子商务获得成功最为关键的一步。而若想让上述措施成功执行，必须有必要的法律措施来作为保障，因此这必然将加大跨境电子商务的各种运营成本。不过，与传统国际贸易所产生的成本相比，跨境电子商务总的运行成本还是很大程度地降低了。

2.3 消费者行为理论

2.3.1 消费者行为理论概述

消费者行为（consumer behavior），也称用户行为（customer behavior），是指个体或者群体为满足需求或欲望获取、使用、处置消费物品或服务所采取的各种行动。它涵盖了很多方面，包括先于且决定这些行动的决策过程，如消费者的需求心理、购买动机、消费意愿等。

消费者行为是与产品或服务的交换密切联系在一起的。在现代市场经济条件下，企业研究消费者行为是着眼于与消费者建立和发展长期的交换关系。为此，不仅需要了解消费者是如何获取产品与服务的，而且需要了解消费者是如何消费产品，以及产品在使用之后是如何被处置的。因为消费者的消费体验，消费者处置旧产品的方式和感受均会影响消费者的下一轮购买，会对企业和消费者之间的长期交换关系产生直接的作用。也就是说，消费者行为是一个持续的过程，不仅仅指交易的那一瞬间。

那么，消费者为什么会进行购买行为呢？有以下几点影响它的因素。①需要，包括生理的、社会的和心理的需要。消费者的需要是购买的直接动因。②可支配收入水平和商品价格水平。一般来说，消费总额和可支配收入水平是向同一方向变化的。但就某一具体商品来说，可支配收入水平的提高并不一定意味着消费量的增加。例如，随着可支配收入水平的提高，对某些中、高档商品的购买和消费量会增加，而对低档商品的购买和消费量则会减少。商品价格对消费者的购买动机有直接影响。③商品本身的特征及商品的购买、保养和维修条件。如商品的性能、质量、外形、包装等，商店的位置、服务态度等购买条件，以及商品的保养和维修条件等，都能在不同程度上诱发影响消费者的购买行为。④社会环境的影响。消费者的需要，尤其是社会、心理的需要，受这种影响而变化的可能性更大。

比较经典的消费者购买行为理论之一是"刺激—反应模型"，当消费者认识到某一消费问题时，问题认识就已经发生了，这种认知可能是由内部动机所驱动的，即全凭自己的主观感受；也可能是由外在刺激所引发的，比如企业的广告宣传、经历的某种社会情景、身边其他人的消费等。总之，一种刺激导致了消费者的购买需求与欲望。当消费者具备了购买欲望后，行动的第一步便是商品信息的收集。可能是从自己大脑存储的相关产品购物经历中获取，这些过去的体验对消费者的偏好有很大的影响。也可能是从外部信息中获取，比如他人的评价、朋友的推荐、网上的商品详解、广告宣传单等。综合来看，可以得出如图 2-2 所示的消费者购买行为模型。

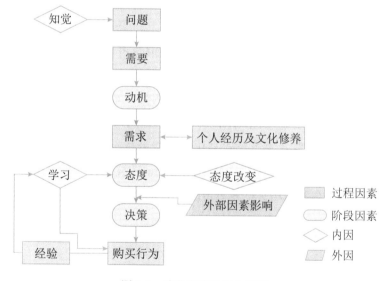

图 2-2　消费者购买行为模型

消费者行为受到动机、感觉和态度、知觉、学习与信念等心理因素的影响。动机是指引起行为发生、造成行为结果的原因。它是促成购买行为的出发点。首先，必须让消费者知道他存在某些需要有待于满足，当消费者感受到这种需要时就会为了满足需要产生动机。

感觉是对某一事物、事件、意念的视觉、听觉、触觉、味觉、嗅觉。同样的汽车，由于感觉不同，可能会认为甲种汽车是男性用的，乙种汽车适合于女性。造成感觉差异的主要原因在于个人内在因素，如人们感觉的程度和过去的经验。

所谓态度，就是一个人对某种事物或意念持久的喜爱。一个人的态度往往是经过长期的个人经历逐步形成的。例如，速溶咖啡初上市时，不受欢迎，销路不广，美国通用食品公司制成了一种 Maxim 咖啡，但不用"速溶"作为卖点宣传，而以"既有传统咖啡的美味，又有迅速溶解的方便"为诉求，从而改变了消费者的态度，打开了销路。

消费者行为研究的基本框架也可以从消费者决策过程和影响消费者行为的外部因素出发。消费者决策是指消费者谨慎地评价产品、品牌或服务的属性，并进行理性选择，想用最少的付出获得能满足某一特定需要的产品或服务的过程。影响消费者行为的外部因素很多，有文化、社会阶层、参照群体、家庭等。

2.3.2 跨境电商下的数字化消费者行为

2014 年，大量的跨境电商企业如雨后春笋般涌现，消费者大量转移到线上，网上购物增长迅猛，电商渠道逐步吞噬传统实体零售，门店受到巨大冲击。在互联网如此高速发展的背景下，越来越多的企业追逐跨境电子商务的红利，而这使得消费者行为发生巨大变化。在利用跨境电子商务平台进行购买行为时，消费者的购物路径包括浏览商品、访问店铺、收藏商品、加入购物车、完成订单、进行评价、二次回购等一系列行为，这些都是在信息时代背景下衍生出来的数字化消费者行为。数字化消费者行为与传统消费者行为有着明显的差异，主要体现在以下几个方面。

（1）消费者购买行为和决策模式发生改变。消费者的数字化决策进程不再是逐步地缩小品牌选择范围，数字化决策进程是环状循环往复的，由"购买环"（purchase loop）和"品牌忠诚环"（loyalty loop）两个小环内切组成，包括考虑（consider）、评估（evaluate）、购买（buy）、体验（experience）、互粉（advocate）和互信（bond）六个关键阶段（图 2-3）。数字化消费者决策模式与传统消费者决策模式形成鲜明的对比，消费者决策的路径和实践的影响权重都大相径庭了，极大地改变了传统的终端购买行为。例如，消费者的网上购买行为和移动购买行为对传统商业渠道、实体零售店形成了挑战。

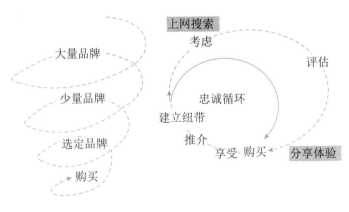

图 2-3　漏斗模型（左）和双环模型（右）

（2）消费者信息环境完全改变。由于各种数字化媒体、社交媒体对传统媒体的取代，消费者获取信息的途径更多、信息传播和利用更有效更透明，从不对称的不完全信息状态进入几乎透明的完全信息状态。跨境电商平台下商品的各种参数、用户评价、物流信息等都是向消费者公开的，消费者有了更大的权力，能够更有效地辨识有效信息。

（3）数字消费者社群（digital consumer community）成为消费者行为的主体。社会网络和社交媒体促成了虚拟消费者社群的广泛出现，互动、分享、众筹、共创的力量成为主导的社会动力。消费者行为学在很大程度上转向对消费者社群的高度关注和研究，通过消费者社群平台积累的顾客资产成为数字化营销的重心。数字化时代对消费者行为的关注重心，已经从"个体行为"转向"（网上）群体行为"（如社交网络和朋友圈的行为）。群体行为不是个体行为的简单相加，两者的行为特征并不相同，从理论上讲，理解了个体行为不等于就掌握了群体行为。在数字化情境中，不仅个体行为的影响因素必须强调"社群"，更重要的是，群体行为表现出如下新的特征：①网络本身没有强制性的中心控制，各点之间高度互联；②点对点的相互影响通过网络形成非线性的因果关系；③"乌合之众"效应。

（4）数字化平台也为洞察消费者行为提供了新路径。由于大数据技术得到广泛应用，了解、把握和研究消费者的方法完全不同了，实现了智能化记录、识别、分析消费者的浏览、购买等行为，确定消费者的兴趣偏好和潜在消费需求，进而得到清晰的用户画像，还可对跨境网购群体进行细分，发现不同细分群体的需求特色，有利于企业进行精准化营销，根据每个用户或是不同群体制定差别策略，满足消费者个性化需求和潜在需求。

2.4　信息经济学

2.4.1　信息经济学概述

信息经济学起源于 20 世纪 40 年代，是信息科学的一个分支学科，是一门研究信息的经济现象及其运动变化特征的科学。首先要了解什么是信息。信息是客观世界中各种事物的变化和特征的最新反映以及经过传递后的再现。在信息经济学中，信息的概念不仅包括数据、图形、声音、符号等狭义的信息意义，还包括广义的信息含义，即任何事件本身都包括或传递一定量的信息。信息是传递过程中的知识差。在经济活动过程中，由于传递过程存在噪声，可能出现信息失真或误差，因而信息是存在于信息源与用户之间经济知识度的逻辑差，它表明经济信息存在的事实和度量。信息具有经济性特征，即信息的获取、生产与利用都是需要支付费用，是有成本的，同时，信息具有使用价值和价值。

信息经济是以信息为经济活动的基础，以信息产业为国民经济主导产业的一种社会经济形态。在生产和交换过程中，信息无疑是一个基本的、不可回避的生产要素。现代信息技术的发展使信息的传递、存储等更快、更容易，信息和信息服务的获得代价更加低廉。经济全球化和物质财富的有限性使信息的作用与地位日益增强。社会经济活动的各个方面更加依赖于信息交流和信息处理。一方面，信息以市场信号的形式显示社会稀缺资源的有效程度；另一方面，信息能估计和确定经济关系，信息的分布状况显然直接影响到经济个体、群体甚至系统全局的行为和规律。随着信息和信息服务商品化程度的提高，信息市场规模的扩大，商品中信息成分的不断扩大，信息业产值和人数也逐渐增大，逐步演化为一种新的经济结构，即信息经济。

信息经济学是信息的经济研究，是信息经济的研究，是信息与经济间关系的研究，涉及信息的经济作用、信息的成本和价值、信息的经济效果、信息产业结构、信息系统、信息技术、信息经济理论等方面。信息经济学的知识体系通常分为两大方向，即宏观信息经济学和微观信息经济学。其中，宏观信息经济学以研究信息产业和信息经济为主，它是研究信息这一特殊商品的价值生产、流通和利用以及经济效益，宏观层面的研究和应用对于国民经济的发展起着重要作用。微观信息经济学是整个信息经济学学科体系中发展较成熟的部分，也是基础性的理论。微观信息经济学也可称为不对称信息经济学，主要是以不完全信息和不对称信息为前提的应用研究，是规范不对称信息市场的一种有效工具。微观信息经济学研究信息的成本和价格，并提出用不完全信息理论来修正传统的市场模型中信息完全和确知的假设，重点考察运用信息提高市场经济效率的种种机制。

2.4.2 信息不完全与非对称原理

信息不完全和非对称是信息经济学的基本前提和观点。在现实经济环境中，市场参与者一般情况下很难拥有某种经济环境的全部信息，同时，市场参与者拥有的信息也是有差异的，这种信息存在的规律称为信息不完全与非对称原理。

1. 信息的不完全性

在经济活动中，市场参与者无法拥有某种经济环境全部信息的信息状态称为信息不完全，这种状态下的信息称为不完全信息。完全信息是指市场参与者掌握某种经济环境的全部知识。在完全市场上，信息是一种不需要支付任何成本就可以免费获得的自由物品，因此，完全市场的信息不可能成为商品，不具有市场价格。然而，在现实环境中，信息完全状态是不存在的。之所以信息不完全，是因为人的认识能力是有限的，且信息存在滞后性，搜索和使用信息也要花费时间和成本，必须考虑由此得到的效益。

信息不完全会导致价格不能灵敏地反映市场的供求状况，市场供求状况不能灵敏地随着价格的指导而发生变化，市场出现失灵现象。企业为尽可能多地获取信息，会进行信息搜寻，如通过交易区域化、专业化贸易商、广告、共享信息、专业或非专业信息机构、个人、直接走访、通信搜索等方式。

2. 信息的非对称性

经济活动中，在相互对应的市场参与者之间，一方不了解另一方具有的知识和所处的经济环境，这种状态就是信息非对称，这种状态下的信息就是非对称信息。对称信息是指在某种相互对应的市场参与者双方中，对应的双方都掌握有对方具备的信息。信息的非对称是由于市场参与者获得不同的信息所产生的，而获取不同的信息又与人们获取信息的能力相关。

信息不完全与非对称原理意味着信息的不完全与非对称是一种不能消除的现象；同时也说明信息具有经济价值，市场参与者须花费时间和成本才能获得信息，从而使得信息作为一种特殊的商品而存在。

3. 逆向选择

交易双方信息不对称和市场价格下降导致劣质品驱逐优质品，进而出现市场交易产品平均质量下降的现象就是逆向选择。乔治·阿克洛夫在信息经济学中引入的"柠檬市场"概念描述的就是逆向选择的市场现象，"柠檬"在美国俚语中意为"次品"，因而柠檬市场又可称为"次品市场"。因为卖家相比于买家拥有更多的信息优势，而买家不会轻易相信卖家的话，唯一的办法就是降低价格以规避信息不对称带来的风险。反过来，买家过低的价格也使得卖者不愿意提供高质量的产品，从而低质品充斥市场，高质品无法立足，形成恶性循环，导致市场萎缩。

以二手车市场为例，卖方比买方拥有更多的关于二手车质量的信息，买方由于不能确定所购车辆的质量优劣，因而只愿根据平均值来支付价格，这就使高质量的二手车价格被低估，持有高质量二手车的卖方不愿低价出售，因此退出交易市场，结果市场上只剩劣质二手车，这就是"逆向选择"的一个典型例子。逆向选择的例子在现实经济生活中还有很多，如保险市场、人才市场、网络交易市场、生产资料市场等。总之，只要有市场，只要进行交易，就可能出现逆向选择。逆向选择的理论也说明如果不能建立一个有效的机制遏止假冒产品，会使假冒伪劣泛滥，形成"劣币驱良币"的后果，甚至市场瘫痪。

2.4.3　跨境电商中的信息经济学

国际贸易涉及分属不同关境的买卖双方，传统国际贸易受到时间和空间的限制，企业和消费者很难收集汇总各方信息进行对比。而跨境电子商务相较于传统国际贸易挖掘出了更为宏大的发展空间和发展环境，能够不受时间、空间的限制，一个企业可以直接面向全球消费者，一个消费者也可以向任何国外企业购买商品，买卖双方借助互联网和跨境电商平台，以较少的时间和成本来获取对方的相关信息，尽可能减少信息不完全和不对称。

在信息不完全性方面，跨境电商获取信息相比国际贸易更为方便、快捷、全面。对于买卖双方而言，由于多种限制因素的影响，原有国际贸易方式信息获取成本高、效率较低、不全面，而跨境电商提高了人们获取信息的便捷性。对于卖方而言，借助跨境电商平台，企业可以快速获取国外买方市场的信息，进行买方市场分析，了解当地消费者习惯、竞争对手、价格信息等，企业也能够及时获取销量信息、用户数据，并据此进行市场定位、产品定价、销量预测、用户偏好分析、营销促销等，从而抓住机会，规避风险。对于买方而言，跨境电商平台可以让客户在最短的时间内全面了解国外产品、企业的基础信息，以较少的时间和成本"货比三家"，根据自己满意的价格选择最合适的产品购买渠道，减少信息不完全性。

信息不对称方面，跨境电商也面临柠檬市场问题。在产品质量上，传统零售业中，消费者可以看得见摸得着实物，对于产品质量心中有底。而跨境电商平台上的商品，虽然种类繁多、高中低档齐全，但买家与商家在虚拟环境中进行着真实的交易，由于地域限制，消费者不可能亲临感知、体验，买家对于商品的了解完全依靠商家自己提供的图片、文字、视频等，对其真实性、与商品的贴近度无从知晓，是否名副其实完全取决于卖方的职业道德，而商品需要经历较长的时间才能到买家手中，等商品到手后买家才会知道是否物有所值，与卖方相比，买家处于严重的信息劣势。另外，买方在店铺信息上也处于信息劣势。低门槛的电子商店无须专门的店面、营业人员和仓储设施，广告及促销成本也大幅减少，因此，无论是申请网上开店，还是商店在经营失败后退出，其进出成本都很低，这将使得经营者来去自由，造成网络市场的高度不稳定。如果企业突然退出，会造成买方损失，而跨境电商中，买卖双方处于不同国家，在损失追回上会存在较多问题。最后，买方信息不对称。买方对于商家的信用度、经济承受力等信息毫无了解。综上，在跨境电商模式下，商品购买与收货时间的相互分离，以及虚拟交易中存在的显著信息不对称，使逆向选择现象很容易出现，并导致市场的柠檬化。与商家相比，买家处于严重的信息劣势，议价能力受到很大的制约，极有可能因此遭受损失。

信息不对称对跨境电商的影响不可避免，但已经有一些方式可以减少信息不对称带来的不利影响。首先，商家诚信经营，增强自身的商业信誉。诚信经营可增强买卖双方之间的信任，当商家获取消费者信任后，消费者会通过好评或是其他方式传播商家信息，促进良性循环。其次，许多跨境电商平台都会通过构建信用评级机制，要求商家缴纳保证金等方式激励商家保持诚信，对于违反诚信的商家记录其污点，影响其诚信等级，如速卖通平台上，店铺的信用等级越高，其在平台里的权重越高，从而展现量也就越高，让自己的店铺更容易接触消费者。再次，跨境电商平台通过借助第三方资金托管平台，应对购买与收货时间分离可能带来的道德风险。例如，通过我国的支付宝（第三方支付平台），买家先付款到支付宝，网站通知卖家发货，买家收货后再通知支付宝放款给卖家。在此过程中，跨境电商平台以第三方信用取代个人信用，保证交易顺利完成，很好地解决了买卖双方的信息不对称，解决了交易安全问题和用户的信任问题。最后，卖方和买方会通过选择国内外知名跨境电商平台来销售和购买商品，从而降低自身的信息不对称。

2.5　价值链理论

2.5.1　价值链理论概述

价值链理论是哈佛大学商学院教授迈克尔·波特于 1985 年提出的。波特认为，"每一个企业都是在设计、生产、销售、发送和辅助其产品的过程中进行种种活动的集合体"。"企业每项生产经营活动都是其为顾客创造价值的经济活动，那么，企业所有的互不相同但又相互关联的价值创造活动叠加在一起，便构成了创造价值的一个动态过程，即价值链。"

这些活动可分为主体活动和支持活动两类，主体活动是指生产经营的实质性活动，与商品实体的加工流转直接相关，是企业基本的价值增值活动，又称基本活动，包括原料供应、生产加工、成品储运、市场营销、售后服务等；而支持活动是指用以支持主体活动而且内部之间又相互支持的活动，又称为辅助活动，包括采购管理、技术开发、人力资源管理和企业基础结构等。企业价值链不是独立价值活动的集合，而是相互依存的活动构成的一个系统。在这个系统中，主体活动之间、主体活动与支持活动之间以及支持活动之间相互关联，共同成为企业竞争优势的潜在源泉。企业价值链如图 2-4 所示。

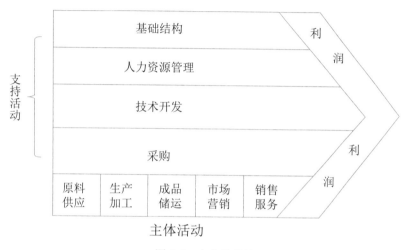

图 2-4　企业价值链

在大多数企业产业中，很少有企业单独完成产品设计开发、生产加工、市场销售、售后服务的全过程，除非企业具有非常充分的资金和十分全面的能力。因此，一个企业价值链往往是产品价值链的一部分，它同供应商价值链、分销商价值链、客户价值链一起构成价值链体系。产业价值链如图 2-5 所示。

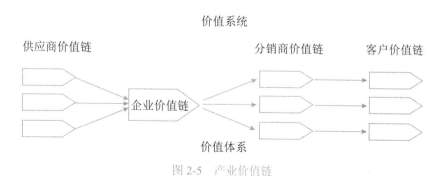

图 2-5　产业价值链

在全球化和国家化分工背景下，加里·杰里菲（Gary Gereffin）提出了全球价值链（global value chain，GVC）的概念，提供了一种基于全球网络、用来分析国际性生产的地理和组织特征的分析方法。参与国际分工合作的世界各国企业，由生产最终产品转变为依据各自的要素禀赋，只完成最终产品形成过程中某个环节的工作。最终产品的生产，经过了市场调研、创意形成、技术研发、模块制造与组装加工、市场营销、售后服务等增值活动，形成了一个完整链条，这就是全球价值链。在"微笑曲线"理论中，这些价值增值活动又被分为上游（研发设计）、中游（生产制造）、下游（营销与服务）。微笑曲线两端朝上，在价值链上，附加值更多体现在两端，包括设计和服务，而处于中间环节的制造附加值最低。制造加工环节付出的多为物化要素成本和简单化劳动成本，虽然投入也很大，但具有可替代性。研发环节和流通环节投入的信息、技术、品牌、管理、人才等属知识密集要素，比制造加工环节更复杂，具有不可替代性。微笑曲线有两个要点，一是可以找出附加价值在哪里，二是关于竞争的形态。微笑曲线如图2-6所示。

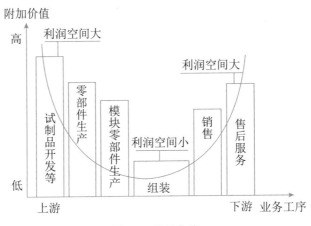

图2-6　微笑曲线

　　根据"价值链"理论，一个企业虽然有众多的"价值活动"，但并不是每一个环节都创造价值。企业所创造的价值，实际上来自企业价值链上某些特定的价值活动，也就是企业价值链的"战略环节"。企业在竞争中的优势，尤其是能够长期保持的优势，说到底，是企业在价值链某些特定战略环节上的优势。而行业的垄断优势来自该行业的某些特定环节的垄断优势，抓住了这些关键环节，也就抓住了整个价值链。这些决定企业经营成败和效益的战略环节可以是产品开发、工艺设计，也可以是市场营销、信息技术、知识管理等，视不同的行业而异。

　　在企业层面，为了诊断分析竞争优势，企业有必要根据价值链的一般模型，构造具有企业自身特色的价值链。企业在构造价值链时，需要根据利用价值链分析的目的以及自己生产经营特点，将每一项活动进行分解，分解的适宜程度取决于三点：是否每个环节有不同的经济意义、是否对差异化有潜在的巨大影响、是否在成本上表现为一个较大的份额或一个不断增长的份额。在行业层面，企业进行行业价值链分析应从战略的高度看待自己与供应商和经销商的关系，寻求利用行业价值链来降低成本的方法。通过行业价值链分析既可使企业明晰自己在行业价值链中的位置，以及与自己同处于一个行业的价值链上其他企业的整合程度对企业构成的威胁，也可使企业探索利用行业价值链达到降低成本的目的。改善与供应商的联结关系，可以降低本企业的生产成本，通常也会使供需双方获益。在全球层面，企业要明确自己在国际分工中所处的地位，进而对自己重新定位，突破区域的限制，重新构建价值创造活动，获取竞争优势。

2.5.2　跨境电商价值链

跨境电商企业可以从企业、产业以及全球价值链层面进行剖析，从而构造自身的竞争优势。

1. 企业价值链

相比于传统外贸企业的经营模式，跨境电商依托信息网络技术，在信息获取、内部沟通、线上运营、销售渠道、客户服务等方面有着更好的优势。因此，跨境电商企业可以从基础层面和辅助层面对企业的内部价值链进行竞争优势分析，包括调研、设计、运营、销售、服务等基础环节和基础设施建设、人力资源管理、技术开发、供应链管理等辅助环节。例如，企业通过跨境电子商务平台低成本获取海外客户需求信息，针对不同区域客户的需求和偏好，调整相关产品信息，从而营造海外市场的本地化运营形象，增强海外消费者对企业品牌的认知，打造品牌优势。又如，跨境电子商务企业借助平台提供的大数据进行客户关系管理，分析海外消费者的消费习惯和不同需求，量身定做适应其个性的具有差异化的产品和服务，增加产品价值，打造竞争优势。在跨境电子商务背景下，企业能够借助平台和互联网媒介，与消费者及时沟通，保证退换货等服务，提升消费者的购物体验，构建服务优势。

2. 产业价值链

跨境电子商务以互联网为媒介，不受时间和地理位置的限制，能够快速、高效地传递产品和服务信息，绕过了传统贸易模式下国外进口商、批发商、零售商对国外渠道的垄断，精简了贸易链条的中间环节，来自不同国家的供需双方只需通过互联网平台就能即时进行有关货物及服务的交流与沟通，企业可以直接面对最终消费者，从而快速响应全球市场的变化，提高了供应链的快速反应程度。此外，由国境、海关等因素带来的壁垒也大大减少，庞大的国际市场随时可以进入。跨境电商有效减少了传统国际化经营中繁复的中间环节造成的流转成本，外贸企业就可以减少大部分用于宣传、沟通、物流等的交易费用，从而将精力与资金投入新产品的设计研发、生产制造、营销等全产业链体系建设，打造企业自身品牌。

3. 全球价值链

在产品的研发与设计方面，跨境电商使企业靠近了海外消费者，能够更加快速地响应当地消费者的消费需求，更好地创造和提供"高质量"的产品和服务，另外，根据多样化和个性化的消费者数据分析，企业可以在巩固出口产品核心价值的基础上，不断增加产品的外延价值，辅之以配套的服务体系，提升出口产品的附加价值。从产品的核心价值到外延价值，制造企业在国际分工体系中的被动地位得到改善。在营销管理方面，借助跨境电商平台、国际互联网媒介、搜索引擎优化等新型网络营销手段，推广产品和品牌，摆脱对国外进口商、批发商和零售商的销售依赖，充分发挥自身的能动性，积极构建以自身为主的海外营销网络，掌握参与全球价值链的主动权。

整体来看，通过发展跨境电子商务，物流配送、电子认证和支付、信息服务等新型服务业态实现了快速发展，为海外市场提供相关出口商务服务的同时可以带动我国海外仓储和供应链企业的发展，进一步推动相关产业和生产性服务业协同发展，促进服务贸易优化升级，促使我国产业向全球价值链的上下游发展。

2.6 跨文化理论

2.6.1 霍夫斯泰德文化维度理论

跨文化是指对于与本民族文化有差异或冲突的文化现象、风俗、习惯等有充分正确的认识，并在此基础上以包容的态度予以接受与适应。荷兰心理学家吉尔特·霍夫斯泰德（Geert Hofstede）从六个维度（权力距离、不确定性的规避、个人主义/集体主义、男性化/女性化、长期取向与短期取向、自身放纵与约束）具体测量了世界各国的文化差异，同时比较了不同文化背景下的管理实践特点。他发现，各国在文化上的差异是显而易见的，而且各国的管理理论和实践显然是有其文化相对性的。在不同的文化背景下，其管理决策方式、人际关系以及沟通方式存在显著的差异性，因此他甚至断言，所谓的国际企业管理在本质上就是文化问题。在霍夫斯泰德的基础上，通过进一步研究，最终将不同文化间的差异归纳为以下六个基本的文化价值观维度。

1. 权力距离（power distance）

权力距离指的是一个社会对于权力的不平等分配的接受程度。在社会各种群体中，权力分配的不公平性是难以避免的，在权力距离比较大的国家（通常为亚洲国家），人们已经接受这样的等级制度，并遵守此社会规则，安分守己，充分了解自己的等级下应当有什么样的行为。相反地，在权力距离比较小的国家（通常西方国家为多），社会追求阶级平等化，人们会主动追求权力的平等和公正化，因此权力常常会被相应地重新分配。

2. 不确定性的规避（uncertainty avoidance）

不确定性的规避指一个社会受到不确定的事件和非常规的环境威胁时是否通过正式的渠道来避免和控制不确定性。回避程度高的文化比较重视权威、地位、资历、年龄等，并试图以提供较大的职业安全，建立更正式的规则，不容忍偏激观点和行为，相信绝对知识和专家评定等手段来避免这些情景。回避程度低的文化对于反常的行为和意见比较宽容，规章制度少，在哲学、宗教方面他们容许各种不同的主张同时存在。

3. 个人主义/集体主义（individualism versus collectivism）

这是衡量某一社会总体是关注个人的利益还是关注集体的利益。个人主义倾向的社会中人与人之间的关系是松散的，人们倾向于关心自己及小家庭；而具有集体主义倾向的社会注重族群内关系，关心大家庭，牢固的族群关系可以给人们持续的保护，而个人则必须对族群绝对忠诚。

4. 男性化 / 女性化（masculinity versus femininity）

这个维度主要看某一社会代表男性的品质如竞争性、独断性更多，还是代表女性的品质如谦虚、关爱他人更多，以及对男性和女性职能的界定。男性度指数（masculinity dimension index，MDI）的数值越大，说明该社会的男性化倾向越明显，男性气质越突出；反之，则说明该社会的女性气质突出。

5. 长期取向与短期取向（long-term versus short-term）

这里指的是某一文化中的成员对延迟其物质、情感、社会需求的满足所能接受的程度。这一维度显示有道德的生活在多大程度上是值得追求的，而不需要任何宗教来证明其合理性。长期取向指数与各国经济增长有着很强的关系。20 世纪后期东亚经济突飞猛进，学者们认为长期取向是促进发展的主要原因之一。

6. 自身放纵与约束（indulgence versus restraint）

这个维度指的是某一社会对人的基本需求与享受生活享乐欲望的允许程度。自身放纵（indulgence）的数值越大，说明该社会整体对自身约束力不大，社会对人自身放纵的允许度越大，人们越不约束自身。

2.6.2　跨境电商与跨文化

本书第 1 章介绍了"跨境电商"的交易主体主要分属于各个国家，这也意味着，不同国家之间的文化差异是跨境电子商务运作过程中的一大影响因素。随着跨境电子商务占全球进出口贸易的比重不断增加，针对目标消费所在国的实际文化、风俗等，加强对消费者消费习惯及文化的理解与认识，有利于促进跨境电子商务业务运作更有区域针对性，这体现在沟通风格、网页设计偏好、跨文化营销等方面。

1. 沟通风格

在跨文化沟通中，很难实现沟通的清晰性，这种沟通问题不仅可能是由所表达的内容引起的，而且可能是由所表达的内容如何被解释引起的。研究表明通过信息共享实现的更高程度的清晰性会带来更好的经济收益和购买满意度。

大量的证据表明，东方国家的人属于高情境文化。在语言代码和沟通方式方面，他们的动机是需要"保全面子"，倾向于用间接的方式表达。也就是说，他们更喜欢使用模棱两可的词语，以免留下武断的印象。跨文化研究者将东亚人对间接交流方式的偏好归因于他们对和谐与面子的重视。相比之下，美国以及大多数西方国家的人属于低情境文化，这意味着他们喜欢更直接、更明确和更精确的沟通方式。

在跨境电商双向沟通中，沟通风格的差异会影响沟通的清晰度，低情境文化的买家认为中国卖家的沟通风格是间接的、不透明的，甚至难以理解的。即使在中国跨境电商卖家精通英语的情况下，也可能出现这样的情况。间接的沟通方式可能会导致美国等国家的合作伙伴某种程度的不适。因此，卖家与低情境文化买家进行双向交流时，可以使用更加直接和明确的沟通方式，清楚表达自己的想法，可以巧妙运用专业语、礼貌语等沟通话语技巧，让他们觉得获得了一定的让利额度，从而促使交易更快达成。

2. 网页设计偏好

网站是电商与国外网购者跨文化交流的重要媒介，网店页面是企业通向世界的虚拟门户，企业使用视觉技术向潜在客户展示自己的形象。跨境电商平台的客户是国际化的，其用户体验非常重要，网站文化层面的建设也至关重要，了解并认可跨国客户的审美偏好，尊重客户文化，能有效树立公司形象。否则可能会因文化和社会偏见而疏忽客户，对跨境贸易带来不利影响。

文化差异已经成为国际界面设计中的一个重要问题，界面设计是为了适应用户在使用计算机应用程序时的差异。多曼和基萨利塔认为，用户偏好存在共性，并且根植于文化之中。理查德·尼斯贝特（Richard E. Nisbett）也认为文化群体感知和处理信息的能力是相似的。这种现象可以在任何属于不同地区或国家的网站上看到，某些文化群体有着集体类似的偏好，如颜色、导航支持或信息密度等。

总之，来自不同文化的用户对于界面设计的文化解读不同。因此跨境电商店铺主页、网页设计等要迎合跨境电商目标群体的文化习惯，契合他们的偏好与习惯，从而避免因为网页设计得不合理流失客户。

3. 跨文化营销

营销就是努力满足消费者的需求，是一种社会文化现象。在两种以上不同文化环境下开展的营销活动称为跨文化营销。跨境电子商务的全球性和即时性特征冲破了国家间空间和时间上的差异，但文化上的差异无法避免。不同国家消费者的消费方式和习惯以及对商品和服务的感知方式烙有自身的文化印记，某种程度上文化成为影响企业跨境营销的关键因素。文化差异背景下，营销策略不能正确实施可能会把已有的品牌

延伸阅读 2-2

中国跨境电商在泰国的跨文化营销

优势和商业关系消耗殆尽。因此，跨境电商的跨文化营销策略选择对于提高跨境电商质量，打破国际市场间的文化壁垒，促进跨境电子商务业务发展具有重要意义。

传统外贸中早已存在跨文化营销现象，即对不同种族、不同文化类型、不同文化发展阶段的目标消费人群所采取的营销策略、营销方式。如今，跨文化营销在跨境电商新背景下产生了新内涵，企业主要通过网店或网站为他国消费者展现产品和服务，文字、图片、视频、电子邮件、在线客服等都是实现双方沟通的主要形式。

在跨文化的买卖环境下，卖方应深入了解分析主要目标市场人群有关消费、风俗、语言表达等方面的文化要素，选择合适的营销策略，以符合目标消费者文化习俗的语言或图片表达，以更好地提高英文网店企业推介目的，增强网店对不同文化环境的适应能力。

思考题

1. 跨境电商发展的理论基础有哪些？

2. 举例论述相比于传统贸易，跨境电商是如何降低成本的？

3. 如何理解逆向选择？

4. 跨境电商交易过程中信息不对称性体现在哪些方面？请从买卖双方角度详细论述。

5. 跨境电商与跨文化之间有怎样的关系？

6. 试从企业、产业以及全球价值链层面剖析跨境电商。

即测即练

扫描书背面的二维码，获取答题权限。

第 2 章

即测即练

案例分析

案例分析 2-1

自贸区背景下泸酒
企业跨境电商发展

参考文献

[1] 徐小点 . 电子商务对传统国际贸易影响研究 [D]. 首都经济贸易大学 ,2016.

[2] 张钰 . 中国跨境电商的问题及对策研究 [D]. 安徽大学 ,2018.

[3] 向绍阳 .B2C 环境下新媒体营销对消费者购买行为影响研究 [D]. 华中农业大学 ,2016.

[4] 蒋丹 . 基于 UTAUT 模型的移动电子商务环境下消费者购买行为研究 [D]. 南京邮电大学 ,2017.

[5] 项薛钦 . 电子商务、交易成本与全球价值链 [D]. 浙江大学 ,2017.

[6] 王琼 . 跨文化心理学视角下的跨境电商沟通策略研究 [J]. 高等职业教育（天津职业大学学报）,2019,28(05):87-91.

[7] 柴畅 . 跨境电商平台中美购物网站店铺主页的跨文化比较 [J]. 电子商务 ,2020(04):33-34+36.

[8] 朱靖 . 信息经济学研究综述 [J]. 情报科学 ,2015,33(05):144-149+156.

[9] 成秋阳 . 基于信息经济学原理浅谈对电商业务的认识 [J]. 现代营销（信息版）,2019(01):225.

[10] 李梦圆 . 基于信息经济学的淘宝业务模式探讨 [J]. 财经界（学术版）,2013(14):46+48.

[11] 张正荣 , 杨金东 . 跨境电子商务背景下服装外贸企业的价值链重构路径——基于耦合视角的案例研究 [J]. 管理案例研究与评论 ,2019,12(06):595-608.

[12] 李国鹏 , 王绍媛 . 基于跨境电商的网络化制造推动全球价值链升级研究 [J]. 国际贸易 ,2018(06):14-19.

[13] 袁欢 . 跨境电子商务的运行——基于抑制交易成本的角度 [J]. 现代交际 ,2017(07):74.

[14] 刘利 . 对跨境电商消费者行为模式及营销策略的探讨 [J]. 商业经济 ,2019(07):33-34+50.

[15] 陈幸吉 . 自贸区背景下泸酒企业跨境电商发展策略研究 [J]. 对外经贸 ,2022(09):14-17.

第3章
跨境电商的
商业模式及其分类

导入案例

洋码头的商业模式

洋码头成立于2009年，力图打造一个专门为国内用户代购洋货的平台。洋码头满足了中国消费者不出国门就能购买到全球商品的需求，驻扎在洋码头上的卖家可以分为两类，一类是个人买手，另一类是海外商户。洋码头以C2C平台（买手入驻）为主，M2C模式（店铺入驻）为辅。在C2C平台上销售的商品多为个性化的非标品，能够满足用户多元化需求。同时，它围绕直播、粉丝等社交功能增强用户黏性以及体验效果。在电商方面，首先，满足消费者多元需求。通过集中非标品，满足用户的兴趣化和多样化需求，打造逛街式购物，同时中小型卖家对于消费者的需求把握更细致。其次，把控商家质量，通过卖家信息认知，确保货源地和物流信息等在国外，并对买手团队进行培训，对长时间不发货、联系不上的卖家进行末位淘汰。同时，注重消费者的消费体验。在物流速度上，通过自建物流，国外直邮平均5天到货，保税邮递平均2.5天到货。在退换货方面，要求所有卖家提供退换货服务，出现质量问题时，由平台受理。在社交方面，通过直播方式培养信任。另外，通过粉丝制度增加用户黏性，卖家能够自发、自然地吸引到兴趣爱好相同的粉丝，可以与粉丝进行实时交流，并分享其他相关信息。通过消费者晒单等行为，一方面实现了商品更好地推广传播，另一方面加强了用户参与度。

资料来源：梁小晓.跨境电子商务企业商业模式及其影响因素分析[J].商业经济研究，2020（01）：94-98.

3.1　商业模式的概念与评价系统

3.1.1　商业模式概念及要素

1. 商业模式概念及发展过程

20 世纪 70 年代中期，科沙刹等在讨论数据和流程的建模时，首先使用"商业模式"这个术语，并将利用其构建企业信息系统的业务流程模型。此时的商业模式含义主要包括业务、流程、数据和通信线路等内容，在此技术上进行系统优化以便支持企业商业计划。

20 世纪 90 年代后期，这个名词开始在管理学、计算机杂志上涌现，其含义与时期的含义大不相同。彼得德鲁克曾经指出："当今企业之间的竞争，不是产品之间的竞争，而是商业模式之间的竞争"，他将这种不同与传统竞争形式的新型竞争形态命名为公司的经营理论。

同一时期，亨利·明兹伯格（Henry Mintzberg）也注意到这一问题，把企业或组织的商业模式归结为"战略思想"，并且对战略和"战略思想"这两者进行了区分，认为："与战略规划截然不同，战略思想是综合性的，它包含直觉和创造精神。战略思想的成果是企业的一个整体的概貌，一个愿景目标的不太精确的阐述。"商业模式竞争作为现代经济下一种新竞争形式显现出来以后，很多学者将这种商业模式竞争的经济学渊源归结为熊彼特的企业家创新理论，他认为企业经营、市场的经济发展实质就是不断地进行创造性破坏的过程，在打破原有格局的同时建立新的市场格局，通过新商业、新技术、新供应源和新的组织模式创新，通过创新的竞争优势来获得熊彼特经济租金，这种"创造性破坏"的过程也可以引申为新旧商业模式的更替过程。

到了 20 世纪 90 年代末 21 世纪初，关于商业模式的定义则出现了更多不同的说法。蒂默尔斯（Timmers）认为商业模式是产品、服务和信息流的体系，描述了不同参与者和他们的角色以及这些参与者潜在利益和最后受益的来源。阿普尔盖特（Applegate）认为商业模式描述了复杂商业能促使研究它的结构和结构要素之间的关系以及它如何对真实世界做出反应。皮尼厄（Pigneur）认为商业模式是关于公司和他的伙伴网络，给一个或几个细分市场客户以产生有利可图的、可持续的收益流体系。科尔文（Colvin）认为商业模式就是赚钱的方式。帕特罗维奇（Patrovic）等认为一个商业模式不是对它复杂社会系统以及所有参与者关系和流程的描述，相反，一个商业模式描述了存在于实际流程后面一个商业系统创造价值的逻辑。阿米特（Amit）和佐特（Zott）认为商业模式是利用商业机会的交易成分设计的体系构造，是公司、供应商、辅助者、伙伴以及雇员连接的所有活动的整合。拉帕（Rappa）将商业模式描述为：清楚说明一个公司如何通过价值链定位赚钱。杰弗里·维尔（Geoffrey Weil）和维塔尔（Vital）把商业模式描述为在一个公司的消费者、联盟、供应商之间识别产品流、信息流、货币流和参与者主要利益的角色和关系。马格雷塔（Magretta）认为商业模式是说明企业如何运作。

综上所述，商业模式就是企业为了最大化企业价值而构建的企业与其利益相关者的交易结构，是一种包含一系列要素及其关系的概念性工具，用以阐明某个特定实体的商业逻辑。它描述了公司所能为客户提供的价值以及公司的内部结构、合作伙伴网络和关系资本（relationship capital）等用以实现（创造、推销和交付）这一价值并产生可持续盈利收入的要素。

商业模式设计的目的是最大化企业价值，是连接客户价值与企业价值的桥梁。同时商业模式为企业的各种利益相关者，如供应商、客户、其他合作伙伴、企业内的部门和员工等提供了一个将各方交易活动相互联结的纽带。一个好的商业模式最终总是体现为获得资本和产品市场认同的独特企业价值，商业模式是"企业战略的战略"，就跟高速路口一样，正确的商业模式将决定着企业朝对的方向走。

一般地说，服务业的商业模式要比制造业和零售业的商业模式更复杂。最古老也是最基本的商业模式就是"店铺模式（shopkeeper model）"，具体点说，就是在具有潜在消费者群的地方开设店铺并展示其产品或服务。随着时代的进步，商业模式也变得越来越精巧。"饵与钩（baitand hook）"模式——也称为"剃刀与刀片"（razorand blades）模式，或是"搭售"（tied products）模式——出现在 20 世纪早期。随着传媒业务的发展，形成了二次售卖模式。二次售卖指的是媒介单位先将媒介产品卖给终端消费者（读者、听众、观众），然后再将消费者的时间（或注意力）卖给广告商或广告主的过程。今天，大多数的商业模式都要依赖于技术。互联网上的创业者们发明了许多全新的商业模式，这些互联网商业模式完全依赖于现有的和新兴的技术。利用技术，企业们可以以最小的代价，接触更多的消费者。

2. 商业模式要素

关于商业模式的要素有多种说法，不同的行业和企业有不同的要素。这里重点介绍商业模式的一般四要素和"魏朱六要素"模型。

商业模式的一般四要素主要包括客户价值主张、盈利模式、关键资源和关键流程。客户价值主张指在一个既定价格上企业向其客户或消费者提供服务或产品时所需要完成的任务。价值主张确认了公司对消费者的实用意义。盈利模式是对企业经营要素进行价值识别和管理，在经营要素中找到盈利机会，即探求企业利润来源、生产过程以及产出方式的

延伸阅读 3-1

大数据对我国
跨境电商商业
模式的影响

系统方法。关键资源是指企业拥有的那些对其具体业务保持持续性的竞争优势、至关重要的基于能力的资源。关键资源既可能是物质性的，也可能是非物质性的。企业的资源只有在与企业某种扩张后的能力相匹配时，才能达到预期的效果并获得超出平均水平的收益，成为企业的关键资源。关键流程也就是流程关键因素，是指流程的诸构成要素中，对流程的运作起决定性影响的要素，常以"瓶颈"来形容它，显示着该因素的重要性；没有它，流程就难以运作。

魏朱理论定义商业模式包括定位、业务系统、关键资源能力、盈利模式、现金流结构和企业价值六个方面，六个方面相互影响，构成有机的商业模式体系（图 3-1）。定位就是企业应该做什么，它决定了企业应该提供什么特征的产品和服务来实现客户的价值。定位是企业战略选择的结果，也是商业模式体系中其他有机部分的起点。业务系统是指企业达成定位所需要的业务环节、各合作伙伴扮演的角色以及利益相关者合作与交易的方式和内容。业务系统是商业模式的核心。盈利模式主要指企业的收支来源和收支方式。收支来源即谁给谁钱，收支方式包括固定性质的租金、剩余性质的价差、分成性质的佣金，以及拍卖、顾客定价、组合计价等。关键资源能力是让业务系统运转所需要的重要的资源和能力。现金流结构是指以利益相关者划分的企业现金流的流入和流出结构以及相应的现金流形态。企业价值，即企业的投资价值，是企业预期未来可以产生的自由现金流的贴现值。

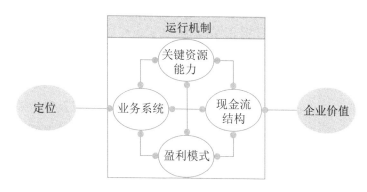

图 3-1　魏朱六要素商业模式

简言之，定位是商业模式的起点，企业价值是商业模式的归宿，是评判商业模式优劣的标准。企业的定位影响企业的成长空间，业务系统、关键资源能力影响企业的成长能力和效率，加上盈利模式，就会影响企业的自由现金流结构。不同的商业模式，有不同的结果。

商业模式是一个动态过程，企业在不同时期所采用的商业模式也会不一样，所注重的影响要素也会不一样。

3. 商业模式案例分析——基于魏朱模型

2017 年，新零售风起云涌，盒马鲜生作为阿里巴巴的新零售代表，吸引了众多的眼球。运用"魏朱六要素商业模式"模型对盒马鲜生的商业模式进行了具体分析。

（1）定位。盒马鲜生是阿里巴巴对线下超市完全重构的新零售业态，它既是一家生鲜超市，又是便利店，又是餐饮店，也能直接从线上选购送货到家，用创始人侯毅的说法是"四不像"。

盒马鲜生定位目标客户群是晚上大部分时间在家的家庭用户；周末会去超市带着孩子出去走走的用户。目前最核心的是 25~35 岁围绕家庭的互联网消费者，集中为女性。这个群体对商品的新鲜度和品质是第一要求，对服务看得很重要，对价格的敏感度反而不高。

盒马鲜生超市多开在核心商圈，主打海鲜（超 50%），兼营生鲜品和快消日用品，提供海鲜加工与餐饮。下单购物需要下载盒马 App，只支持支付宝付款，不接受现金、银行卡等任何其他支付方式。盒马鲜生最大的特点之一就是快速配送：门店附近 3 千米范围内，30 分钟送货上门。

（2）业务系统。盒马鲜生运用大数据、移动互联网、智能物联网、供应链等技术及先进设备，实现人、货、场三者之间的最优化匹配。盒马鲜生目前采用重资产模式，整套业务系统比较复杂，首先包含了采购和供应链系统，盒马鲜生采取生鲜原产地直接采购，部分商品与天猫共享供应链，为全国所有门店供货。这样降低了采购流通成本，在保证新鲜度的前提下也降低了产品价格。产品性价比高，造成销量的增加，也提升了产品流转率，生鲜损耗率降低。有资料显示，盒马的菜品价格低于传统菜场 10% 以上。其次是仓储和物流系统，盒马鲜生的门店选在核心商圈，而且动辄就是 4000 平方米以上，前店和后仓面积比例为 1∶1。盒马鲜生仓店一体的仓储方式和智能调度技术是确保以门店为半径 3 千米内 30 分钟送达的核心，其中 10 分钟用来拣货装箱，20 分钟用来配送。盒马鲜生的供应链、销售、物流完全数字化，通过悬挂链、电子价签、智能设备识别、智能分拨等技术手段，从商品的到店、上架、拣货、打包、配送等，作业人员通过流水化的拣货装箱系统作业，简易高效，而且出错率极低，提高了人效、坪效以及物流效率。盒马鲜生自建物流团队，运用智能调度技术，用算法规划出合理的配送路径，降低空驶率，提高物流效率。再次是零售服务系统，盒马鲜生重构购物场景，重新组合商品比率，主打海鲜（超50%），兼营水果蔬菜等生鲜品和快消日用品，提供海鲜加工与餐饮，新鲜的海鲜等生鲜商品，方便的即买即吃餐饮，提升了用户购物体验。最后，在盒马鲜生门店附近 3 千米范围内的客户，提供盒马 App 在线下单、30 分钟送货上门的极致体验。

（3）关键资源能力。要想打造盒马鲜生这套业务体系，需要三个关键能力和两个关键资源。

第一个关键能力是供应链管理能力。要想获得最新鲜、性价比高的生鲜产品，盒马鲜生需要从原产地直接采购，为全国各地的实体门店供货。整合供应链资源，建立统一、高效的供应链管理体系，是盒马鲜生的根本，是实现用户良好体验的保证，是新零售区别于传统零售的重要条件。第二个关键能力是物流配送能力，为实现盒马鲜生门店附近 3 千米范围内的客户下单 30 分钟送货上门的极致体验，社区仓储和高效的物流配送能力是重要的保障。第三个关键能力是零售管理与服务能力，盒马鲜生的实体门店归根结底还是零售，如何选址与装修，如何选购商品，如何库存管理，如何服务好消费者，如何增加客户黏性以提高坪效，都是盒马鲜生的基本功，是保证盒马鲜生正常运转的基础。第一个关键资源是全数字化业务流程 IT 系统，利用它增强客户黏性以提高坪效是盒马鲜生的首要目标，利用互联网、物联网、大数据等技术，建立全数字化业务流程 IT 系统是提高人效、坪效、物流效率的保障，以实现线上与线下、产业上下游的网络协同。第二个关键资源是实体门店的优质场地，零售行业的一个成功关键要素是找到好地段的合适门店场地，盒马鲜生的零售门店网络需要全国各地甚至全球的优质场地。

（4）盈利模式。从收入来源和成本结构两方面，来分析盒马鲜生的盈利模式。

盒马鲜生的收入主要有三种：一是从消费者获取商品销售收入，挣价差；二是从消费者获取餐饮加工服务收入，主要是海鲜类；三是从餐饮企业获取场地租金。

盒马鲜生是重资产模式，前期成本比较高，主要有以下几项成本。①场地成本。盒马鲜生仓店一体的方式给盒马鲜生的前期投入带来巨大成本，如实体门店的租赁、装修费用等。据报道盒马鲜生的单店开店成本在几千万元不等。②商品采购和货运成本。盒马鲜生的生鲜商品从原产地直采直供，经过全程冷链运输并精细包装后，直接进入盒马鲜生超市冷柜售卖。由于采用大规模的统一采购和货运，降低了商品成本。③IT成本。全数字化业务流程IT系统涉及流程复杂、环节众多，需要大量的软件开发和运维人员，据说盒马鲜生有一半人都是软件开发人员。④人力成本。盒马鲜生需要大量的人员，如实体门店的服务人员、配送人员、供应链采购人员、IT人员等，人力成本不低。

盒马鲜生盈利模式最核心的指标是坪效。传统零售企业做到每年每平方米1.5万元营业额，已经是零售企业中很高的水平，但是盒马鲜生已经实现了每年每平方米5万~10万元营业额。这么高的坪效主要由于盒马鲜生的海鲜+餐饮的组合提高了客单价，另外盒马的订单60%来自线上，极大地提升了坪效。

但是，根据一些测算数据，盒马鲜生的单店利润值得担忧。有业内人士曾给盒马鲜生算了笔账，其一家排名前列门店日销售额40万元、毛利率20%、客单价60元、送货成本12元/单。如果该店月销售额1200万元，毛利则为240万元。参照传统超市前台店面费率15%~18%，盒马该店前台店面费用将达180万~216万元，但盒马后台物流费用高达144万元（以月订单20万单计，其中线上订单60%计12万单，履约成本12元/单），月利润为-84万~120万元。

（5）现金流结构。盒马鲜生的现金流比较传统，每个实体门店开店前一次性支出较大，在日常有持续的现金流收入，以及相对平稳的管理费用、财务费用、员工工资、资产折旧等日常支出，总体来说运营费用较高，利润很薄。

（6）企业价值。当前的盒马鲜生是重资产模式，通过大量开店扩大规模，通过统一采购降低成本，通过线上与线下结合提高坪效，以实现业绩线性增长。根据市场报告，纯电子商务只占到中国4.8万亿美元零售市场的15%，盒马鲜生就是冲着85%的线下零售市场而来，通过新零售商业模式和互联网技术，改造实体门店，获得更大的零售市场增长。

3.1.2　商业模式的评价系统

1.商业模式评价维度

那么如何评估一套商业模式是否适合企业自身呢？可以从以下三个方面来评估和诊断：

（1）盈利能力（profitability），企业存在的目标便是盈利，商业模式作为企业价值活动的逻辑，是为企业盈利而服务的。成功的商业模式有助于企业在行业内获得竞争优势，从而在为顾客提供满意服务的同时，为企业带来高额收益。盈利能力直观反映商业模式对于企业的显性价值，是商业模式评价的重要维度。

（2）可持续性（sustainability），可持续性维度主要体现在持续的独特性价值创造和利润来源的可持续。首先，商业模式使得企业能够进行稳定的价值创造，满足客户需求，形成独特的用户体验，从而对顾客产生高度锁定，保证该模式的持续稳定运转。其次，商业模式应该为企业提供持续的利润来源，使企业能够获得持久的超额利润。稳定的客户并不完全等同于持续的收入来源。

（3）匹配性（compatibility），匹配性主要体现为两个方面：商业模式与企业战略的匹配、商业模式与企业文化的匹配。企业战略描述了企业应对外部环境变化的基本方式；企业文化代表了整个组织的核心价值观，是企业的灵魂；商业模式的本质是企业价值活动的方式，是组织为获取盈利而采取的具体行动。商业模式与企业战略的匹配表达了具体行动与竞争策略的匹配，商业模式与企业文化的匹配表达了具体行动与企业灵魂的匹配。二者缺一不可地反映了一种商业模式是否适合该企业。

2. 商业模式评价指标

商业模式评价指标主要有盈利能力维度、可持续性维度、匹配性维度和评价体系汇总。

1）盈利能力维度

盈利能力维度包含盈利现状和盈利潜力。商业模式是一种交易性的价值创造的过程，既然存在交易性，那么就一定存在是否盈利的问题。而对于企业而言，获取更大的经营利润是企业进行商业活动的实质和目的，盈利现状指标直观地反映了商业模式在企业当期应用的成败，是商业模式评价的一个核心指标。选取净利润率（销售利润率）作为利润率指标的解释指标，净利润率 =（净利润 / 主营业务收入）×100%。盈利潜力指标反映了企业的发展前景。本书采用收入增长率来衡量这个指标，透过收入增长率可以发现企业的长久盈利状况。收入增长率（销售收入增长率）=（本期期末销售收入金额 − 去年同期销售收入金额）/ 去年同期销售收入金额 ×100%。

2）可持续性维度

可持续性维度主要包括以下几个方面。

（1）产品定位。产品定位表达了企业通过其产品所能向顾客提供的价值，或者解决了客户的某类实际困扰或者满足了客户的某种需求。从产品是否可以直接为最终用户所使用来看，又可以将产品分为最终产品和中间产品。必需品且最终产品是人类生活中不可或缺的，这类型产品对用户的必要性最强，因此采取这类型产品定位的商业模式更为稳定。

（2）产品独特性。不同企业的产品定位可能类似，却为各自企业带来截然不同的效益，这取决于产品的独特性。产品独特性是客户选择一个企业而非另一个企业的原因，它的强弱表现了企业产品与其他同类产品之间差异的显著性程度。一种领先的商业模式表现为其核心产品相对于同类产品具有明显的差异，且该差异能为客户带来独特的价值。因此，可持续的商业模式表现为产品的独特性强，即企业核心产品相对于同类产品有明显的差异，且该差异能为客户带来独特的价值。

（3）客户感知。客户感知表达了客户对企业提供产品与服务的反馈。优秀的商业模式表现为企业关键客户对企业产品（服务）的强烈依赖性，或偏好程度。客户感知的好坏主要表现为企业用户量的变化，因此，本节通过"用户增长率"作为客户感知的量化解释指标。

（4）分销策略。分销策略表达了产品从生产者向目标用户传递时，直接或间接经过的途径，它的有效性直接影响顾客对企业产品（服务）的熟悉程度，从而影响企业市场占有率。本节中的"分销策略"指标特指分销策略的有效性。多样化的分销策略能够帮助企业迅速打开市场，为抢夺市场奠定基础。分销策略主要表现为分销渠道的选择与安排。因此，分销策略的评价需要考察企业是否将产品、顾客和分销渠道做到了良好的匹配。

（5）市场地位。通常使用市场占有率来衡量企业的市场地位。市场占有率指一个企业产品的销售额在市场同类产品中所占的比重。市场占有率越高，企业在市场中的垄断地位越大，企业的竞争力越强。本书使用"市场占有率"指标作为市场地位的量化解释指标。

（6）行业壁垒。行业壁垒表达了新进入企业与在位企业竞争过程中所面临的不利因素，它强调新进入企业须承担而在位企业无须承担的生产成本。形成壁垒的原因很多，主要有：规模经济、必要资本量及埋没费用、产品差别、绝对费用、政策法律、在位企业的战略性阻止行为等。行业壁垒高，则行业内竞争对手少，企业受到潜在入侵者的威胁就小，更有利于企业的持续发展。因此，使用"竞争者数量"指标作为行业壁金的量化解释指标。

（7）合作模式。合作模式是指企业与合作伙伴之间建立的相互合作形态。合作模式指标特指企业与合作伙伴之间建立的相互合作形态的稳定性程度。可持续的商业模式表现为企业与主要合作伙伴具有稳定的合作关系，且该关系具有合理的利益机制作为保障。该指标直接决定着合作商对企业的选择，是企业商业模式可持续的重要保证。

（8）创新能力。企业创新能力是组织成功采纳或实施新思想、新工艺以及新产品的能力。创新能力本质上表达了企业获取资源并组织形成自己独特产品的能力，它是商业模式创造独特价值的源泉，是企业可持续发展的重要组成部分。企业只有投入资源才有可能获得创新产出，因此，研发投入很大程度上反映了企业的创新能力，企业使用"研发费用占比"作为创新能力的量化解释指标。

（9）多元化能力。多元化是企业成长的重要形式，也是商业模式的重要组成部分。仅依靠一种产品或服务作为利润来源会使得企业承受巨大的风险。多元化为企业带来增值收入，不仅分散了企业的经营风险，同时可以促进多个产品或服务之间产生协同效应，从而有利于企业的持续发展。本节使用"增值业务收入占比"作为多元化能力的量化解释指标。

（10）生产模式。生产模式是指企业如何利用自身资源及其核心能力，进行组织生产的方式。本书中的"生产模式"特指企业生产模式的高效性。企业的综合竞争优势表现为快速满足用户多样化、个性化需求的能力，而这种能力就要求企业的生产模式具备高效率。高效的生产模式，是企业持续创造价值的基础。同时，科技的飞速发展推动了用户需求的不断提高，企业要想在竞争中持续领先，必须集合多方面的力量，系统开放程度在生产模式中的重要性越来越大。企业的系统环境越开放，越有利于合作伙伴甚至客户参与到企业的生产中，对企业产品的改进帮助越大。因此，生产模式指标的考察需要关注系统开放程度。

（11）盈利模式。盈利模式表达了企业如何获取收益的方式，是企业的利润来源。持续增长的利润来源是企业持续发展最有力的保证。本书的"盈利模式"指标特指企业盈利模式的可持续性。"核心逻辑分离度"指标是指企业价值创造过程与价值实现过程的分离程度，它量化地表达了企业是选择靠产品盈利，还是选择免费提供产品，而以其他收益来源进行交叉补贴获取盈利，或者介于两者之间的程度。本节将"核心逻辑分离度"作为盈利模式的量化解释指标。"核心逻辑分离度"为单位产品利润与成本的比值。

3）匹配性维度

从商业模式与企业战略匹配度来衡量。战略强调竞争并获取企业绩效，重视外部竞争，而商业模式则关注于通过具体的价值活动为企业谋利，关注内部经营。建立在企业战略基础上的商业模式，能够将外部竞争与内部经营协同统一。商业模式与战略之间的有效匹配有助于企业构建持续的竞争优势。从商业模式与企业文化匹配度来衡量。美国学者约翰科特提出，企业文化是一个组织中共同拥有的价值观念。企业文化本身并无好坏之分，是否能够增强员工凝聚力、提高企业运营速率，关键看它是否能够与企业商业模式相匹配。企业文化是企业发展过程中逐渐积累形成的，在任何企业中都存在，它贯穿于企业生产运营的方方面面，服务于企业的商业模式，也深受商业模式的影响。最大的中文搜索引擎公司百度从来都不会干涉员工的上下班时间，也没有出现打卡之类的硬性措施。百度的工作环境始终处于和谐宽松的氛围中，而这种氛围背后所支撑的是一种符合企业商业模式特征的文化。因此，"商业模式与企业文化的匹配度"指标对商业模式的匹配性维度非常重要。

4）评价体系汇总

评价体系汇总由3个评价维度、共15个评价指标构成。其中"产品定位""产品独特性""分销策略""合作模式""生产模式""商业模式与企业战略匹配度""商业模式与企业文化匹配度"等指标为定性指标，通过专家调查法获得得分。其余指标通过解释指标量化为定量指标，通过财务报表或权威网站数据获得得分。构建商业模式评价体系汇总表如表3-1所示。

表 3-1　商业模式评价指标汇总表

评价维度		评价指标	解释指标
盈利能力		盈利现状	净利润率
		盈利潜力	收入增长率
可持续性	产品	产品定位	—
		产品独特性	—
	客户	客户感知	用户增长率
		分销策略	—
	市场	市场地位	市场占有率
		行业壁垒	竞争者数量
	核心能力	创新能力	研发投入占比
		多元化能力	增值业务收入占比
	关键业务	生产模式	—
		合作模式	—
		盈利模式	核心逻辑分离度
匹配性		商业模式与企业战略匹配度	—
		商业模式与企业文化匹配度	—

3. 商业模式优化创新

在对原有的商业模式进行评估诊断以后，下一步便是进行商业模式的优化创新，具体可分为以下五个步骤：步骤一是洞察未满足的需求，客户真实需求洞察、产业瓶颈洞察、竞争对手洞察等。步骤二确定价值主张与战略定位，满足什么行业的什么客户的什么需求并创造价值。步骤三建立盈利模型，价值获取、战略定价、成本控制。步骤四形成核心竞争力价值整合，核心产品、核心技术、核心业务、核心能力、提高创造价值能力以及提升自身战略地位。步骤五确定正确的实现形式，例如载体、手段、途径等。商业模式优化创新步骤如图 3-2 所示。

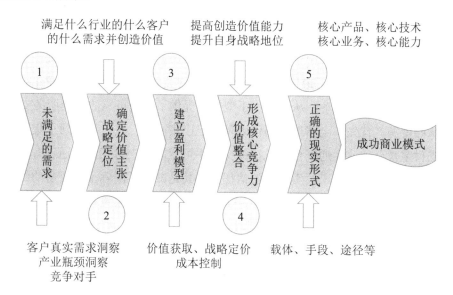

图 3-2　商业模式优化创新步骤

4. 商业模式评价案例分析——以全球速卖通为例

1）评价指标的确定

首先是基于文献研究的评价指标选取，分为以下几个方面。

（1）产品定位。平台上的商家所提供的产品大多是评价的日常利用必需品。详细而言，家居、服装 3C 品类排名前三，针对个人和家庭消费排名前三的内幕产品和店家占比接近 50%，成为全球速卖通产品的核心内幕。全球速卖通提供的商品多为易于运输的小包裹产品，拥有小批量、高频购买的特点。速卖通提供包邮到家的服务，受到俄罗斯、巴西、美国等国消费者的欢迎，使其在国际市场上获得价格优势，迅速占领欧美市场。

（2）客户细分。全球速卖通平台的客户主要分为两类：一类是全球买家，另一类是中国卖家。买家分为线上线下两种：线上的是易贝、亚马逊等平台上的零售商；线下的则主要是一些经营实体店的中小零售商。卖家：全球速卖通平台上的卖家主要为阿里巴巴网站上现有的中国供应商会员，此类卖家主要由外贸生产型企业、外贸公司、外贸"SOHO 一族"组成；其他卖家来自易贝、DHgate、易唐网以及淘宝等各类 C2C 平台。这几类卖家主要以中小型的外贸公司以及外贸 SOHO 一族为主，一些有实力的外贸生产型企业参与的比例则较小。

（3）盈利模式。平台的收入目前主要由会员费、交易佣金和广告费用三部分组成。入驻全球速卖通平台的卖家需交纳 19800 元年费，成为中国供应商，而已付费的中国供应商则可免费入驻此平台。平台暂不对中国供应商以外的卖家开放，也不向买家收取费用。除 19800 元的年费之外，阿里巴巴还会向该平台上每笔成功交易根据不同的支付方式收取交易总额 3%~9.15% 的不等交易佣金。此平台目前支持电汇、支付宝以及其他跨国在线支付方式。其中，若卖家采用支付宝进行交易，在优惠期内，阿里巴巴只收取 3% 的佣金。除此之外，客户在平台上的广告投放也是其收入来源之一。

（4）价值主张。"Smarter shopping，better living" 是全球速卖通的价值主张。正如速卖通自己所说的 "we offer competitive prices on our 100 million plus product range"，作为一个主要贯通国内供应商和国外中小型买家的整合平台，其与阿里巴巴主要处理全球大批量订单的业务特点相比，免除了最低购买量限制，同时也通过支付宝和 PayPal 等第三方支付工具保证了安全的资金流动，从而为中小型交易提供了便捷可靠的全套服务支持。

（5）核心资源。首先，全球速卖通作为阿里巴巴集团的一员，尽享阿里集团的众多核心资源。支付宝是全球速卖通平台完成在线交易不可或缺的支付工具，通过有大量客户基础的支付宝完成支付，保障了买卖双方的信任，尤其是减少了国际小额贸易的纠纷发生率和撤单率。其次，在母公司光环的笼罩下，全球速卖通获得了大量客户资源，这也是其能迅速与敦煌网等平台竞争的重要基础。同时，全球速卖通自身也有优秀的团队资源配置。如技术研发部门负责网站的日常维护和相关工具研发；客户部门为买卖双方提供各类专业服务，如卖家认证、拓展买家等。支付宝、阿里集团知名度和团队资源都是全球速卖通能赢得竞争的不二法宝。

（6）关键业务。作为"国际版淘宝"，全球速卖通的关键业务主要围绕两个目标展开：吸引更多的海外买家和国内卖家以增加平台流量，更好地传递价值以维系现有顾客。为了实现以上目标，全球速卖通开展以下四个关键业务。

①搜索引擎优化（search engine optimization，SEO）和搜索引擎营销（search engine marketing，SEM）。SEO 和 SEM 是互联网时代所有不愿被时代浪潮所淹没的企业（不仅仅是互联网企业）不可回避的话题。而对于靠规模取胜的全球速卖通来说，一个良好而稳定的顾客吸引渠道更显得尤为重要。简单来说，SEO 即是通过站内优化如网站内容建设、网站代码优化及站外优化，如网站站外推广、网站品牌建设等，使网站满足搜索引擎收录排名需求，在搜索引擎中提高关键词排名，从而把精准用户带到网站，获得免费流量，产生直接销售或品牌推广的作用。SEM 是根据用户使用搜索引擎的方式，利用用户检索信息的机会尽可能将营销信息传递给目标用户，如搜索引擎付费推广等。

②第三方支付平台。支付货款是达成交易的关键步骤，而一个安全可靠的第三方支付平台是全球速运通的买卖双方相互间产生信赖的根源所在。全球速卖通采取多种支付方式并存的战略。支持普及全球的 PayPal，更鼓励"自家产品"支付宝的使用。为了将支付宝推向国际化，全球速运通推出了收取用支付宝收款的卖家最低佣金的政策。

③IT 创新与研发。为了实现更舒适便捷的用户体验，全球速运通在技术方面不断创新。创新与研发不仅是降低成本的有效途径，更是其日后寻求新盈利点的重要线索。

④客服系统。客户服务系统是维系顾客忠诚的有效工具之一。在国际交易平台上，不同文化背景下远隔重洋的顾客间的交易更容易出现问题，这时候，一个强大的客户服务系统可以解决争端促成交易，同时也维护着平台的声誉。

（7）合作模式。全球速运通的合作伙伴主要分为两类：首先是搜索引擎公司和第三方支付平台。如前文所述，与搜索引擎公司的合作主要围绕 SEM 展开，吸引更多的顾客在平台上开展对外贸易往来。全球速运通所合作的搜索引擎公司主要是谷歌（Google）和雅虎（Yahoo），这两家公司在海外都具有极大的用户数量。在国际环境下，PayPal 是完成网上交易支付最重要的工具。但鉴于全球速卖通平台与易贝平台正面竞争，故全球速卖通平台很难获得在国外电子商务市场上普遍被用户所接受和使用的支付工具 PayPal 的支持，在此背景之下，阿里巴巴就需要把支付宝成功地进行国际化。

其次是基于客户评论数据的评价指标选取。基于速卖通平台上的商品，如电脑配件、手机设备、男装、女装、家居、户外用品六类的评论数据进行评价指标的提取。通过 Goo Seeker 采集器（网页信息抓取软件），从全球速卖通平台上爬取了 3000 条客户在线评论数据，通过所抓取的客户评论数据进行筛选，分词和词频统计，从而提取基于客户评论数据的全球速卖通商业模式评价指标。海外客户的评论内容有时较为简短，只有"OK"等单词的表述，因此容易出现与平台上的商品无关的评论，并被视为无效评论。由于数据采集是由机器完成的，在采集的全部数据中无法区分评论是否有效，因此需要对采集的评论数据进行人工过滤，经过过滤，共得到 2620 条有效评论，对评论数据进行分词，并进行相应匹配，可得到高频词关系网络图（图 3-3）。

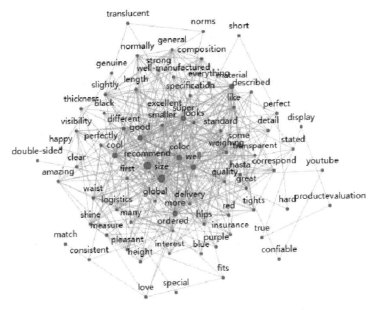

图 3-3　客户评论关键词网络图

在对客户评论数据的视频进行统计，由于所得的客户评论关键词中包含代词和介词等本身无意义的虚词，因此做进一步的分词处理，最终得到 852 个单词，对这些词语进行汇总，删除词频低于 10 的词语，最终得到 620 个单词。

最后，通过对客户评论数据的分析，结合文献研究，本书从客户评论角度得到全球速卖通商业模式的评价指标如表 3-2 所示。

表 3-2　高频词对应指标

高 频 词	指 标
different，material 等	产品和服务的独特性
ture，standard，super 等	产品和服务定位
logistics，delivery，hasta，ship 等	运输成本
super，transparent，amazing 等	自主创新能力
color，size，looks 等	多元化能力
description，correspond 等	合作方式

资料来源：根据 GooSeeker 采集器输出结果整理。

2）评价体系的确定

结合全球速卖通跨境电商平台的特点，经过对评价指标的整理调整后，构建了全球速卖通商业模式的评价体系，如表 3-3 所示。该体系由 3 个评价维度，共 14 个评价指标构成。其中"产品和服务定位""产品和服务的独特性""分销渠道策略""生产模式""合作方式""运输成本"六个指标为定性指标，通过对专家发放指标重要性调查问卷获得得分，其余 8 个指标通过公开数据整理，将指标量化获得得分。

表 3-3　全球速卖通商业模式评价指标汇总表

评价维度		评价指标	解释指标
价值主张	产品和服务	产品和服务定位	—
		产品和服务的独特性	—
	客户	客户感知价值	用户年增长率
		分销渠道策略	—
价值创造和传递	市场	市场份额	市场占有率
		行业壁垒	竞争者数量
	核心能力	自主创新能力	研发投入占比
		多元化能力	增值业务收入占比
	关键业务	生产模式	—
		合作方式	—
价值获取	盈利能力	盈利现状	净利润增长率
		盈利潜力	资产收益率
	成本结构	运营成本	主营业务成本
		运输成本	—

根据研究目标，将目标层定义为商业模式评价 A，根据商业模式评价的基本维度，将准则层定义为价值主张 B1、价值创造和传递 B2，价值获取 B3，由于准则层 B 包含内容较多，将其细分为七个子准则，分别为：产品和服务 B11、客户 B12、市场 B21、核心能力 B22、关键业务 B23，盈利能力 B31 和成本结构 B32；商业模式评价的 14 个指标：产品和服务定位为 P1、产品和服务的独特性 P2、客户感知价值 P3、分销渠道策略 P4、市场份额 P5、行业壁垒 P6、自主创新能力 P7、多元化能力 P8、生产模式 P9、合作方式 P10、盈利现状 P11、盈利潜力 P12、运营成本 P13、运输成本 P14 为指标层分别对应准则层的各个因素，得到商业模式评价的层次分析结构图如图 3-4 所示。

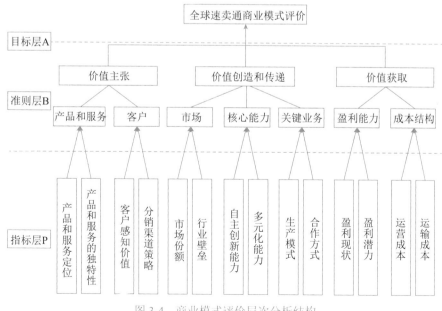

图 3-4　商业模式评价层次分析结构

3）评价结果

因为每个指标的作用、地位和影响力不尽相同，同时指标权重直接关系到评价结果，所以必须根据每个指标重要性的不同给其赋予权重。

（1）指标权重计算及一致性检验。将设计好的调查问卷分发给 5 位商业模式领域内的专家学者，将专家反馈的结果整合到每一层的判断矩阵当中，并且对每一个矩阵进行一次性检验。结果表明，所有的群判断矩阵一致性检验结果均低于 0.1，说明集结后的群判断矩阵均是可行有效的。最终将所有的群判断矩阵输入用 python 设计的程序当中可得到所有评价指标的层次单排序及层次总排序，如表 3-4 所示。

表 3-4　商业模式评价 c 层次单排序表

价值主张（w_1=0.4483）		价值创造和传递（w_2=0.1890）			价值获取（w_3=0.3627）	
产品和服务 （w_{11}=0.5994）	客户 （w_{12}=0.4006）	市场 （w_{21}=0.2174）	核心能力 （w_{22}=0.3111）	关键业务 （w_{23}=0.4715）	盈利能力 （w_{31}=0.6216）	成本结构 （w_{32}=0.3784）
产品和 服务定位 （w_{111}=0.6322）	客户 感知价值 （w_{121}=0.6817）	市场份额 （w_{211}=0.4311）	自主创新能力 （w_{221}=0.7495）	生产模式 （w_{231}=0.4115）	盈利现状 （w_{311}=0.4654）	运营成本 （w_{321}=0.4114）
产品和 服务独特性 （w_{112}=0.3678）	分销 渠道策略 （w_{122}=0.3183）	行业壁垒 （W_{212}=0.5689）	多元化能力 （W_{222}=0.2505）	合作方式 （W_{232}=0.5886）	盈利潜力 （W_{312}=0.5346）	运输成本 （W_{322}=0.5886）
C.R.=0	C.R.=0	C.R.=0	C.R.=0	C.R.=0	C.R.=0	C.R.=0
C.R.=0		C.R.=0.0101			C.R.=0	
C.R.=0.0156						

由表 3-4 中数据看出，所有判断矩阵的 C.R. 的值均小于 0.1，通过一次性检验，说明以上表中的指标权重是有效的。

总排序描述了底层评价指标针对目标层（最上层）的相对权重，见表 3-5。

表 3-5　商业模式评价层次总排序

评 价 指 标	权　　重	排　　序
产品和服务定位	0.1698	1
客户感知价值	0.1224	2
盈利潜力	0.1205	3
盈利现状	0.1049	4
产品和服务的独特性	0.0988	5
运输成本	0.0808	6
分销渠道策略	0.0572	7
运营成本	0.0565	8
合作方式	0.0525	9
自主创新能力	0.0441	10
生产模式	0.0367	11
行业壁垒	0.0234	12
多元化能力	0.0147	13
市场份额	0.0117	14

由表 3-5 看到，指标重要性程度排名前五位的指标分别为"产品和服务定位""客户感知价值""盈利潜力""盈利现状"和"产品和服务的独特性"。以上提到的五个指标的比重均不低于 0.1，支撑以上层次分析结果的可信度。

（2）模糊综合评价过程。上述确立的商业模式评价体系包括定性指标和定量指标。通过设计一套问卷调查来获取定性指标，从网上可收集到各个公司年度报表，官方公布的相关信息，或者查阅相关权威组织发布的资料获得定量指标，最后通过模糊综合评价方法，将定性指标和定量指标相结合，并以得分的形式呈现出来。该得分即为企业商业模式的最终得分。

一是基于专家调查法的定性指标分析。本次的指标评价标准一共分为优、良、一般、差四个区间，其中 100 分为优，80 分为良，60 分为一般，40 分为差。本次问卷调查邀请了 20 位跨境电商行业内的专家学者，收到的问卷有效数量为 18。将收到的问卷进行统计，对每个指标加权求平均值。例如，8 个优、4 个良、4 个一般和 2 个差的得分应该为（8×100+4×80+4×60+2×40）/18。该得分再乘以该指标的隶属度就是该指标的最终得分。具体评分结果如表 3-6 所示。

表 3-6　商业模式评价体系定性评价指标评分

评 价 指 标	全球速卖通	亚 马 逊
产品和服务定位	95.36	96.07
分销渠道策略	87.86	83.93
生产模式	85.06	86.07
合作方式	91.43	94.26
产品和服务的独特性	88.57	83.53
运输成本	95.26	85.71

二是基于模糊隶属度函数的定量指标分析，在商业模式评价体系中，有 8 个指标分别可以用定量指标进行解析，分别为客户感知价值、市场份额、自主创新能力、行业壁垒、多元化能力、盈利能力、盈利现状、运营成本。具体如表 3-7 所示。

表 3-7　定量指标数据

评 价 指 标	解 释 指 标	全球速卖通平台指标数据
盈利现状	净利润率	27.54%
盈利潜力	资产收益率	39.04%
客户感知价值	用户增长率	50%
市场份额	市场占有率	16%
行业壁垒	竞争者数量	8%
自主创新能力	研发投入占比	0.20%
多元化能力	增值业务的收入占比	28.68%
运营成本	成本费用率	33%

数据来源：各企业 2019 财年年报，艾媒咨询，阿里研究院，网经社。

由于上述指标均为定量指标，各个指标之间不能够直观地进行比较，所以采用模糊隶属函数将这些指标进行数字化处理，使其具备可比较性。上述指标中数值越大而越好的为增指标，反之为减指标。对于不同的指标需求，需要不同的隶属函数进行处理。

速卖通商业模式定量指标可通过模糊隶属度函数进行数值化处理，将上表中的指标权重和指标得分代入式（3-1）计算：

$$X_u = \sum_{i-1}^{n} X_i W_i \qquad (3-1)$$

（3）商业模式定量指标得分如表 3-8 所示。

表 3-8　商业模式定量指标得分表

评 价 指 标	解 释 指 标	得　　分
盈利现状	净利润增长率	90.36
盈利潜力	资产收益率	87.86
客户感知价值	用户增长率	85.06
市场份额	市场占有率	91.43
行业壁垒	竞争者数量	88.57
自主创新能力	研发投入占比	89.26
多元化能力	增值业务收入占比	86.52
运营成本	成本费用率	87.95

（4）综合得分

基于指标权重的计算结果，根据各二级指标得分计算出一级指标得分，再根据一级指标得分计算出各评价维度得分，如表 3-9 所示。

表 3-9　全球速卖通商业模式评价得分

跨境电商平台	价 值 主 张	价值创造和传递	价 值 获 取	得　　分
全球速卖通	87.20	86.54	90.36	87.70

全球速卖通的价值主张维度和价值获取维度的得分较高，且由于两个维度的权重占比较高，使得其最终得分相对较高。其中，在权重排名前六的指标中，全球速卖通在客户感知价值、盈利现状、盈利潜力这三个指标的得分最高，综合全球速卖通商业模式中的价值主张和价值获取，可知全球速卖通着力打造原厂买家的真实寻源体验，提供进场体验和高效沟通工具，如直播、实时通信、协同工具等，让买家即使隔着千山万水，也能获得近在眼前的真实体验。由此可看出全球速卖通注重价值主张中的客户感知价值，进而寻找到其商业模式的优势。

3.2　跨境电商分类方法

随着跨境电商的迅速发展，其商业模式日趋丰富。所以对跨境电商进行分类，可以迅速、清楚地把同类型跨境电商平台进行对比，分析其优劣势，总结其发展规律，从而进行相关模式的创新等。接下来，按参与主体、电商运营平台、经营品类、商品流动方向、清关方式以及物流模式这六个分类方式对现有跨境电商平台进行分类，并列举经典平台。

3.2.1 参与主体分类与经典平台

根据参与跨境电商交易主体的不同，可将跨境电商分为 B2B 模式、B2C 模式和 C2C 模式。

1. B2B 模式即企业与企业之间交易

B2B 模式代表企业有敦煌网、阿里巴巴国际站、环球资源网和中国制造网等。

敦煌网是由王树彤在 2004 年创立（图 3-5），它是一个汇集了国内外繁多的中小企业供应其商品的平台，海外较多的中小采购商在敦煌网进行购选，进行二次销售并从中赚取差价，而敦煌网作为 B2B 批发交易平台，给国内外企业提供了便利的服务。

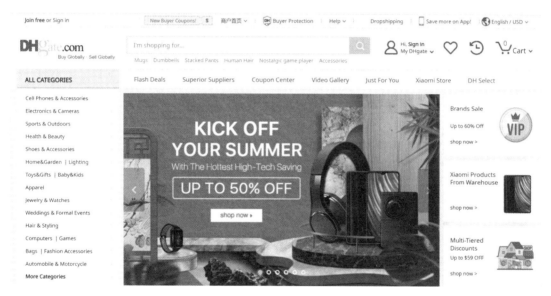

图 3-5 敦煌网购买界面

资料来源：https://www.dhgate.com/

敦煌网的经营模式打破了传统电子商务模式，采用更有效的盈利方式，既能减少企业的风险，又能节省开支。敦煌网采用的收费战略是针对买家的。通过买卖双方都能够免费注册成为这家网站的会员，贸易协商后实现双方买卖成功下单后，再依据单笔贸易的金额向买家收取一定比例的佣钱作为敦煌网的服务费，其费用比例通常为交易额的 3%~12%。与此同时根据各大行业的收益，实行不同行业不同收费，以这样的手段来维持平台的运行费用。除此之外，敦煌网还有两大收入来源——为会员用户提供增值服务和广告服务。

所谓的增值服务就是将多种的功能、资源和服务进行优化整合，组合成各种不同的产品，用户可以根据自己的需求进行选购。目前，敦煌网提供的增值服务主要是"增值包"服务，该服务分为黄金礼包、白金礼包和钻石礼包，购买此产品的用户与一般的免费注册用户相比，在产品的展示页面和产品分类页面，店铺功能和在线咨询工具等诸多方面，都有着其特定的优势，根据自身不同所需，可以选择不同的礼包，礼包的价格分别为：黄金礼包每年 480 元、白金礼包每年 980 元、钻石礼包每年 1680 元。从 2004 年敦煌网开始了新型的盈利模式后，我国各大型跨境电商平台纷纷效仿。

2. B2C 模式即企业与个人交易

B2B 模式代表企业有天猫国际、速卖通、考拉海购和京东全球购等。

阿里巴巴集团在 2014 年 2 月正式推出了天猫国际这一 B2C 跨境电商平台（图 3-6），可以为国内消费者直接供应海外进口商品。天猫国际依托于阿里巴巴的强大资源支持，一直以来发展迅速，获得的成绩有目共睹。"足不出户，买遍全球"的理念越来越成为中国消费者喜爱的生活方式。2018 年第 4 季度，中国跨境进口零售电商市场规模为 1145.6 亿元，环比上涨 36.0%。在跨境进口电商行业市场竞争中，天猫国际保持了快速增长，2018年第四季度以 31.7% 的份额继续保持第一并扩大领先优势，这是天猫国际五年持续市场份额第一。

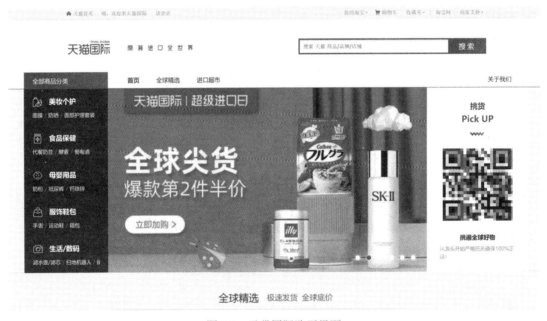

图 3-6　天猫国际购买界面

资料来源：https://www.tmall.hk/

目前天猫国际的"足迹"涉及 75 个国家及地区、并有 19000 多个国际品牌入驻，其商品覆盖母婴、美妆、保健、食品、服饰、家居、个护等 3900 多个品类，消费需求越来越个性化和多元化，驱动了天猫国际引入更多新兴产地、小众品牌的商品，更好地满足乐于尝试的消费者，让他们足不出户，就能买到全球好物。

进驻天猫国际的商家都是具有海外零售资质的公司实体，但公司均为中国大陆以外；所售卖的商品都为原产于或销售于海外，并通过中国海关正式入关。由于国内消费者对淘宝流程更为熟悉，天猫国际也会采用类似的流程，让消费者更便捷地购买海外商品。在支付方面，消费者可以像在淘宝购物一样使用支付宝买到进口商品。在物流方面，天猫国际对商家有具体要求，如 120 小时内完成发货，14 个工作日内到达，并全程保证物流信息可跟踪。在售后方面，如使用旺旺中文咨询这一专业软件，提供售后咨询和服务。

3. C2C 模式即个人之间的交易

C2C 模式代表企业有海蜜、洋码头等。

海蜜全球购隶属于杭州多麦电子商务有限公司，是专业从事海外购物的无线平台，通过手机客户端提供海外现场直播扫货的购物平台。商品涵盖服饰箱包、母婴用品、食品保健、生活家居、美容护肤等多个品类（图 3-7）。海蜜全球购平台内的所有卖家都是经过严格筛选和身份认证的特约品牌商家或买手，真正为用户提供高质量的商品与服务。

该平台主要用于解决国内海淘用户与国外专业买手之间的对接交易问题，消除国内海淘购物者在海淘过程中经常碰到的语言、关税、物流等障碍，提升海淘购物的便捷性、时效性、专业性。海蜜通过手机客户端提供海外购物现场货品销售直播，平台注册的专业买手 24 小时全球不间断扫货，使国外产品时尚资讯能以第一时间传递至国内购物爱好者。

图 3-7　海蜜全球购购买界面示意图

资料来源：https://www.haimi.com/

3.2.2　电商运营平台分类与经典平台

根据商品销售平台是否自建，可将跨境电商分为自营型跨境电商和平台型跨境电商。

自营型模式通常是指企业标准化的要求，对其经营的产品进行统一生产或者采购、产品展示、在线交易。并通过物流配送将产品投放到最终消费群体的行为，主要以商品差价作为盈利模式。自营电商具有品牌力强、产品质量可控以及交易流程管理体系完备等特征，如考拉海购、兰亭集势等。

考拉海购是阿里旗下以跨境业务为主的综合型电商，于 2015 年 1 月 9 日公测，销售品类涵盖母婴、美容彩妆、家居生活、营养保健、环球美食、服饰箱包、数码家电等，见图 3-8。考拉海购以 100% 正品，天天低价，30 天无忧退货，快捷配送，提供消费者海量海外商品购买渠道，希望帮助用户"用更少的钱过更好的生活"，助推消费和生活的双重升级。

考拉海购主打自营直采理念，在美国、德国、意大利、日本、韩国、澳大利亚以及中国香港和中国台湾设有分公司或办事处，深入产品原产地直采高品质、适合中国市场的商品，从源头杜绝假货，保障商品品质的同时省去诸多中间环节，直接从原产地运抵国内，在海关和国检的监控下，储存在保税区仓库。除此之外，考拉海购还与海关联合开发二维码溯源系统，严格把控产品质量。考拉海购良好解决了商家和消费者之间信息不对等的现状，并拥有自营模式、定价优势、全球布点、仓储、海外物流、资金和保姆式服务七大优势。

图 3-8　考拉海购购买界面

资料来源：https://www.kaola.com/

平台型模式又可称为信息中介模式。这种模式是通过集中买卖双方的信息，并提供给供应商或者客户进行直接交易。通过线上搭建电商商城，整合物流、支付等服务资源，吸引各大商家入驻，提供跨境电商服务。平台以收取佣金以及增值服务作为主要盈利模式，如亚马逊、天猫国际、京东全球购等。

亚马逊是 1995 年成立于美国的一家电子商务公司，也是最早开始将公司业务转为线上经营的公司之一，由最初的图书业务逐渐扩展经营范围，如今平台产品数量超过 10 亿个，全球用户规模超 3 亿人，网站的月浏览量达到 1.8 亿次，成为涵盖全球商品种类最多的网络综合零售商，亚马逊购买界面如图 3-9 所示。

图 3-9　亚马逊购买界面

资料来源：https：//www.amazon.com/

作为全球最大的 B2C 跨境电商平台，亚马逊的目标市场范围遍布全球 11 个国家，并根据不同客户群体有针对性地为其提供相应服务。亚马逊向客户提供的价值有：丰富的品类选择；低廉的价格；快速便利的配送。传统书店的退书率一般为 25%，高的可达 40%，而亚马逊的退书率只有 0.25%。方便高效的物流服务是亚马逊取得客户信赖不可或缺的因素。

3.2.3　经营品类分类与经典平台

根据商家经营品类的不同可将跨境电商分为综合型跨境电商和垂直型跨境电商。

综合型跨境电商不像垂直型跨境电商针对特定的领域或是需求进行服务，综合性跨境电商展示的商品种类很多、很杂，涉及很多行业，如易贝、天猫国际、考拉海购等。

易贝是一个可让全球民众上网买卖物品的线上拍卖及购物网站（图 3-10），创立于 1995 年 9 月。易贝目前是全球最大的网络交易平台之一，为个人及公司提供一个国际化的网络交易平台。2019 年，全球注册用户过亿人，有包括美国、加拿大、英国、澳大利亚、法国、德国等多个地区国家的卖家，提供不同分类的数百万件商品销售。致力于建立一个为全球所有人服务的最高效、最丰富的网上购物市场，建立一个满足买卖双方不断变化的需求、适应性强且不断改进的网上购物体系。

易贝提供较为统一的产品分类。不同地区的买家可以高效、便捷地搜索到来自世界各地相同类目的产品。产品介绍以英文为主，同时支持中文、法文、德文等多种语言服务，便于不同地区买家浏览。平台上各国家、地区的销售流程较为一致，各地买家可以实现跨地域的竞购。在不同国家、地区都建立了相对统一的销售服务组织机构，有相应的客服人员及时解决买卖双方在购销过程中的相关问题，根据问题处理情况还会适时向总部和买卖双方进行反馈。

图 3-10　易贝购买界面

资料来源：https://www.ebay.cn/

　　垂直型跨境电商与综合型跨境电商不同，垂直型跨境电商平台主要针对特定的领域、特定的需求进行服务，提供在垂直型跨境电商里全部信息与服务，如唯品会、聚美优品、寺库等。

　　广州唯品会信息科技有限公司成立于 2008 年 8 月，总部设在广州，旗下网站于同年 12 月 8 日上线，如图 3-11 所示。发展至今唯品会已经成为继阿里巴巴、京东商城之后的中国第三大电商及全球最大的特卖电商。唯品会推崇精致优雅的生活理念，倡导时尚唯美的生活格调，主张有品位的生活态度，以高性价比的品牌商品和快闪的销售模式赢得了广大消费者的喜爱，特别是女性消费者的青睐，成为我国电子商务领域最受欢迎且最具影响力的 B2C 电子商务企业之一。

图 3-11　唯品会购买界面

资料来源：https://www.vip.com/

唯品会采用线上销售模式，通过唯品会自营的网络平台直接销售厂商商品，同时由于唯品会与品牌方、厂商之间，经过长期合作建立了合作信任关系，彼此间有许多的合作模式，如跨季度的商品采购、计划外库存采购、大批量采购、独家专供等，能够实现价格优惠化。

3.2.4　商品流动分类与经典平台

根据商品流动方向，可将跨境电商分为进口跨境电商和出口跨境电商。

进口跨境电商指从事商品进口业务的跨境电商，具体指国外商品通过电子商务渠道销售到我国市场，通过电子商务平台完成商品的展示、交易、支付，并通过线下的跨境物流送达商品、完成商品交易的电商企业。代表企业有考拉海购、寺库、聚美优品、海蜜等。

出口跨境电商指的是从事商品出口业务的跨境电商，具体指将本国商品通过电子商务渠道销售到国外市场，通过电子商务平台完成商品的展示、交易、支付，并通过线下的跨境物流送达商品、完成商品交易的电商企业。代表企业有速卖通、敦煌网、兰亭集势等。

速卖通于 2010 年 4 月正式上线运行，是一个面向全球市场的在线交易平台，被称为国际版"淘宝"。全球速卖通面向海外买家客户，通过支付宝国际账户进行担保交易，并使用国际物流渠道运输发货，是全球第三大英文在线购物网站（图 3-12）。经过多年快速发展，目前业务已经遍及 220 多个国家和地区，每天有近 5000 万人次的海外流量，成交额年增长率达到 400%，目前是我国最大的跨境电子商务交易平台之一。

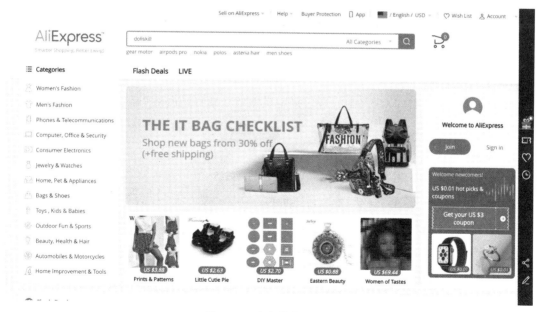

图 3-12　速卖通购买界面

资料来源：https://www.aliexpress.com/

速卖通也主要采取搜索引擎、网站联盟、邮件营销和社会化营销等营销方式拓展海外市场，吸引海外用户，主要职责是服务于平台上的买卖双方。买家确认下单付款后，速卖通将货款暂时存在中间账户，同时通知卖家收到货款，并提醒其发货；当买家确认收到货物后，速卖通将货款转到卖家账户。这样就保证了交易双方的信用和资金的安全，从而让交易顺利进行。

3.2.5 清关方式分类与经典平台

快件清关指当确认订单之后，供应方将产品交给全球性快运机构将其转运给消费者的方式，此种方式没有海关单据。

集货清关指商户把所有已经出售的产品一起包装之后，交给全球性转运公司送至国内货物仓，待商家办理完必要的海关手续之后，再交给国内快运企业最终送达目的地，每一订单内均有对应清关票据。

备货清关指商户把国外的产品提前成批预备后储存至收到海关监督的仓库（报税）内，消费者订货之后，其一一给每一个产品分别执行通关，随后在仓库内贴面单并最终形成包裹，海关对包裹检验放行之后，企业将其转交给本国快运企业将产品送达目的地。每一订单内也有清关票据。

3.2.6 物流模式分类与经典平台

根据物品送到消费者手中的方式，可将跨境电商分为邮政包裹模式、国际快递模式、国内快递模式、专线物流模式和海外仓储模式。

邮政包裹模式，据统计，国内出境电商 70% 产品经由邮政体系完成转运，其中中国邮政承担约 50% 的业务。所以，目前跨境电商物流还是以邮政物流为主要流转渠道。

国际快递模式即为敦豪航空货运公司（DHL Express，DHL）、TNT 快递公司（Thomas National Transport，TNT）、美国联合包裹运送服务公司（United Parcel Service，UPS）及联邦的快速物流。这一类快速物流服务商，由于速度快，可以让网购者更快得到购入的商品，体验更佳。

国内快递模式即为中国邮政特快专递服务（Express Mail Service，EMS）、顺丰及"四通一达"等具备跨国转运商品能力的物流企业。在国内所有可以提供全球速递服务的企业中，EMS 全球性渠道铺设最为完善，目前其业务触角已经覆盖世界 60 多个国家，而且价格低廉。

专线物流模式通常以包下航空舱的方式将货物送达国外，随后交给协作物流企业完成最终派送。目前被最广泛使用的此类物流服务主要有美国、欧美、澳洲、俄国等多条专线，此外部分物流企业也不提供中东、南美以及南非的物流专线。

海外仓储模式是卖家为实现销售选择特定产品储存、分拣、打包并最终派送的管控服务，一站化是本模式服务的特征。确切来讲，海外仓储可分为头程流转、储存管控、当地配送等内容。

3.3 出口跨境电商商业模式

3.3.1 出口跨境电商运作流程

出口跨境电子商务根据交易对象的不同可以分为 B2B 出口跨境电商、B2C 出口跨境电商及 B2B2C（business to business to consumer）出口跨境电商。跨境电商出口运作流程图如图 3-13 所示。

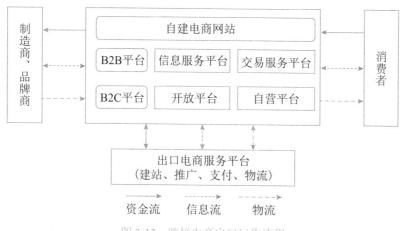

图 3-13 跨境电商出口运作流程

在出口贸易时，货物通关需要有报检、报关手续。在传统外贸中，报检主要需要以下几种单据：商业发票、装箱单、出口货物报关单、出境货物报检单、商品检验证书、原产地证书。

报关则主要需要以下几种单据：自理报关注册登记申请书，出口许可证，出口货物报关单，出口收汇核销单，发票，装货单，出口合同，银行缴款通知书。

货物通关
报关所需单据

单据提交后，还要进行装船出运、制单结汇、出口核销和出口退税等工作。随着跨境电商的兴起，外贸订单和交易量相较之前都有很大的提升，同时人们对于物流效率的诉求也越来越大，所以海关近年来致力于精简通关手续，提高效率，以促进跨境电商的发展。例如：海关针对 B2C 的进出口贸易专门设置了快捷通道，只需要提交货物订单、提货单和报关清单等相关单据即可，消费者每年限额消费 2.6 万元，单次消费限额 5000 元。

同时，由于传统外贸的报关手续过于繁杂，效率低下，且随着科学技术的发展，外贸通关已逐渐采用电子数据交换（electronic data interchange，EDI）报关系统。

以宁波港口 EDI 为例，宁波港口 EDI 中心始建于 1995 年，EDI 中心的建成为宁波口岸的港口码头、船公司船代、集疏运场站、理货、货主及代理和监管职能部门提供了高效、便利、快捷、准确、经济的电子

延伸阅读 3-2

电子数据
交换的概念

数据交换服务。经过多年的推广应用，EDI 应用覆盖了宁波口岸多个物流节点，如图 3-14 所示，网站查询、一站式服务和报文传输这三大主要服务内容也得到充分的实践。宁波港口 EDI 中心是宁波港口物流信息化建设的重要组成部分，有效地改善了宁波口岸集装箱运作环境。

图 3-14　宁波港口 EDI 业务服务

资料来源：https://www.npedi.com/

3.3.2　B2B 模式及主流平台

跨境 B2B 出口模式就是中国境内的企业通过跨境电商平台与境外的企业达成交易，进行跨境支付以及通过跨境物流将货物送至境外目的地并最终完成出口的一种国际化商业活动。

中国跨境电商 B2B 出口的发展过程分为以下三个阶段：

第一阶段是萌芽阶段，时间是 1997—2004 年，以 1997—1999 年最早的一批外贸 B2B 电子商务平台如中国制造网、中国化工网等陆续建立为标志。这些平台的运营模式是替广大中小企业提供商品的基本信息展示和交易双方的意向撮合等基础性服务，盈利方式是通过收取会员费和广告推广的费用。在这一阶段，跨境电商平台还只是介入了信息服务的领域，但已经开始对传统的国际贸易的营销方式进行了改变。

第二阶段是成长阶段，时间是 2004—2015 年，以敦煌网的成立发展为标志。像敦煌网、大龙网这些企业开始做跨境电商的时候，他们已经不再满足于只做一个信息的提供者，而是要建立一个跨境的交易平台。这些平台的信息发布不收取费用，只是在交易完成之后收取一定百分比的提成。这一阶段的发展是得益于信息技术的提高、全球网络渗透率的提高以及跨境物流、支付等手段的发展。

第三阶段是转型阶段，时间是 2015 年至今。到这个阶段时，除了涉足交易领域外，这些 B2B 的跨境电商平台又有了更大的野心,他们将触手伸向了交易中和交易后阶段,开始转型成为资源整合平台,阿里巴巴收购深圳一达通之后,近年来阿里巴巴一达通开始为外贸公司提供了包括通关、物流、外汇、退税、金融等所有进出口环节的服务,相当于涉入了除了生产以外的整条产业链,并通过整合这条产业链上的资源为客户提供关于交易的整体解决方案。这一转型可能会使得以后的外贸公司只需要进行"傻瓜式"生产,B2B平台负责其他所有的出口流程。

如表 3-10 所示,B2B 交易规模一直占据整个跨境交易市场规模绝大部分,虽然近几年 B2B 的份额在下降,但其依然在跨境电商模式中占主体地位。

表 3-10　2013—2020 年 B2B 和 B2C 模式市场份额

年　　份	2013	2014	2015	2016	2017	2018	2019	2020
B2B 模式份额	94.8%	94%	91.9%	88.7%	85.2%	84.6%	80.5%	77.3%
B2C 模式份额	5.2%	6%	8.1%	11.3%	14.8%	15.4%	19.5%	22.7%

本章中提到了将跨境电商 B2B 出口的发展历程分为三个阶段,是按照跨境 B2B 出口平台的运营模式改变为依据划分的,但是出现了以新模式运营的平台并不意味着原有的平台就没落或者消失了,实际上三种模式的跨境 B2B 出口平台——信息服务平台、交易平台和综合服务平台在当下都存在,满足了不同的制造商和品牌商不同的需求。

信息服务的平台有阿里巴巴国际站、环球资源网、中国制造网等,它们具有交易撮合的功能,通过竞价排名和点击付费获取收益;交易平台的代表是敦煌网和大龙网,它们奉行"交易不成功则不收费"的原则,以收取交易达成的佣金为主要获利手段;综合服务平台有一达通和世贸通等,旨在帮助企业解决除了生产之外的所有跨境出口流程问题。

1. B2B 出口跨境电商优势

相对于传统外贸,B2B 出口跨境电商在成本端和利润端都具有优势。在成本端,B2B出口的优势主要通过更高效获取交易信息和缩短供应链两个方面来实现。在利润端,B2B出口企业的优势主要通过打造自身品牌以及得到电商平台扶持两个方面来实现。

市场推广方面,借助互联网平台,有助于将品牌或产品向全世界推广,在拓宽市场渠道的同时降低大量成本,缩短中间环节。就传统贸易而言,其供应链一般为:工厂出产→外贸企业→国外进口商→批发商→分销商→消费者,可见供应链之繁冗。而跨境 B2B 则可因为工厂与零售商的直接联系而省去中间多项环节,使流通成本降低。

有助于贸易模式转型升级。一直以来,中国对于世界都是以输出劳动密集型产品为主,原始设备制造商(original equipment manufacturer,OEM)的工厂比比皆是。但是,随着人口红利的降低,这部分优势也在逐渐降低,尤其是沿海省份的工厂更是面临着非常严峻的形势,很多工厂甚至面临亏损倒闭。但随着 B2B 的衍生,越来越多的中国自主品牌在崛起,让世界了解了中国,让"Made in China"变为中国人的骄傲。

国家对于跨境电商的扶植政策。在 2018 年雨果大会上,雨果网创始人兼 CEO 翁耀雄在发言环节表示"2018 年各地政府依然会大力扶植跨境出口电商行业,而在此环境之下会越来越大力发展工厂型卖家"。而就掌握的 2015 年某跨境电商上市公司公布的财务报表，在出口退税一项就占其营收的 7.9%，高达上千万元。犹如雨后春笋般兴起的各地方电子商务产业园，其健全的基础配套设施更有助于降低物流、研发、创新的成本。

相对于 B2C 模式，B2B 出口跨境电商在单个订单的规模化方面具有优势。这种规模化优势可以体现在四个方面：产生规模效应、客户更加稳定、B2B 企业更加注重质量、售后服务更加及时。规模效应，因 B2B 的单位订单内产品的数量会较多，这样根据边际成本递减规律，变动成本降低后利润率升高，并且因为单笔订单数额较高，盈利就会相当可观，客户群体更加稳定。B2C 的客户源相对分散并且忠诚度不高，重复购买率低。但是就 B2B 企业层采购而言客户忠诚度很高，长期合作的概率较大。B2B 模式令交易更加规范。由于是企业间的交易，在交易过程中双方行为都会更加谨慎和规范以规避各自的风险，这也令市场环境更加公平，有助于维护贸易环境的稳定，售后服务更有保证。跨境电商 B2C 交易出现产品质量问题时，纠纷处理起来非常复杂，这也使得 C 端买家在损失不大时往往放弃申诉。而在出口跨境电商 B2B 模式下，对个人消费者的售后服务一般是先由国外的 B 端承销商负责解决，甚至可能直接就是跨境电商卖家设在外国的子公司或销售处，这样无论在退换货方面或是聆听消费者申诉方面，都能更加及时方便。

2. B2B 出口跨境电商劣势

B2B 模式是我国跨境电商的主体，发展迅速，国家政策也对其发展有很好的助推作用。但是 B2B 出口跨境电商的发展同样还有很多难点，目前概括起来尚具有四个方面的劣势，分别是在企业思维电子化、服务配套成熟化、监管方式生态化和行业发展规范化等方面的劣势。

首先是传统贸易转型为线上交易的思维模式难以扭转。较之一线城市，二三线城市此问题尤为突出，尤其是沿海省区市，很多贸易往来都是家族企业，传统贸易已经成为人们的固定思维模式。有的企业即使有向线上转型发展的意向但是由于缺乏此方面的管理人才、专业知识和职业技能，也都偃旗息鼓了。甚至即使企业本拥有这方面的储备力量，但是面对种种升级转型带来的重重困难，也都知难而退了。

其次是服务配套落后。跨境电商的发展随之带动了跨境支付及跨境物流的成长，但我国跨境支付的业务较之国外的技术明显还处于很初级的阶段。国内的物流更是处于水土不服、发展困难的尴尬境地，这也使我国的出口运输处在非常被动的地位。

再次是监管部门信息不共享导致环节繁杂。众所周知，产品出口需要经历报关、检验检疫、退税、结汇等一系列流程，各部门由于各自拥有不同的管理体系及信息系统导致各部门独立运行，造成一个个信息孤岛，繁杂的审批流程及机构间不必要的环节流转带来效率和利润的双重损失。

最后是跨境电商行业标准不明晰。想到电商，人们往往会跟假冒伪劣、恶意竞争等负面词汇联系起来，究其原因是电子商务相关法律还不健全，管理规定实施力度还不够，行业基本准则也不权威，这就催促我们要更多投入在提升基础保障措施的推行上，与全球接轨，与全球电商共发展，共同营造平等的电商环境。

3. 案例分析——阿里巴巴国际站

阿里巴巴国际站（www.alibaba.com）是我国领先的跨境电商 B2B 平台，该平台旨在帮助全球中小企业打通国际市场，开展国际贸易。累计服务 200 余个国家和地区的超过 2600 万个活跃企业家。截至 2021 年，用户规模有 1.5 亿个注册会员卖家，1000 万个海外活跃采购商。阿里巴巴国际站为中小企业提供一站式的服务和工具，包括店面设计、产品推广、营销策划、业务磋商、店铺经营管理等。企业通过平台开展国际贸易降低了经营成本，提高了开拓市场的效率。阿里巴巴国际站是中小企业开展国际贸易首选的 B2B 平台。

（1）发展初期（1999 年）：平台发展初期由于硬件条件有限，互联网发展不具有规模性，提供的功能有限，主要在于发布供需信息。在当时，阿里巴巴国际站还称不上是电商平台，只能称得上是一个电商网站。

（2）初步发展阶段（2000—2004 年）：此阶段，互联网得到了进一步的发展，开始走向成熟阶段。阿里巴巴国际站也有了进一步的发展，平台的内容和功能开始完善。买卖双方可以通过平台进行沟通交流。平台不单单能进行产品的上传，还能将产品根据搜索进行排序。这一时期，中国的供应商对电商行业有了进一步的认识。

（3）快速发展阶段（2005—2013 年）：阿里巴巴国际站发展的第三个阶段，这一时期平台得到了快速的发展。平台功能增加的同时，供应商入驻平台的数量也在不断地增加。平台在卖家页面以及产品的发布等方面都有了很大的改善。平台上增加了"旺铺"的概念。此时，阿里巴巴国际站开始注重商家的真实性。

（4）平台转型期（2014 年至今）：这一阶段，阿里巴巴从信息服务平台转向了交易服务平台。平台上商家数量增长的同时，买家也变得更加活跃。2014 年阿里巴巴在深圳全资收购了一达通，2015 年信用保障体系上线，完成了线上闭环交易，打造了一个综合服务平台。

通过阿里巴巴国际站买卖双方可以进行沟通交流，信用保障体系的上线促进了买卖双方信任关系的建立。买卖双方达成交易后可以通过阿里巴巴自有的支付系统以及国际惯用的支付方式进行支付。支付完成后通过一达通平台完成货物的通关、退税、物流、金融等服务，再将双方之间交易的数据进行转化，保证信用保障体系的顺利实施。阿里巴巴为中小企业出口提供更加专业、便捷的服务。

阿里巴巴的盈利模式主要有三种，即会员费、广告宣传费及增值服务费。阿里巴巴平台会向注册的会员收取年费，不收取交易的佣金。诚信通会员的年费为 2800 元，而"金牌供应商"的年费每年 5 万元。年费是阿里网站基本的收入。"金牌供应商"交年费后可以在网站上制作短视频展示企业以及产品，同时对于产品信息的发布没有数量的限制。

阿里巴巴的网站上可以进行广告服务，但是需要交纳一定的广告费用，广告费用也是阿里巴巴网站的收入之一；另外，网站引入了竞价排名机制，即用户在网站上输入关键字进行搜索时，搜索结果可以进行排序，需要用户通过竞价进行获得。前三名为交纳竞价服务费的用户，后面的排名根据用户加入网站的时间以及"诚信指数"进行排名；会员费是阿里巴巴网站的固定收入，而广告费用以及竞价服务的收入是附加服务费。

3.3.3　B2C 模式及主流平台

跨境 B2C 出口模式就是中国境内的企业通过跨境电商平台与境外的个人消费者达成交易，进行跨境支付以及通过跨境物流将货物送至境外目的地，最终完成出口的一种国际化商业活动。跨境电子商务的应用模式可以分为百货商店式、综合商场式和垂直商店式三种类型。

百货商店式，即企业拥有自己的跨境电子商务网站和仓库，自己进行商品的采购，库存系列产品，甚至拥有自己的品牌，来满足客户的日常需求，实现更快的物流配送和更好的客户服务，如"兰亭集势""米兰网"等，类似国内的"卓越亚马逊""当当"。

综合商场式，也可以称为平台式。这种模式拥有较为稳定的网站平台、庞大的消费群体、完善的支付体系和良好的诚信体系，不仅引来众多卖家进驻商城，而且吸引很多消费者来购物，如"全球速卖通""敦煌网"等，正如国内的"天猫"，仅仅是提供完备的销售系统平台，任买卖双方自由的选择交易，而不负责采购、库存和配送。

垂直商店式，满足某种特定的需要或某些特定的群体，提供这一方面更全面的产品和更专业的服务。像国内的"乐蜂网""麦考林"等都属于这种模式。在跨境贸易中，这样专业的外贸平台都是面向企业而不是终端消费者，因此在 B2C 跨境电子商务中还没有这样典型的专业平台。

目前国内外主要 B2C 出口跨境电商，如表 3-11 所示。

表 3-11　国内外主要 B2C 出口跨境电商

	电商企业	网站名称	成立年份	涉及领域
国内	兰亭集势	www.lantinthebox.com	2007	主攻婚纱和电子产品的 B2C 购物平台
	全球速卖通	www.aliexpress.com	2010	小额外贸批发零售平台
	大龙网	www.dinodirect.com	2010	综合外贸 B2C 网站
	帝科斯	www.dealextreme.com	2007	以电子产品为主
	米兰网	www.milanoo.com	2008	以外贸服装为主
	敦煌网	www.dhgate.com	2004	外贸综合小额批发零售
	炽昂科技	www.focalpress.com	2008	小额批发及零售平台
国外	易贝	www.ebay.com	1995	综合类购物平台
	亚马逊	www.amazon.com	1995	初始只经营书籍，现扩展至电子产品、服装、家具等多种品类

1. B2C 出口跨境电商优势

跨境电商 B2C 模式压缩了国际贸易的环节、降低了国际贸易往来的成本，并且消费者突破了国界的地域限制，能够更加高效地完成交易，在满足消费者需求的同时增加了消费者剩余。对于生产企业来说，也开拓了国际市场，提高了其国际知名度。还因为交易效率的提高，单位时间内盈利数额也会增加，并且因其直接面向消费者，利润空间也更大。

消费者之所以选择网购，"多样性"和"性价比"是很重要的两个目的。而就跨境电商 B2C 中的外国消费者而言，虽然中国的汇率及廉价劳动力的优势在逐渐减弱，但是我国产品的价格优势依旧明显。就同款新百伦运动鞋，中国制造与美国制造的价格竟可以有一千元人民币的差价。另外，商品多样性也是中国出口贸易的优势之一，中国地大物博造就了各地方在资源禀赋上的差异，这就为世界敞开了巨大的商品库。

跨境电商平台的大量兴起也对 B2C 跨境电商的发展发挥了密不可分的推动作用。国内跨境电子商务网站比较有代表性的企业有"全球速卖通""兰亭集势"，国际上知名的电子商务网站有"亚马逊""易贝"等，这些企业为了更好地帮助国内中小企业走出去都会不定期的为他们提供专业的咨询和培训，很成熟的配套服务加之专业的营销团队，很容易解决"走出去"的发展难题，降低交易成本和贸易风险。

同传统外贸交易相比，B2C 跨境电商主要拥有三方面优势：第一，B2C 跨境电商企业获利更高，企业直接面对终端个人消费者，节省了大量中间流通环节的成本，从而赚取更高的利润；第二，跨境电商 B2C 模式可以更加精准地满足消费者购物需求，电商企业能与全球消费者进行直接交流，获取消费者的反馈，便于电商企业提供个性化的产品或服务；第三，互联网信息技术的发展可以使 B2C 电商企业获得更多的市场机会。

同跨境电商 B2B 模式相比，B2C 模式的电商企业拥有更高的盈利能力和更稳定的现金流，同时所面对的是小额消费者，企业转型升级也相对更加灵活，给我国数量众多的中小企业提供了接触海外消费者的机会，有助于更多中国制造的质优价廉的商品走向全球市场。

2. B2C 出口跨境电商劣势

虽然 B2C 跨境电商已经取得了很大的进展，但在我国对外贸易中占比依然较小。这主要是由于中国 B2C 跨境电商的发展中还存在着很多问题，影响了 B2C 电商交易规模的扩大和健康快速的发展。

（1）缺乏品牌意识而导致知识产权问题。我国中小企业约有 5000 万家，但是自有品牌却占不到 30%，能走出国门走向国际市场的更是凤毛麟角，这个问题在 B2C 跨境电商企业中同样存在。品牌、自主知识产权的意识淡漠导致中国的"山寨"产品层出不穷，在淘宝网上随便输入"同款""原单"便有不计其数的外形相似，甚至品牌都做得神似的产品出现在热门搜索列表中。这种盗用和仿制的经营模式一旦触及海外知识产权的红线，必将引来官司、纠纷，即使没有牵扯巨额的赔偿，侵权的起诉也将是一场拉锯战持久战，不仅会牵扯多方精力，投入更是庞大，必定将影响企业发展、企业在国际市场上的形象。所以亚马逊大中国区副总裁叶伟伦也对国内跨境电商企业提出了两点建议：一是避免卖假货，二是提高知识产权意识。

（2）市场定位及营销手段同质化导致价格战。B2C 跨境电商模式高增长、高盈利，但同时也很容易被复制，国内市场的饱和以及政策上对跨境电商的大力支持，也进一步促使大量中小企业加入跨境电商的行列。只要能找到国内外市场的产品价格差，企业就可以做

B2C 跨境电商，这就导致很多企业的市场定位和营销手段是相近甚至相同的。因此在这种情况下，更优惠的价格便成为卖家企业争夺客户和市场的关键点。互联网的发展使得卖家已经能够很容易就获取同类卖家的价格信息，卖家便纷纷开展各类低价促销等活动，从而引发价格战，并且愈演愈烈。

（3）跨境物流体系不健全导致交易成本增加、购物体验差。电子商务与物流配送息息相关，通过二者之间的作用和反作用来相互影响。而我国 B2C 跨境电商的发展速度要远远快于跨境物流，跨境物流体系中还有不少发展瓶颈。B2C 跨境电商模式的主要优势之一就是产品交易价格很低，这也就使得要将物流运费较多地转移到消费者身上几无可能。不同于传统外贸和跨境电商 B2B 模式的大批量运输，B2C 跨境电商一般采用国际邮政小包和国际商业快递来进行小批量运送，这就导致单件产品的运送成本增加。此外，在 B2C 跨境电商的交易中，方便、快捷、安全的物流配送服务是影响消费者跨境购物体验的重要因素，而目前跨境物流存在配送用时长、运费高、有风险等不足，这些都导致在购物体验方面还不尽如人意。以上这些影响因素，对我国的跨境物流企业乃至整个跨境电商行业的长期发展都是很不利的，因此如何低成本、快运速、高安全性地进行商品跨境配送已经成为 B2C 跨境电商行业亟须解决的问题。

3. 案例分析——兰亭集势

兰亭集势是一家 B2C 跨国公司，成立于 2007 年，创始人有曾担任谷歌中国首席战略官的郭去疾、卓越和当当的供应商张良、卓越前副总裁刘俊和博客中国的创办者文心。兰亭集势成立于金融危机之时，致力于为全世界的中小企业提供一个基于互联网的全球整合供应链。它的主要网站是 LantIntheBox 与 MiniInTheBox，基于 26 国语言，客户遍及全球 200 多个国家和地区。欧洲和北美市场是兰亭集势的主攻方向，2012 年其 98% 的客户均来自国外。

兰亭集势上线之初，主营电子产品，但是由于电子产品的毛利比较低，后来便开始转向毛利较高的产品品类，例如服装、电子产品配件等，并不断地进行产品品类的调整，增加毛利较高的产品占比而降低对毛利较低的产品的投入，目前电子产品配件已成为它最大的销售品类，所占比重为 39.1%，服装比重为 30.7%。

兰亭集势之所以能在众多跨境 B2C 电子商务企业中遥遥领先，最大的特色在于极大地缩短了 B2C 跨境电子商务的供应链，向上绕过众多中间环节，自己采购绝大部分商品，目前 70% 的商品都是直接从工厂进货，自己拥有定价权。兰亭集势对供应商有着严格的要求，他们不仅要能满足其要求的采购量，而且还要能及时捕捉海外市场需求，把握海外市场流行趋势，在设计并生产"山寨品"的同时，避开海外知识产权风险。除了这些没有自主品牌的供应商外，一些国内知名品牌，包括爱国者、神舟电脑、方正科技等也是该公司的供应商。

此外，兰亭集势还拥有非常高效的供应链管理方式，不仅实现了较高的库存周转率，而且降低了库存风险。一方面，针对服装类的定制产品，兰亭集势派其专家团队直接进入供应商的生产线，制订专门的指导方案，帮助其改进生产和管理流程，从而提高生产效率，改善产品质量。兰亭集势会每日更新供应商订单，由于已经在兰亭集势专家团队的指导下调整了生产流程，达到了个性品定制生产的标准，因此供应商通常能在 10~14 天的时间内完成定制产品的生产并将其运送至兰亭集势的仓库，这就保证了兰亭集势较高的订单履约率。另一方面，对于标准品而言，兰亭集势 2011 年第 4 季度调整了供货方式，要求其部分供应商提前备货。供应商将货物提前存放在兰亭集势的仓库，但是这些货物的所有权依然在供应商手中，只有当客户下单之后，这些货物的所有权才会转到兰亭集势，计入其营收与成本。通过这种方式，兰亭集势相当于实现了"零库存"，不仅能够保证订单的高效处理，而且降低了库存风险。对于滞销商品，兰亭集势可以随时要求供应商将其商品从仓库取走并支付其将库存运走时的物流费用。也就是说，在提前备货的过程中，兰亭集势只是为供应商提供存放仓库以及支付供应商运走其剩余库存的费用。

兰亭集势常用的营销方式包括搜索引擎营销、社会化营销、展示广告营销、邮件营销以及联盟广告方案。兰亭集势最近几年的迅猛发展，可以主要归结为其网络营销方式的成功应用。不同于国内注重品牌营销的凡客，兰亭集势更加热衷于那些能够直接拉动销售的营销手段，而对于建立渠道品牌并不是很热情。兰亭集势营销模式的核心是快速而有效地抓取新用户，扩大用户基数。基于其团队在营销上的优势，以搜索引擎营销为主，以社会化营销、联盟营销、展示广告以及邮件营销为辅进行大力推广，其营销效率得到了明显提升，重复购买营收占比也在逐步上升，实现了营收的快速增长，并有望通过规模经济降低营销费用。

Fedex、UPS、DHL 和 EMS 是兰亭集势最主要的物流服务商，它们均提供超省、标准和特快三种运输方式，这三种方式的配送时间在非高峰期分别为 10~20、6~8、3~5 个工作日。兰亭集势凭借其较大的规模，具有更强的讨价还价能力，能够跟快递公司谈到更低折扣的协议价，因此，在不少航线上，兰亭集势的物流配送费用较标准模式更低。此外，兰亭集势已经在美国加利福尼亚州等地建立了仓库，将部分畅销商品提前存放于海外仓库，极大地缩短了配送时间，提高了用户满意度。

3.3.4　B2B2C 模式及主流平台

B2B2C 源于目前的 B2B、B2C 模式的演变和完善，把 B2C 和 B2B 完美地结合起来，通过 B2B2C 模式的电子商务企业构建自己的物流供应链系统，提供统一的服务。第一个 B 指的是商品或服务的供应商，第二个 B 指是的电子商务的企业，C 则是表示消费者。

B2B2C 模式是一种新型电子商务模式，它的创新点是为所有的消费者提供新的电子交易规则。基于 B2B2C 模式的电子商务综合服务平台颠覆了传统的电子商务模式，将生产商、销售商和消费者紧密地连接在一起，对生产、零售的资源进行了全面的整合。平台帮助商家直接充当卖方角色，把商家直接推到消费者面前，缩短了销售链；而且还拥有完善的物流体系，根据消费者的需求选择合适的物流公司。由于减少了许多中间环节，消费者可以以较低的价格购买到满意的商品，而商家也可以获得更多的利润。随着技术进步，一个企业以后的发展趋势对生产人员的需求越来越少，但企业的生存与发展却永远离不开消费者。在 B2B、B2C、B2G（business-to-government）、C2G（customer-to-government）、C2C、O2O（online to offline）、P2P（peer to peer）多种电子商务并行的今天，把消费者放在首要地位，让企业与消费者结合，这无疑是目前最合适的电子商务模式——B2B2C 模式。

1. B2B2C 出口跨境电商优势

B2B2C 出口跨境电商优势主要表现在以下三个方面。

（1）涉及面广。B2B2C 模式把供应商、生产商、经销商、消费者各个角色紧密联系在一起，整个供应链是一个从创造增值到价值变现的过程，把从生产、分销到终端零售的资源进行全面整合，可以大大增强网商的服务能力。

（2）互惠互利。B2B2C 模式有利于客户获得增加价值的机会，该平台将帮助商家直接充当卖方角色，把商家直接推到与消费者面对面的前台，让生产商获得更多的利润，使更多的资金投入技术和产品创新上，最终让广大消费者获益，B2B2C 通常没有库存，充分为客户节约了成本（成本包括时间、资金、风险等众多因素）。

（3）销售链短。B2B2C 电子商务平台将企业、个人用户不同需求完全整合在一起，缩短了销售链，从营销学角度上来说，销售链条中的环节越少越好，越是成熟的行业，销售链条越短。

（4）物流轻便。B2B2C 电子商务平台作为中介平台，能建立更完善的物流体系，根据客户需求选择合适的物流公司，加强与物流企业的协作，形成整套的物流解决方案。

2. B2B2C 出口跨境电商劣势

凡事都有两面性，B2B2C 模式也是一样，它也有劣势，如以下几点：

（1）无法完善用户体验。由于控制价格、商品质量、服务、配送和售后等关键因素的是形形色色的商户而不是 B2B2C 平台本身，所以平台没办法制定统一的标准，自然也会影响用户体验。举个简单例子，用户在 B2B2C 商城上下了一个订单，买了书和皮鞋，结果书三天就送到了，皮鞋却等了一周才送到，还有瑕疵，款已经付了，退换还很麻烦，这就是很烂的体验。

（2）库存量不准确。B2B2C 平台本身没有库存，也不可能和几十个或者上百个商户的库存系统对接（有部分商户可能都没有库存系统），也就导致了上架商品实际库存的不可知性，完全靠商户人工更改。那么就很有可能出现下单没货的现象，商户要不就告诉你没货退款，要不就忽悠你转型。

（3）第三方物流服务无法管理。国内的物流环境本来就差，快递公司送货速度慢，磕碰损坏丢件少件都是很常见的事，就看发货方与快递公司之间如何博弈，B2B2C 的商户订单分散，件数少，在与快递公司的交涉中没有什么话语权。

（4）售后服务全靠调解。B2B2C 平台的客服，不涉及订单处理，也不了解商品的问题，对用户的需求和问题只能转达给商户，不能第一时间响应，而对商户又没有控制力，只能沟通协调。售后也是同样，商品出了问题，其实平台作为中介，解决的能力是不够强的，很多时候，商品出现问题，说不清是谁的问题，或者商品已经使用过，不符合退换货条件，只能夹在商户和消费者之间左右为难，服务全靠调解。

所以说，B2B2C 模式虽然是目前最新的电子商务运营模式，但仍然是一柄双刃剑，它有优势，也有劣势，运营模式的选择要看自己从事的行业，也要看自己经营的侧重点，总之最适合的运营模式才是最好的。

3. 案例分析——阿里巴巴

"阿里巴巴"作为全球 B2B 电子商务的典范，从 1998 年底网站初次推出至今，已有 8 年的历史。在网站建立 4 年之后，也就是 2002 年年底 "阿里巴巴" 首次实现盈利，冲破现金盈利 600 万元。目前融合了 B2B、C2C 市场，搜索引擎和门户等多种交易模式和网络搜索技术，帮助国内外客户和合作伙伴取得成功，并且正向 B2C 市场进军，创造一种全新的网络交易模式。"阿里巴巴" 独具慧眼，用独特的经营模式步步走向盈利。

第一阶段：为企业提供免费信息，抢先占领市场。中国的电子商务目前依然停留在信息流阶段。"阿里巴巴" 在充分调研企业市场需求的基础上，把企业的注册信息进行分类整合，根据不同的特点，为企业提供有效的信息服务。"阿里巴巴" 一直坚持这样的模式，使其能够为来自国内外的多家企业和商家提供网上信息服务，快速抢先占领了网上 B2B 交易市场。

第二阶段：利用第一阶段的成功开展企业的信用认证，为盈利打好基础。信用对于经济刚起飞的中国来说是最大的障碍，电子商务尤为突出。马云正是抓住这一关键，在 2002 年首次推出了中国互联网上的诚信认证方式——诚信通，把握了中国电子商务交易市场上的关键问题，这也是 "阿里巴巴" 最初的创收渠道。"阿里巴巴" 在诱导企业缴费加入 "诚信通" 方面巧妙利用了其之前的成果。

第三阶段：发展海外市场，扩大贸易范围。"阿里巴巴" 除掌握大部分国内企业的信息外，还掌握了近 1000 万家海外商户的信息，能够帮助国内企业实实在在发展对外出口贸易。"中国供应商" 为企业提供独立的账号和密码，建立英文网址，让全球 220 个国家近 42 万家专业买家在线浏览企业，为企业创造更大的商机。

第四阶段：并购 "雅虎"，创新一种可以延伸发展的电子商务搜索。电子商务搜索可以将电子商务所涉及的产品信息、企业信息以及物流、支付等有关信息串联起来，逐步形成一种电子商务信息的标准。"阿里巴巴" 形成了以 "雅虎" 为平台、大型网络购物平台 "淘宝网" 为依托的交易信息搜索系统，为来自全球的商人提供更广阔的交流空间和交易平台。

"阿里巴巴" 在复杂多变的经济社会中准确定位自己，凭借稳定的经营模式，找到了属于自己的一片天空。如今已经发展成为有四大业务群和三大相连网站组成的全球领先的网上贸易市场和商人社区。早在几年前，有人曾预言：各种电子商务形态在未来都将融合，结合在一个大平台上运行，连通 B2B 和 C2C 平台之后，一种全新的 B2B2C 网络交易模式将会产生。目前由 "阿里巴巴" 一手培育的 "淘宝网" 已发展成拥有 2000 万个人会员的 C2C 网站，拥有了巨大的消费能力。2008 年 5 月 10 日，"阿里巴巴"集团宣布，依托大型网络购物平台"淘宝网"，正式推出 B2C 全新业务模式。该模式将依托"阿里巴巴"和"淘宝网"的强大人气、可靠的支付系统及诚信大社区，把真正的电子商务模式还给企业和商人，把利润还给制造商，最终让更为庞大的消费群体获益。

融合了"阿里巴巴"和"淘宝网"的全新 B2B2C 模式跳过物流、配送和库存等方面的瓶颈。当时中国的电子商务发展并不成熟，还存在多种缺陷，导致网站经营者不能准确预测社会对商品的需求，实际生活中的配送物流体系同样处于起步尝试阶段。而全新 B2B2C 模式正适应了中国电子商务的发展环境，使"阿里巴巴"巧妙避开了由于商品积压、配送、物流体系建立不完善而产生的风险。把配送物流这一环节交给商家，由商家负责及时把货物送到消费者的手中，"阿里巴巴"仅为商家和消费者提供交易的平台，不承担在物流和配送过程中产生的成本，其赚取的是交易之间的中介费用。"阿里巴巴"成功的经营理念，吸引了众多商家的眼球，使"阿里巴巴"成为商家进行交易不可缺少的网络平台。无论是商家还是消费者，只要一提及网络购物，首先想到的就是"阿里巴巴"，这也是"阿里巴巴"可以成功地把由于配送、物流和库存等产生的风险转嫁给商家的另一个重要原因。

"阿里巴巴"此次重新定义 B2C 市场，引领了电子商务行业的发展方向。虽然这是电子商务发展的必然趋势，但一直没有出现合适的契机。"阿里巴巴"80% 的 B2B 市场占有率加上"淘宝网"70% 的 C2C 市场占有率，使其成为创造 B2B2C 业务的最佳人选。企业由生产到增值再到销售组成了一条供应链，改变了传统创造价值的模式，体现了互联网对商务活动更深层次的影响。

3.4 进口跨境电商商业模式

3.4.1 进口跨境电商运作流程

进口跨境电子商务根据运营平台是否自建分为平台类跨境电商、自营类跨境电商和"平台＋自营"类跨境电商。跨境电商进口运作流程图如图 3-15 所示。

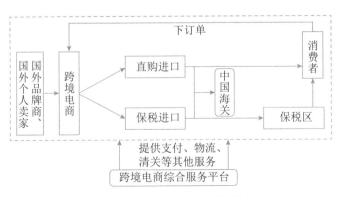

图 3-15　进口跨境电商运作模式

3.4.2 平台类及经典平台介绍

平台类跨境电商模式即 M2C 模式。M2C 是 Micro-to-Customer 的缩写，微品聚 CEO 唐俊华于 2012 年 3 月 1 日首次提出此概念，Micro 指微型品牌，业内也有人将 M 说成是制造商（manufacturers），指代厂商直接对接消费者。代表企业有天猫国际、京东全球购、洋码头等。其中天猫国际是纯平台运营，邀请有海外零售资质的商家入驻，为其提供展示、营销、支付、物流等一体化服务，本身并不参与商品的采购、库存、销售、运输环节。而京东全球购与洋码头都是综合商业模式，M2C 只是其中一种。平台模式的优势是用户信任度较高；劣势是代运营模式下商品价位较高，对品牌端掌控力弱。

天猫国际作为 M2C 平台型进口跨境电商的典型代表，是中国最大互联网公司阿里巴巴集团旗下 M2C 进口跨境电商平台。天猫国际是阿里巴巴集团旗下天猫商城下的一个子频道，为国内消费者直供海外原装进口商品。天猫国际上销售的产品并非由阿里巴巴集团直接参与采购、存储和销售，天猫国际的角色更类似于百货商场，邀请各个零售商或品牌商入驻后为其提供店铺与产品展示，并提供营销广告、支付工具、物流系统、库存管理、报表管理等一系列附加服务，并从中收取年费和一定比例的佣金。

天猫国际相较于自营型进口跨境电商，产品数量、种类更加丰富，并且依靠阿里大数据与云计算进行合理的选品调节。由于天猫国际并不控制产品采购和进货环节，相比自营平台产品质量难以获得公众信任，但天猫国际尝试从招商环节采用邀请制与提高准入门槛对产品质量进行控制。产品价格由于同一商品存在多个商家供应，在一定程度上价格较其他平台低。附加服务上，天猫国际能够为消费者提供不同于其他平台的商家中文咨询服务、阿里旺旺及 120 小时发货、国内退货等服务。

天猫国际入驻商家分为卖场型旗舰店、品牌旗舰店和专营店三种类型。招商制度采取邀请制，只有收到入驻邀请的商家才有资格入驻。天猫国际对入驻商家收取保证金、技术服务费年费和实时技术服务费（佣金），保证金为人民币 150000 元，技术服务费年费根据经营类目不同分为 5000 美元和 10000 美元两档，而佣金扣点也根据经营类目分为 0.05%~6% 不等，其中游戏卡、充值等虚拟商品与 3C 数码等低利润率产品收取较低服务费率，而服装、个护美妆等收取较高服务费率。

天猫国际获得其母公司阿里巴巴集团强有力的大数据和云计算技术支持；在智力支持方面阿里巴巴集团独特的企业文化价值观和人力资源体系为其提供和培养源源不断的优秀人才；在生态系统建设方面，阿里旗下菜鸟物流的保税仓是天猫国际保税备货模式的基础，而支付工具方面，天猫接入市场份额占比最大的支付宝，同时支付宝自带的余额理财服务和蚂蚁金服提供的信用消费产品蚂蚁花呗也为天猫国际的生态系统建设画上了强有力的一笔。

3.4.3 自营类及经典平台介绍

该模式通常指企业通过自建 B2C 平台，对其经营的产品统一进行生产采购、商品展示，并将产品通过物流配送投放到最终消费群体。自营式跨境电商模式具有产品质量可控、品牌力强、交易信息对称、自主控制生产和销售等优势，实际解决了对外贸易的通路问题。自营型企业的运营核心在于全面参与商品的整个供应链，包括所销售商品的选择、供应商开发与谈判、电商平台运营等，并深度介入物流、客服、售后等服务环节。自营类企业由于需要先采购海外商品，对企业资金实力和选择商品水平都提出了更高要求，其综合竞争力主要体现在正品保障、售后服务响应迅速等方面。自营模式通过产品配送和供应链打通国际市场，提高企业核心竞争力，是我国跨境电商发展的重要方向。

网易考拉海购是媒体驱动型电商，在被阿里巴巴收购之前，背后依托网易公司，主要能获取三方面的资源：一是流量方面的资源。在用户基数方面，网易在游戏、门户、邮箱、音乐等领域取得了领先优势，已经拥有大约 8 亿多个用户。考拉海购上线之后，在所有网易主要流量入口，如游戏、新闻客户端、云音乐和邮箱板块，考拉的推广都出现在显眼的位置。二是现金流资源，根据网易的财报，网易拥有高达 200 多亿元人民币的现金及现金等价物。这意味着网易可以将大笔资金投入考拉的业务中，以烧钱的方式来获取竞争优势。三是借助丁磊的名人效应进行宣传。2015 年 4 月，丁磊受邀参加国务院经济形势座谈会。借此机会，丁磊向李克强总理汇报了网易考拉的相关情况，并提及"海关在星期天不提供服务，这不太符合互联网 24 小时运转的规律"。一时间，关于"丁磊向总理投诉海关"的新闻铺天盖地，考拉海购因此曝光量倍增。

对消费者而言，第三方平台模式，海外商家渠道来源复杂，货品质量难以监控，一旦出了问题，维修服务都比较麻烦；而自营模式则不同，消费者直接与平台企业进行交流，信息反馈速度更及时，货品质量也比较有保障，用户的服务体验也更好。考拉海购坚持自营，对外宣传 100% 正品，网易 CEO 丁磊亲自作出"假一赔十"的承诺。为了保证正品，考拉海购作出了以下的措施。

（1）原产地官方直采。网易考拉海购目前在韩国首尔、日本东京、美国旧金山、德国法兰克福、澳洲悉尼、中国香港、中国台湾等地成立了分公司或者办事处，考拉海购团队亲自与工厂、大型商超、顶级供应商进行面对面采购，在产品的原产地进行采购的方式从根源上保证了商品 100% 是正品。

（2）直播采购全流程。2016 年，考拉海购开始了直播采购的尝试，主要的行程有：日本总部、日本乐天。为了能有更好的互动效果，考拉海购邀请部分用户一起参观了当地的品牌商总部、工厂和线下门店，整个采货流程以网络直播的形式播放给全国的观众朋友，大大增加了正品的可信度。

（3）首创入仓全检。纵观国内外跨境电商平台企业，网易考拉海购是跨境第一家实现入仓全检的平台。入仓全检指的是，当考拉海购采购的海外商品到达国内的保税区时，每一件商品都会经过考拉海购的拆箱验收，只有检验合格的商品才有资格进入仓库。

（4）全程可追溯。网易考拉海购联合海关部门开发二维码溯源系统，严格审核供应商资质，实现供应链全程可追溯。消费者通过扫描海外商品上的二维码，查询商品来源、所经口岸、商品质量等信息。

（5）品牌官方授权。考拉海购获得了松下电器、LG 生活、得鲜（The saem）、美迪惠尔的授权，并与欧洲卡夫亨氏、雀巢惠氏及澳洲品牌 PharmaCare、澳佳宝等品牌达成战略合作，并与 cosme 正式签订直采合作协议。另外，考拉海购还与一些知名商超进行了合作。如韩国连锁商超易买得（E-mart）、日本综合商社三井物产、欧洲连锁商超德尔海兹（Delhaize）、日本乐天、中国香港化妆品实体零售商莎莎。吸引了超过 25 个国家和地区的近 1000 个海外品牌登陆，这样就保证了来自全球范围内商品的质量。

网易考拉海购所采取的是典型的保税仓物流模式，为保证在物流这一环节上能够给用户很好的体验，考拉海购在国内仓储和物流上都有重要的布局。

在仓储方面，依靠网易强大的资金流，考拉海购在国内不遗余力的投资建仓。海关"408"税改前，考拉海购的保税仓主要分布在重庆、宁波、郑州、杭州四地，总面积超过 15 万平方米。税改政策颁布之后，在业内普遍不看好保税仓模式的情况下，考拉海购继续在保税仓上投入。2015 年网易考拉 1 号仓项目启动，也是网易考拉在国内保税区布局中投入最多、规模最大、自动化水平最高的战略级项目。网易考拉 1 号仓总计容面积达 34 万平方米，可满足超过 6000 万件商品的存储需求，跨境订单处理能力可达每日 30 万件，一年可处理超过 1 亿件跨境订单。网易考拉 1 号仓全面采用自主研发的 WMS 管理系统，作为整个跨境智慧仓的"大脑中枢"，该系统涵盖了电商业务全流程，动态调整仓内各工位的任务分配。截至 2022 年年末，网易考拉已在原有的 15 个跨境综合试验区和试点城市中的绝大多数城市进行了仓网布局，拥有总面积超过 100 万平方米的保税仓资源。

在物流方面，网易考拉海购不自建物流，通过与物流公司的合作完善自建的物流服务。在考拉海购上线之初，考拉海购就与跨境物流公司——中国外运股份有限公司达成合作，中国外运将为网易跨境电商提供物流服务，提供的物流服务主要包括国际国内运输、全球仓储等服务，并代理其电商进出口通关相关业务。2016 年 3 月 29 日，网易考拉海购引入"亚马逊物流＋"物流解决方案，通过此方案，网易考拉海购能够实现高效率管理仓储，提高物流速度与运营质量。此外，2016 年 8 月，网易考拉海购联合相关企业，开发上线网易考拉物流服务，打通跨境物流供应链各环节，提升物流效率。

3.4.4　"平台＋自营类"及经典平台介绍

对于跨境电商平台来说，优质货源是一个痛点。跨境电商从来就不缺货源，缺少的是优质的货源，即品牌知名度高、深受消费者喜欢、质量有保证的产品。为保证平台自营的产品质量，自营平台企业往往需要引进大品牌，获取品牌或零售商的直接授权。但是这个方法有比较大的执行难度，以至于阿里巴巴的马云、京东的刘强东、网易考拉的丁磊都亲自出国"采购"。主要来自两个方面的困难：一是各大平台都在纷纷需求优质品牌合作伙伴，力求成为独家伙伴，以形成壁垒。二是品牌商会担心与平台企业合作可能会破坏现有的渠道。自营平台发展到一定的规模，为了扩充产品的丰富度以吸引更多的消费者，会引进第三方卖家入驻平台。对第三方卖家的管理也是建立一套有效的机制来进行制约，与上文提到的建立信用、评分、惩励机制不同的是，为了保证平台上的产品质量，"平台＋自营类"模式对入驻平台的商家的监管制度更加严格。

例如亚马逊对入驻的商家设立了较高的审核制度。首先，产品必须符合当地法律法规，如果是品牌产品，必须提供相关的授权证书；其次，产品的说明书、用户手册等商品文档都必须翻译成目标国语言，而且要有当地语言客服；最后，对商品描述、图片刊登等也有要求，例如产品的刊登照片必须是白底，不允许有其他的背景。

"平台＋自营类"的基本增值活动包括引流、招商＋选品、管理与营销、物流、服务等。可以看出，"平台＋自营类"的基本增值活动，是自营、平台两种模式的结合，它具有自营与平台的优势，但是又介于两者之中。"平台＋自营类"模式是在自营平台模式上发展起来的，是一种新的跨境电子商务趋势，其核心不再仅仅局限于产品的销售上，还要在物流、支付以及产品质量控制等各方面进行拓展。"平台＋自营类"模式的运营核心在于保障正品、有价格优势、物流体验好、售后完善，而其短板在于流量、商品品类不如第三方平台模式。

京东全球购是京东商城的一个子频道，主打的是为国内用户提供优质的跨境进口电商商品。2015年年初，京东全球购部门正式成立。仅三个月时间，中国团队就完成了系统的上线运作。4月15日，京东全球购业务正式推出。首批在平台上线的产品品类便超过15万种，品牌数量也超过1200个，商家店铺超过450家，所有商品来自美、英、法、日、韩、澳大利亚等主要西方发达国家和地区的母婴、服饰、美容护肤、鞋靴箱包等热门品类。截至2021年年底，京东全球购已引进来自70多个国家和地区近2万个海外品牌，SKU数达千万个，引进了超过70个国家与地区的多于18400个海外品牌。京东全球购的运营模式是"平台＋自营"，由于天猫国际招揽了大批海外优质商家，使得京东能进行合作的商家少之又少。在这种情况下，京东加快了招商步伐，尽可能与未进入天猫国际的商家进行深度合作。在京东的努力下，京东与易贝、韩国乐天集团、日本电商巨头乐天、沃尔玛进行了合作。为了丰富京东的产品线，京东招募了大量华人代购商家。

京东商城是中国最大的综合零售电子商务平台，根据京东商城发布的2022财年第三季度财报显示，京东的活跃用户数为5.88亿人。而京东全球购是京东商城发展的全球购业务，实现全球化战略布局是京东的一个战略目标，因此京东商城在流量上的导入会给予京东全球购一些帮助。在京东商城PC端和移动端，都给了京东全球购一个显眼的流量入口。此外，腾讯战略性入股京东，给了京东极大的帮助，腾讯向京东提供微信和手机QQ客户端的一级入口位置及其他主要平台的支持，这些间接地给京东全球购带来了发展。

海外品牌商进入中国消费市场，需要一揽子的解决方案和全方位的支持。从用户下订单，涉及海外仓、保税仓和国际干线物流运输、清关、"最后一公里"配送等诸多环节。而这仅仅是其中一部分，进驻中国跨境电商平台，还要具备客服、代运营、市场推广、技术支持、数据分析等能力。单凭品牌商自身力量，显然难以完成。京东全球购之所以吸引越来越多的海外品牌商的落户，是因为提供了一站式的解决方案。

京东全球购为品牌精心打造"品商"战略，同时也基于供应链打造了一个"商联"计划。商联计划主要包括：

（1）加强与海外品牌商的联系。目前，在中国香港、日本东京、韩国首尔、澳大利亚、欧洲、美国等地都已经建立了京东全球购的办公室或代表处。办公室或代表处的设立，使得京东全球购与海外品牌商的沟通会更加及时，甚至可以帮助品牌商了解国内跨境电商的政策、市场、人文环境，更好地为品牌商到中国开展业务提供服务。

（2）建立保税仓与海外仓。为了加快物流配送效率，让消费者能有较好的购物体验，京东全球购在美国、欧洲、韩国、日本、澳大利亚、加拿大等国家设立了海外仓，实现多仓直发、急速配送。同时，京东全球购在广州、杭州、上海、郑州等主要城市设立保税仓并已向全国 2356 个区县提供配送，支持货到付款、POS 刷卡和售后上门服务。

根据京东全球购发布的《京东全球购 2017 年度开放平台资费标准一览表》，京东全球购的收入主要包括保证金、平台使用年费、费率。保证金按类目分成 15000 美元和 5000美元两种，平台使用年费为每年 1000 美元，费率按照类目从 0.5%~5% 不等，此外，京东全球购的收入还包括其自营的产品营销收入。

同样地，京东全球购对用户的补贴也是通过活动来进行的。例如 2016 年的"黑色星期五"活动，京东全球购举办了"黑五不止五折"（专场期）及"黑五来袭比'双 11'还优惠"（高潮期）主题大促活动。对用户的补贴力度很大，除了常用的"满减"（如自营满199 减 100、满 499 减 150、跨店铺 3 免 1）、"秒杀"等常用促销手段外，京东还邀请了明星助阵，明星以直播的形式为消费者推荐自己的常用国外优质商品。

综合上述介绍，可以归纳出这三种模式的优缺点，具体如下。

平台型跨境电商优点：一是商品种类多，二是平台规模较大，网站流量较大。其缺点：一是跨境物流、海关、商检等环节缺乏自有稳定渠道，服务质量不高；二是商品质量保障水平较低，容易出现各种类型的商品质量问题，导致消费者信任度偏低。

自营型跨境电商的优点：一是平台企业从商品原产地直采，保证产品正品，且有价格优势；二是商品质量保障水平高，商家信誉度好，消费者信任度高；三是跨境物流、海关与商检等环节资源稳定。自营型跨境电商的主要缺点：一是整体运营成本高；二是商品种类较少；三是运营风险高；四是资金压力大。

"平台＋自营类"跨境电商模式介于两者之中。优点：一是流量大小介于平台型和自营型之间；二是物流、售后等服务较为优质；三是产品质量得到保证。缺点：一是自营业务和入驻商家会有出现业绩争夺。出于扶持自营业务目的，同一商品自营部分优先排在前列。同时为了达成最终成交，自营商品的价格很多都低于入驻商家。二是物流资源。自营产品、入驻商家共享京东物流平台资源，在高峰期可能会造成物流匹配问题。

3.4.5　跨境 O2O 及经典平台介绍

O2O 模式，即 online to offline，线上引流到线下的商品或者服务的交易形式，随着新零售商业进程的推进和同城即配物流模式进入成熟期，逐渐演化成为线上线下渠道高度融合的商业模式。与传统的消费者在商家直接消费的模式不同，在 O2O 平台商业模式中，整个消费过程由线上和线下两部分构成。线上平台为消费者提供消费指南、优惠信息、便利服务（预订、在线支付、地图等）和分享平台，而线下商户则专注于提供服务。

跨境 O2O 模式，即以进口跨境为贸易模式，以线下实体为基础，打造融合 App 和微信的智慧移动营销系统，整合各渠道、第三方平台等资源，搭建官方 PC 商城，实现"线下体验店 + 移动 App+ 官方电商平台"的销售前"端"全渠道布局，构建多种购物场景与分销渠道，并利用后端企业资源计划（enterprise resource planning，ERP）一体管理多个销售前端、管理线上线下渠道、对接保税口岸集中推送三单。通过打通线上线下，形成平台自有的大数据及渠道信息资源。跨境电商 O2O 拥有独特优势，具有无积压、低成本、消费者可以体验、减少购物疑虑、传统的电子商务结合线上与线下同步销售、售后服务等独特优势。跨境 O2O 平台将形成业态丰富、全面的智慧购物体系，实现多样化引流营销手段，打造"线上 + 线下"的体验式消费模式，增加平台流量，促进销售能力，提升品牌价值，实现新型商业升级，形成新零售模式。

要开展进口跨境电商 O2O 模式，可以根据以下三个步骤进行，分别是：

通过全渠通 ERP 对接多渠道平台，实现跨境商品在仓储库存、海关对接、物流运输到终端销售的全方位管理，有效提升供应链管理效率；

发展线下直营体验店、合作店、加盟店，推广运营 App，打造多种购物场景模式，有效提升顾客体验以及信任度，实现跨境电商 O2O 模式的成功落地；

依托 App、POS 和全渠通系统，收集数据信息，打通线上线下商品、订单、库存、仓储、促销、服务等，形成自有的大数据信息库。对客户数据、销售数据、商品数据等进行资源整合、实现精准营销、提升服务质量、调整整体布局。

根据目前进口跨境电商 O2O 模式发展情况，可将其分为以下四个类型。

（1）在机场设提货点，线上下单，线下取货。2015 年初，天猫国际在 O2O 上大显身手，瞄准全球机场免税店。其 O2O 的具体实现形式是：消费者在出国前、出国中，都可通过天猫国际提前购买海外机场免税店里的商品，在归国时，直接去机场免税店自提即可。

事实上，这种免税店 O2O 的模式并非天猫国际首创。早在 2012 年 12 月 28 日，韩国乐天免税店就推出了中文版购物网站，以方便日益增多的访韩中国游客在乐天免税店购物。中国游客可以在"乐天网上免税店"上提前购买免税商品，结束在韩国的旅游回国时方便地领取商品。

2015 年 2 月初，携程旅行网推出的"随行购"网购平台，同样采用"线上下单，线下提货"的模式，将目的地旅行和购物（包括跨境购物）相结合。用户可根据自己所要前往的目的地，选择随行购相应站点的产品，然后选择机场提货或酒店提货两种方式。目前携程随行购已在多个境内境外机场设立了提货点。其境外站点包括韩国、日本及我国香港和我国台湾，今后境外业务范围还将逐步覆盖新马泰、澳大利亚、新西兰以及欧美等国。

对于这种"线上下单，线下自提"的方式，业内人士评论称，天猫国际引入免税店的商品是对网站商品丰富度的一次有效补充，也可以提升消费者在免税店的购物体验，例如有更宽裕的商品挑选时间、免除买单排队、削弱消费者与导购语言不通的影响。而携程随行购可谓是一种精准营销，将境外旅行与跨境购物相结合，通过线上下单、机场提货的方式节省消费者时间，也让其达到购物的目的。

（2）在保税区开店，融合展示与购买功能。加拿大新永安集团旗下的跨境电商平台美市库是在国内保税区开店的典例。新永安集团总经理郑萍告诉亿邦动力网，其保税区店铺采用仓储式超市的运营思维，具备了三种功能：一是可以充当存货的仓库，二是可以直接向消费者售卖一般贸易进口的商品，三是可以展示跨境进口的商品。

对于跨境模式进口的商品，其结合了实物展示及平板电脑展示，消费者看中后，需在线下单，然后由美市库通过海外直邮或保税仓发货的方式将商品配送到家。据悉，美市库在福州、宁波、天津的保税区店铺此前已经投入了运营，且收到了良好的反馈。之后，其线下店不仅会陆续进驻各大保税区，还会登陆一些大城市的繁华地段。目前，美市库北京和郑州的线下店也在筹备中。

（3）在市区繁华地段开店，线下展示，线上购买。2014 年 12 月，洋码头首个线下体验中心在上海南京东路正式亮相，其联合了平台上来自美、欧、澳、亚四大洲的数百名海外商家，将近千件商品在体验中心展示出来。不过，洋码头的线下体验中心只持续开放很短的时间，选址在一线城市黄金地段，主要起品牌推广作用。

而在 2015 年 1 月 23 日，美悦优选在广州市珠江新城春商场的首家保税展示交易店试营业，随即引发消费者的热捧及行业的巨大争议（保税进驻核心商圈，现场即买即提，流程上是否符合保税进口的规范）。从 1 月 27 日开始，该店只保留保税商品的样品给客户体验，店员会引导辅助顾客到网上下单，商品全部从广州保税区仓库发出，也就是说，门店不再提供现场提货的服务。

此后，美悦优选表示计划将其保税展示店在全中国大中城市复制推广，今年全年将新开约 800 家线下店，其中 30% 为直营店，70% 为加盟店。其线下店将分为两种类型：一种是可销售实物商品的门店，将同时具有销售完税商品和展示保税商品的功能；另一种则是纯展示店，将通过海报、PAD 等方式展示商品。

同样是在核心商圈、市区繁华地段开线下店，2015 年 3 月，聚美优品第二家线下店落地王府井，该店最大的特色就是引入了"极速免税"业务。其线下并不售卖产品，只做体验之用，消费者在店中试用商品后只能到线上进行购买。

（4）与线下商家合作，互相渗透。蜜芽宝贝是与线下商家合作探索 O2O 模式的先行者。2015 年 4 月，其宣布联合红黄蓝教育机构向全国 300 多个城市 1300 余家园所开拓线下渠道。蜜芽宝贝的商品会在红黄蓝园所里进行展示，用户可通过手机扫码直接下单，同时用户还可以在蜜芽宝贝的特卖网站和手机 App 上购买红黄蓝的早教服务。未来，双方还将在全国更多儿童业态开设虚拟电商货架等合作模式，并借助线下导购、移动端下单、套餐搭配、活动促销等形式提供给用户更好的体验。

3.4.6　海外代购及经典平台介绍

随着人们消费水平的提高和互联网技术的飞速发展，国内的商品已经远远不能满足消费者的需求。消费者对商品的要求越来越高。在购买某些商品时通常会出现这些情况：消费者在当地或国内买不到某些商品；当地的商品价格比其他地区贵；消费者自身没有时间和能力亲自去购买。诸多原因，让海外代购成为新兴市场。海外代购平台的代表性企业是淘宝全球购、京东全球购还有洋码头等，其对跨境电商供应链涉入较少，与其他模式相比竞争力较差。

洋码头是国内首家引进海外零售商的海外购物网站，也是国内首家自建国际物流的跨境电商平台。其最大的特点是实行买手商家制，因此强大的买手团队成了洋码头在市场竞争中获得立足之地的基础。平台对买手入驻设立严格的标准，而且会动态地不定期查验海外买手的信用情况，遍布海外各地的买手还将接受当地国家法律的监管，以此保证商家和商品的质量。目前平台已拥有 6 万多个的认证买手，其中超过七成比例的都是综合评价超过 4.5 分的优质型买手，购买范围覆盖 80 多个国家。在这种经营模式下，由于所有的货品都是由成千上万个的买手自己发掘并购买的，因此平台不仅单品数量异常丰富，可以为消费者营造一站式、逛街式的购物体验，还拥有海量新奇少见的商品，可以更好地契合消费者多元化、个性化的需求，从长尾市场中盈利。

洋码头平台目前有 400 多个品类的线上商品，每天在售的商品达到 80 万件。买手商家制平台的商品货源和服务水平取决于海外买家的质量及可靠程度。因此，洋码头对产品质量的控制更多地体现在对买手资格的把控上。具体来说，洋码头统筹企业内部多个部门共同参与到商家入驻资格的审核上，并且要求商家提供丰富翔实的个人材料以证明其资质和信用。平台对买手的资格审核并不是一劳永逸的，还会定期组织海外回访核查，对买手资质进行动态化监督；洋码头还注重对买手商家的培养，通过定期对买手展开专业培训的形式来提高买手在商品质量审核和售后服务方面的水平，从而为消费者提供更为优质舒心的海外购买服务，实现平台及买手共同获利的双赢局面。除此之外，洋码头还设立了"鹰眼联盟"，这是一个由平台和会员共同参与的买手监管体系。即邀请平台上拥有过硬专业知识和丰富海淘经验的会员，通过设立专门的监察小组来对卖家的行为进行监察，包括卖家的货源、资质和服务等，采取实时反馈、持续监督的措施，从而起到较好的威慑作用。资深会员的挑选会根据不同商品品类来确定，会员一旦对卖家的资质有疑问即可通过独立电话热线或者直通邮箱来向平台进行实时反馈举报。而平台也会以最快的速度组织"鹰眼联盟"等多方机构进行核查，一旦举报为实，将会严惩相关的买手商家。虽然洋码头为了控制商品质量采取了很多措施，但是，由于 C2C 平台自身的弊端，买手商家数量众多而监督困难，平台仍时常收到消费者关于假货的投诉。

洋码头在物流方面的布局要早于其他跨境进口零售电商平台，2010 年洋码头就创立了自建物流品牌贝海国际速递。贝海物流作为一家第三方跨境物流企业，目前已在美国和欧洲等地建立的国际物流配送中心多达 17 个，可提供超过 20 个国家或地区的跨境物流服务。跨境清关方面，贝海物流可实现 24 小时入境清关，48 小时全国配送，全球商品平均5~7 天内可以到达国内消费者手中；此外，海外仓储业务也已经十分成熟，贝海物流已经在北美、大洋洲、欧洲多国建立了超过 10 个货站和中心仓，全球货站布局已经遍布主流国家和地区；再者，贝海物流还拥有多条全球各地直飞中国的航线资源，在空运领域也有一定的优势。

3.5　新型跨境电商商业模式

3.5.1　C2B 模式及典型案例

C2B（消费者到企业，consumer to business）模式实现的是消费者与商家的双向对接，消费者在平台上发布对产品的需求，商家通过平台对接消费者，引领企业进行生产。C2B模式以消费者为核心，把以卖方为主转变为以买方为主。传统的电商 C2B 模式根据消费者需求可以分为以下三类：基于消费者需求差异性的 C2B 模式、基于消费者需求一致性的 C2B 模式和基于消费者、供应商需求平衡的 C2B 模式，新型 C2B 模式则为基于社区经济的 C2B 模式。

互联网的发展促使线上社群的集聚，企业利用社群连接消费者来获得红利从而演变为社群经济。目前社群主要应用在电商行业，跨境电商为了解决国内外信息的不对称问题，将社群经济应用在其商业模式中形成了具有其独特特色的跨境电商发展模式，如图 3-16 所示。该商业模式中，企业提供平台将不同需求的消费者通过网络连接聚集在该平台上，汇聚起来的消费者再通过企业的引导将相同需求的用户汇聚成一个一个的社群，每个社群都有其标签和不同的需求，由此汇聚成了不同的消费群体，然后由社群作为一个整体来和商家进行互动和相互满足，基于社群成员每天在平台上产生大量的信息和需求，商家将社群中每天产生的大量用户需求数据化，进而为用户提供精准化营销和服务来即时满足用户需求。

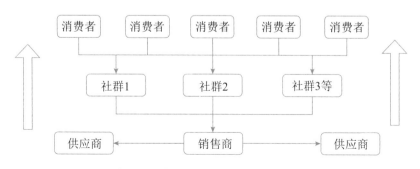

图 3-16　基于社区经济的 C2B 运作模式

小红书就是典型的基于社区经济的 C2B 企业。小红书的商业模式可以概括为"社区"+"电商 C2B 模式"，社区就像一个集合了消费者各种需求的容器，销售商筛选出其中较为主要的需求首先进行满足，体现 C2B 的理念，实现"提前预测—少量精品—快速销售"的模式。小红书 App 购买界面如图 3-17 所示。

图 3-17　小红书 App 购买界面

社群加电商独有的 C2B 跨境进口电商模式，使得小红书和其他跨境电商有着重大的区别。小红书解决了用户因信息不对称的购物痛点，包括语言和地域等各种差异造成的不对称，使得有经验的用户可以在小红书的社群里畅所欲言，而没有经验的用户则可以更加自由地在小红书的社群里像逛街一样肆意浏览、观看、查找自己想要的产品是什么样，哪里可以买到，产品的价格是多少，最终找到适合自己的好物。做社群的电商平台在刚开始总是会面对用户流量不足的问题，小红书在做品牌之初，并不是完全的靠用户来生成内容，而是由自己产出专业性内容，由自己控制和掌握内容的专业度和传播性。因为专和精得到了用户的好评，并在初期就培养了一批种子用户，也同时吸引了不少在国外有着丰富生活经验的中国人，他/她们有意愿并有能力输出高品质物品的使用心得和攻略。所以在小红书的社群由专业生成内容（professionally generated content，PGC）向用户生成内容（user generated content，UGC）转变时，并没有面临社群流量的问题，而是很完美地实现了由小红书产出内容到用户产出内容的转变。截至 2022 年年底，小红书的月活用户达到 2.6 亿人，月活创作者达 2000 万人，笔记日发布量达 300 多万条。

而目前，从小红书用户的社群分析笔记中还可以看到一些笔记是采用视频模式的分享，这也无疑是用户分享的一个需求点，更是对笔记分享的一个强有力的补充，从单纯的笔记分享到现在一些用户的视频分享，可以说是小红书在迎合目前直播形态的一个表现，特别是小红书将热门视频放在了热门长笔记的前面，也可以说是小红书的一个试水，通过数据来判断直播和视频的用户需求量级有多大。

同时，小红书丰富的展示形式亦可以说是在对直播形式的一种试水，由视频来判断用户是否愿意采用直播或者看直播的需求量大小。对跨境电商来说，视频加图文的形式和直播加图文的形式，满足了用户无法接触实物的心理需求，可以事先通过视频或者直播的形式清晰地查看产品的形状和色号等，避免因信息的不对称而导致想要的和买到的不相符的尴尬境地。作为基于社群的自营 C2B 跨境电商平台，小红书现已积累了大量自带粉丝的护肤、彩妆等各行各业的网红，视频的适时加入，也是对各个小红薯们的一个重要吸引力，能够更直观、更方便地看到产品的效果，达人们及时的答疑和互动，对于电商的转化无疑更是一大助力。

3.5.2　drop shipping 模式及典型案例

通俗上来讲，可以把 drop shipping 理解为"直接代发货"或者"转运配送"，在这种模式下，零售商不必积压大量的商品库存，甚至可以为零库存，当有订单的时候，把订单转交相应的供货商或者厂家，由他们直接发货给零售商指定的客户。转运配送是零售商无需产品库存而实现销售的一种方法。与传统相反，当零售商要出售商品的时候，零售商将客户订单发给第三方供应商，由第三方供应商直接将商品发送给顾客，这使得零售商从头至尾与商品没有实际的接触，流程如图 3-18 所示。转运配送和传统零售模式之间最大的差别在于转运配送的零售商无须产品库存，零售商只在有需求的时候才在供应商处批发商品——通常是在批发商或者生产商处购买——以此来完成订单。

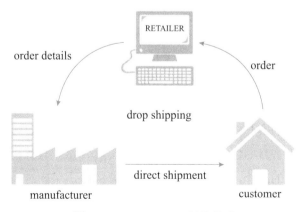

图 3-18　drop shipping 运作模式

刚开始的 drop shipping 模式是从独立站兴起的，联通速卖通可以实现 1+1+1 模式，还有很多实用的插件，例如 Oberlo，可以帮助卖家实现很多的功能，卖家只需要引流就可以了。做平台的也适合这样的模式，无论是亚马逊还是易贝都可以。换句话说，只要你可以找到合适的经过选品出来的产品，适合你所选择的平台，都可以做成 drop shipping 模式！

那么卖家该如何寻找货源供应商呢？从货源网站来说，卖家有以下几种选择，一是从 1688 供应商——跨境专供窗口，有非常多的产品，只要是可以帮忙代发货的都可以实现 drop shipping 模式；二是从阿里国际站——虽然现在相对于速卖通处于劣势，但是现在越来越多的人选择阿里国际的代发货，数据显示，相比于 2019 年阿里国际发货同比增长 45.21%，而且还在不断增加；三是从环球华品——海量出口货源，一件全球代发。此外，还可以选择亿达展厅、淘宝网、U 选 U 品、中国制造网、义乌购、速卖通等网站。

从分销渠道来说，卖家可以与线下工厂一起寻找产品，确定产品类目，然后整合数据，开启新的合作。当货源确定后，卖家即可选择销售平台，以下以独立站、易贝和亚马逊为例来介绍不同平台开展 drop shipping 的优劣势。

在独立站上做跨境电商或者 drop shipping 的优势有：不受平台限制；费用相对较低，可以接受和控制；自己可以设计自己的商店和路线及品牌；移动端更加方便；可建立长期的客户关系。但是显而易见，独立站运营最大的劣势是没有平台引流，需要独立站自己搭建网站的引流渠道，也需要做用户的运营来对前期引流获得的用户进行最大化留存、转化和价值挖掘。

在易贝上做 drop shipping 的优势是：

（1）起点低、上手快、不需要像 shopify 一样自己引流，卖家可以自己申请一个账号，即可开始寻找自己的路线，如铺货路线或精品路线。

（2）可以运营平台本身的自然流量。

（3）平台的受众比较多，相对比较集中。

在易贝上做 drop shipping 的劣势是：

（1）成交费用相对较高。平台分给卖家流量，卖家需要为此付费。需要给平台佣金、月费等，为了这些流量付费。

（2）限制条件比较多。平台有很多禁售产品，独立站相对就开放很多。

（3）门槛比较高，比如说关联问题或者是额度问题。

（4）价格比较透明。平台内部价格战打得比较激烈，卖家相对就处于劣势了，而独立站存在一个信息不对称，使卖家的相对定价容易很多。

（5）无法建立长期的客户关系。大部分人还是会更多地去考虑选择其他的卖家，如果是独立站的话，相对而言目的性就会较强。

（6）很难做成自己的品牌。独立站更加适合品牌营销。

在亚马逊上做 drop shipping 的优势是：

（1）Amazon 的卖家基本有自己的独立站了，亚马逊和 shopify 基本上可以形成 1+1 的店铺形式，更加灵活，流量也更多。

（2）亚马逊有自己的海外仓库，可以帮助履行订单，比较方便，物流时效可以保证。

在亚马逊上做 drop shipping 的劣势是：

（1）需要跟易贝一样的交易费用。

（2）限制条件和门槛很高。

（3）无法建立长期的客户关系。

（4）价格透明，相对于独立站不占优势。

综上，drop shipping 是一种比较新型的商业模式，逐渐被越来越多的人接受。不论是以上哪种 drop shipping 模式，卖家都要选择最适合自己的。

3.5.3　导购与返利模式及典型案例

返利模式，就是以实际销售产品的数量来换算广告刊登金额，即 CPS（cost per sales）模式。用户通过该网站进入 B2C 商家的购物页面，返利网根据 Cookies 跟踪用户拍下货物、付款直至确认收货的流程。用户确认收货之后，整个流程完成，返利网站会根据交易的金额按比例抽取广告费用，并把该笔广告费用中的一定比例返还用户。该模式的技术要求低，通过与境外电商的合作，对客户实行返利政策吸引流量，但是该模式对供应链把控较弱，如果平台无法在短时间内达到一定流量，将难以运行。

导购与返利平台的代表性企业是 55 海淘，如图 3-19 所示。55 海淘是一家为国内消费者提供海淘返利的导购软件，成立于 2011 年，55 海淘已经是国内海淘平台，涵盖海外主流的电商，精选全球正品优惠折扣信息，让千万个国内用户轻松浏览和选购全球商品。55 海淘也是目前国内的中文海淘返利平台，国内用户通过 55 海淘在海外电商购物，55 海淘业务覆盖母婴、食品、服饰等方面，按照 2%~10% 不等比例对海淘的消费者进行返利。

图 3-19　海淘购买界面示意图

资料来源：https://www.55haitao.com/

2018 年，55 海淘全资收购了日本乐天旗下 Ebates 海淘返利网的中国业务，双方已经完成交割。同时，55 海淘借助出境游刷卡购物返利的新举措，把触角伸向了海淘的海外线下市场。对 Ebates 海淘返利网中国业务的收购，使 55 海淘成为国内最大的海淘导购平台。并购之后，对 55 海淘而言，一方面，通过业务规模的扩大，提高了和海外电商的议价能力，争取到针对中国市场的独家折扣。另一方面，通过整合双方资源，改善产品体验，让用户更快、更方便地获取海淘优惠和返利。公开数据显示，55 海淘已和 4500 家海外商户建立合作，拥有数千万个 SKU，覆盖时尚、美妆、生活方式、母婴保健等类目，2021 年交易额突破百亿元人民币交易额。跨境电商为中国用户提供了便捷渠道购买海外品质商品，55 海淘顺应了这个消费趋势，与海外的品牌电商、平台官网对接，不仅避免了假货，而且提供的货品比较齐全，在 55 海淘上的用户可以花更少的钱买到更好更多的商品。

导购返利是跨境电商不可或缺的商业模式。而 Ebates（海淘返利网站）中国业务目前正在稳步匀速地增长，据其官网信息，Ebates 的会员迄今已经通过大约 2700 家电商网站取得超过 2.5 亿美元的累计返利金额。在并购后，55 海淘在海淘返利方面具有绝对优势，可以有更多的精力放在新业务发展上。

3.5.4　平台 + 实体模式及典型案例

即"网购保税 + 实体新零售"模式，在税收保全的前提下，允许符合监管要求的电商企业将网购保税进口商品凭保出区展示，消费者到店选购商品，经身份信息验核并在线完成下单支付，三单信息（即客户订单、支付流水、物流信息）与申报清单即时向海关推送与申报，清单放行后，允许消费者当场提货，实现"线上下单，即买即提"。此模式与跨境电商 O2O 体验店的不同在于，跨境电商企业将交易展示中心从地理位置比较偏僻的保税区转移到人流量密集的商业中心，使创新政策与商业价值得到结合，综合了价格优势、购物便利、亲身感受、品质保障等优点。

2017 年 7 月，以前海企业深圳前海电商供应链管理有限公司（简称"e 码头"）为主的深圳前海蛇口自贸片区贸易便利化创新成果落地保利天虹商场"保税 + 实体新零售"试点门店正式营业，如图 3-20 所示。一方面，根据政策要求，跨境电商一直是"线上销售、线上下单"，消费者看不到商品实物，导致退换货诉求多，而将跨境商品在实体店进行实物展示，至少能减少货不对板。同时，顾客也可在合法程序下，以天虹到家或店提等方式快速拿到货品，缩短购买海外货品的等待时间。另一方面，传统方式中，所有跨境电商商品在出保税区之前，都要交完关税、增值税等，即便今后卖不完，已交的税也不会退回。

图 3-20　"e 码头"网站界面示意图

资料来源：https://www.ds-bay.com/

　　而模式创新后，海关同意货物凭保出区，即保税商品出区前，可由"e 码头"先为商家缴纳税款保证金，随即整批货即可从园区送到天虹门店现场展示交易。这时货品还是一个保税状态，如果天虹无法卖完，也可以将货退回保税区，不再存在缴了税却退不回的问题。换句话说，就是商品不落地，先销后税，按实际卖出数量去申报（税）。对于商贸企业来说，这既节约了成本，也宽裕了资金流，实现了保税直营。而前海也进而变成一个跨境货物的亚太中转站，比如某海外产品在中国不好卖时，也可以整批货品退回保税区，再调拨到日本、泰国、马来西亚或其他国家去卖，实现全球调配。

　　跨境商品质量是消费者最为关心的问题，"e 码头"借助第三方力量，跟国企中检集团合作，中检集团在海外 30 多个国家都设有分支机构，将直接派检测人员到海外厂家进行验厂，对整批货物检验封箱贴标，再运到中国保税仓内。然后，国内检验人员进保税仓贴"二维码"，再运往商场上架，中间没有其他环节，为海外企业产品进入中国提供最短、最快的链路，也为消费者买到原厂货提供了保障。在"保税＋实体新零售"的天虹商场保利店内，3000 多个产品均实行了品质溯源验证，该模式依托深圳国检成熟的"1+4 全球溯源核放"便利通关模式，建立全程全品系产品信息化追溯系统，每件商品都有一条专有的二维码，在扫描设备上一扫，即可清晰地看到从产地、物流、贸易单证到溯源证书等的全部信息。从跨境电商发展趋势来讲，全品类溯源是大势所趋。"e 码头"平台作为前海第一家全资质的跨境电商供应链服务平台，将立足前海，潜心打造三张网：进口货源网、销售渠道网、金融网。为前海发展跨境贸易贡献力量，在前海实现"买全球、卖全球"。

思考题

1. 商业模式的评价维度分别是什么？相关的评价指标有哪些？

2. 商业模式的优化创新是通过哪五个步骤进行的？

3. 跨境电商分类中主要的分类维度是从哪几个方面入手的？

4. 请比较 B2B、B2C、C2C 模式的优势与劣势。

5. 请简要叙述入口与出口的清关方式与流程。

6. 试对京东全球购与亚马逊中国业务进行商业模式分析与比较。

即测即练

扫描书背面的二维码，获取答题权限。

第 3 章

即测即练

案例分析

案例分析 3-1

C2M 商业模式
分析——SHEIN

参考文献

[1] 李强 . "互联网＋"背景下跨境电商运作模式创新研究 [J]. 技术经济与管理研究 ,2019(03):71-75.

[2] 罗嘉燕 , 洪锦端 . 我国跨境电商 B2B 与 B2C 模式比较研究 [J]. 现代营销（下旬刊）,2019(02):166-167.

[3] 孙洋 . 大数据背景下跨境电商商业模式创新研究 [D]. 东北师范大学 ,2018.

[4] 孙瑞华 , 唐韵 . 海关税收新政下跨境进口零售电商模式创新与发展 [J]. 贵州社会科学 ,2018(11):129-134.

[5] 张夏恒 . 跨境电商类型与运作模式 [J]. 中国流通经济 ,2017,31(01):76-83.

[6] 王星 , 郑淑蓉 , 周影 . 我国进口跨境电子商务业态形成及分类 [J]. 电子商务 ,2016(12):29-30.

[7] 宛建伟 . 进口跨境电商发展模式与运营分析 [D]. 天津大学 ,2016.

[8] 石盛楠 . 外贸企业跨境电商出口模式选择研究 [D]. 天津财经大学 ,2016.

[9] 李耀华 . 新型跨境进口电商模式及其物流运作方式分析 [J]. 黑龙江科技信息 ,2016(01):161-162.

[10] 卢萍 , 林开标 , 吴石珑 . 基于消费者体验的跨境电商模式选择 [J]. 厦门理工学院学报 ,2015,23(04):39-44.

[11] 张旭旭 . 基于社群经济的 C2B 跨境电商平台商业模式分析 [D]. 河南财经政法大学 ,2017.

[12] 张夏恒 . 跨境电商物流协同模型构建与实现路径研究 [D]. 长安大学 ,2016.

[13] 陈文基 . 商业模式研究及其在业务系统设计中的应用 [D]. 北京邮电大学 ,2012.

[14] 刘莹莹 . 小红书基于 UGC 社区的跨境电商 C2B 模式研究 [D]. 兰州财经大学 ,2019.

[15] 吴志浩 . 基于信息成本理论的跨境电商 C2B 发展研究 [D]. 浙江大学 ,2017.

[16] 李明娟 , 侯光玉 . 跨境电子商务平台商业模式创新研究 —— 以考拉海购为例 [J]. 中国市场 ,2019(23):189+191.

[17] 商婷婷 . 基于全球化的跨境电子商务第三方平台选择研究 [J]. 企业改革与管理 ,2018(18):60-61.

[18] 胡保亮 , 田萌 . 自营类跨境电商商业模式构成要素解析——以网易考拉海购为例 [J]. 杭州电子科技大学学报 (社会科学版),2018,14(04):7-12.

[19] 彭小雨 . 先发优势理论在跨境进口零售电商市场的应用 [D]. 浙江大学 ,2018.

[20] 郝思佳 .C2C 跨境电子商务的信用评价模型改进及仿真研究 [D]. 华侨大学 ,2018.

[21] 宋晓华 , 尹德斌 , 杨莉虹 . 农村电商渠道发展策略创新探索——以京东 B2B2C 模式为例 [J]. 商业经济研究 ,2018(08):112-114.

[22] 卢东亮 .B2C 跨境电商平台运营模式研究 [D]. 北京邮电大学 ,2017.

[23] 李雯 . 跨境电子商务 B2B 发展模式分析 [D]. 吉林大学 ,2017.

[24] 谭文婷 . 跨境电商自营模式研究——以兰亭集势为例 [J]. 江苏商论 ,2017(01):26-28.

[25] 姚方元 .B2B2C 电子商务模式研究 [J]. 电脑知识与技术 ,2016,12(10):287-288.

[26] 黄莉玲 . 中小企业选择第三方跨境电商平台影响因素研究 [D]. 东华大学 ,2016.

[27] 谭小雪 . 海外代购 "洋码头" 4P 营销分析 [J]. 新闻传播 ,2015(09):68+70.

[28] 吴娜娜 , 郑力 , 甄磊 .B2B2C 电子商务模式研究 : 以阿里巴巴为例 [J]. 商场现代化 ,2010(32):131-132.

[29] 宋晓华 , 尹德斌 , 杨莉虹 . 农村电商渠道发展策略创新探索 —— 以京东 B2B2C 模式为例 [J]. 商业经济研究 ,2018(08):112-114.

[30] 戴文文 .B2C 网络零售企业商业模式评价研究 [D]. 东华大学 ,2016.

[31] 常明秀 . 一种商业模式评价方法的研究 [D]. 北京邮电大学 ,2014.

[32] 孙妍 . 我国跨境电商出口贸易问题解决对策 [D]. 天津商业大学 ,2019.

[33] 孙慧楠 , 冯丽 , 张婷 . 大数据背景下我国跨境电商商业模式优化分析 [J]. 广西质量监督导报 ,2020(11):181-182.

第4章
大数据下跨境电商
生态系统及平台构建

导入案例

大数据助力跨境电商物流配送，降低成本，提升服务水平

大数据时代，跨境电商得到了迅猛发展。我国跨境电商市场规模持续扩大，根据阿里研究院报告，2019 年中国跨境电商交易规模为 10.8 万亿元，同比增长 13%。近年来，阿里巴巴、京东等不少原先专注于国内电商市场的企业，也逐渐开始将跨境电商业务作为自己全球发展战略的着眼点，阿里巴巴旗下国际站、速卖通、京东国际、网易考拉等跨境电商平台交易规模增长迅速。但是，跨境电商在发展过程中，受制于交易主体分处两国，商品配送必须经过跨境物流完成，这一阶段涉及国内和国外两部分，配送路线长、环节多，十分复杂。尽管跨境电商发展迅速，但是跨境物流配送难度大，物流信息增长过快。在大数据的帮助下，通过分析挖掘海量物流数据，物流企业的决策、管理能力得到提升，使得跨境电商配送成本下降，物流服务水平提高。

资料来源：姚丽萍.大数据背景下跨境电商物流发展现状与对策分析 [J].现代营销（经营版），2020（11）：126-127.

4.1 跨境电商生态系统及组成要素

4.1.1 跨境电商生态系统

跨境电商生态系统指在跨境贸易中，具有共同目标和利益的个体与环境构成的有机

生态系统。这些个体以跨境电商交易平台为核心，通过自组织及相互协作，实现资源共享、互利共生。跨境电商生态系统以跨境电商需求方需求为导向，提高自身利益和促进经济发展为目标，通过相互作用、相互影响、相互制约，从而保持跨境电商生态系统处于相对稳定的动态平衡状态。跨境电商生态系统主要包括跨境电子商务平台、跨境电子商务的交易主体、跨境电子商务交易所必须依附的组织、跨境电子商务生态系统所包含的各类环境等。

跨境电子商务平台是整个跨境电子商务生态系统资源的领导者，通过提供商品交易平台与信息、监管等服务，承担着跨境电子商务生态系统的资源整合与信息沟通及协调的作用。跨境电子商务的交易主体包括商品的卖方与买方，也包括供应商、生产商、投资商、供应商的供应商、客户的客户等。跨境电子商务交易所依附的企业、组织或机构，包括跨境支付企业、跨境物流企业、海关部门、商检部门、金融机构、行业协会、政府相关部门、通信服务机构、信息技术机构等，这些组织都是围绕跨境电子商务平台与交易主体进行活动，支撑着跨境电子商务生态系统的正常运行。跨境电子商务生态系统环境包括各企业、组织或机构的内部环境与外部环境，如自然环境、经济环境、社会文化环境、政策环境、技术环境等（图 4-1）。

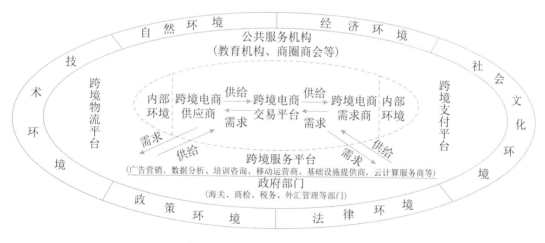

图 4-1　跨境电商生态系统示意图

4.1.2　跨境电商的组成要素

跨境电商是一个由跨境电商供应商、跨境电商需求商、跨境电商交易平台、跨境支付平台、跨境物流平台、跨境服务平台、政府及公共服务机构组成的有机体，各部分通过跨境电商业务联系起来。

（1）跨境电商供应商。由传统的零售商、代销商、生产商等转化而来，为跨境电商平台提供产品的上下游企业或是直接向消费者提供产品的平台。跨境电商对其供应商有着更高的要求：必须在产品、质量和服务方面重新定位，更好地适应新的消费群体；需要在电子商务推广、品牌打造、客户体验及专业协作方面具备足够的能力。中国跨境电商供应商的主力军主要集中在东南沿海、长三角和珠三角等传统外贸发达地区，而广大北方和中西部地区还存在着巨大的发展空间。

（2）跨境电商需求商。指购买跨境商品的贸易商、采购商、生产商、零售商，也可能是消费者。跨境电商需求方可能是个人消费者，也可能是贸易商、采购商、生产商、零售商。一般来说，个人无法参与到传统的国际贸易中，购买国外商品只能通过进口商获得，而跨境电子商务的发展使得个体可以绕过进口商，通过跨境电商平台购买国外产品，甚至可以向国外出口本国的产品。目前，易贝、速卖通、敦煌网等跨境电子商务平台对全世界所有国家消费者开放，即可以通过跨境电子商务平台向全球购买所需要的产品。

（3）跨境电商交易平台。它是跨境电商的载体，是跨境电商发展的核心，具体指发布商品信息的第三方平台，既有进口也有出口，涉及 B2B、B2C、C2C 等，如阿里巴巴、敦煌网、WISH、易贝等。一般来说，出口电商大多集中于中国制造产业，如消费电子类、机械、服装配饰、汽配、家居等。随着跨境电商的发展，跨境电商平台不断涌现，据中华人民共和国商务部统计表明，2015 年我国跨境电商平台企业已超过 5000 家。

（4）跨境支付平台。指第三方支付平台，如 PayPal、西联、速汇金等。PayPal 由于具有操作简单和快速到账的特点受到众多的跨境电商供应商与平台的欢迎。但是 PayPal 也有自身的局限性，适用于小额交易以及个人之间的转账，如果交易频繁，PayPal 账户容易被冻结。另外西联和速汇金这两种支付方式，虽然手续比较烦琐，但是适用于大额交易，因此也受到跨境电商提供商或平台的青睐。

（5）跨境物流平台。指第三方物流，如 Fedex、DHL、国际邮政小包、国际物流专线等。跨境物流环节除了传统物流环节外还包括检验检疫、报关和国际物流环节，因此跨境物流过程比较烦琐，运输时间较长，成本较高。在上述几个快递中，国际邮政小包具有比较明显的优势：价格比较便宜，但是运输时间比较长，且有一定的丢件风险。联邦快递、敦豪航空货运公司、国际物流专线等快递，不仅运输时间较短，包裹还有保障，但是相对于国际邮政小包，它的价格相对较贵。针对这些特点，客户根据时效以及货物的体积或重量选择最优的物流。

（6）跨境电商服务商。指外贸综合服务商和专业服务机构，依据一般贸易进出口专业服务能力，基于互联网技术，把复杂的进口流程标准化，再把分散的进出口服务资源集约化，形成以服务为核心的全球供应链体系。如阿里巴巴的一达通平台主要为外贸企业提供通关、外汇、退税及配套的物流、金融服务等。专业服务机构包括广告营销、数据分析、培训咨询、移动运营商、基础设施提供商、云计算服务商等，为跨境电商企业提供跨境电商流程中的各种专业服务，推动跨境电商行业更好的发展。

（7）政府及公共服务机构。政府主要指监管机构及各级政府商务部门，为跨境电商提供相关服务及监管。监管机构包括海关、商检、税务、外汇管理等部门，为企业办理通关、外汇、退税等事宜；商务部门则为跨境电商提供政策及服务支持。公共服务机构主要包括教育机构、商圈商会等非营利性服务机构。教育机构指隶属于国家的各级教育事业单位，为跨境电商提供专业人才的支持。商圈商会主要包括各地商务及行业协会，为从事跨境电商的企业提供资源整合、专业服务、信息共享等相关支持，推动中小企业抱团取暖，互惠互助，共同成长，如跨境电商鹰熊汇是全球跨境电商最大的社群，为跨境电商企业提供相关的服务。

（8）跨境电商环境。主要分为外部环境和内部环境，外部环境指经济环境、社会文化环境、法律环境、政策环境、技术环境和国家环境，包括文化、市场、商业基础、法律、海关、商检、税务、结算、进出口管制政策、国际规则、移动互联网、SaaS 等，内部环境指参与跨境电商的企业或平台公司的文化及组织结构。

4.2 跨境电商信息系统建设

4.2.1 跨境电商的信息系统设计原则

随着互联网的迅速发展，跨境电商业务对信息系统的依赖性越来越强，跨境电子商务也同样。信息系统架构包括应用程序、技术和数据的相应选择和投资组合的定义。它反映一个政府、企业或事业单位的信息系统的各个组成部分之间的关系，以及信息系统与相关业务，信息系统与相关技术之间的关系。

跨境电商信息系统设计主要遵循系统性原则、灵活性原则、可靠性原则、经济性原则，具体如下。

（1）系统性原则。要求信息系统设计要从整个系统的角度进行考虑，系统代码要统一，设计标准要规范，传递语言要一致，实现数据或信息全局共享，提高数据复用性。

（2）灵活性原则。为了维持较长的信息系统生命周期，要求系统具有很好的环境适应性。为此，信息系统应具有较好的开放性和结构的可变性。在信息系统设计中，应尽量采用模块化结构，提高数据、程序模块的独立性，这样既便于模块的修改，又便于增加新的内容，提高信息系统适应环境变化的能力。

（3）可靠性原则。主要检验信息系统抗干扰的能力及受外界干扰时的恢复能力。一个成功的信息系统必须具有较高的可靠性，如安全保密性、检错及纠错能力、抗病毒能力等。

（4）经济性原则。要求在满足系统需求的前提下，尽量节约成本。一方面，在硬件投资上不能盲目追求技术上的先进，而应以满足应用需要为前提。另一方面，信息系统设计中应尽量避免不必要的复杂化，各模块应尽量简洁，以便缩短处理流程、降低处理成本。

4.2.2 跨境电商的信息系统架构

跨境电商信息系统架构从上而下分别为终端和用户、应用层、数据层、逻辑层与物理层，如图 4-2 所示。具体如下。

（1）企业用户和个体消费者可以使用计算机、手机或者平板等移动终端登录跨境电商平台进行消费。

（2）按照跨境电商平台现有经营模式，将应用层分为 B2B 自建跨境电商平台子系统、B2B 第三方跨境电商平台子系统、B2C 跨境电商平台子系统。

（3）数据层方面，对于跨境电商相关企业来说，客户信息数据、商铺信息数据、生产商信息数据、采购商信息数据、物流信息数据、库存信息数据都至关重要。跨境电商交易均发生在线上，交易各方在平台上留下了大量的行为痕迹。在大数据时代，跨境电商通过数据分析提高运营效率已经不是新鲜事物，而依靠网络逐渐膨胀的跨境电商更是如此。

（4）逻辑层包括了跨境电商中使用的技术手段，如专家技术、区块链技术、物联网技术（internet of things，IoT）、个性化推送等。

（5）物理层主要包括硬件设备或系统，如公共云平台、5G 基础设施以及 Hadoop 架构等。

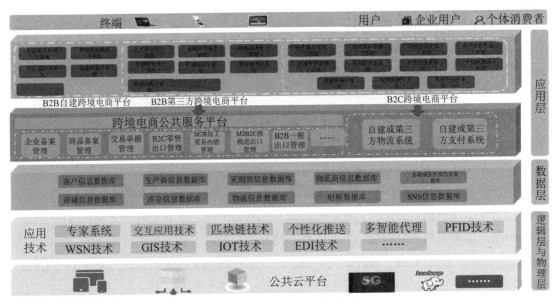

图 4-2　跨境电商信息系统架构

4.2.3　跨境电商的功能模块与系统分析

本节进一步对图 4-2 所示的跨境电商信息系统架构进行详细介绍，跨境电商信息系统包含 B2B 自建跨境电商平台系统、B2B 第三方跨境电商平台系统、跨境电商公共服务平台系统、B2C 跨境电商平台系统。

1. B2B 自建跨境电商平台系统

包括智能单证处理子系统、智慧物流管理子系统、外汇退税子系统、金融服务子系统，具体如下。

（1）智能单证处理子系统方面，该子系统适用于自营生产工厂和外贸公司，线上录入数据，即可准确生成整套出口单证；结合系统监测和提供商品归类等单证服务，实现线下全链监控。对接海关系统，一键完成全国各地出口报关申报；AEO 绿色通关，享受海关经认证的经营者（authorized economic operator，AEO）认证绿色通道；单证费用优惠，比传统节省 70% 以上费用（含制作和报关费）。

（2）智慧物流管理子系统方面，由平台公司安排货柜拖车到工厂装货，支持远程监装；待装柜完毕，拖车按指示运输到指定码头 / 仓库，在平台上可实时追踪轨迹；再指定码头完成报关后，与码头协同操作装船海运。

（3）外汇退税子系统方面，客户订单通过平台收汇，再由客户认领后分配到各订单，汇率按预先约定的规则执行。在报关出口、收汇和开票认证完成且集齐购销合同、物流单据、报关单及场站单据等退税所需全部单据后，由平台向税务局申请退税，2~3 个工作日可退，并获平台返利。

（4）金融服务子系统方面，携手中国出口信用保险公司，帮助出口企业进行风险保障的同时，对企业进行融资支持，信保公司对出口企业的买家发起海外资信调查，并提供代缴保险、货款融资等一站式金融服务。

2. B2B 第三方跨境电商平台系统

包括生产商、采购商、物流商、金融服务商等管理子系统，厂商展示子系统，发布管理子系统，检索匹配子系统，具体如下。

（1）生产商、采购商、物流商、金融服务商等管理子系统分别是平台针对入驻的厂商、交易的采购商以及平台合作的物流商和金融商建立的信息管理系统，包括入驻时间、资质证明、销量情况等信息。

（2）厂商展示子系统是指在第三方平台产品界面，除了产品的相关介绍外，还有生产商相关资质介绍。

（3）发布管理子系统即平台有发布产品的模块，且针对产品的不同特质把它们分配到不同的模块进行销售；主要由信息发布、新闻发布等模块组成。

（4）检索匹配子系统方面，当用户在搜索栏输入商品相关信息，如商品类别、店铺名称等，实时检索出相应的商品、店铺。同时，用户可以使用筛选功能进行精确匹配。

3. 跨境电商公共服务平台系统

包括企业备案管理、商品备案管理、交易数据管理、B2C 零售出口管理、B2B 一般出口管理、B2B2C/B 保税进出口管理、M2B 加工贸易内销管理，具体如下。

（1）企业备案管理即企业注册登记及备案管理，是指开展电子商务业务的企业，如需向海关办理报关业务，应按照监管部门对报关单位注册登记管理的相关规定，在监管部门办理注册登记。可分为企业备案导入、企业备案查询和企业备案申报三个子模块。

（2）商品备案管理方面，企业用户可对将要开展跨境业务的商品信息进行录入，并向监管部门提出商品信息备案申请，只有备案审批通过的商品，才能实际开展跨境电子商务业务。可分为商品备案信息申报和商品备案信息管理两个子模块。

（3）交易数据管理方面，交易数据包括订单数据、运单数据、支付单数据。在交易数据管理模块，企业用户可以通过"交换客户端"传输交易数据至系统，系统收到数据后入库并向企业发送回执报文，同时向海关端申报。企业可在系统页面上检索到交易数据，查看申报及审批情况等信息。可分为订单信息管理、运单信息管理和支付信息管理三个子模块。

（4）B2C 零售出口管理方面，企业用户可以录入清单数据（或根据三单信息生成清单数据）后申报至海关端及检验检疫端，并可在系统页面查看清单信息、申报状态及审批状态等信息。可分为出口物品电子清单申报、出口物品电子清单查询和出口物品电子清单打印三个子模块。

（5）B2B 一般出口管理方面，企业用户可在本系统录入清单信息后申报至海关端，再选择审结状态的清单做拼箱操作，生成预配舱单并发送至新舱单系统。之后可以选择已拼箱成功的清单信息生成报关单草稿，补录后申报至系统。可分为出口货物电子清单申报、出口货物电子清单管理、预配舱单管理、出口货物已拼箱清单管理、报关单管理五个子模块。

（6）B2B2C/B 保税进出口管理方面，企业用户可在本系统录入清单信息后申报至海关端，再选择审结状态的清单汇总生成出区总清单，待出区总清单实货放行后，选择部分清单汇总生成报关单草稿，补录完整后申报至系统。可分为进出口货物电子清单申报、进出口货物电子清单管理和报关单管理三个子模块。

（7）M2B 加工贸易内销管理方面，企业可以将发货记录单信息录入系统。企业可以通过系统将"发货记录单"申报至海关端，还可将批量的"发货记录单"汇总生成"发货记录总单"以及将"发货记录总单"申报至海关端等，支持导出数据供企业用户使用。可分为 M2B 企业备案查询、发货记录单管理和发货记录总单管理三个子模块。

4. B2C 跨境电商平台系统

主要包括在线商品管理子系统、在线订单管理子系统、在线促销管理子系统、在线库存管理子系统、退货管理子系统、个性化推荐子系统、客户信息管理子系统、商铺管理子系统，具体如下。

（1）在线商品管理子系统，即在平台对所有产品进行统一管理，包括添加商品、编辑商品信息、上架、下架、品类管理等支持商品检索浏览。

（2）在线订单管理子系统方面，订单信息包含日期、订单号、商品信息、购买数量、单价、实付价格、使用优惠券金额、手机号、收件人姓名、交易状态、付款时间、快递单号，同时点击订单号还可以查看用户的收货信息。平台上对订单的管理功能包括导出订单、根据条件查询、发货、处理售后等。

（3）在线促销管理子系统主要基于后台各种模型，发布各种优惠活动，包括优惠券、限时活动、砍价活动等，还可以查看用户的优惠券和优惠券使用情况等。平台管理员可以建立优惠券，直接发送优惠券给用户，对优惠券修改和删除，同时还可以查看用户的优惠券以及优惠券的使用情况等。此外，针对不同的商家提供各类促销需求提供活动支持以提高销量。

（4）在线库存管理子系统方面，订单子系统对接该库存管理系统，库存模块负责校验库存信息以及提交出库单。由于提交或取消出库单由系统自动完成，因此在线库存管理子系统主要提供库存查询功能。用户可查看商品库存状况，运营人员可在后台查看库存以及库存统计数据，还可以对商品库存进行修改，包括展示库存量、展示销量、实际库存、实际销量等。

（5）退货管理子系统方面，好的退货管理对于商家来说非常重要，有效降低商家成本，同时赢得口碑。退货管理除了完成退货这步外，还要对退货数据进行统计分析，包括横向比较和纵向比较。横向比较是与传统的销售渠道比较，纵向比较是针对历史记录进行分析，目的在于发现规律和问题以有效地预测退货的高发期，合理安排退货处理人员和库存量。

（6）个性化推荐子系统方面，由于消费趋势日渐个性化，根据用户消费习惯推荐相关产品的个性化推荐子系统便产生了。当用户在跨境电商平台浏览、搜索、下单的同时，系统利用相关数据进行聚类、关联等，使用户下次登录平台时看到的都是自己感兴趣的产品，在一定程度上可以提高用户体验。

（7）客户信息管理子系统方面，客户信息包括会员 ID、注册时间、手机号、密码、昵称、住址等，该系统提供了商家与客户沟通的平台，使客服或者平台运营人员通过电话、短信、网络等多种渠道与用户保持沟通，维护客户关系；在进行交易时，可根据之前的交易记录和用户消费习惯提供更具针对性的服务。

（8）商铺管理子系统包括对商铺入驻信息、资质证明、运营情况、信用情况、参与活动情况、评级等的管理，为平台评估续约合作提供依据。

4.2.4　跨境电商信息系统安全技术

目前，我国重要信息系统的定级工作已经基本完成，信息系统等级保护下一阶段的工作将是根据相关标准对已确定安全等级的信息系统进行安全建设，但在工程实践与标准方面还缺乏统一、成熟的技术体系。第四级信息系统安全保护环境的基本架构如图 4-3 所示。

第四级信息系统安全保护环境中与多级安全相关的安全设计技术要求如下。

（1）用户身份鉴别。第四级信息系统安全保护环境要求鉴别用户身份，需要从用户标记和用户鉴别两个方面进行安全设计。用户标记安全机制方面，在每一个用户注册到系统时，采用用户名和用户标识符标识用户身份，并确保在系统整个生存周期用户标记的唯一性。用户鉴别安全机制方面，在每次用户登录和重新连接系统时，采用受安全管理中心控制的口令、基于生物特征的数据、数字证书以及其他具有相应安全强度的两种或两种以上的组合机制进行用户身份鉴别，且其中一种鉴别技术产生的鉴别数据是不可替代的，并对鉴别数据进行保密性和完整性保护。

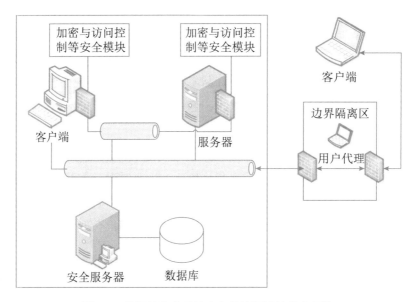

图 4-3　第四级信息系统安全保护环境的基本架构

（2）访问控制。自主访问控制方面，应在安全策略控制范围内，使用户对其创建的客体具有相应的访问操作权限，并能将这些权限部分或全部授予其他用户。自主访问控制主体的粒度为用户级，客体的粒度为文件或数据库表级和（或）记录或字段级。自主访问操作包括对客体的创建、读、写、修改和删除等。标记和强制访问控制方面，在对安全管理员进行身份鉴别和权限控制的基础上，应由安全管理员通过特定操作界面对主、客体进行安全标记，将自主和强制访问控制扩展到所有主体与客体；应按安全标记和强制访问控制规则，对确定主体访问客体的操作进行控制。强制访问控制主体的粒度为用户级，客体的粒度为文件或数据库表级。应确保安全计算环境内的所有主体、客体具有一致的标记信息，并实施相同的强制访问控制规则。

（3）区域边界访问控制。应在安全区域边界设置自主和强制访问控制机制，实施相应的访问控制策略，对进出安全区域边界的数据信息进行控制，阻止非授权访问。

（4）系统管理。应通过系统管理员对系统的资源和运行进行配置、控制和管理，包括用户身份管理、系统资源配置、系统加载和启动、系统运行的异常处理以及支持管理本地和异地容灾等。应对系统管理员进行身份鉴别，只允许其通过特定的命令或操作界面进行系统管理操作，并对这些操作进行审核。

（5）安全管理。通过安全管理员对系统中的主体、客体进行统一标记，对主体进行授权，配置一致的安全策略，并确保标记、授权和安全策略的数据完整性。应对安全管理员进行身份鉴别，只允许其通过特定的命令或操作界面进行安全管理操作，并进行审核。

4.3 跨境电商系统构建的关键技术

多家跨境电商企业对于自建系统发展历程作出过技术分享，跨境电商系统的发展历程与一般电商系统的发展史相似，并不是最初就具备现如今的高性能、高扩展、高可用等特性，而是随着用户量的增加、业务功能的扩展不断优化升级。国内某知名电商平台系统发展历程如下：21世纪初，该企业在发展初期由于站点访问量少，因此选择使用 LAMP 架构快速搭建系统，将应用程序、数据和文件资源都部署在同一台服务器上。随着网站业务量的增长，越来越多的用户访问给服务器带来较大的

延伸阅读 4-1

LAMP 架构快速搭建系统

压力，数据库也逐步成为瓶颈。为解决该问题，该企业尝试将应用服务和数据服务分离，并根据各服务对硬件资源需求的差异，为服务器配置相应的硬件环境。随着用户流量进一步上升，商城继续面临着服务器和数据库的双重压力，企业使用缓存以减轻访问压力。基于传统的单应用架构，由于应用服务器能够处理的请求连接有限，无法独立支撑起系统业务和用户访问的爆炸式增长，服务器出现单点故障的概率变大，一旦发生故障，企业将受到严重影响。因此企业进一步拆分系统和业务，采用分布式方案部署各个系统，系统间通过远程过程调用（remote procedure call，RPC）进行通信，后续使用 SOA 架构进一步优化系统。

4.3.1 跨境电商平台基本支持技术

1. 大数据分析类

（1）分布式大数据平台海杜普（Hadoop）。大数据技术在互联网时代的地位和重要程度近几年来不断攀升，以 Hadoop 为代表的大数据处理平台也得到迅速的发展和应用，带来了更加快速、可靠的数据服务。Hadoop 从最开始的编程模型包，发展到今天的主流大数据平台之一，得益于其在数据提取、处理和加载方面的优势。Hadoop 依赖于社区服务，强大的开源社区集中着大众的智慧，使得 Hadoop 能走在大数据发展的前端，演变出越来越多高性能组件，其中 HDFS、MapReduce 和 HBase 是 Hadoop 平台的常用组件，提供了分布式平台数据存储和计算的基础功能，是平台实际运作的主体，如图 4-4 所示。

| Hive
数据仓库 | Pig
数据流语言 | Sqoop
数据迁移工具 |

| MapReduce
并行计算框架 | Hbase
分布式数据库 |

| HDFS
分布式文件系统 |

图 4-4　Hadoop 生态圈

（2）Mahout 机器学习框架。Mahout 是阿帕奇（Apache HTTP Sener）旗下一款开源分布式机器学习框架，建立在 MapReduce 框架之上，因此适合大规模数据的算法挖掘任务。Mahout 提供了许多常用算法接口，使开发者在不用了解算法底层实现的情况下完成算法的实际应用开发，提升工作效率，Mahout 主要支持以下算法的实现：分类算法属于监督学习算法，通过构建模型，根据已标注类别数据对模型参数进行迭代训练后，实现对新数据的预测，自动判断其所属分类。聚类算法属于无监督学习算法，不需要标注数据，而是基于某种规则，如距离等，挖掘数据之间的内在联系，并根据联系对数据进行聚合，判断类别相似、类别不同的聚类结果。推荐算法用以分析行为信息以挖掘用户偏好，智能推荐用户可能购买的物品。

（3）个性化推荐算法。协同过滤因计算简便高效和其推荐结果的新颖性和稳健性，成为应用范围最为广泛的推荐算法。协同过滤借助用户评价，通过挖掘历史交互信息，寻找个体之间的内在联系，并根据相似个体的偏好进行推荐。

2. 仓储物流类

（1）地理信息系统（geographic information system 或 geo-information system，GIS）有时又称为"地学信息系统"。它是一种特定的十分重要的空间信息系统。地理信息在辅助物流选址、场站建设和卡车路径设置等方面有着极为重要作用。GIS 系统由于其强大时空分析能力和决策数据处理能力，在货物运输、常占调度配置等方面有着极为重要意义。在国内，大部分行业企业使用了较为先进的 GIS 系统实现货物运输智能化，并有效实现降本增效。

（2）窄带物联网（narrow band-internet of things，NB-IoT），属于物联网范畴的一种技术。NB-IoT 与其他的 LPWA 技术 LoRa，Sigfox 的比较优势：可以重用现网资源，支持广覆盖；标准化技术，支持切换移动性好；产业链丰富；20dB+ 增益（vs GSM）；授权频谱，抗干扰性好。

（3）无线传感器网络（WSN）技术，是物联网的关键技术。WSN 能够实时监测和采集网络分布区域内的各种监测对象的信息，以实现复杂制定范围内的目标监测和跟踪，具有快速展开、抗毁性强等特点，有着广阔的应用前景。WSN 通常分为：物理层，定义WSN 中的接收器汇聚结点（sink node）间的通信物理参数，包括使用频段，信号调制解调方式等。MAC 层，定义各节点的初始化，通过收发 beacon，request，associate 等消息完成自身网络定义，同时定义 MAC 帧的调试策略，避免多个收发节点间的通信冲突。网络层完成逻辑路由信息采集，使收发的网络包裹能够按照不同策略使用最优化路径到达目标节点。传输层提供包裹传输的可靠性，为应用层提供入口。应用层最终将收集后的节点信息整合处理，满足不同应用程序计算需要。

（4）RFID 技术，无线射频识别技术是自动识别技术的一种，通过无线电波不接触快速信息交换和存储技术，结合数据访问技术，然后连接数据库系统，实现非接触式的双向通信，从而达到了识别的目的。美国联合包裹运送服务公司、敦豪航空货运公司、联邦快递等国际物流巨头都在积极实验 RFID 技术，以便大规模应用于提升其物流能力。可应用的过程包括物流过程中的货物追踪、信息自动采集、仓储管理应用、港口应用、邮政包裹、快递等。

3. 信用信息系统

（1）定性仿真（qualitative simulation，QSIM）算法是柯伊伯（Kuiper）设计与开发的关键的定性模拟算法。QSIM 算法用可变参数与 W 定性微分方程来描述系统，由系统的结构描述推导出其行为描述，其思想可简述为"提出转变——过滤组合"。在跨境电子商务中，由于网络的虚拟化，在不同状态下交易主体的信用行为不同，导致跨境电商交易主体的信用具有一定的复杂性。而 QSIM 模型可模拟出不同时间点时的参数状态，并最终得到系统所有可能的定性状态，因此可运用 QSIM 模型分析跨境电子商务的参与者在不同状态下的信任关系与信用程度。

（2）ERP 系统是 MRP Ⅱ（制造资源计划）下一代的制造业系统和资源计划软件。除了 MRP Ⅱ 已有的生产资源计划、制造、财务、销售、采购等功能外，还有质量管理，实验室管理，业务流程管理，产品数据管理，存货、分销与运输管理，人力资源管理和定期报告系统。ERP 可以将跨境电商企业日常工作中能够进行系统化、自动化的工作都集成到了系统中，并能够辅助企业业务流程的执行，将数据和工作成果电子化，为企业的经营提供数据基础。系统的实现和应用也在一定程度上降低了企业的经营成本和企业的人力成本，也降低了员工的工作强度，为企业的企业文化建设提供了强有力的支持。

（3）电子数据交换（electronic data interchange，EDI）是指按照同一规定的一套通用标准格式，将标准的经济信息通过通信网络传输在贸易伙伴的电子计算机系统之间进行数据交换和自动处理。由于使用 EDI 能有效地减少直到最终消除贸易过程中的纸面单证，因而 EDI 也被俗称为"无纸交易"。EDI 系统是国际集装箱运输行业普遍采用的核心技术，建设电子数据交换系统不仅可以推动 EDI 技术在集装箱业务领域的应用，下一步还可扩大到件（散）杂货运输领域，带动口岸各类物流企业在全行业、全业务范围内广泛提升技术装备和应用水平。

4.3.2 跨境电商物联网构建

1. 跨境电商物联网技术概述

继计算机、互联网信息革命之后，物联网利用传感器、射频识别、二维码等作为感知元件，通过互联网实现物与物、人与物的互联。通过物联网技术获得的信息种类涵盖人类生活、工作、健康和社会活动等方面，且赋予这些信息位置特征和身份特征等内容，用于后期信息处理和信息溯源的高效应用。在电子商务中的应用体现在商品生产管理、库存管理、物流配送、海外仓的建设等方面。从这些较为前沿的基础应用中可以看出物联网隐藏的巨大经济价值。

2. 跨境电商物联网技术及应用

近年来，我国跨境电商的发展规模逐渐扩大、速度加快，其增长的势头明显为我国对外贸易打开一扇新的窗口，但是仍旧存在进出口发展不平衡、商品质量难以保障、服务和物流体系不完善等问题，而物联网的发展则可以有效解决相关问题。具体如下：

（1）解决信息不对称。虽然目前我国跨境电商行业的前景较好，但是交易市场还有待完善。例如，在市场压力下导致的不正当市场竞争，具体体现在企业与客户间的信息不对称。这是电商行业公开的不良现象，尤其表现在线上运营成本较低，大量伪冒产品涌入电商交易的市场。跨境电子商务中运用物联网技术，不仅可以将原有的线下交易转移到线上平台，仅仅需要贸易双方的信息、指令交换，即可完成原先复杂、烦琐的操作流程，而且也能够实时监控商品贸易的整个交易过程，便于双方即时掌握商品流转的状况，从而解决跨境电商市场的信息不对称。

（2）强化物流监管体系。随着电子商务的深入发展，跨境电商的性质也有一定程度上的转变，例如发展具有高附加值的物流行业。现在大多数的跨境电商交易仍旧采用国际商业快递和国际邮政小包，不仅费用高昂、物流周期较长，且严重影响客户的购物体验。物联网以 RFID 技术作为基础，再结合现有的网络技术，数据库技术、中间件技术，构建一个能够实现自动识别和自动控制的网络，方便识别、管理和控制跨境物流运输中的商品，以此从根本上推动跨境电商的可持续发展。

（3）实现数据管理。物联网利用互联网技术，把射频识别、无线数据通信等技术和各种信息传感器与国际互联网结合起来，实现商品与商品，商品与网络的联系，且使得商品具有唯一的标志编码。通过这项技术，商品的卖家可以智能追溯商品从原材料的加工、生产、存仓、销售以及配送等环节过程的详细记录，各个行业、企业，甚至每一个消费者都可以获得商品真实有效的信息，从而可以实现商品的数据收集及数据管理。所以，物联网技术可较为轻松地收集到商品从生产到销售，最后落入消费者手上这个过程中的所有信息，方便跨境电商企业能够根据商品流向或商品消费数据进行研究，取得更为准确的发展战略，促进跨境电商业务中多方之间的合作。

4.4 跨境电商平台大数据分析

4.4.1 大数据与跨境电商

随着科学实验、理论和计算机的不断发展，大数据与互联网已经涉及人们生活的方方面面：经济管理、国防军事、医疗技术、信息教育等。大数据和互联网能够给处于信息社会的大众带来诸多便捷，各行各业对大数据处理与分析都有运用，极大地提升了客户服务质量。对跨境电子商务来说，经由不同关境的交易主体，在电子商务平台达成交易、进行支付结算，并通过跨境物流送达商品、完成交易，此类国际商业活动更需要大数据与互联网技术作为支撑。

大数据技术，指的就是提取大数据价值的技术，基于特定的目标，通过对数据的收集、存储、筛选、算法分析与预测、数据分析结果展示等，进而为最终决策提供科学依据的一项技术。数据量异常庞大，无法使用传统的数据收集方式、传统的数据库、传统的研究方法进行分析的数据集合。传统的数据分析往往采用推理法，用有规律的样本分析推测整体数据。然而大数据可以在记录的所有数据基础上展开深度分析，从而得出更有效的结论。大数据具有数据体量巨大、处理速度快、数据类型繁多和价值密度低的特点。大数据技术起源于传统的数据挖掘和商业智能技术，是信息科技高速发展的重要产物，主要涵盖了云计算、数据获取、文件系统、数据库系统、数据分析以及数据可视化等重要技术。

跨境电商交易双方在不同的国家或关境地区，存在政治、法律、文化等差异，消费者的需求也存在差异。加之国内跨境电商起步较晚，发展不够成熟，在选品、目标群体识别和消费者偏好预测、引流推广及跨境物流等方面有待提升。而大数据技术旨在通过数据分析、处理和挖掘等，提取出重要的、潜在的信息和知识，再转化为高性能的模型，应用到研究、生产、运营和销售等过程，以解决现实存在的问题。因此，将大数据技术应用在跨境电商中，能够有效地解决上述问题。

（1）大数据与跨境电商选品。跨境电商作为一种与互联网紧密结合的商业模式，数据的体量巨大，如个人消费者的消费行为数据、商家的运营数据、商品数据等。可以应用数据爬取、数据挖掘等技术，或者跨境电商平台的后台记录数据进行数据分析，相关数据指标包括通过统计点击量、转化率、回购率和商品评价等，即可高效分析、预测出哪款商品会成为爆款，从而实现科学选品。如亚马逊电商平台应用大数据技术，建立 Bigtracker 选品库，协助卖家打造热销爆款。当卖家搜索商品关键词时，可获得搜索结果的全部数据指标，如平均销量、平均价格、平均排名等，商品信息可视化助力商品管理。当卖家搜到一款爆款商品时，可以进行追踪分析，适用于选品及竞争对手分析。

（2）大数据与跨境电商用户消费预测。预测是大数据的核心用途，已经广泛应用到体育赛事预测、股票预测、灾害预测等领域，并取得了较好的预测效果。同样，在跨境电商中，也可以应用大数据技术解决目标群体识别和消费者偏好预测问题。消费者在跨境电商平台上产生了大量的消费行为数据，具体来讲，可以分为搜索行为、浏览行为、对比行为和购买行为，这四种行为均会被电商平台记录下来。搜索行为产生搜索人次，浏览与对比行为产生点击量，购买行为产生付款次数。平台通过统计、对比、分析消费者产生的这些数据，可以分析消费者的购买意图、消费习惯，构建出用户画像，从而进行目标群体识别和消费者偏好预测。如亚马逊电商平台通过采集消费者行为数据制定推荐规则，对用户访问页面和转化数据进行分析，基于标题、购物车、客户搜索路径等进而以推荐算法来预测可能会购买的商品。依靠这项技术，亚马逊电商平台在精准营销、个性化定制方面成了跨境电商领域的佼佼者。

（3）大数据与跨境电商营销。想要解决引流推广问题有以下三步：第一步，要挖掘商品目标用户、潜在用户数据。即通过大数据技术找到商品的消费群体，比如抽取消费样本，统计分析消费水平、年龄分布、性别比例等，针对不同消费水平、年龄等采取不同推广策略；第二步，建立商品的消费者分析模型，实现目标用户精准锁定，根据商品适用人群选择目标消费者；第三步，确立定向用户数据及媒体投放策略，如关键词的选取，便于喜迎平台用户。引流推广的目的在于锁定商品的潜在消费群体，并对其进行精准营销，达成交易。这一点对于跨境电商非常重要，商家可以通过大数据获取到远在异国他乡的消费者信息，并制订针对性的营销方案。在实际运用中，亚马逊和速卖通都推出了官方用户画像功能，能够为卖家提供一些思路，辅助商家定价、快速引流客户、进行营销等。

（4）大数据与跨境电商物流。应用大数据技术优化配送方案，提高跨境物流时效性。客户在购买商品时，跨境物流配送的时效性直接影响到购物体验。目前，大多数跨境电商平台的物流配送时间偏长，从买家下单到商品送到买家手中通常要经过两周时间，漫长的等待使用户购物体验下降，因此有必要提高物流配送时效。跨境电商物流可以通过数据分析技术，准确寻找最节省时间的配送路线、配送方式等，实现跨境物流资源整合及提升运力水平。这种精准预测可以为商家以及买家提供最优的配送方案，缩短物流时间，提高买家的满意度，促进跨境电商的发展。

应用大数据技术改变跨境电商配送模式。目前，跨境电商配送模式主要包含国际物流、邮政小包、第三方物流、物流联盟和海外仓储等模式，其中使用最多的为第三方物流和物流联盟方式。海外仓储模式需要巨大的数据计算能力和资金实力，也需要建立起庞大的全球物流体系。亚马逊在全球共建立 50 多个运营中心，用于储存货物。同时，亚马逊还推出了"预测式发货"技术，在客户未下单之前，亚马逊就会把相关商品运送至离用户最近的运营中心，减少发货时间。随着时间的推移，这种海外仓储模式必将逐渐居于主导地位。在跨境电商海外仓建设中，应采用物流信息技术，通过对物流数据进行关联分析、聚类分析等数据挖掘技术，实现物流客户关系分析、商品关联分析、物流市场信息聚类分析等功能。未来，大数据技术在选品、目标群体识别、消费者偏好预测、跨境物流配送等方面会得到更加广泛深入的应用，进而实现跨境电商的精准运营管理活动，促进跨境电商的可持续发展。

4.4.2　电商大数据分析流程

一般来说，电商大数据分析流程包括明确数据分析目标、数据采集、数据处理、数据分析、数据展现、撰写数据分析报告，具体如下。

（1）明确数据分析目标。根据数据分析的目标，选择需要分析的数据，明确数据分析想要达到什么样的效果，带着一个清晰的目的进行数据分析，才不会偏离方向，才能为企业决策者提供有意义的指导意见，这是确保数据分析过程有序进行的先决条件，同时也为后续的数据采集、处理、分析提供清晰的指引方向。

（2）数据采集。在数据采集中，数据有直接获取、间接获取两种形式。前者一般为通过统计调查或科学实验得到第一手或企业内部的统计数据，后者则是通过查阅资料、数据统计工具等获取数据。

（3）数据处理。具体是指对采集到的数据进行加工整理，基本目的是从大量的、可能杂乱无章、难以理解的数据中抽取并推导出对解决问题有价值的数据，并根据数据分析目标加工整理，形成适合数据分析的样式，保证数据的一致性和有效性，它是数据分析前必不可少的阶段。数据处理又细分为数据清洗、数据转化、数据提取、数据计算等步骤。

（4）数据分析。要求用适当的分析方法及工具，对处理过的数据进行分析，提取有价值的信息，形成有效结论的过程。通过对数据进行探索式分析，对整个数据集有个全面的认识，以便后续选择恰当的分析策略。具体而言，数据分析方法包括描述性统计分析、趋势分析、对比分析、频数分析、分组分析、平均分析、结构分析、交叉分析等。数据分析工具则有 Ecxel、SPSS、SAS、Python、R 语言等，其中 Excel 中涵盖了大部分数据分析功能，能够有效地对数据进行整理、加工、统计、分析及呈现，掌握 Excel 的基础分析功能，就能解决大多数的数据分析问题。

（5）数据展现。即数据可视化的部分，是如何把数据观点展示出来的过程，除遵循各企业已有的规范原则外，具体形式还要根据实际需求和场景而定。在数据可视化中，最基本的图形有六种：条形图、折线图、散点图、气泡图、饼图和雷达图。条形图的用途最为广泛，适用于中小规模数据集，较好地展现二维数据之间差异。折线图常用于展示金融数据，重点展示整体数据的趋势走向。散点图注重多个维度之间的比较，常用于聚类分析，可以帮助数据分析师看清数据的分布趋势。气泡图可以通过气泡的大小体现不同数据的重要度。饼图最明显的两个局限在于它不能同时展示过多的数据类，也容易缩小不同类别的差距，一般通过对不同扇形面积的比较来判断不同数据的差异。雷达图也称蜘蛛图，它可以同时比较五维左右的数据，能最大限度地展示数据信息。

（6）撰写数据分析报告。数据分析报告是对整个数据分析过程的一个总结与呈现。通过报告，把数据分析的思路、过程、得出的结论及建议完整呈现出来，供决策者参考。撰写数据分析报告要求：①结构清晰、主次分明，能使读者正确理解报告内容；②报告需图文并茂，让数据生动活泼，提高视觉冲击力，有助于读者更形象、直观地看清楚问题和结论，从而产生思考；③注重数据分析报告的科学和严谨性，可以通过报告中对数据分析方法的描述，对数据结果处理与分析，让读者感受到整个数据分析过程的严谨性。

4.4.3　案例分析——阿里巴巴

阿里巴巴电子商务平台是全球最大的在线和移动市场之一，拥有数百万个买家和卖家，每天交易量巨大。阿里巴巴平台通过丰富的数据分析来支持业务运营和决策，这些分析可以基于各种各样的数据类型，包括交易数据、用户数据、物流数据、广告数据等，致力于通过大数据分析赋能平台企业，可以为平台企业提供更加全面、高效、个性化的服务，帮助中小企业提升市场竞争力和经营效益。

（1）数据收集。阿里巴巴将企业定位为数据公司，自从淘宝网开始创立，阿里巴巴就已经逐步开始收集数据，随着天猫、支付宝、聚划算等平台的成立，业务量快速增长，阿里巴巴的数据量成倍增加，形成了现在阿里巴巴集团基础数据平台，其中包括企业所有用户的 ID，还有通过交易数据、用户浏览情况、点击网页数据、购物数据构建的用户画像、深度分析行为以及兴趣爱好。阿里巴巴基础数据平台的搭建是大数据营销的核心，为其商业运营奠定基础。阿里巴巴通过对旗下的淘宝、天猫、阿里云、支付宝、万网等业务平台进行资源整合，形成了强大的电子商务客户群及消费者行为的全链条信息，大量来自买卖双方的搜索与交易信息组成了阿里的海量数据库。企业从内部、外部获取信息，海量数据被汇集的同时，也意味着数据质量有待考察。因为收集到的大量信息可能存在失真、标准混乱的数据，并非全部具有使用价值，或者存在数据无法直接使用，需要提炼加工的情况。此外，纵使阿里巴巴目前拥有着大量互联网数据，但也只是沧海一粟，无法全部满足平台商家的数据需求。因此，大数据营销应用的有效与否体现在数据使用价值的现实问题上。

（2）数据处理。阿里巴巴将数据按存储层次划分为基础层、中间层和应用层数据。基础层通常与原始数据基本一致，不做汇总以避免失真，从而用作其他数据研究的基础。阿里巴巴数据委员会会长车品觉认为，大公司中，进行数据分析、开发、挖掘的人可能有数十人甚至数百人，这些人可能归属于不同的业务团队，为了满足不同的业务各自分析数据应用。而不同业务人员可能从头建立起了一套包含基础层、中间层和应用层的数据，而彼此之间又没有合适的交流方式，从而造成了工作的浪费。因此基础层必须在公司层面保持统一，保存好这部分元数据，再根据各业务部门的具体应用对数据进行加工。

首先，数据分类起着至关重要的作用，它有助于更加清晰地识别出数据的价值。例如，阿里巴巴按照业务归属将数据分为交易类数据即电商的订单流水；会员类数据即买卖双方的身份信息，如注册时间、信用等级等；日志类数据即用户行为，如访问时间、点击情况等。其次，按照不同维度进行分类之后，也要对复杂的数据进行进一步细化。用户注册网站时，性别只分为男性、女性两类，但是在阿里巴巴却有着 18 个性别标签。这取决于用户使用场景的不同，阿里巴巴发现某个登记用户早上的行为偏向男性一些，晚上就会变得偏向女性，原因可能是妻子正在使用这一账户。用户真实的性别只有 0 和 1 的关系，而在数据中体现的却是 0~1 的关系。同时为了加强信息的有效性，阿里巴巴也极力创造更加精细的数据信息。以淘宝平台为例，大学生用户是淘宝重要的用户群，针对这一部分用户，淘宝对其进行地理位置收集，此外还通过其他渠道收集周边房租信息，以了解购物水平，通过对周边商户的信息收集，进行附近缺乏商品的信息推送。大数据的出现极大地增强了数据的精细化，为营销提供了更加全面细致的消费者信息支撑。

（3）数据应用。阿里通过十多年的电商经验积累，能够有效地还原完整的用户行为路径，完成营销闭环。通过对从曝光、转化到销售的用户完整路径的转化将消费者进行消费路径全景还原，提升营销价值。在阿里巴巴看来，网络购物已经逐渐被人们了解和熟悉，在平台上进行浏览购物已经是司空见惯的事情。大量数据和研究也证明，用户存在"逛"网络的显著特征，用户可以直接在网络平台中浏览大量的信息，对比、评论、搜索、询价、采购，甚至随时随地参与企业的推广活动，消费者的行为变得日益随机性、碎片化，解释用户的行为路径将不能局限在原有的单链路消费模型中。鉴于此，阿里巴巴在网络购物"逛"的基础上，形成覆盖看、挑、查、买、享全过程的网状分析结构，以达到更好地还原消费者真实状况的目的。

随着对消费者行为的全链路分析，阿里巴巴的大数据营销效果日益显现。与传统营销相比，阿里的大数据营销实践改善了原有营销因为缺乏精准的把握而出现的"猜错和试错"；通过推送符合特定用户需求特点的广告，使广告由用户被迫接受向自然推广转变，从而更容易被接受，提高转化率；通过对产品的片段营销投放扩展到全链，可以进行更长期、更大范围的整合营销及品牌持续性传播；通过用户的及时反馈，有效改善并维系客户关系。

随着集团业务的扩大，阿里巴巴逐渐推出大数据营销产品，为中小电商的大数据营销奠定基础。从 2005 年开始，阿里巴巴先后开发淘数据、数据魔方平台、聚石塔、花呗等多项数据产品。阿里巴巴在大数据上关注的点逐渐从集团内部走向外部，使商家从利用平台上的数据改善自身经营到分享数据、逐步拓展大数据营销。以数据魔方平台为例，商家可从中获取到的行业宏观情况、自己品牌的市场情况、消费者在自营主页的行为情况进行对比分析，帮助其建立个性化的营销策略。到目前，淘宝已推出包括数据魔方、量子恒道、超级分析、金牌统计、云镜数据等百余款数据产品，功能涵盖从店铺基础经营分析、商品分析、营销效果分析、买家分析到订单分析、供应链分析、行业分析、财务分析和预测分析等多维度。

思考题

1. 跨境电商生态系统包含哪些组成要素？试举例相关平台。
2. 跨境电商信息系统设计原则及具体要求有哪些？
3. 请总结跨境电商平台子系统类别及功能模块。
4. 请总结跨境电商平台运用的安全技术、关键技术、基本支持技术。
5. 物联网技术在跨境电商平台的应用有哪些？具体解决了哪些问题？
6. 请阅读阿里巴巴案例，并谈谈善用大数据赋能企业的启示。

即测即练

扫描书背面的二维码，获取答题权限。

第 4 章

即测即练

案例分析

案例分析 4-1

大数据背景下跨境电商发展模式

参考文献

[1] 刘江伟. 跨境电商生态系统协同演化研究 [D]. 长春工业大学 ,2018.

[2] 胡婷婷. 物联网模式下我国跨境电商的发展问题研究 [J]. 全国流通经济 ,2018(01):8-9.

[3] 蒲梦黎. 物联网愿景中我国跨境电商的发展探析 [J]. 全国流通经济 ,2018(01):19-20.

[4] 张旭力. 信息系统项目的风险管理研究 [D]. 浙江工业大学 ,2019.

[5] 赵玲. 基于物联网与 GIS 的电商物流信息服务系统设计与开发 [D]. 北京工业大学 ,2017.

[6] 王子越. 全产业链跨境电商生态系统构建研究 [D]. 浙江大学 ,2017.

[7] 吴志浩. 基于信息成本理论的跨境电商 C2B 发展研究 [D]. 浙江大学 ,2017.

[8] 韩学奇. 基于 SaaS 模式的信息系统架构优化研究与应用 [D]. 北京交通大学 ,2014.

[9] 王曦. 基于 hadoop 技术的电商大数据分析 [J]. 电脑知识与技术 ,2019,15(15):297-298.

[10] 杨一凡. 电商大数据的发展、现状与未来展望 [J]. 通讯世界 ,2018(08):58-60.

[11] 肖静华 , 吴瑶 , 刘意 , 谢康. 消费者数据化参与的研发创新——企业与消费者协同演化视角的双案例研究 [J]. 管理世界 ,2018,34(08):154-173+192.

[12] 李帆. 电商大数据平台的设计与应用 [D]. 陕西科技大学 ,2018.

[13] 刘宇坤 , 吴闽君. 小微跨境电商店铺建设与运营研究——以敦煌 Carrie1994 店铺为例 [J]. 北方经贸 ,2017(05):8-9+12.

[14] 夏名首 , 刘玉林. 基于 K-MEANS 聚类的电商店铺经营策略分析 [J]. 商业经济研究 ,2017(05):52-54.

[15] 尹萍. 跨境电商供应链协同评价研究 [D]. 江苏科技大学 ,2018.

[16] 周星宇. 跨境电商在线商城订单子系统的设计与实现 [D]. 南京大学 ,2018.

[17] 张玮玮. 探讨大数据技术在跨境电商中的应用 [J]. 现代营销 (下旬刊),2019(06):204-205.

[18] 孙宇泽. 大数据技术在跨境电商中的应用 [J]. 合作经济与科技 ,2019(07):90-91.

[19] 李云亚 , 邢伟 , 李盛民. 某大型电商信息系统安全建设整改设计探讨 [J]. 无线互联科技 ,2018,15(20):26-27.

[20] 甄妮. 电商企业大数据营销的应用研究 [D]. 广东外语外贸大学 ,2015.

[21] 高朝勤. 信息系统等级保护中的多级安全技术研究 [D]. 北京工业大学 ,2012.

[22] 刘彬. 推荐技术在电商平台中的应用研究 [D]. 华北电力大学 ,2019.

[23] 成彦龙. 基于 EDI 技术的集装箱国际联运信息平台的设计与实现 [D]. 吉林大学 ,2016.

[24] 朱建军 , 周强 , 祝红光. 电子商务平台技术应用研究 [J]. 铁路计算机应用 ,2016,25(08):49-51.

[25] 黄晓梅. 跨境电商 ERP 系统设计与实现 [D]. 大连理工大学 ,2016.

[26] 楚世伟. 电商平台的技术质量和规则质量对卖家满意度的影响研究 [D]. 吉林大学 ,2016.

[27] 赵东昕. 基于 HADOOP 的电商实时用户行为分析系统 [D]. 上海交通大学 ,2016.

[28] 俞晓锋. 基于 SOA 的企业信息系统集成架构研究 [D]. 吉林大学 ,2014.

[29] 戴舟盈. 云端电商软件即服务平台设计 [D]. 复旦大学 ,2014.

导入案例

宁波跨境电商论坛：产业链变革下的机遇与挑战

2021 年 7 月宁波跨境电商供应链高峰论坛在宁波国际会展中心召开，本次论坛以"新外贸·惠全球"为主题，针对企业如何借助供应链决胜全球以及产业链变革下的中小企业发展等话题展开交流和讨论，帮助企业解决在新环境下面对的机遇与挑战。

2020 年全年，整个宁波跨境电商行业风起云涌，实现了跨境电商进出口总额 1486.8 亿元（227.3 亿美元），同比增长 16%，其中出口额 1232 亿元（188.3 亿美元），同比增长 14.5%。2021 年 1—3 月宁波市跨境电商进出口交易额 362.5 亿元，同比增长 32%。宁波市跨境电商智库专家朱秋城在会上分享了"数字贸易背景下的产业带战略布局"的主题讲话。朱秋城指出，2020 年宁波跨境电商 9810 模式出口货值占全国近一半，宁波的跨境电商依托于夯实繁茂的产业链基础、全球覆盖的海外仓、港口城市的物流、全国领先的跨境金融服务等优势培育了一批市场敏锐性非常高的跨境电商企业，以豪雅、遨森、赛尔、乐歌、黑米等为代表的跨境电商企业 2020 年平均增长率更是突破 100%。跨境电商已经成为宁波外贸转型发展的生力军和促进经济增长的重要引擎。2021 年是跨境电商供应链的竞争之年，会上，朱秋城全面分析了 2021 年供应链的痛点，并针对痛点指出完整的跨境电商供应链从产品布局与开发，供应商的开发、采购、备货仓储，营销引流、品牌打造，贯穿了产品的全生命周期。未来跨境电商供应链的趋势一定是产业链数据化、采购模式线上化、出海模式品牌化、专业市场细分化，打造品质化、精细化的柔性供应链体系。

资料来源：林凡. "新外贸·惠全球"——2021 宁波跨境电商供应链高峰论坛 [J]. 宁波经济（财经视点），2021（07）：14-15.

5.1 跨境电商供应链概述

5.1.1 跨境电商供应链的含义与组成

哈佛大学教授波特认为企业的价值创造是通过基本活动和支援活动两类组成的，基本活动主要为商品的物质创造、销售及售后服务等活动，支援活动主要涉及维持企业正常运行的辅助性工作如人力资源、研究开发等，这些互相关联的生产经营活动构成了企业价值增值的动态过程，即为传统的价值链。

随着互联网的发展，企业普遍面临物质世界"市场场所"的竞争和虚拟世界"市场空间"的竞争，信息流不再是实务价值链的附属产品，而成为价值链中的战略性角色，虚拟价值链开始出现并迅速发展。虚拟价值链不仅包括信息流的传递，也可以通过信息的组织、收集、综合、分配等实现价值增值。信息流可以调节物质流的发展，促进新的产品和服务的诞生，提升企业的核心竞争力，图 5-1 是以信息流为主的电子商务虚拟价值链。

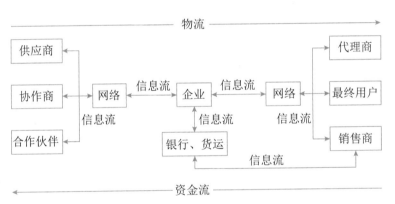

图 5-1　电子商务虚拟价值链

在互联网时代，尤其是移动互联网时代，价值链中的信息流成为影响产品竞争力的重要因素之一。跨境电商的发展对价值链信息流环节的要求尤为明显，实时的信息流增强了企业的竞争力与整体运营效率，大数据和云计算的应用还可以精准发掘消费者的潜在需求，提供针对性的产品和服务。跨境电商突破了传统产业链的限制，提高了上下游的整合能力；突破了时间和空间的限制，使客户能够在最短的时间内获取到世界各地的商品。跨境电商使企业内外部活动的联结关系改变，因此为了能够为消费者提供更为精准的产品和服务，对实体价值链即传统价值链和虚拟价值链的整合非常重要。实体价值链履行传统的采购、仓储、物流、生产、售后等方面的任务，虚拟价值链始终穿插其中，为消费者、中间商、供应商、制造商提供信息流通渠道，提高交易的效率。

总体来说，价值链理论的应用有助于人们了解企业的价值生成机制，它既是一个分析竞争优势的工具,也是建立和增强竞争优势的系统方法。而企业辨清自身的价值链是实施供应链管理的前提。跨境电商相对于传统的电商,其零售环节相对更长,按照商业模式、供应链形态与清关模式的不同,跨境电商改变了传统国际贸易扁平化的供应链,贸易商、批发商以及国外进口商等环节的中间成本被大幅度挤压,最大限度地实现利润的回归。通过建立其完备的供应链服务优势,构建供给与需求之间的卓越平台,建立与产品流管理相适应的信息流管理,实现有效供给与有效需求的平衡,提升商业社会的整体绩效,提高信息化水平。

供应链是指从供应商到客户之间,所有对产品的生产和配销之间的相关活动流程。供应链主要通过信息流和物料流开展生产,物料流将实体产品在供应链中传播,信息流沟通整个供应链协同。跨境电商供应链是指围绕商品采购、运输、销售、消费等环节提供服务,构成连接上游品牌方、下游消费者并承载"商流、信息流、货物流、资金流"的功能网链服务结构。相比境内电商,跨境电商供应链链条更长、涉及环节更多,物流流程长,资金周转慢,信息流复杂。

5.1.2　跨境电商供应链网络的构建

与传统的链状结构贸易供应链相比,电子商务供应链是网状结构,如图 5-2 所示。传统的供应链由商家到买家,灵活性较弱,如果一个环节出现问题,就会影响到整个供应链。而电子商务供应链即便其中某一环节出现了问题,其他环节也不会受到太大影响。一般而言,对外贸易主要包括四个阶段,即营销阶段、支付阶段、通关阶段和物流阶段。跨境电子商务的基本环节并没有发生大的根本性变化,仅演化为网络营销、电子支付、通关和跨境物流。

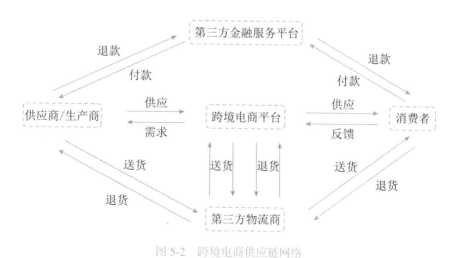

图 5-2　跨境电商供应链网络

5.2　跨境电商供应链网络管理

5.2.1　跨境电商供应商管理

1. 供应商资质管理

为了能保障产品的供给稳定及产品的综合竞争力，最好要求货物出自一手货源，当然除知名品牌代理及特例情况外，类似于中间商、小加工厂、市场个体户等类型的供应商要严格筛选，加强审核实地考察标准，杜绝缺乏竞争力的供货商混入供应链体系。

2. 供应商经营品类

通过供应商管理报表将跨品类的供应商进行优化，对跨品类或者分类的供应商要重审，保留其真实经营的产品线，把没有必要存在的产品品类除去，逐步提高供应商与经营分类的合理性。

3. 供应商绩效管理

管理供应商的制度标准尤为重要，供应商绩效管理应该从以下八个维度去实施考评：付款周期、质检不良率、退货率、逾期交货率、缺货率、客诉率、采购成本（市调或竞价）、响应时效。

根据公司自身的实际情况，配置考核项的权重比例，严格按照考核标准对供应商进行月、季、年度考核，采取优胜劣汰的方式优化供应商管理，建立产品与供应商的梯队关系（主供应＋备用），不断开源节流，使供应商管理进入良性的运作。

5.2.2　跨境电商采购商管理

1. 原产地直采

跨境电商原产地直采是指采购商直接从商品原产国家或地区的制造商或供应商处采购商品，然后通过跨境电商平台进行销售。采购商可以在进口主要国成立海外办事处，通过专业采购团队深入国外商品原产地直采，根据当地的品牌、资源、文化、科技及社交平台积累的大数据作为选品标准。例如唯品国际通过在全球数十个国家和地区设立专门买手团队，结合"产地直采自营正品免税包邮"的策略，实现规模采购建立的价格优势，并且有"买手＋大数据"保驾护航，为多品类和优品类建立前提。这种采购方式相较于代理采购有一些优点：

（1）更加直接。采购商可以直接与商品的制造商或供应商联系，获得更加详细的产品信息，同时也可以更好地把握产品质量和价格。

（2）更加优惠。采购商可以通过直接采购的方式降低采购成本，同时也可以更好地控制价格和利润空间。

（3）更加可控。采购商可以更好地控制供应链，从而更好地保障采购过程的稳定性和商品质量。

但是原产地直采也存在一些相关风险，例如：

（1）采购门槛高。直接采购需要采购商具备一定的外贸采购经验、跨境电商运营经验和财务管理经验等。

（2）采购风险大。直接采购存在一定的市场和贸易风险，例如订单被取消、商品质量问题、货物运输损坏等问题。

（3）市场需求不确定。采购商需要对市场需求有比较准确的判断，才能采购到符合市场需求的商品。

因此，采购商在选择原产地直采时需要仔细权衡利弊，选择合适的采购方式和供应商，同时建立稳定的供应链和合作关系，以降低采购风险和提高采购效率。

2. 品牌合作采购

采购商可以与当地品牌合作。通过品牌直接授权实现品类的独特化。例如网易考拉已获得数百个一线品牌的直接授权，并与数百个全球供应商达成了深度合作。另外，通过品牌直接授权，采购商可以获得更多的产品线和更具竞争力的价格。同时，品牌授权还可以为采购商提供更好的产品品质和更完善的售后服务，增强跨境电商采购商的品牌形象和市场占有率。

但是品牌合作采购也存在一定相关风险：

（1）合作门槛高。采购商需要具备一定的跨境电商运营经验、财务管理经验和市场分析能力等，才能与品牌商家进行合作。

（2）供应链稳定性不确定。合作采购商需要确保与品牌商家的供应链合作稳定，以保障采购过程的顺畅和商品质量。

（3）市场需求不确定。采购商需要对市场需求有比较准确的判断，才能开发和销售符合市场需求的商品。

因此，采购商在选择品牌合作采购时需要考虑品牌商家的信誉度和经营实力，选择合适的品牌合作伙伴，并与其建立长期稳定的合作关系，以提高采购效率和降低采购风险。

3. 代理采购

跨境电商代理采购是一种常见的采购方式，即采购商委托代理商进行跨境电商采购。代理商可以是跨境电商平台、海外采购公司或个人代购。

代理采购通常包括以下步骤。首先，代理商与采购商签订代理合同，确定商品种类、采购数量、价格、付款方式等相关事宜。其次，代理商根据采购商的需求和要求，从跨境电商平台或海外供应商处采购商品，并进行检验、包装、贴标等处理。再次，代理商将采购的商品运输至目的地，并进行海关申报和清关手续等相关工作。最后，采购商在收到商品后进行验收，如有质量问题可以向代理商追责或要求退换货等。

代理采购的优点包括：

（1）采购门槛低。采购商可以通过委托代理商进行采购，无须自己具备跨境电商采购的相关技能和经验。

（2）采购成本低。代理商可以通过批量采购和合理的运输方式，降低采购成本，从而为采购商提供更具有竞争力的价格。

（3）采购风险低。代理商可以为采购商提供售前咨询、质量保证、售后服务等一系列保障，降低采购风险。

不过，代理采购也存在一些缺点，例如代理商的诚信问题、采购效率受制于代理商的供货能力和物流水平等。因此，采购商在选择代理商时需要谨慎，选择有信誉和实力的代理商，建立稳定的合作关系，从而实现双方共赢的目标。

5.2.3 跨境电商物流商管理

1. 选择合适的物流合作伙伴

跨境电商平台应该选择有经验、可靠的物流合作伙伴，例如国际商业快递公司、航空货运公司等，以确保货物能够按时到达目的地。选择合适的物流合作伙伴是跨境电商平台对物流商进行管理的重要一环。以下是一些选择合适物流合作伙伴的建议。

（1）经验丰富。跨境电商平台应该选择有经验的物流合作伙伴，他们能够提供专业的物流服务，同时能够及时应对不同情况，确保货物按时到达目的地。

（2）费用合理。跨境电商平台应该选择具有合理物流费用的合作伙伴，以便降低运营成本。

（3）快速可靠。跨境电商平台应该选择能够快速可靠地完成物流任务的合作伙伴，以确保货物能够按时到达目的地，减少客户投诉。

（4）覆盖范围广。跨境电商平台应该选择覆盖范围广的物流合作伙伴，以便能够满足不同客户的需求。

（5）服务水平高。跨境电商平台应该选择具有高服务水平的物流合作伙伴，例如提供实时物流跟踪、保险服务等，以便为客户提供更好的体验。

（6）安全系数高。跨境电商平台应该选择可靠度高的物流合作伙伴，以确保货物在运输过程中不会遭受损坏或丢失。

总之，选择合适的物流合作伙伴是跨境电商平台对物流商进行管理的关键一步。通过合理的选择，能够提高物流服务的质量，满足客户的需求，同时降低运营成本。

2. 与物流合作伙伴签署合同

跨境电商平台应该与物流合作伙伴签署明确的合同，包括交货时间、服务水平、保险责任等条款，以便在发生任何问题时都能有所依据。跨境电商平台与物流合作伙伴签署合同时，应该注意以下几点：

（1）明确服务内容。合同应该明确物流合作伙伴的服务内容，如货物运输方式、目的地、服务范围、运输时间等，以便双方都能够理解合同的服务内容。

（2）确定服务期限。合同应该明确服务期限，如合同的开始时间、结束时间以及可能的延期情况，以便双方都能够按时履行合同。

（3）确定服务费用。合同应该明确服务费用，包括货物运输费用、保险费用、其他费用等，以便跨境电商平台能够对物流成本进行管理。

（4）确认风险与违约责任。合同应该明确风险责任，如货物丢失或损坏的责任归属、违约责任和赔偿标准，以便跨境电商平台和物流合作伙伴都能够遵守合同规定，并及时解决任何问题。

（5）确认保密责任。合同应该明确双方的保密责任，如双方不得泄露商业机密、客户信息等，以便跨境电商平台能够保护自己的商业利益。

（6）确认合同终止方式。合同应该明确合同的终止方式，如双方协商解除合同、一方单方面解除合同等，以便双方都能够按照合同规定结束合同。

综上所述，跨境电商平台与物流合作伙伴签署合同时，应该注意合同的明确性、合同期限、费用、风险与违约责任、保密责任和合同终止方式等方面。合理的合同签署可以保护跨境电商平台的权益，并确保物流服务质量。

3. 监控物流流程

跨境电商平台应该使用物流跟踪系统或其他工具来监控物流流程，确保货物能够按时到达目的地。跨境电商平台对物流商进行管理时，可以通过：第一，实时跟踪。可以要求物流商提供实时跟踪系统，让平台能够随时查询货物的位置和状态，以及货物运输的进度和预计到达时间等信息；第二，人工跟进。可以派遣专人对物流运输情况进行跟进，包括与物流商的沟通、协调货物的运输安排、确保货物的准时送达等方式。及时发现问题，改善物流服务质量，提高用户满意度。同时，也要与物流商保持良好的合作关系，共同推进物流业的发展。

4. 进行物流成本管理

跨境电商平台应该对物流成本进行管理，包括制定合理的物流费用标准、优化物流路线等，以便降低运营成本，以下是一些跨境电商平台进行物流成本管理的常用方法。

（1）建立成本核算系统。跨境电商平台应该建立物流成本核算系统，记录物流成本的各个方面，如运输成本、包装成本、仓储成本等，以便进行成本分析和管理。

（2）分析物流成本。跨境电商平台可以对物流成本进行分析，包括成本结构、成本比较、成本效益等，以找出成本高的环节，并采取措施加以降低。

（3）优化物流方案。跨境电商平台可以通过优化物流方案，降低物流成本。例如，选择合适的物流路线和运输方式，减少中转和运输时间，提高配送效率，等等。

（4）控制库存成本。跨境电商平台应该控制仓储成本，尽可能减少库存占用成本和库存损失成本，提高资金利用率。

（5）调整物流供应商。跨境电商平台可以对不同的物流供应商进行比较和评估，选择成本更低、服务更好的供应商，从而降低物流成本。

总之，跨境电商平台对物流成本的管理需要建立成本核算系统，进行成本分析和优化物流方案、控制库存成本、调整物流供应商等措施，以实现降低物流成本的目标。

5. 提供物流评价机制

跨境电商平台应该为物流商提供一个评价机制，以监控其服务质量和效率，并对其进行管理和优化。以下是一些跨境电商平台提供评价机制的常用方法：

（1）设定评价指标，建立评价流程。首先，跨境电商平台应该设定一些评价指标，如配送时间、准确性、损失率、客户满意度等，以客观地评估物流商的服务质量；其次，跨境电商平台应该建立一个评价流程，明确评价时间和方式，以及评价结果的处理和反馈，确保评价流程的公正和透明；最后，跨境电商平台应该定期评估物流商的服务质量，并及时处理客户的投诉和建议，以改进服务质量。

（2）建立激励机制与惩罚机制。跨境电商平台应该为物流商建立一些激励机制和惩罚机制，如对于优秀的物流商提供额外的订单、提高服务费用等，以鼓励其提供更好的服务。而对于一些服务不佳的物流商降低服务费用、取消订单等，以迫使其改进服务质量。

总之，跨境电商平台应该为物流商提供一个公正、透明、有效的评价机制，以监控其服务质量和效率，并对其进行管理和优化。同时，平台还应该建立激励机制和惩罚机制，以提高物流商的服务质量和竞争力。

5.3 跨境电商风险与效率管理

5.3.1 跨境电商供应链需求预测

供应链是一个复杂的网络，由供应商、核心企业、仓库、配送中心和零售商组成。而原材料、在制品和成品在这些要素中流动。在这个网络中，存在很多不确定性因素。如客户需求带有很大的偏好，供应商的供应不准时，等等。

作为供应链管理的第一步，计划的准确性将严重影响整个供应链的后续管理。而需求预测是计划中的重要部分，需求预测水平的准确与否会直接影响供应链的整体绩效。如果需求预测不准确，这个误差将传递到下游企业。随着供应链的运作不断传递，误差值将不断放大，形成"牛鞭效应"。由于云计算平台的集成性和快速灵活的弹性特征，会使得这一效应得到更快的传播或扩大，对节点企业造成危害，影响供应链的经营效益和整体竞争能力，严重时甚至导致整个供应链崩溃，所以对未来需求的预测构成了供应链中所有战略性和规划性决策的基础。

牛鞭效应是供应链管理中普遍存在的问题，它是指需求信息在供应链自下而上的传递过程中发生扭曲放大的现象。它给供应链带来的危害主要有以下几个方面。

（1）需求信息的扭曲容易造成市场需求增加的错觉，导致超额库存的积压。

（2）市场需求过度的变化增加了企业生产计划的不确定性，企业不得不频繁地调整生产计划，导致额外成本支出的增加。

（3）不能及时地满足客户的有效需求，降低供应链的服务水平。

（4）给供应链中各个成员的合作带来了负面影响，增加了管理的难度。

这一系列的问题都大大降低了供应链的运作效率和整体竞争力，甚至可能导致整个供应链崩溃。

目前，从预测方式上可以将需求预测方法分为两大类：定性预测和定量预测。

定性预测是通过经验判断或调查分析对未来的某一事物作出的定性评估的方法。该类方法主要在缺少预测对象历史数据的情形下采用，常用的定性预测方法主要包括德尔菲法、头脑风暴法、专家意见法和销售人员意见集中法等。

定量预测是在收集足够数量或比较完备的数据统计资料的基础上，运用数学方法构建合适的预测模型，利用历史数据资料对未来需求进行预测。主要模型有一元回归预测、多元回归预测、投入产出模型和生命周期模型等，如图 5-3 所示。

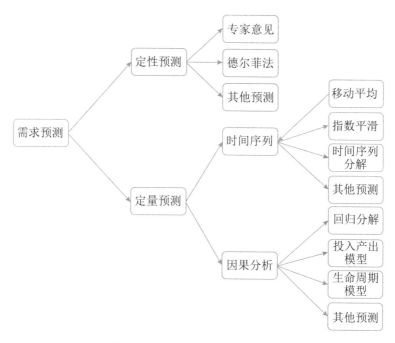

图 5-3 供应链需求预测常用方法

随着供应链的不断发展成熟，供应链结构越来越复杂，影响供应链需求的因素更是越来越多，使得市场的需求具有不确定性、非线性等变化特点。在这种纷繁复杂的社会环境中，传统的预测方法已经无法准确地刻画供应链需求的变化规律，因而在企业的实际生产运作中应用价值不高。

由于统计学的迅速崛起，基于统计学思想的机器算法和人工智能算法不断地被用于供应链需求预测当中。其中主要包括模糊集方法、遗传算法、神经网络算法和支持向量机算法等。

在选择预测方法之前，必须明确地知道供应链的反应时间，因为这将决定何时进行预测。另外，企业还必须了解下列可能影响需求预测的因素：①过去的需求；②计划的广告或营销策略；③现在和未来的经济状况；④计划的价格折扣；⑤竞争对手已经和将要采取的行动。

供应链中的需求预测可以通过以下五个步骤。

（1）理解预测的目的，并将决策、规划和预测结合起来。有效预测的第一步就是明确预测的目的。建立在地理位置、产品、客户群等信息的基础之上所进行的每一个预测的目的都是支持以预测为基础的决策和规划的，因而应当将预测与供应链中所有使用预测或影响需求的决策、规划活动联系起来，这些活动包括总体规划、生产及能力计划、促销计划和采购计划等活动。

对整个供应链来说，所有受供应链决策、规划影响的各方都应该明确决策、规划和预测之间的关系。供应链各阶段应该共享预测成果，并在预测结果上达成一致。

（2）识别影响需求预测的主要因素。在进行预测时，必须识别影响需求预测的主要因素。对这些因素的恰当分析是作出合理预测的关键。影响预测的主要因素包括需求、供给和与产品有关的一些因素。

从需求方面讲，必须弄清楚需求的增长、减弱是否存在季节性变动规律。这些预测必须以需求而不是以销售数据为依据。因为每个时期的销售情况不同。从供给方面讲，必须考虑可利用的供给资源以确保预测的准确性。如果可替代的供给资源在短期内可用，那么高度准确的预测就显得不那么重要了。但是，如果在较长的供货期内只有一种可用的资源，那么准确的预测就非常有价值了。

（3）理解和识别客户群。为了理解和识别客户群，必须将客户按照他们在服务要求、需求数量、订货频率、需求可变性和季节性上的相似性将他们分为各个客户群。通常说来，可以针对不同的客户群采取不同的预测方法。对客户群清晰的理解，有助于采用准确和简便的方法进行需求预测。

（4）决定采用适当的预测方法。在选择一个适当的预测方法时，需要首先明确和预测有关要素的范围，包括地理位置、产品组和客户群。公司应该知道在每一个范围内需求的区别。对于不同的范围，最好选用不同的预测方法，如定性法、时间序列法、随机法和模仿法等。最有效的办法是合理地将这些方法结合起来运用。

（5）确定预测效果的评估方法和误差的测度方法。必须确定明确的效果评估方法，来评价预测的准确性和时效性。这些方法应该和在预测基础上制定的经营目标密切相连。通过对每个销售季末的实际需求和预测需求进行比较，可以得到预测的准确性。观测到的准确性还应与希望的准确性相比较，最终来确定应该采取的修正方案。

5.3.2　跨境电商供应链风险管理

1. 跨境电商供应链风险概念

面对国际政治经济形势的风云突变，跨境电商在供应链优化时还应该考虑其相关风险。供应链风险，是供应链脆弱性潜在的一种威胁，它会利用供应链系统的脆弱性，对供应链系统造成破坏，供应链风险因素的发生通常降低供应链运行效率，增加成本，甚至导致供应链的破裂。

　　跨境供应链风险主要分为采购与供应商风险、物流与通关风险、线上交易风险、管理运营风险、法律法规风险、国际商业环境风险。相关跨境电商供应链风险，详细分类见图 5-4。

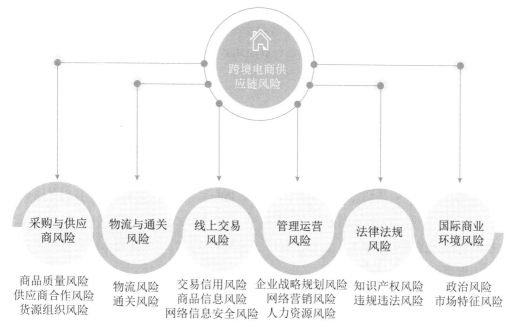

图 5-4　跨境电商供应链风险框架

　　供应链风险管理则是在供应链管理系统中，对风险的来源、性质及影响等进行研究，制定相应的处理措施并采取各种有效的方法把风险降低到最低的过程。目前跨境电商供应链风险管理表现出以下三种特征：

　　（1）由单一化的供应商结构向多元化的供应商结构转变。

　　（2）由集中式的仓库网络向分散式的仓库网络转变。

　　（3）由单一化的市场结构向多元化的市场结构转变。

2.跨境电商供应链风险管理措施

　　1）加强电商平台的管控

　　跨境贸易电子商务物流的核心在平台，它是该供应链系统的核心节点，是联系商家、口岸、金融和用户的纽带。尤其是该平台常常与供应链金融相伴相随，以其实体物流作为质押，是金融授信的重要依托，保税仓、海外仓对其依赖度也在日益增加。因此，为确保全球供应链采购和跨境贸易电商的健康发展，必须加强对电商平台的管理、监督和控制。

　　2）推进节点企业的优化

　　跨境贸易电商物流体系的运营：一是网络交易的虚拟化运作，二是物流仓储运输的实体运营。制造商、贸易商、金融商、保险商、货代商、船公司、保税仓、海外仓、物流商等，各个节点企业均存在来自企业本身、法人代表、行业政策和交易过程带来的一系列风险，尤其是当前国际贸易摩擦不断加剧的市场环境，更需要利用人工智能大数据技术，推进跨境电商物流系统节点企业的优化升级。

3）提高"四流合一"的质量

在当前全球供应链采购环境日益复杂的状态下，必须加强贸易流、信息流、金融流和物流的深度融合，逐步提高四流合一的质量。在智能经济时代，要深入挖掘信息数据的内涵，增强供应商、制造商、贸易商、物流商和金融商之间的价值共享意识，树立质量兴业、持续发展理念，加强上下游节点，尤其是与最终用户的沟通，扩大黏性用户群，尽力降低供应链风险的潜在风险源。

5.3.3　跨境电商供应链绩效管理

跨境电商供应链绩效是跨境电商供应链各企业在运作过程和运作结果中反映出来的价值总和，主要包括企业价值和客户价值。企业价值是跨境电商供应链中各企业在业务活动中创造的价值，客户价值是消费者在购买产品和服务中所获得的价值，分为正绩效和负绩效。

供应链绩效影响因素很多，综合已有研究和跨境电商供应链现状，跨境电商供应链绩效影响因素可以概括为以下几方面。

（1）市场占有及开拓能力。跨境电商的市场占有和开拓能力对供应链绩效影响非常大，面对瞬息万变的市场，跨境电商只有不断增加市场份额，才能扩大销售规模，增长利润率，最终提升绩效水平。

（2）客户。客户不仅是供应链市场的导向和利润来源，还是影响绩效的主要因素，跨境电商供应链企业只有生产、销售客户期望的商品，才能获得收益，从而提升供应链绩效。

（3）跨境电商供应链的内部运营，直接决定了供应链运作柔性、物流柔性，也在一定程度上影响过程质量和产品质量。经济压力通常迫使供应链不得不压缩成本以应对激烈的竞争，同时绩效是供应链战略执行的结果，战略执行速度影响供应链的响应，供应链只有不断提升内部运作能力、追求更好的运作绩效，才能为客户带来价值，增强其竞争优势。

（4）供应链的核心竞争力是供应链在竞争中拥有的特有竞争优势，为了适应市场发展的需要，跨境电商供应链应不断提升创新能力、信息化水平、可持续发展能力等，进而提升供应链绩效水平。

评价跨境电商供应链绩效就是围绕供应链管理目标，通过建立跨境电商相关指标体系，选取有效的方法从不同的角度对供应链绩效进行分析，最终得出有价值的判断和结论，为跨境电商供应链发展服务。

根据解释结构模型（interpretive structure model，ISM 方法）在制订企业计划、战略规划等领域被广泛使用，以及表 5-1 可得出共有七个层次共同影响着跨境电商供应链绩效。

表 5-1　跨境电商供应链评价指标体系

	一级指标	二级指标	指标编号	指标解释
评价指标	市场	销售额	X_1	跨境电商交易规模
		利润	X_2	跨境电商利润率
		市场占有率	X_3	跨境电商交易额占进出口总额比重
	客户	客户满意度	X_4	客户期望值与客户体验的匹配程度
		产品质量	X_5	产品合格率
		可靠性	X_6	产品退货率
		营销能力	X_7	客户增长率
	运营	物流	X_8	安全送达准时交货率
		支付便利化	X_9	支付方式多样、快捷、方便
		成本	X_{10}	包括采货、加工、运输、库存等成本
		通关效率	X_{11}	通关程序简化，能快速通关
	学习与成长	创新	X_{12}	新产品和服务的研发能力
		信息化水平	X_{13}	包含信息交流、数据共享、互通互联等
		危机应对能力	X_{14}	应对突发事件的能力
		可持续发展能力	X_{15}	适应市场未来持续发展需要，并与自然和谐相处

延伸阅读 5-1

解释结构模型

信息化水平位于最底层，是影响跨境电商供应链绩效评价的深层根源因素，在跨境电商行业中发挥着最根本、最基础的作用；在信息化水平的支撑下，形成了第二层基础性因素即危机应对能力，位于次基层；在信息化水平和危机应对能力水平提升的基础上，势必对物流能力、通关效率和创新能力产生一定影响；在第三层基础能力的保证和支撑下，形成了客户相关过程、产品生产过程和产品交付过程，而这些过程直接关系到客户满意度、产品质量、可靠性、支付便利化、成本及可持续发展能力，这些组成了该模型关联性能力环节；而关联性能力环节直接作用于跨境电商行业营销能力，营销能力又直接决定了市场占有率，成为第六基础层；在所有因素的支撑和保证下，形成了表层直接影响因素——销售额、利润。

5.4　粤港澳大湾区与跨境电商供应链

5.4.1　湾区及粤港澳大湾区内涵

湾区是指由一个海湾或者相连的若干个海湾、港湾、邻近岛屿共同组成的区域。湾区经济是一种重要的滨海经济形态，是当今国际经济版图的突出亮点，是世界先进滨海城市的显著标志。

国际知名湾区如纽约湾区、旧金山湾区、东京湾区等，以开放性、创新性、宜居性和国际化为其最重要特征，具有开放的经济结构、高效的资源配置能力、强大的集聚外溢功能和发达的国际交往网络，发挥着引领创新、聚集辐射的核心功能，已成为带动全球经济发展的重要增长极和引领技术变革的"领头羊"。

2017 年 3 月 5 日召开的十二届全国人大五次会议上，国务院总理李克强在政府工作报告中提出，推动内地与港澳深化合作，研究制定粤港澳大湾区城市群发展规划，发挥港澳独特优势，提升在国家经济发展和对外开放中的地位与功能。粤港澳大湾区指的是由广州、深圳、珠海、佛山、惠州、东莞、中山、江门、肇庆九市和香港、澳门两个特别行政区形成的城市群。粤港澳大湾区是我国进行现代化建设的重大战略部署，粤港澳大湾区的规划建设比肩世界一流湾区，被称为蓄势待发的世界湾区第四极，是全球最具经济活力的城市群之一。

5.4.2 粤港澳大湾区供应链特色

粤港澳大湾区是我国改革开放的前沿阵地，也是开展对外贸易的重要窗口，具有深厚的产业发展基础。现今，粤港澳大湾区的建设必然引发产业格局的重构与调整，其中物流运输产业率先进行调整升级，大湾区现代化物业产业链的构建正在引发粤港澳大湾区数字经济发展的变革。粤港澳大湾区具有天然的地理区位优势、拥有良好的国际地位，而且粤港澳三地具备完善的基础设施，以及诸多优势资源，必将成为我国"一带一路"倡议下的核心物流枢纽区，并向着世界级国际物流中心发展迈进。

就区位优势而言，粤港澳大湾区坐拥世界上最大的海港群和空港群；交通网络极其发达便捷，拥有先进的高轨道系统；而且以核心城市建设为引擎，粤港澳大湾区实现了港澳两地服务业同珠三角制造业的有机融合，逐渐形成以金融、创新科技和现代服务业为主导的港深莞惠都市圈，以现代制造业、绿色经济为主的澳珠中江都市圈，以及以工商服务和现代制造业为主的广佛肇都市圈，三大都市圈不仅是目前世界物流量最大的区域也是粤港澳大湾区核心腹地。因此，粤港澳大湾区雄厚的经济基础为其世界级物流供应枢纽地位的确立提供了最有力的支撑。

而且，粤港澳大湾区交通基础设施遥遥领先国际水平，高铁、公路、城际轨道交通路网交错贯通十分便捷；香港、广州和深圳三大国际化机场环绕，同时毗邻惠州机场、珠海机场以及澳门机场，能够有效辅助疏通航运压力；此外，在港口端形成了以香港、广州和深圳为主导的三大龙头港口，以及珠海港和惠州港为辅的世界级港口圈，陆海空交通网络的交错密布极大地拓宽了粤港澳大湾区对外合作交流的空间和能力。并且随着港珠澳大桥、虎门二桥等重大交通设施的投入使用以及即将通车的深中通道等跨海交通群，必将推动粤港澳大湾区交通运输能力再升级，使区域经济迈入联动发展的新台阶。基于此，粤港澳大湾区交通基础设施的交互联通对于推进区域内要素的自由流动将产生巨大的影响，并为构建世界级物流供应链打下坚实的基础。

同时在 CEPA 下，粤港澳的服务贸易自由化已基本实现；"4+4+2"格局的形成，使湾区经济建设充分联动。充分开发和利用广州南沙、深圳前海蛇口及珠海横琴这三个自贸区，对港澳投资者放宽的要求，与港澳政府建立合作，建设国际数据专用通道，促进三地信息互联互通。而广东自贸区则可依托港澳来服务内地，促进粤港澳经济一体化发展，并通过"一带一路"推动中国"走出去"，实现货物和服务贸易双向流动，提高全球资源配置能力。

5.4.3　粤港澳大湾区跨境电商发展现状

2015—2022 年，粤港澳大湾区的年进出口总额基本维持在 8 万亿美元至 10 万亿美元，并且呈不断上涨之势，在 2019 年全国进出口总额中占比达 45% 以上，和国际著名湾区相比，是东京湾区的 3 倍以上。可以毫不夸张地说，大湾区外贸领跑全中国，同时在同类世界级湾区中也属于佼佼者。即使是 2020 年，在全球贸易市场一片愁云惨淡之际，粤港澳大湾区交出了一份相当亮丽的成绩单。大湾区千方百计稳定外贸增长，克服中美贸易摩擦与新冠疫情蔓延叠加带来的多重影响，珠三角九市抗风险能力显著增强，体现外贸的强大韧性和综合竞争力。外贸总额达到 9810.41 亿美元，外贸结构持续优化，高附加值产品出口不断增加，一般贸易发展势头强劲，民营企业在广东外贸总额的占比再次超过五成，出口市场更趋多元，各区域的贸易进出口份额更趋均衡协调。

广东跨境电商规模从 2016 年的 228 亿元增长到 2021 年 3310 亿元，年均增长 92.1%；市场采购出口从 2017 年的 815 亿元增长到 2021 年的 3159 亿元，同比增长 7.3%，连续七年位居全国第一。目前广东省跨境电商综试区实现 21 个市全覆盖、总数全国第一位，累计已建成海外仓超 300 个、面积超 200 万平方米。2021 年以来，广东相继出台了《关于推进跨境电商高质量发展的若干政策措施》《广东省高质量落实〈区域全面经济伙伴关系协定〉（RCEP）行动计划》等文件，力促跨境电商高质量发展。2022 年上半年，广州海关累计监管跨境电商进出口商品 2.7 亿件，同比大幅增长 72.6%。其中跨境电商出口商品 2.3 亿件，同比增长 97.3%。

在粤港澳大湾区跨境电子商务发展中，行业的产品结构呈现多元化发展，交易市场规模也在进一步扩大。在粤港澳大湾区进出口贸易行业中，行业结构不断转型升级，进出口产品也朝着多元化发展。在出口方面，根据 2019 年的数据，在跨境电商出口品类分布中，机电产品出口占比最多，而传统劳动密集型产品的出口则有所下降。这说明了粤港澳大湾区产业升级转型一直在进行中。在出口跨境电商品类分布中，机电产品、鞋服、家居用品和户外用品等出口数量居多，分别占 22.5%、10.1%、7.2% 和 5.2%。在进口方面，人们生活水平不断提高，进口跨境电商平台商品种类越来越丰富，人们对于进口产品的需求也会越大。在跨境电商进口品类分布中，涉及美妆护理、母婴用品、电子产品、鞋服、饰品箱包、食品、汽车用品、保健品等多个行业，其中美妆护理、母婴用品、电子产品和鞋服是消费占比最高的品类，发展最快，分别占 21%、16.4%、14% 和 10.2%。目前，服务贸易也在成为跨境电商贸易的重要组成部分。

粤港澳大湾区跨境电商进出口贸易市场分布广阔，其中主要为欧洲、大洋洲、北美洲等发达地区，但近年来因为政治和关税限制等原因，贸易增长速度变慢甚至出现下降的趋势。随着"一带一路"倡议的不断深入，粤港澳大湾区与"一带一路"沿线国家的贸易关系变得越来越紧密。其中，与新加坡、马来西亚、泰国等新兴国家贸易增长速度最快。新兴发展中国家对于新技术产品的需求越来越大，而粤港澳大湾区利用自有的科技资源，加强了与新兴国家之间的贸易往来，实现地区间资源的互补，未来新兴发展中国家会成为粤港澳大湾区贸易进出口的新推动力。

5.4.4 粤港澳大湾区跨境电商供应链网络的发展及策略

建设粤港澳大湾区跨境电商供应链网络，应该统筹粤港澳海陆空的交通布局，整合粤港澳大中小城市的交通体系，构建具有现代化水平的交通网络体系，实现区域交通一体化。

首先，要加强制度创新，遵循粤港澳的营商规则，与国际高标准的经贸规则体系连接，实现粤港澳经济一体化。建立O2O融合机制，与"一带一路"紧密联系，促进外贸机制的转型升级；发展境外仓、采用跨境直邮等，为中小型跨境电商企业发展提供机会。建设跨境电商产业园，完善电商服务平台，在"内外兼优"的环境中培育和发展一批"海外仓"，构建跨境电商及配套服务体系。

其次，要进行科学合理的产业规划，鼓励湾区物流业错位发展。粤港澳大湾区物流供应链要实现稳定有序的管理运作，并促进物流供应链的良性发展，势必对当前三地物流业的无序状态以及彼此之间的恶意竞争问题进行处理。积极推进大湾区落实产业融合理念，大力实施三区物流业错位发展协调机制，是实现粤港澳大湾区物流供应链体系化发展构建的重要途径。大湾区物流供应链管理模式要获得成功，必须重视城市群软硬件水平以及使服务能力方面实现全方位发展。粤港澳大湾区应充分合理地发展各地优势产业，做到扬长避短优势互补，以发挥协同效应带来的巨大推进作用。比如香港拥有发达的金融、物流以及贸易产业，深圳产业创新能力强，具有高科技优势，而珠三角地区在制造业方面表现突出，据此三地应摒弃以往各自发展的做法，积极进行三地产业的融合发展，借助粤港澳大湾区物流供应链的推动力量，加快实现产业格局的调整升级，同时，也为大湾区物流供应链更加科学、高效地开展三地物流管理工作提供新动能。

最后，也需要注重公共政策一体化建设，夯实物流供应链根基。建设粤港澳大湾区作为国家重大战略，不仅对地区发展有深远影响，对粤港澳民心的融合也有重要影响意义。粤港澳大湾区物流供应链的构建是以全球化为标杆的，要实现粤港澳大湾区内物流要素的充分有效流动，打破区域间行政政策壁垒是根本途径，加快促进三地公共政策接轨是实现协作融合发展，确保高端人才要素自由流动的基本前提，而人才的交流又为粤港澳大湾区物流供应链的创新管理运营输入新鲜血液。因此，必须注重粤港澳大湾区公共政策一体化建设，加强粤港澳三地公共服务以及社会保障工作的推进落地，为粤港澳大湾区物流供应链管理运营提供良好的发展环境。

5.5　"一带一路"倡议与跨境电商供应链

2013 年，习近平主席在访问中亚和东盟各个国家期间先后提出建设"丝绸之路经济带"与"21 世纪海上丝绸之路"两大构想，简称"一带一路"。这一崭新的合作理念核心宗旨是促进中亚、东欧与东南亚周边相关国家基础设施、投资规模与能源资源等全面发展，不断推进区域内新经济秩序的构建。"一带一路"沿线相关国家都是发展中国家和新兴经济体，涵盖 44 亿人口，占全球总人口的一半以上，65 个国家拥有 21 万亿元的经济总量，拥有巨大的市场潜力。随着我国"一带一路"倡议的不断推进，沿线越来越多国家（地区）相继参与其中，叠加出台诸多优惠和扶持政策，促进"一带一路"区域逐步发展成为经济结构互补和竞争的经济区，其中较多政策都与近些年发展迅速的跨境电商相关。

5.5.1　"一带一路"对中国跨境电商发展的影响

首先，"一带一路"倡议为我国跨境电商发展提供了便利的政策支持。为促使跨境电商成为我国经济发展的新经济增长点，中央及地方政府部门出台鼓励企业拓展跨境业务的优惠政策，不仅大大提高了企业跨境经营效率，为企业跨境业务发展降低了面临的政策风险和信用风险，还为贸易双方消费者提供了更快、更便捷地购买境外优质商品的交易平台。

其次，"一带一路"倡议加快了跨境贸易相关物流体系建设，减少贸易双方运输成本。随着"一带一路"倡议在沿线 70 个国家和地区的国际认可度的提高，区域内横跨亚洲、非洲和欧洲的贸易空间距离必然对物流提出更高要求，"一带一路"倡议的不断推进正是为物流体系软硬件设施的建设和完善提供了契机。2013 年以来，我国就东部沿海港口和中西部的货运、道路、管道等基础设施开展各项疏通线路工程，逐步贯通国内沿线各个环节，为跨境业务的顺利展开提供了便利支持。

最后，为中国优秀企业"走出去"、为贸易双方商品流通提供了巨大的潜力市场。"一带一路"的战略方向主要包含货币畅通、政策沟通、道路连通、贸易畅通、民心相通。这些红利促使我国与中亚、东欧与东南亚相关国家经济合作的跨境贸易成本迅速下降，不断消除各国之间的贸易瓶颈，为中国制造的优质产品提供更广的消费平台，为我国跨境电商快速发展提供了重要的基础保障。我国产品市场高品质商品多，"一带一路"倡议的实施为我国品牌产品提供了更广阔的发展空间，加深了多边文化交流，降低了跨境电商贸易成本，加快了我国经济发展方式的自我转变进程，实现中国经济发展方式的转型升级。这些红利促使我国与中亚、东欧与东南亚相关国家经济合作的跨境贸易成本迅速下降，不断消除各国之间的贸易瓶颈，为中国制造的优质产品提供更广的消费平台，为我国跨境电商快速发展提供了重要的基础保障。

5.5.2 "一带一路"沿线国家和地区跨境电商发展现状

1. 俄罗斯

1）交易规模

近年来，俄罗斯电商市场呈现持续性的高速增长，其中跨境电商的增速尤为突出，2017 年俄罗斯跨境电商规模达 4200 亿卢布，所占市场份额由 2013 年的 15% 增至 2017 年的 36.5%，国内经济的复苏使俄罗斯跨境电商发展具有巨大潜力。据《中国跨境出口电商发展报告》显示，2020 年，中国跨境电商交易规模达 9.78 万亿元，其中出口规模 6.71 万亿元，同比增长 17.5%。在我国跨境电商的出口交易中，出口至俄罗斯的占 4.2%，且 B2B 的占 84.6%。中俄跨境电商以 B2B 模式为主。2016 年上线的俄优选是典型的中俄跨境 B2B 交易平台，拥有 5000 多家俄罗斯商家，连接了中俄小企业和小额批发商，小米、vivo、乐行等中国品牌制造商通过俄优选建立了在俄分销渠道。

中俄跨境电商交易模式以跨境 B2B 为主，这种模式以海外零售商为目标，具有单笔交易金额大、产品品类单一、规模化运输等特点。随着俄罗斯国内经济的复苏、居民可支配收入的提高，电商市场的个人消费潜力将得到进一步释放，消费支出占比不断攀升，B2B 跨境电商模式将无法满足个人消费者零散、个性化的消费需求。

中亚、俄罗斯、南亚和东南亚国家是"一带一路"建设的重点地区，"一带一路"沿线主要贸易伙伴国中，俄罗斯的跨境电商贸易规模按销售额排名第一，且增速也有上涨。2018 年 6 月中俄签署《关于电子商务合作的谅解备忘录》，明确两国电子商务合作机制，旨在共同推进"丝路电商"合作。中国是俄罗斯最大跨境电商贸易伙伴，2017 年中俄跨境电商交易规模达 45.5 亿美元，占俄罗斯跨境电商市场 65%，跨境包裹数量达 3.06 亿件。2018 年中俄电商贸易额 32 亿美元，同比增长 28%，市场占有率 51.1%。俄罗斯消费者在国外网店的订单量大幅增加，其中 90% 来源于中国。

2）交易平台

俄罗斯国内 B2C 网站 Top5 分别是 ulmart.ru、Mvid-eo.ru、Dns-Shop.ru、Wilderberries.ru、Ozon.ru，均属于自营 B2C 网站，集中开发单一品类，通过采购方式进货，并利用自建物流体系覆盖大中城市，利用俄邮覆盖偏远地区。跨境网站占整个俄罗斯电商 20%，市场规模较大。主要有全球速卖通、亚马逊、易贝，占了跨境网站的 72%。阿里巴巴全球速卖通——国际版淘宝 2013 年 3 月底已经有 70 多万名俄罗斯用户注册。2015 年 4 月，全球速卖通升级俄罗斯 premiere 频道，改名为"mall"并推出 100% 品质保障、七天无理由退货和核心城市 15 天快速收货的服务。2015 年 6 月，俄罗斯建立了速卖通分公司，也是俄罗斯最受欢迎的跨境电商平台。比价平台 Yandex market 于 2013 年正式上线，覆盖俄罗斯大部分 B2C 网站，用户在该平台上能进行商品价格查询，并进一步实现信息对比。俄罗斯跨境电商的交易平台十分广泛，2017 年从访问量排名上看俄罗斯最大的电商是中国阿里巴巴的俄速通。

在"一带一路"倡议下，中俄联合创办了一系列专门服务中俄贸易的跨境电商平台。Come365 是黑龙江省塞格国际贸易有限公司投资建设的，运用 webmoney 在线支付，能够对俄进行网上卢布交易支付、清关、物流配送等，是对俄一站式服务的大型跨境采购平台，它于 2012 年 10 月正式上线。Come365 主要针对俄语系国家，知名度较高，是最受欢迎的俄罗斯对华采购跨境电商平台之一。京东跨境电商出口平台——京东全球售俄语站 2015 年 6 月正式上线，该跨境电商平台将精选的中国优质品牌商品配送至俄罗斯买家，并实现了 30 日退换货等售后服务，还支持其在当地进行俄语客服服务。Lelive 电商平台是由俄罗斯远东地区发展基金会与中国乐视集团俄罗斯分公司协作成立的中俄跨境电商平台，该平台使俄罗斯饮料、糖果、面粉、谷物、肉罐头、黄油、蜂蜜和坚果等销售至中国。

3）交易产品

中俄跨境电商交易中电子产品和初级轻工产品的比重最大。中国面向俄罗斯售卖的产品品类丰富，包括服装鞋帽、电子产品、美容化妆品、家居用品、汽车配件等，其中服装鞋帽居多，智能电子产品交易不断增多，商品结构正逐步优化。

长期以来俄罗斯跨境电商市场充斥着假冒、劣质产品，各类产品的假货比重为 7%~30%，其中服装、鞋类产品的仿造比例位居所有商品品类的首位，而其恰好是我国对俄跨境电商出口的主要产品，对我国打造跨境电商品牌形象、对俄跨境电商可持续发展造成了严重影响。

4）支付工具

现金仍是目前俄罗斯首选的支付方式，但俄罗斯使用银行卡、信用卡的用户量大幅增加。截至目前，每位俄罗斯居民基本拥有多张银行卡和至少一张信用卡。此外，俄罗斯国内运营商也提供 Yandex、Qiwi Wallet 和 Web Money 等电子钱包支付手段，为中俄跨境电商提供了便利的支付条件。俄罗斯主要的第三方支付工具有 Webmoney、Yandex、Money、Qiwi Wallet、RBK Money 和 Robokassa。其中，Webmoney 是俄罗斯最普遍的第三方支付工具，用户人数众多，适用范围广阔，支持全球七个国家（地区）包括中国使用，国际性网站和跨境电商平台可以用它向用户及商家收付款。Qiwi Wallet 是俄罗斯最大的第三方支付工具，俄罗斯买家可以在 Qiwi Wallet 里充值，再到购买产品的商户网站付款。俄罗斯消费者对其有很高的信任度，它可运用美元（United States dollar，USD）、俄罗斯卢布（Russian Ruble，RUB）、欧元（European Monetary Unit，EUR）、哈萨克斯坦坚戈（Kazakhstani tenge，KZT）等币种进行付款，拥有健全的风险保障机制。RBK Money 是俄罗斯新崛起的电子支付平台，RBK Money 支持线上支付购物、手机充值、水电账单和提现余额至银行账户。

2015 年 3 月正式上线的哈尔滨银行自主开发的"中俄跨境电商在线支付平台"，支持俄罗斯联邦储蓄银行、阿尔法银行和工业通讯银行等俄罗斯大型银行的跨境网银支付，能支持 20 余种境外支付方式的在线支付结算服务，包括维萨、万事达国际卡及俄罗斯区域性支付服务商 17 家，支持对俄跨境电商企业的境外国际卡线上支付收单，提供电子钱包、移动支付、支付终端机业务，成为跨境电商企业高效利用的快捷支付平台。此外，绥芬河市政府与北京易支付科技有限公司共同开发的"绥易通"平台，为绥芬河本地企业发展对俄跨境电商提供支付服务，使费用率大幅降低，也使入驻平台的商户拥有更可靠的支付保障系统。

目前，中俄跨境电商的支付方式虽然有所增加，但支付体系建设仍较为滞后，难以实现本币结算。加之俄罗斯消费者的传统观念和国家文化因素等制约，使得在线支付推广缓慢，严重延缓了电商系统资金回流的速度。货币回流的时间长达 2~3 个月，资金周转率低，成为电商企业开展跨境贸易的阻碍。另外，俄罗斯的电子钱包支付局限性大，WebMoney 虽可支持 USD、RUB、EUR、BYR 等多货币支付，但商户申请 WebMoney 账户的周期较长。Qiwi Wallet 限制收款金额，单笔交易金额不得超出 15000 卢布，单日交易金额不得超出 20000 美元，初始收款手续费率是 4% 左右，费用较高。RBK Money 币种限制严格，仅支持 RUB 币种，单笔交易不得超出 10000 美元。

5）物流模式

欧亚经济联盟和"一带一路"对接合作深度推进，中俄两国纷纷出台了多种宽松政策支持中俄物流的发展，物流基础设施完善、运输方式升级和运输线路增加，使运输时间缩短，运营成本降低。中国对俄罗斯跨境电商物流模式主要有以下五种。

（1）国际邮政小包。2015 年底俄罗斯邮政开启了中俄国际邮政专列，是专门支持中国运输货品至俄罗斯的通道。2016 年 5 月中国国际邮政新添一条通道即 K3 国际列车，主要支持内蒙古自治区二连浩特口岸出境，并通过蒙古国到达莫斯科雅罗斯拉夫基站，邮运只需 5 天时间。

（2）跨境专线物流。通过航空包舱方式将货物运输至国外，再与俄罗斯公司进行合作完成俄罗斯国内的货物运输和配送。2013 年 11 月俄速通开启首条航空货运专线即哈尔滨到叶卡捷琳堡专线，是国际上第一个专门致力于电商的跨境物流专线。2015 年 1 月俄速通又开设了乌克兰航线，未来会有更多的俄语系国家航线开通，这种物流模式是中国跨境电商独有的优势，使售后服务和运输配送取得很大进步。

（3）国内快递提供的国际化服务。顺丰快递、申通快递都进行了跨境物流方面的服务拓展。2016 年 6 月顺丰国际开设了中国到俄罗斯的航空专线，业务范围涉及国际邮政小包、标准快递、电商专递和海外仓等领域。

（4）国际快递。国际快递"四大巨头"（UPS、Fedex、DHL、TNT）包揽国际商业快递的主要份额。国际商业快递具有运输速度快、客户体验佳等优点。中俄国际快递主要有深圳市的中俄易通国际物流有限公司、北京市的中俄国际物流货运公司、广州市的中俄国际物流有限公司、绍兴市的国际物流和金华市的中俄联合体国际物流。

（5）海外仓或边境仓模式。卖家先在海外仓库存储售卖的产品，再按照订单要求完成产品的分拣、包装和运送。黑龙江俄速通是物流龙头企业对俄建立的跨境电商物流服务公司，业务范围广，包含揽收系统、集货仓、跨境物流、客服中心、绥芬河边境仓和哈尔滨边境仓等。在全国有 6000 个揽收站点分布，能够实现全国电商的全面覆盖，提供 24 小时全天候服务及物流实时追踪，其边境仓使运送时间收缩了一半以上，提高了物流配送效率。俄速通-格林伍德海外仓是中国跨境电商在俄罗斯设立的首个正规合法、大型的海外仓，解决了传统的"灰色经营"问题，提高了跨境电商的资金周转效率。2015 年 11 月"中俄云仓"在绥芬河正式开启，是中国第一个中俄跨境电子商务监管中心，能够使电商企业的货物通关时效从 3~5 天收缩至 3~5 分钟。

虽然物流模式多种多样，但是由于以下几点原因，中俄跨境物流成本高且效率低。

（1）俄罗斯地域宽广，跨越欧亚大陆，国土面积世界最大，因此市场布局分散，物流运输货物到达消费者手中耗时长、难度大。

（2）通关效率低，阻碍物流时效。俄罗斯海关的清关手续复杂，关税杂乱，甚至清关必须有专门的清关公司才能完成。

（3）基础设施不健全。道路基础设施、物流网络、邮政分拣与配送投递等方面配置落后，对于快速增长的电子商务类小包裹的处理能力低，缺乏经验，致使大量货物被积压。

（4）俄罗斯物流区域性发展不平衡。物流、快递及邮政业务地区差异大，物流系统比较发达的地域是以莫斯科及圣彼得堡为中心的欧洲地区，相对落后的地域是亚洲地区，物流系统的区域性差异以及投资的地域分化致使亚洲地区的包裹运输投递难度大大增强。

（5）配送费用高。在莫斯科市区管辖内，DHL、UPS、EMS 等大型国际物流企业成本过于高昂。

2. 东盟

中国同东盟各国在跨境电商方面具有较强的互补性，东盟对中国工业制成品具有较高需求，中国则对东盟国家农产品及其制成品有巨大需求。

据敦煌网提供的统计数据，中国对东盟出口商品中，3C 产品出口占比最高，达到 29%；占比第二的是健康美容和时尚配件。在增长方面，时尚配件、箱包、手表和健康美容产品出口增幅都在 80% 以上。

京东印度尼西亚站数据显示，椰子水、鱼皮、咖啡、蜡染服装等印度尼西亚特色食品和服装是平台进口销售量最大的产品类别。据中国—东盟跨境电子商务平台统计，通过中国—东盟跨境电商平台从东盟国家贸易进口的品种主要有保健品、乳胶枕及奶粉、方便速食、冲调饮品、休闲食品、大米等，平台前四大进口来源国分别为越南、马来西亚、泰国和柬埔寨。泰国食品产业发达，是世界上最大的食品进出口国之一，其中木薯制品、金枪鱼罐头、菠萝罐头、大米、糖出口占世界贸易量较大的份额，跨境电商为中国进口泰国丰富食品提供了更加便捷的途径。马来西亚、印度尼西亚在橡胶、棕榈油、咖啡等产品出口方面具有优势。

在中国和东盟各国在各领域不断加强合作的同时，在电商领域也加快了合作步伐。中国的阿里巴巴、京东等主流电商企业通过投资并购、入股等方式加大对东盟有关国家电商产业链行业企业的投资，投资合作涉及电子商务、支付、物流、移动应用等诸多领域，中国企业的技术、渠道、经验等优势能够带动东盟国家跨境电子商务的发展。

但是目前中国企业在东盟开展跨境电商贸易主要集中于泰国、马来西亚、新加坡和印度尼西亚四个国家，在其他东盟国家的跨境电商业务大多处在培育阶段，中国和东盟各国跨境电商发展差异较大。且东盟大部分国家发展电子支付的金融基础仍较为薄弱，除新加坡、马来西亚和泰国外，其他国家的金融账户普及率均较低，且老挝、缅甸、菲律宾、越南等国金融账户普及率增长缓慢。在信用卡普及率方面，除新加坡、马来西亚和中国外，其他国家均低于10%。同时电子支付的比例在东盟各国均较低。数据显示，银行转账和信用卡是东盟消费者偏好的付款方式；货到付款在东盟消费者中仍占有较高比例，菲律宾、越南、印度尼西亚和泰国的货到付款比例均超过了10%，菲律宾甚至达到26%。此外，东盟相当一部分国家物流业发展更为滞后，中心城市以外区域的交通道路不便，物流辐射范围有限，难以满足电商快速发展的需求。这些都限制了中国—东盟跨境电商的发展。

5.5.3 "一带一路"沿线国家的跨境电商供应链构建及策略

供应链是一个企业微观层面的概念，但当一个国家强大到要走向全球化时，供应链就会上升为国家战略。我国推动"一带一路"倡议也必须具有相应的国家供应链支撑体系，这一点已经受到了中央有关部门的充分重视。事实上，"一带一路"倡议推进的过程也是我国国家供应链形成与发展的过程。但由于全球化的理念、目标、道路、环境不同，推动全球化国家供应链战略的内涵也截然不同。

国家供应链体系的理念应当是包容开放的，包容不同的市场、不同的体制、不同的国度，以存同化异来推动供应链面向全球的开放，让更多的国家和企业、更多的跨国公司参与到这个供应链体系中来。构建国家供应链体系的关键是高效有序，而高效有序的核心就是便利化，着眼点是共享共赢。环境是安全可持续的，即在供应链平台之上，要构建安全可持续的治理机制、制度设计、运行机制等能够支撑符合全球共同利益的供应链环境。所以一定要做好国家供应链战略的布局，这是供应链战略实施的前提。

（1）要做好区域布局，即做好经济发展区域布局。国家供应链的发展要适应这种格局的巨大变化。首先是市场布局。要通过对市场进行战略布局，挖掘需求潜力，实现供需互补，培育新的市场空间。例如，我国与南亚、东南亚市场进行整合，就能形成超过30亿人口的超级市场，就能释放出比当前各自分散的市场大得多的潜能；与亚欧市场进行整合，就能达到先进技术与国际产能的对接，从而创造出新的市场需求；与非洲国家进行合作开发，将有利于为全球发展培育新的市场空间。总的来说，就是要在国家供应链的支撑下，通过带状的互联互通，实现彼此互补、彼此共享的市场板块整合，这是当今全球化的重要内容。其次是资源布局，由此实现资源利用的便利化。最后是物流布局，提高全球互联互通水平，使供应链组织变得更加高效有序。况且这样的布局并不是孤立的，是产业、市场、资源、物流的整体安排，只有如此才称得上供应链组织。

（2）要做好整合，这是国家供应链战略实施的关键，包括对前面提到的市场资源、产能资源、企业资源、物流资源等的整合。与英国、美国完全不同，我国进行整合并不是为了整合后自己拿过来，而是要实现全球化进程中的便利化，是为了将便利化做到极致。通过整合来不断提高各国各地区在全球化中的便利化水平，这才是我国进行整合的目的。

（3）要实现共享，这是国家供应链战略实施的基础。我们的供应链是共享的，这是国家供应链战略实施的基础。因此，供应链并不是单向的，不仅是为了通过这个供应链把我国的产能或产品输送出去，还要通过这个供应链，把境内所需与境外所供的产能或产品更好地"引进来"。

（4）要实现共赢，这是国家供应链战略实施的着眼点。我们的供应链一定是共赢的，这是供应链战略实施的着眼点。实现共赢，需要供应链能够创造新的价值，能够将"蛋糕"做大，而不仅仅是对现有"蛋糕"进行重新分配。只有如此，才能实现真正的共赢。因此，供应链的打造并不是把一些已有的投资、已有的贸易、已有的产业简单地搬到供应链上，而是要与世界各国各地区一起，通过供应链来创造新的价值，进而在创造新价值的前提下一起共享新的价值，这就是共赢。

（5）要安全可持续，这是国家供应链战略实施的重要保障。各国对供应链安全可持续问题都非常重视。构建人类命运共同体是统筹国内国际绿色发展，把中国人民利益与世界人民共同利益相结合的战略思想。中国是世界上最大的二氧化碳排放国，参与"一带一路"倡议的许多国家或地区也位于生态脆弱敏感区，主要是世界上化石能源消耗增长最快的亚洲国家。因此，中国"一带一路"倡议的实施意味着中国在进一步推动国内绿色发展的同时，引领全球的可持续发展合作，"一带一路"倡议的绿色发展集中体现了中国道路的世界意义。当前，绿色供应链的建设无论是在我国，还是在"一带一路"沿线国家，都处于初步阶段，需要进行长期的共同探索，与"一带一路"沿线国家之间绿色供应链的国际合作与示范也将会极大推动绿色供应链发展的步伐。建设绿色供应链过程中，沿线各国和地区应从政策设计、信息共享平台建设、绿色采购、指标体系构建、企业环境责任和品牌影响等方面多管齐下。要以建设亚太经济合作组织（Asia Pacific Economic Cooperation，APEC）绿色供应链合作网络为契机，加强与"一带一路"区域沿线国家和其他经济体的联络，总结实施绿色供应链的实践与最佳政策工具，促进"一带一路"产业链条与服务产品的绿色化。

思考题

1. 什么是跨境电商的价值链，它和跨境电商的供应链之间有什么联系呢？
2. 请简述如何对跨境电商供应商进行管理？
3. 请简述跨境电商供应链中需求预测的步骤。
4. 哪些因素可能影响跨境电商的绩效，你认为其中哪一个是最重要的因素，请简述原因。
5. 你认为粤港澳大湾区发展跨境电商的优势在哪，还有哪些地方需要改进？
6. "一带一路"背景下，你认为我国应该如何高质量发展跨境电商？

即测即练

扫描书背面的二维码，获取答题权限。

第 5 章

即测即练

案例分析

案例分析 5-1

阿里集团
供应链管理现状

参与文献

[1] 黄钟，廖希萍.粤港澳大湾区供应链管理协调机制的探讨——从企业社会责任的动态能力视角出发 [J].中国市场,2019(30):5-8.

[2] 张恬.粤港澳大湾区城市智慧物流产业升级及供应链生态闭环系统研究 [J].物流技术与应用,2019,24(10):207-209.

[3] 张恬.粤港澳大湾区 9+2 城市智慧物流产业升级及供应链生态闭环系统研究 [J].物流工程与管理,2019,41(09):101-104+85.

[4] 王洪艳.粤港澳大湾区物流供应链管理的模式创新研究 [J].中国商论,2019(10):7-8.

[5] 陈洁娜.跨境电商进口企业供应链管理优化研究 [D].商务部国际贸易经济合作研究院,2019.

[6] 卢美琪.跨境电商环境下企业供应链风险评价与应对研究 [D].中南林业科技大学,2019.

[7] 李云亚,邢伟,李盛民.某大型电商信息系统安全建设整改设计探讨 [J].无线互联科技,2018,15(20):26-27.

[8] 耿世慧.基于扎根理论的跨境电商供应链模式创新研究 [J].商业经济研究,2018(18):96-98.

[9] 张静.跨境电商供应链利益协调机制分析 [D].东华大学,2018.

[10] 周婧怡.跨境电商供应链绩效评价体系研究 [J].价值工程,2018,37(26):138-140.

[11] 尹萍.跨境电商供应链协同评价研究 [D].江苏科技大学,2018.

[12] 蔡礼辉,饶光明.跨境电商供应链绩效评价 [J].财会月刊,2016(27):78-81.

[13] 高翔 , 贾亮亭 . 基于结构方程模型的企业跨境电子商务供应链风险研究——以上海、广州、青岛等地 167 家跨境电商企业为例 [J]. 上海经济研究 ,2016(05):76-83.

[14] 王亭亭 . 跨境电子商务的供应链优化研究 [D]. 天津大学 ,2016.

[15] 巩从杰 . "一带一路"红利对跨境电商的影响效应研究 [J]. 商业经济研究 ,2019(06):132-135.

[16] 杨宁 . 中国跨境电商发展的机遇、潜力与建议 —— "一带一路"视角下 [J]. 商业经济研究 ,2019(04):81-84.

[17] 傅京燕 , 程芳芳 . 推动"一带一路"沿线国家建立绿色供应链研究 [J]. 中国特色社会主义研究 ,2018(05):80-85.

[18] 朱文博浩 . "一带一路"战略背景下的中国跨境电商研究 [D]. 广东外语外贸大学 ,2017.

[19] 丁俊发 . "一带一路"与全球供应链 [J]. 全球化 ,2016(07):22-31+132.

[20] 蔡进 . "一带一路"与国家供应链发展战略 [J]. 中国流通经济 ,2016,30(01):25-30.

[21] 刘珍 . 粤港澳大湾区打造全球跨境电子商务中心的路径与对策 [J]. 城市观察 ,2019(04):28-40.

[22] 唐书传 . 碳交易政策下考虑企业社会责任的供应链协调管理 [D]. 南京大学 ,2019.

[23] 张静 . 跨境电商供应链利益协调机制分析 [D]. 东华大学 ,2018.

[24] 刘垭 . 大数据背景下供应链需求预测与牛鞭效应的研究 [D]. 沈阳航空航天大学 ,2018.

[25] 殷猛飞 . 基于消费者行为的 B2C 生鲜电商定价、退货与供应链协调研究 [D]. 长安大学 ,2017.

[26] 张星娟 . B2C 电子商务企业供应链风险预警模型研究 [D]. 太原理工大学 ,2015.

[27] 李朝干 . 基于收益共享契约的多渠道供应链协调研究 [D]. 北京交通大学 ,2015.

[28] 刘冠鸿 . 基于电子商务环境下企业供应链的管理研究 [D]. 天津科技大学 ,2015.

[29] 吴超越 .A 公司供应链风险管理 [D]. 东华大学 ,2014.

[30] 孙亮 . 六西格玛管理方法在供应链质量管理中的应用研究 [D]. 吉林大学 ,2014.

[31] 陈娟 . 基于电子商务的精益供应链管理模式研究 [D]. 武汉工程大学 ,2013.

[32] 侯梅媛 . 基于 BP 神经网络的供应链风险评价方法研究 [D]. 辽宁师范大学 ,2013.

[33] 范荣华 . 中欧跨境电子商务合作的现状及升级途径 [J]. 对外经贸实务 ,2018(05):18-21.

[34] 景侠 , 王馨桐 , 梁颖 . "一带一路"视域下中俄跨境电商发展面临的挑战及实现路径 [J]. 哈尔滨商业大学学报 (社会科学版),2019(03):85-95.

[35] 郑晓宏 . 跨境电商的第三方物流风险识别与评估 [D]. 太原理工大学 ,2017.

第6章
跨境电商
营销与用户行为分析

导入案例

平台直播间海外带货，亚马逊、TikTok 各有喜忧

阿什·克劳福（Ash Crawford）是亚马逊咖啡品牌 Quivr 的联合创始人。他怎么也不会想到，自己只不过初次尝试在 Amazon Live 上直播一款硝基冷萃咖啡产品，竟意外获得了不错的转化效果。初次直播，克劳福的直播间仅有 50 名观众在线。但就是这 50 名观众，在直播过程中直接下单了超过 3000 美元的咖啡。这款咖啡原价 69.95 美元，折后价 49.95 美元，这就意味着至少卖出 60 罐。一场直播仅有 50 名观众，对于直播间来说是相当寒酸的。但是，50 名观众的直播间，却贡献了 60 罐以上的购物记录，这个转化率不可谓不高。而且这场直播的效果还在延续中，许多观看直播的观众并没有现场下单，却在直播结束后进行了购物。此后，每次克劳福在 Amazon Live 上直播结束后的 24 小时内，其带货的产品销售额会比平时增加 150%，这是其他平台例如 TikTok、Instagram 等所不具备的转化力。2019 年亚马逊推出 Amazon Live 以来，该直播功能的整体流量并不太大。就算是观众最集中的直播间，通常也只有几千人同时在线观看。与 TikTok、Instagram 等社交媒体的直播间不同，更无法跟国内直播电商动辄数十万名、上百万名的观众数量相比。浏览量仅两位数的直播视频，在 Amazon Live 上随处可见。

TikTok 流量不小，转化率却比较低，这是个尴尬的现象，也是许多卖家对 TikTok 直播带货浅尝辄止的主要原因。深圳美妆独立站卖家戴逢春告诉《蓝海亿观网 egainnews》，他用 TikTok 做过一场印象深刻的直播。有品类加持（美妆天然适合直播吸粉），有持之以恒

的视频内容输出，戴逢春的品牌在 TikTok 上积累了超过百万的粉丝。但当他信心满满地开启第一场直播之后，问题出现了：长达 2 个小时的直播，全场观众加起来不到 200 人。这期间，有各地区消费者们作息、习惯不同的因素，也有戴逢春等团队不成熟的缘故，还有 TikTok 作为社交媒体的局限性问题。在许多消费者看来，Amazon 是个购物平台，即便在亚马逊上观看直播，最根本的目的也是购买产品。因此，消费者的购买概率更高。而 TikTok、Instagram 等社交媒体，最重要的职能是社交、娱乐，购物并不是用户的主要目的。

截至目前，这两个 App 都已经进入"废案"阶段。

资料来源：平台直播间海外带货亚马逊 TikTok 各有喜忧 [J]. 中外玩具制造，2022（06）：36-38.

6.1　跨境电商营销及方法

6.1.1　4P-4C-4R 理论

云计算、物联网、社交网络等新兴服务和技术的出现促使人类社会的数据种类和规模正以前所未有的速度增加和扩大，数据从简单的处理对象开始转变为一种基础性资源，如何更好地管理和利用大数据已经成为普遍关注的话题。同时，随着人们生活水平的提高，消费规模不断扩大，消费者个性化需求越来越明显。这就要求跨境电商企业要制定新的营销策略来满足消费者需求。

4P 理论是一种营销理论即 product、price、place、promotion，意为产品、价格、渠道、推广。杰瑞·麦卡锡（Jerry McCarthy）教授在其《营销学》最早提出了这个理论。不过，4P 理论是站在企业立场上的，而不是客户的立场。站在客户的立场上就转换为 4C 理论。

- 产品（product）——客户价值（customer value）。
- 价格（price）——客户成本（customer cost）。
- 渠道（place）——客户便利（customer convenience）。
- 推广 / 促销（promotion）——客户沟通（customer communication）。

4C 的理论框架说明了客户需要的是价值、低成本、便利和沟通，而不是促销。而 4R 营销理论是以关系营销为核心，注重企业和客户关系的长期互动，重在建立客户忠诚的一种理论。它既从厂商的利益出发又兼顾消费者的需求，是一个更为实际、有效的营销制胜术。艾略特·艾登伯格（Elliott Ettenberg）2001 年在其《4R 营销》一书中提出 4R 营销理论。唐·舒尔茨（Don E. Schuhz）在 4C 营销理论的基础上提出了 4R 营销理论。4R 理论的营销四要素如下。

（1）关联（relevancy）。4R 理论认为企业与客户是一个命运共同体，建立并发展与客户之间的长期关系是企业经营的核心理念和最重要的内容。

（2）反应（reaction）。在相互影响的市场中，对经营者来说最难实现的问题不在于如何控制、制订和实施计划，而在于如何站在客户的角度及时地倾听和从推测性商业模式转变为高度回应需求的商业模式。

（3）关系（relationship）。在企业与客户的关系发生了本质性变化的市场环境中，抢占市场的关键已转变为与客户建立长期而稳固的关系。与此相适应产生了 5 个转向：从一次性交易转向强调建立长期友好合作关系；从着眼于短期利益转向重视长期利益；从客户被动适应企业单一销售转向客户主动参与到生产过程中来；从相互的利益冲突转向共同的和谐发展；从管理营销组合转向管理企业与客户的互动关系。

（4）报酬（reward）。任何交易与合作关系的巩固和发展，都是经济利益问题。因此，一定的合理回报既是正确处理营销活动中各种矛盾的出发点，又是营销的落脚点。

本书结合 4R 理论，以短视频营销为例，使读者对 4R 有更深层次的理解，具体如下。

（1）客户建立关联。在竞争性市场中，获得客户的前提是与客户建立联系，企业需要与客户形成一种互助互需的关系。短视频创作门槛低，内容制作周期短，成本低。回乡务农或返乡创业的年轻人抓住机遇，以"农村、农业和农民"为主题进行内容创作，为其他用户展现新时代的农村面貌。视频时长短，符合现今碎片化节奏；内容信息丰富，如原生态美景、地方特色美食、日常劳作和邻里往来等，满足了一些人对乡村生活的回忆和向往。短视频为内容创作者和用户搭建了沟通交流的桥梁。

（2）了解市场反应，精准营销。在当今市场中，为了准确定位并快速进入客户的心里，经营者要站在客户的角度及时地倾听客户的希望、需求，并及时答复和迅速作出反应，以满足客户的需求。短视频具有实时互动性，通过互动了解市场需求。随着生活水平的提高，人们不仅注重吃得饱，更加注重吃得好，愿意为高质量的产品付出更高的价格。贴有"绿色""健康""原生态""家养"等标签的产品更容易刺激人群的消费需求。农村自媒体创作者通过拍摄短视频和不定期的直播，向用户展示自家产品从播种到成熟的生长情况，实现生产过程的透明化，减少买卖双方的信息不对称，刺激潜在消费者的需求。

（3）互动性强，关系营销。在多变的市场环境中，与客户建立长期而稳固的关系成为抢占市场的关键，经营者要管理与客户的互动关系，提高客户忠诚度。短视频平台具有社交媒体的互动属性，点赞、评论和转发都会带来很多流量。知名的农村自媒体创作者都凭借独特的个人魅力和风格，与粉丝建立了奇妙的关系。

（4）流量转化，实现盈利。对经营者来说，市场营销的真正价值在于其为企业带来短期或长期的收入和利润能力。自 2016 年短视频兴起以来，短视频平台方一直在进行各种商业变现的探索和尝试，短视频营销变现模式逐渐得到各方认可。农村自媒体创作者前期的短视频是纯粹分享类视频，随着粉丝的产品需求增加和对流量变现的认可度提高，短视频内容创作转变为以分享为主，产品推销类为辅。通过短视频营销，将流量引入电商平台，实现转化，视频创作者获得收益。

6.1.2　跨境电商产品选择策略

跨境电商卖家如何获得更多的市场机会，最本质的还是产品和选品的问题。大部分成功的跨境电商创业者均认同这样一个观点："百分之七十靠选品，百分之三十靠运营"，可见选品的重要性。对选品的把握，是跨境电商非常重要的部分，可保证自己的安全性选品、针对性选品更为精确。B2B 贸易中的工作重点是在"获客渠道"和"商务洽谈"中进行，通过线下的会展推介、展示产品来获取客户资源，通过反复的商务洽谈来确认价格、加工方式、工艺、材料、交付方式、支付方式等一系列的商务流程。而 B2C 的工作重点和工作流程因其客户多而分散，直接面对终端客户销售产品，产品的热卖度、销量、价格、内容编写、图片展示、优化、物流、客服就更为重要，尤其是"选品"。销售品类的正确与否直接影响到流量和最终的转化，而且选品方式的多样化也直接决定了后期运营的难度和结果的好坏，B2C 跨境电商在产品本身和营销方面受到的影响较大。

1. 基于不同维度分析的跨境电商产品选择策略

（1）关境分析。跨境电商是全球化销售，可以同时销售到不同国家或地区，因此在选品中重点考虑目标国家的文化、宗教信仰、生活方式、消费习惯、体型、经济状况等因素。如欧美人习惯做个人 party、家庭户外活动等；东南亚人网购对产品品质要求不高，但对价格比较敏感，对卖家的容忍度相对较高，更喜欢新、奇、特等创意的商品，对小价值产品趋之若鹜；而中东地区，人们比较喜欢单色，家装以民族特色明显的地毯、挂毯较为热销，衣服以"欧码""美国码"为标准，鞋子以"欧码"为尺码标准，电器类产品电压为 110V 等。

（2）平台分析。每个跨境电商平台都有各自特点，例如亚马逊平台最初是销售图书、音像制品起家，因此在这个类目中，销量一直很大；易贝平台的宠物用品、汽车配件、健康用品等；wish 平台的小商品如 3C 类、珠宝饰类、服装箱包类、小创意品等。就像在国内电商平台中，如果想买一台笔记本电脑，消费者首先选的电商平台是京东而不是淘宝一样。可以根据自己销售的产品，选择更合适的平台。

（3）类目分析。选品时分析商品类目，主要是对产品的一级、二级等子类目商品的总销量、总卖家数量、总利润率等数据调查分析，有助于对市场流行趋势、产品开发方向、细分市场把控。

（4）差异化分析。同质化产品因销量大，卖家数量多，价格竞争激烈等因素，不易形成品牌，热卖周期较短。通过上述参数分析，进行如包装、款式、功能、材料等方面的"微创新"，容易形成自主品牌。特别是对销量大、差评多的产品应该进行认真分析，研究客户差评的原因，在生产中对客户差评集中的问题进行产品优化，能更快地推动销量和创造品牌。

（5）流量来源分析。跨境电商平台的流量都有自己的渠道。如亚马逊平台主要流量来源于谷歌搜索引擎。可以先在谷歌上搜索相应的产品，找出产品是否有足够的客户兴趣，有多少用户。更重要的是找出在亚马逊上对主要关键字的需求，因为数据表明亚马逊的转化率通常在 12%~17%。如果前三名产品关键字在亚马逊地区的每月搜索量超过 10 万次，那么这是一个很好的信号，表明这类产品有足够的需求销售。而 wish 流量来源重要渠道则是社交媒体 Facebook，跨境电商卖家可以参与到国外社交媒体的习惯和兴趣，关注社交媒体的热词，这样能更快速地抓住真正的市场风口。有的平台流量来源于如 Youtube、NetFlix、Yahoo! Screen。法国电商平台 Cdiscount 流量来源于时装周杂志等。不同平台的流量来源，代表着不同的客户群体的属性，分析流量来源，更能精准地掌握客户需求，从而促进销售。

（6）创新技术分析。产品的创新是未来发展的主要方向和动力，新技术、新材料、新工艺、智能化等技术手段，应用于产品中，最容易让消费者接受和青睐。最近一直热销的如宠物智能定位器、智能插座、智能音响、不锈钢折叠吸管等产品，在原有的产品基础上增加更为实用的、科技含量高的属性，不仅能提升品牌的扩散能力，还是利润的新增长点。

2. 基于评论情感分析的跨境电商产品选择策略

基于对通过情感分析进行选品的目标的理解，首先进行抓取字段的设计，主要包括两个部分：一部分是外贸商品属性如商品 ID、商品名称和商品介绍等；另一部分是外贸商品评论文本。然后以网络爬虫的形式对几个主流外贸电商网站的商品数据进行采集。接下来进行文本预处理：评论数据去噪、英文分词和词性标注。因为本书选择的情感分析是基于情感词典的，所以通过结合几个通用英文词典、专门领域词和网络口头用语的方式构建情感词典。

如图 6-1 所示，基于在线评论的情感分析，首先以商品类别为划分维度，为每种品类的商品进行粗粒度的情感倾向计算。其次在每类商品下，以每件商品基于每个属性进行细粒度的情感分析：通过显性和隐性属性提取建立候选属性词集、根据词向量计算语义距离的方式进行聚类，建立属性词集合；从语料中分析句法依存关系，提取情感词；基于情感词典和词向量模型，判断各个属性下的情感极性，并构建情感倾向得分表。最后对得到的基于在线评论情感分析选品结果进行层层可视化展示。

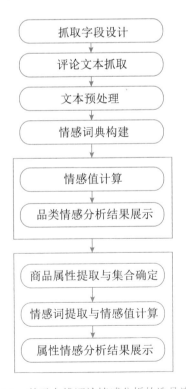

图 6-1　基于在线评论情感分析的选品流程

3. 基于销售预测的跨境电商产品选择策略

如图 6-2 所示，基于对通过销量预测进行选品的目标的理解，首先进行抓取字段的设计，主要包括评论数量、收藏数，成交量，评论时间等。其次以网络爬虫的形式对几个主流外贸电商网站的商品数据进行采集。再次进行数据预处理：数据分类与合并、有效数据筛选、异常值处理、缺失值处理和数据标准化；在以上整理好的基于商品属性的情感评分基础上，基于统计学的知识进行情感指数的构建，包括细粒度情感维度的选取和细粒度情感维度权重的确定和计算等；并依据描述性和相关性分析确定影响销量的因素。又次构建 ARIMA-BP 神经网络组合销量预测模型：确定组合模型构建方法和模型权重判定方法；实现并验证单一模型和组合模型，对三个模型的预测效果进行评估。最后将数据带入组合预测模型中进行商品销量预测，分析预测结果并进行层层可视化展示。

图 6-2　基于销售预测的选品流程

6.1.3　跨境电商产品定价策略

价格是影响交易成败的重要因素，也是市场营销组合中最灵活的因素，它可以对市场作出灵敏的反应。企业的定价策略既要考虑成本的补偿，又要考虑消费者对价格的接受能力，所以定价策略具有买卖双方双向决策的特征。目前已被企业经常使用的定价策略和定价方法有撇脂价格策略、渗透价格策略、成本加成定价法、竞争导向定价法、差异定价法、心理定价等，还有一些促销定价的方法，如折扣定价、捆绑定价、抢购定价等。

1. 单产品定价策略

1）议价定价

议价定价是指交易各方按照事先制定的规则通过动态商议价格的方式确定价格并进行

交易，或由供货方对产品、服务、项目给出一个指导价格，交易双方根据自身和对方的议价能力及其他影响因素来互相商讨定价。这种定价方式被 B2B、C2C 电子商务模式的网站平台广泛采用，例如淘宝零售商、中国制造网供应商等。由于人们对网络议价的热衷，催生了一种新的职业，即网络议价师，其一般有着从事电子商务的丰富经验，或者熟知某行业产品的出厂价，在网购中帮助买家砍价，收取一定的"口舌费"，这种服务行业收取的服务费也就是谈判费（bargaining fee）。

2）心理定价

不同类型的消费者有不同的消费心理，心理定价即针对不同的消费心理来制定价格，以满足不同类型消费者的需求，心理定价是定价的科学和艺术的结合。商品的价值与消费者的心理感受有着很大的关系，这为心理定价的运用提供了基础。虽然从理论上说，价格是商品价值的货币表现，价格是由价值决定的，但消费者并不了解商品生产时需要消耗多少成本，也不清楚商品的价位是多少，消费者对商品价格的认识往往受到过往购买经验、商品用途大小、公平感受等因素的影响。

企业在定价时可以利用消费者心理因素，有意识地将产品价格调高或降低，以满足消费者生理和心理上、物质和精神上的多方面需求，从而获得消费者对企业产品的偏爱和忠诚，扩大市场销售，获得最大效益。掌握消费者的价格心理，并根据消费者的价格心理制定适宜的定价策略，是企业营销制胜的关键。常见的心理定价策略有尾数定价、整数定价、声望定价、招徕定价、习惯定价等，企业必须根据产品的特性、所处的环境，通过研究、把握客户的消费心理，及时地调整与变化，才能制定出更加切实可行的价格。

3）个性化定制生产定价

个性化定制生产定价是基于网络的互动性特征而产生的，是商家在具备定制生产条件基础上，利用网络技术和辅助设计软件，为消费者提供个性化的服务，消费者可以根据自己对产品外观、颜色等方面具体需求，自行选择配置或自主设计产品，再由商家完成加工、生产、包装等环节，消费者根据所享受的服务承担相应的价格成本。

由于消费者的个性化需求差异性大，需求量少，因此企业实行定制生产在管理、供应、生产和配送各个环节上，都必须适应小批量、多式样、多规格和多品种的产和销变化。互联网的使用为个性化定价提供了便利。首先，随着信息技术的进步，电商企业进行个性化营销的能力不断提升。利用互联网、信息采集和计算机技术，电商企业可以及时地将客户信息录入数据库，对数据进行分析，从中发现客户的购买行为模式，从而更能够发现、满足用户的需求，通过信息提供与交互式沟通，可以实现一对一的个性化服务，使促销具有针对性，更易于与消费者建立长期良好的关系。例如，亚马逊网上销售公司便是这方面的先锋，它研究每位客户买过的书，然后根据读者的特点通过互联网向个人推荐新书。其次，基于网络的互动性特征，企业与客户可以更加便捷地直接联系和个性化定制，客户直接参与个性化的产品设计与制造，企业将个性化产品直接销售给客户。另外，作为网络时代的核心产品——数字产品，具有对内容可改变的特征，该特征使得商品可以对数字产品进行定制化和个性化，从而为客户提供个性化的营销方案。

个性化定制生产定价策略利用了网络的互动性和消费者的需求特征，网络的互动性使企业能及时了解消费者的需要，使产品的规模化个性定价成为可能，这种定价策略不仅满足消费者对产品个性化需求，使得消费者享受到个性化的服务，提高客户满意度，同时也将最大程度实现合理高附加值的生产价值转化，有助于商家提高利润。

2. 多产品定价策略

1）网络团购定价

网络团购是零售领域出现的一种新的消费合作方式，网络团购定价是指借助网络平台，将具有相同需求和购买意愿的零散消费者组织起来，形成较大数量的购买订单，集体向商家大批量购买，享受最优惠的价格，共同维护消费者权益的消费形式。

网络团购的产生和发展有以下三点原因。

（1）网络团购是在当代市场产品极其丰富条件下，消费者为满足其特定需求，避免埋没在产品系列和产品信息的海洋中而自发组团，进行信息共享，以降低交易成本和交易风险的一种理性行为。

（2）网络团购的产生，得到网民、商家和网站的一致响应，有其一定的必然性和合理性，消费者从供应商购买产品或服务的过程，也是双方博弈的过程，网络团购的目的就是使商家获得应得的利润，让消费者最大限度地为自己赢得消费者剩余，买卖双方在博弈过程中可以实现最大限度的共赢。

（3）网络团购能够被广泛运用的另一个重要原因是互联网的普及发展。按照最基本的经济学常识，网络团购的产生和发展必须满足一个基本条件，即通过网络团购获得的效用（价格折扣、节约的交易成本）必须大于团购的费用，同时，互联网的使用使人们组建各类虚拟组织的成本大幅度下降，用户之间的交流沟通越来越方便，交流成本降到了几乎为零，网络与消费者充分的结合，使消费者之间的联合成本大大降低。因此，正是网络的普及才使得网络团购的消费形式被更多交易对象采用，向着更大的范围发展。

2）捆绑定价

捆绑定价策略是企业常用的营销策略，指商家将两种或两种以上的相关产品组合在一起出售，并制定一个合理的价格。捆绑策略分为价格捆绑型和产品捆绑型：价格捆绑是指以折扣价格整体销售两种及以上独立产品，但产品之间没有必然的联系，也不创造附加价值；产品捆绑则是指两种及以上独立产品的整合销售，这种整合给消费者带来附加价值。产品捆绑是一种长期的差异化战略，而价格捆绑只是一种短期的促销手段。

捆绑定价已经被很多网络零售商广泛使用，如亚马逊将手机与电信网络服务进行捆绑一起销售，并以赠送话费的形式给予消费者低价。对于商家，先进的互联技术及信息搜索和收集功能使得网络商家更精准全面地了解消费者的需求和习惯，从而更好地进行产品捆绑，获取最大收益。对于消费者来说，为减少邮费的支出，会更加偏爱一站式的购物，以便获得更优惠的价格。

3. 基于竞争平台的歧视定价策略

信息技术的发展，使企业可以根据历史购买信息对消费者分类，对具有不同购买信息的消费者制定不同的价格，泰勒（Talyor）将这种定价方式称为基于购买行为的歧视定价（behavior based price discrimination，BBPD）。这种定价策略在现实中广泛存在，常见形式是对新用户执行低价或折扣价格以促进消费者从竞争对手中转移。现在 BBPD 在双边市场中越来越常见，双边市场指连接两边不同的用户，通过提供中介服务促使两类用户达成交易的平台，如淘宝平台连接买家和卖家，视频网站平台连接用户与广告商。与单边市场相比，双边市场特征一方面为具有交叉网络外部性，即一组用户群体从平台中获得的效用取决于另一用户群体加入平台的数量；另一方面为用户归属结构，面对平台企业的定价策略，用户对平台的选择模式大致分为两类：单归属和多归属。前者指用户只能加入一个平台，后者指用户可以同时加入多个平台。在现实生活中，一个用户群中用户的选择往往不同，一部分用户选择单归属，另一部分用户选择多归属，这种行为称为部分多归属。

1）模型描述

基于线性霍特林模型分析框架，建立平台两阶段竞争模型。假设市场由两个互不兼容的竞争平台 1 和平台 2 构成，它们分别位于线性城市 [0,1] 两端，用 i 和 j 表示 i,j=1,2。为简化计算，假设平台为两边用户提供服务的成本和边际成本均为 0。在动态竞争第一阶段，平台 i 为追求利润最大化对 k 边用户制定价格 $P^1_{i,k}$，其中上标代表阶段数，下标从左至右依次代表平台序号、用户类型（下文中无特别说明，上下标均采用这种含义）。在动态竞争第二阶段，平台 i 对 k 边新用户实行价格 $P^{2n}_{i,k}$，对 k 边老用户实行价格 $P^2_{i,k}$。两阶段用户依据效用最大化原则选择加入平台。

购买平台产品（或服务）的两边用户 A 和 B 均匀分布在 [0,1] 线段上，用 k 和 m 表示 k,m=A,B，用户数量均标准化为 1。A 边用户对 B 边用户之间的网络外部性系数为 e_A，B 边用户对 A 边用户之间的网络外部性系数为 e_B。用户到平台上的单位运输成本为 1。假设每个用户在每一阶段只购买一单位的产品（或服务），且第二阶段的偏好独立于第一阶段。为不失一般性，假设 A 边用户单归属，B 边用户部分多归属。

第一阶段，位于 $x^1_{i,A}$，A 边用户选择平台 1 获得效用：

$$U^1_{1,A}=e_A n^1_{1,B}-p^1_{1,A}-x^1_{i,A}$$

选择平台 2 获得效用：

$$U^1_{2,A}=e_A n^1_{2,B}-p^1_{2,A}-（1-x^1_{i,A}）$$

式中，$n^T_{i,B}$ 表示阶段 T 平台 i 在 B 边的用户数量，如 $n^1_{1,B}$ 表示阶段 1 平台 1 在 B 边的用户数量。

第二阶段，由于平台新老用户进行歧视定价。第一阶段选择平台 1 的 A 边用户，由于第二阶段重新定位，会有一部分用户第二阶段仍选择平台 1 获得效用：

$$U^2_{1/1,A}=e_A n^2_{1,B}-p^2_{1,A}-x^2_A$$

另一部分用户第二阶段选择平台 2 获得效用：

$$U^2_{1/2,A}=e_A n^2_{2,B}-p^{2n}_{2,A}-（1-x^2_A）$$

类似地，第一阶段选择平台 2 的 A 边用户，第二阶段选择平台 1、平台 2 的效用分别为

$$U_{2/1,A}^2=V_0+e_A n_{1,B}^{2n}-p_{1,A}^{2n}-y_A^2$$

$$U_{2/2,A}^2=V_0+e_A n_{2,B}^2-p_{2,A}^{2n}-（1-y_A^2）$$

对多归属 B 边用户，两阶段选择平台 1 的无差异点 x_B^Y 满足条件

$$0=e_B n_{1,A}^1-p_{1,B}^1-x_B^1$$

两阶段选择平台 2 的无差异点 y_B^T 满足条件

$$0=e_B n_{1,A}^1-p_{1,B}^1-（1-y_B^1）$$

对平台而言，平台第一阶段的总利润为第一阶段的利润与第二阶段利润期望的折现值之和，即

$$\prod{}_{i,k}=\prod{}_{i,k}^1+\delta\prod{}_{i,k}^2$$

为保证平台利润函数为凹函数，需满足：$e_B\in（0,2\sqrt{1+2e_A^2}-3e_A）$。

2）定价策略

在对称均衡的条件下，平台 i 第一阶段对用户进行统一定价，且

$$n_{1,A}^1=n_{2,A}^1=\frac{1}{2}\in（\frac{1}{3},\frac{2}{3}）$$

第二阶段平台 i 对 k 边用户的定价分别为

$$p_{1,A}^2=p_{2,A}^2=\frac{1}{12}（8-9e_A e_B-3e_B^2）$$

$$p_{1,A}^{2n}=p_{2,A}^{2n}=\frac{1}{12}（4-9e_A e_B-3e_B^2）$$

$$p_{1,B}^2=p_{2,B}^2=\frac{1}{4}（e_B-e_A）$$

$$\prod{}_1^2=\prod{}_2^2=\frac{1}{144}（40-9e_A^2-54e_A e_B-9e_B^2）$$

平台对新老用户进行歧视定价时，第二阶段对两边用户的最优定价策略为

$$\begin{cases} p_{1,A}^2=-\dfrac{12-2e_A^2-44e_A e_B-14e_B^2+\psi}{12\Omega}-\dfrac{（4-2e_A^2-5e_A e_B-e_B^2）n_{1,A}^1}{2\Omega}; \\[2mm] p_{1,A}^{2n}=-\dfrac{36-10e_A^2-76e_A e_B-22e_B^2+\psi}{12\Omega}+\dfrac{（8-2e_A^2-11e_A e_B-3e_B^2）n_{1,A}^1}{2\Omega}; \\[2mm] p_{2,A}^2=-\dfrac{36-14e_A^2-74e_A e_B-20e_B^2+\psi}{12\Omega}-\dfrac{（4-2e_A^2-5e_A e_B-e_B^2）n_{1,A}^1}{2\Omega}; \\[2mm] p_{2,A}^{2n}=-\dfrac{-12+2e_A^2-10e_A e_B-4e_B^2+\psi}{12\Omega}+\dfrac{（8-2e_A^2-11e_A e_B-3e_B^2）n_{1,A}^1}{2\Omega}; \\[2mm] p_{i,B}^2=\dfrac{e_B-e_A}{4}+\dfrac{（e_B-e_A）（2n_{1,A}^1-1）}{2\Omega} \end{cases}$$

式中，$\Omega=e_A^2+4e_A e_R+e_R^2-3$；$\psi=9e_i^3 e_R+9e_A^2 e_R^2+21e_A e_R^3+3e_R^4>0$。

由上式可得，当 $p_{1,A}^2>p_{1,A}^{2n}$ 时，得到 $n_{1,A}^1>1/3$，当 $p_{2,A}^2>p_{2,A}^{2n}$ 时，得到（$1-n_{1,A}^1$）> 1/3。也就是说，当第一阶段在 A 边用户的市场份额大于 1/3 时，平台 i 对新用户实行优惠

的价格策略最优，而当第一阶段在 A 边用户的市场份额小于 1/3 时，平台 i 对老用户实行优惠的价格策略最优，当第一阶段在 A 边用户的市场份额等于 1/3 时，平台 i 对用户实行统一定价。

4. 基于易逝产品的动态定价策略

现阶段跨境电商 B2C 进出口的产品类目多为易逝性产品。易逝性产品随着时间的推移，其产品价值往往呈递减的趋势，因而，定价方式也具有不同于一般产品的特征。易逝性产品不能完全依照边际成本定价或者是按照平均成本进行统一定价，主要原因是这些易逝性产品随着时间的推移，会发生价值递减。所以，易逝性产品的定价必须根据市场需求的规律性波动制定相应的动态价格。

动态定价的机制很早就在易逝品的收入管理中得到广泛的应用，在出售易逝性产品的在线零售商中，这种动态定价的机制使用更为广泛和灵活，在线零售商拥有大量而丰富的信息，大大降低了厂商与消费者之间信息的不对称性。在厂商可以通过互联网为易逝品进行动态定价增加利润的同时，消费者也可以足不出户"随时随地"浏览产品、收集数据、查找信息、下载信息、比较价格、下订单或者变更订单、购买产品、得到反馈。这样，通过互联网获得产品的价格、供应数量等市场信息，可以更方便自身的购买决策，从而变得越来越"聪明"。

一些消费者甚至会基于当前和历史的价格，对未来的价格形成预期，并比较厂商实行不同价格阶段时所能获得的剩余，从而决定自己的购买时机。同时互联网的发展也为消费者实现策略购买行为创造了良好的条件，比如消费者可以利用软件代理来跟踪产品的价格，然后根据这些数据描绘出产品的价格走势，甚至可以通过这些数据，给出最优的购买时机。

市场上的零售商出售易逝性产品，类似于服装、消费性电子产品，随着时间的变化，易逝性产品在消费者心目中的价值会逐渐降低，零售商被动或者主动降低其价格从而吸引消费者不断地购买这类产品，维持其合理的利润，直到该产品退出市场或者被新的产品替代。如何动态地调整价格，应对顾客的策略行为是零售商获得较高利润的首要难题。

1) 模型描述

心理账户框架（mental account framewoek）理论认为，购买一件产品的总效用由两部分构成：购买效用（acquisition utility）和交易效用（transaction utility）。购买效用是指交易的货币价值，决定于价格和顾客对产品评价的差别；交易效用是指交易的心理价值，决定于价格和参考点的差别。若 $r-p>0$，则相当于产品折扣销售，称为收益，若 $r-p<0$，相当于产品溢价销售，称为损失。那么，参考价格通过相对于参考点 p 的感知——收益/损失的幅度 $x=r-p$，影响顾客购买行为。在每个阶段，当消费者看到公司的当期价格 p_t 后，会更新当前的参考价格 r_t，依据勒伍（Nerlove）的参考价格效应（reference prices effects），得到参考价格计算公式：

$$r_t=\gamma r_{t-1}+（1-\gamma）p_{t-1},\gamma\in[0,1)$$

式中，记忆参数 γ 用来描述参考价格依赖于历史价格的程度，γ 越小说明时间的记忆效应越短。当 $\gamma=0$ 时，参考价格就等于过去的价格。

假设市场上人群总数为 N，每位消费者最多购买一件商品，其对产品的价值 v，是为公共消息，且服从 $[0,v^+]$ 的均匀分布。设当期时刻为 t，市场上存在两类的顾客，一部分 α 比例的消费者被称为策略性消费者，剩下 $1-\alpha$ 比例的消费者被称为短视性消费者。在模型中，对短视性消费者来说只要当前价格小于他的保留价格，他就会购买，即满足 $v_t\,(p,r)\,>\,p_t-r_t$，那么很显然在 t 阶段购买的顾客占短视性顾客的比例是 $[(p_{t-1}-r_{t-1})-(p_t-r_t)]\,/v^+$。而对于策略性消费者来讲，消费者则需面临下面的平衡，即以高的价格现在就买（阶段 t）还是以较低的价格在下个阶段 $t+1$ 购买，假定消费者随时间的效用折扣系数为 δ，那么显然只有在且仅在 $v_t\,(p_t,\,r_t)\,-\,(p_t-r_t)\,\geq\,\delta\,[v_t\,(p_{t+1},r_{t+1})\,-\,(p_{t+1}-r_{t+1})]$ 时，消费者才会在当前阶段购买，否则就会等到下一阶段。直觉上来讲，高认可价值的顾客更倾向于马上购买，因为如果延迟的话可能会带来更大的效用损失，那么，在阶段 t 购买的顾客占策略性顾客的比例是

$$\frac{(p_{t-1}-r_{t-1})\,-\delta\,(p_t-r_t)}{(1-\delta)\,v^+}-\frac{(p_{t+1}-r_{t+1})}{v^+}$$

如图 6-3 所示，零售商在每个阶段 $t\in\{1,2,3,\cdots,T\}$ 会设置一个价格，在 0 时刻表示产品引入，为方便讨论，假定在每个阶段产品的采购成本 c 是不变的。为保证有解，假定 $v>c$，假定 π 代表零售商的期望利润，那么多阶段下，零售商的利润表达式为

$$\pi_t=m\left\{\begin{array}{l}(p_t-c)\,(1-\alpha)\,N\dfrac{(p_{t-1}-r_{t-1})\,-\,(p_t-r_t)}{v^+}+\\[2mm](p_t-c)\,\alpha N\left[\dfrac{(p_{t-1}-r_{t-1})\,-\delta\,(p_t-r_t)}{(1-\delta)\,v^+}-\dfrac{(p_{t+1}-r_{t+1})}{v^+}\right]+\pi_{t-1}\end{array}\right\}$$

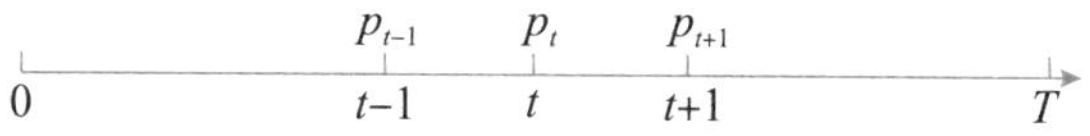

图 6-3　零售商多阶段定价

显然，上述多阶段动态规划求解异常困难。假设零售商面临两个阶段，正常售价阶段和清仓阶段，这是策略性消费者动态定价研究中一个普遍使用的方法，如图 6-4 所示。

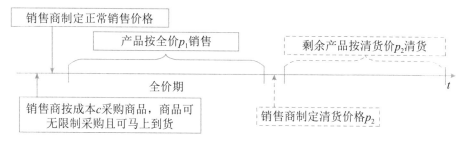

图 6-4　两阶段零售商定价

假定 $v^+=1$，即消费者对产品的认知价值服从 $[0,1]$ 的均匀分布，那么零售商在两个阶段的利润分别为

$$\pi_2=p_2\left[(1-\alpha)\ N\left(p_1-(p_2-\theta\ (r_2-p_2)))\right)+\alpha N\left(v_1-\ (p_2-\theta\ (r_2-p_2)))\right)\right]$$
$$\pi_1=p_1\left[(1-\alpha)\ N\ (1-p_1)+\alpha N\ (1-V_1)\right]+\pi_2$$

其中 θ 表示消费者依赖参考价格的程度，$V_1=(p_1-\delta\ (p_2-\theta\ (r_2-p_2)))/(1-\delta)$。

基于前文提到的参考价格公式，由于零售商只有两个阶段，消费者只需观察上一阶段的价格，那么在此处 $r_2=p_1$。

2）定价策略

通常来讲，零售商可以采用下面两种定价策略：

策略 i，在第一阶段中，设置合适的价格使得两种类型中高价值的顾客都会购买；

策略 ii，在第一阶段仅仅让高价值的短视性顾客购买，即策略性的消费者不会在第一阶段购买统一等到第二阶段。假定 $\pi_{1,ii}$，$\pi_{1,i}$ 分别代表两种策略下的总的期望利润，自然地只有在 $\pi_{1,ii}>\pi_{1,i}$ 时，零售商才会由策略 i 转向策略 ii，很显然，这种情形会发生在 $\delta>\delta_c^*$ 的时候，其中 δ_c^* 由 $\pi_{1,ii}=\pi_{1,i}$ 时求得，即 δ_c^* 为零售商策略调整的临界点。结合前式可以得到零售商的最优定价为

$$(p_1^*,\ p_2^*)=\begin{cases}\left(\dfrac{\alpha^2+\alpha(1+\theta)-2(1+\theta)}{\alpha^2+2\alpha\ (1+\theta)+(1+\theta)\ (-3+\theta)},\ \dfrac{(1-\alpha)\ (1+\alpha+\theta)}{(2-2\delta+\alpha\delta)^2}\right), & \delta>\delta_c\\[4mm]\left(\begin{array}{l}-\dfrac{2\alpha\ (3-\theta)-\alpha^2-2\alpha\ (1+\theta)}{2\ (-3+2\delta\ (3-2\alpha-\theta)+\theta+\delta^2\ (-3+4\alpha-\alpha^2+\theta))},\\[2mm]-\dfrac{1+2\ (-3+2\delta\ (3-2\alpha-\theta)+\theta+\delta^2\ (-3+4\alpha-\alpha^2+\theta))}{2\ (-2)}\end{array}\right)。 & \delta\leqslant\delta_c\end{cases}$$

相应地，零售商的最优期望利润为

（1）当 $\delta\leqslant\min\{\delta_c^*,1\}$，或者 $\alpha\geqslant\max\{\alpha_c^*,0\}$，或者 $\theta\geqslant\max\{\theta_c^*,0\}$，零售商采用策略 i，即鼓励短视性顾客和策略顾客在第一阶段购买，否则零售商会采用策略来保证所有的策略性顾客在第一阶段的延迟购买。

（2）对于固定的 α 和 θ，随着 δ 的增加，零售商在采用策略 i 的时候，在第一阶段应该降价而在第二阶段应该涨价，当 $\alpha=0$ 时即所有的顾客都是短视的，两阶段的最优价格为 $2/(3-\theta)$ 和 $1/(3-\theta)$，即清仓价格是正常价格的一半是最优的。随着 δ 的增加，零售商逐步减小两阶段的价格差以此来刺激策略性消费者让其在第一阶段购买。然而一旦策略性消费者的效用折扣因子达到临界点 δ_a^*，将会等到第二阶段，由此在 $\delta=\delta_e^*$ 的时候，零售商的定价将由策略 i 转向策略 ii。之后，对于 $\delta>\delta_a^*$，零售商在第一阶段仅仅关注短视性顾客，因此，对于 $\delta>\delta_a^*$，第一阶段的价格将会保持常量。在第二阶段零售商把价格朝上调整，这样策略性消费者和短视性消费者都能获得一些利润。跟第一阶段类似，既然所有的策略性消费者将会等到第二阶段，对于 $\delta>\delta_c^*$，第二个阶段的价格维持不变。最后可以看出，对于任意的 θ，如果市场有足够多的策略性顾客，此时 $\delta_s^*\geqslant1$，零售商将永远不会采用策略 ii。

相似地，可以讨论在固定的 θ 和 δ，变动 α 下，或者载固定的 α 和 δ，变动 θ 下，零售商会选择什么策略，本书在此不做赘述。

5. 基于在线评论的零售定价策略

随着电子商务的发展，产品定价策略也在不断改进。尤其是在线评论这种网络口碑的出现，深刻改变着消费者的购买行为。在线评论是网民之间通过网络渠道所传播的有关产品、服务、企业品牌等个人体验、评价、讨论和推介信息。以往的消费者在初次购买商品时倾向于向亲友征询建议，并作为其购买与否的重要依据。但随着商品种类的日益丰富，传统的口碑传播方式已经不能满足消费决策的信息需求，越来越多的消费者把在线评论作为重要的信息参考。现如今在线评论已经成为最主要的口碑形式，并且由于在线评论的可存储和可测量性等特点，实时监控口碑、提炼口碑已经成为电子商务网站的普遍技术手段，使得网络零售商参考口碑信息制定商品价格从而获得更高收益成为可能。

1）模型描述

首先将消费者购买产品的效用定义为

$$U(x,q,p)=q-p-tx$$

其中，p 为产品价格；q 为产品的真实价值；对于所有消费者，q 值相同。实际上，消费者只有在购买使用后才能感知 q 值大小。x 为真实产品和消费者理想产品的距离，x 因人而异，设 x 为 $[0,1]$ 区间上均匀分布，也就是说消费者根据 x 的不同在 $[0,1]$ 区间上均匀分布。当 $x=0$，真实产品和理想产品无差别；当 $x=1$，消费者净效用减去 t。t 为每单位真实产品和消费者理想产品的距离而导致消费者净效用减少的值。消费者效用理论提出，只有 $U>0$ 的消费者才会购买商品，根据效用公式可知，$U>0$ 即 $q-p-tx>0$，因此只有 x 小于 $(q-p)/t$ 的消费者才会购买产品，由于 x 为 $[0,1]$ 区间上的均匀分布，这表示只有 $(q-p)/t$ 比例的消费者会购买产品，假设消费者总规模为 1，此时消费者的需求函数可表示为

$$D=\frac{q-p}{t}$$

由于单一的零售商不可能占据所有市场，因此有 $t>q-p$。

假设消费者购买行为发生在两个阶段。第一阶段，商家将商品定价为 p_1，消费者自身对产品价值进行估计，并与价格 p_1 比较，然后作出购买决策。第二阶段，商家根据第一阶段反馈的销售情况，将商品价格调整为 p_2。消费者则根据第一阶段已购买该产品的消费者的评论以及新价格 p_2 作出购买决策。为了建模方便，不失一般性地假设，第一阶段的市场容量为 1，第二阶段的市场容量是第一阶段的 N 倍，并且两个阶段中的产品生产单位成本均为 c。

第一阶段，因为产品全新上市，消费者只能根据商家发布的产品信息，对产品的真实价值进行估计。第一阶段消费者对产品价值的预期为 Q_1，为外生变量，此阶段市场容量为 1。因此，第一阶段的消费者需求 D_1 为

$$D_1 = \frac{Q_1 - P_1}{t}$$

第一阶段商家利润 π_1 为

$$\pi_1 = \frac{Q_1 - P_1}{t}(p_1 - c)$$

第二阶段，网络上已经有大量在线评论，此阶段的消费者不再单纯地受商家发布的产品信息影响，可通过阅读在线评论初步掌握产品的真实价值，但难以避免会受到在线评论的情感极性的影响，从而导致消费者对产品价值的预期仍然和产品真实价值有少量的偏差。影响在线评论情感极性的因素主要有两个方面。

首先，前期的消费者已经掌握产品的真实价值，并与购买前的预期进行比较。若产品的真实价值高于消费者的预期，消费者趋于发表正面评论，阅读者（潜在消费者）通过此评论所感知的产品价值也会有所提高。反之，若产品的真实价值低于消费者的预期，消费者会认为受到产品信息的误导，趋于发表负面评论，阅读者通过此评论所感知的产品价值也会有所降低。

其次，第一阶段产品的定价水平会直接影响在线评论的情感极性，进一步影响阅读者对产品价值的预期。也就是说，如果产品的价格低于市场公平价格（即消费者通过比较市场上同类竞争产品后，对该产品所感知的合理价格），在线评论所反映的产品价值会较第一阶段呈现出一定比例的提高，否则会出现相应的下降。因此根据以上描述，将消费者对产品价值的预期用公式表述为

$$Q_2 = q - \theta(Q_1 - q) - \theta(P_1 - P_r)$$

其中，Q_2 代表第二阶段潜在消费者在阅读商品评论后，对产品价值的预期，p_r 表示市场上默认的"公平价格"，θ 用于描述消费者对产品信息真实性以及价格公平性的敏感度。设定其范围为 $\theta \in [0,1]$。

不同于好评率，在线评论数量则为外生变量，评论数量可作为市场对产品认知度的一个重要线索，它主要受商家的推广力度影响。评论数量越多，意味着此产品受到更多的关注，同时消费者可以参考的信息来源也越丰富，从而提高市场对产品的认知，减少消费的不确定性。已有研究证明，在线评论数量和市场对产品的认知度正相关。所以假设市场中对产品有所认知的消费者比例是关于在线评论数量的函数，令该比例为 α，因此第二阶段真正的潜在消费者（即不仅对产品有需求而且还对产品知晓的消费者）的规模为：$N \times \alpha$。

根据以上，设定 α 是在 $(0,1)$ 之间，随在线评论数量边际递减的函数用公式可表示为

$$\alpha = 1 - e^{-\lambda k}$$

其中：k 代表评论数量，λ 为确定的常数。

根据市场容量 N，计算得到市场需求，所以第二阶段商家利润为

$$\pi_2 = N\left(1-e^{-\lambda k}\right)\left[\frac{(q-\theta\ (p_1-p_r+Q_1-q)\ -p_2)}{t}\right](p_2-c)$$

2）定价策略

综合第一阶段和第二阶段的利润，商家总利润为

$$\pi = \frac{(Q_1-p_1)}{t}(p_1-c)+N\left(1-e^{-\lambda k}\right)\left[\frac{(q-\beta\ (Q_1-q)\ -\theta\ (p_1-p_r)\ -p_2)}{t}\right](p_2-c)$$

由此求导便可得到第一阶段最优价格为

$$p_1^* = \frac{2Q_1+2c+N\left(1-e^{-\lambda k}\right)\theta\ (c-q+\beta Q_1-\beta q)\ -N\left(1-e^{-\lambda k}\right)\theta^2 P_r}{4-N\left(1-e^{-\lambda k}\right)\theta^2}$$

第二阶段最优价格为

$$p_2^* = \frac{2q+2\beta q-2\beta Q_1-\theta Q_1+2c+2\theta P_r-\theta c-N\left(1-e^{-\lambda k}\right)\theta^2 c}{4-N\left(1-e^{-\lambda k}\right)\theta^2}$$

6.1.4　跨境电商产品分销渠道策略

美国著名经济学家菲利浦·科特勒认为，分销渠道就是有组织的保证产品或服务从生产者传递到消费者的一套完整的销售链条。这一过程是产品顺利进入市场的必要保障，参与其中的分销商或个人是商品传递和转移过程中不可或缺的重要环节。分销渠道不仅仅是完成产品的传递功能，更多的是保证产品在最恰当的时机送到最需要的消费者手中，从而保证产品的销售顺畅。

分销渠道作为中间桥梁连接着生产者和使用者，分销渠道是保证产品或服务顺利从生产者到消费者流通过渡的环节。虽然当今是信息大流通的时代，但是由于分工和擅长领域的不同，并不是每个产品都能从生产商直接进入消费者手中，并且全程顺畅，形成规模，事实上基本很少有商品能够略去中间分销商的环节。因此，生产商为了集中精力在产品研发和生产上，消费者为了在最短时间获取最需要的商品，分销商的存在就是非常有必要的。商品从生产者到消费者的过程中有多级分销商的参与，首先是一级总代理权的获得，其次是各级分销商的参与，最后是零售环节的参与。

1. 分销渠道结构

随着电子商务的持续快速发展，通过线上渠道分销产品成为越来越多企业的选择，在线上线下渠道共存的情况下，企业在构建产品渠道策略时有了更大的决策空间。如何根据外部市场条件选择合适的产品渠道策略成为企业重要的决策问题。因分销产品或服务内容和性质的不同，分销渠道有不同的层次组合，企业在选择分销渠道的同时一定要考虑到分销产品和企业的实际需求。分销渠道分为多种类型，其中较有代表性的是根据参与者数目的不同将其分为不同的层级结构，一般分为零级渠道和多级渠道，如图 6-5 所示。

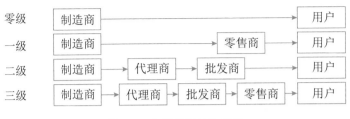

图 6-5 分销渠道结构模型

1）零级渠道

零级渠道是分销层级中最为简单的一种销售模式，即生产者直接将产品销售给使用者而中间不包含多余的分销商，也即通常所说的直销模式。随着互联网和物流业的发展，选择零级渠道模式的生产者正逐渐增多，部分企业会在大的互联网门户网站设立直销店铺，还有的公司会选择传统的上门推销的直销形式，或者开设公司自营店铺。一般选择零级分销的产品都是较为大型的设施设备，技术含量较高、单价较高的产品，这样的分销模式可以保证消费者得到来自生产商的一手信息和服务，产品信息最全，售后服务最为精准。

2）一级渠道

一级渠道是生产者和消费者之间只包含一级中间商，一般面对消费者的这一级中间商多为终端零售商，如商铺、超市、商场，生产者直接将产品供应给零售商，零售商则直接转卖给产品的最终使用者。

3）二级渠道

二级渠道是指生产者和消费者之间只包含两级中间商，一般会是一个总的代理商和一个终端零售商，总代理商主要负责产品的物流、资金垫付、营销策划等活动，终端零售商则面对消费者进行销售。

4）三级渠道

三级渠道是指生产者和消费者之间不仅有总代理和终端零售商，还包含一些中间批发商，这种分销模式多为快销产品和面向消费者的消费产品选择的分销模式。因为多级分销商可以将产品分销至不同的区域，这样能够实现产品的快速转移和更多的零售终端覆盖率，达到规模化占领市场的目的。三级分销模式可以保证产品迅速和广泛地渗透市场，但也存在多层分销导致各级分销商利润空间受到挤压的问题。因此，生产者一定要根据产品的类型和目标客户分类选择最优的分销模式。

2. 网络渠道的选择

与传统商业经营场所不同，电子商务主要通过互联网络实现商务活动，不需要具体的经营场所，节约了租赁店面和雇用员工的费用，降低了成本。人们不再面对面看实实在在的商品，不再靠纸质单据进行买卖交易，而是通过网络浏览产品信息，实施电子结算完成交易。

根据不同的销售模式将网络营销渠道分为以下内容。

一是网络直接分销渠道，是一种零级分销渠道，是"电商＋直销"的形式，指生产企业通过互联网与消费者直接进行交易的一种渠道。制造商在网上建立独立的站点，自建网络销售渠道，发布信息自主进行营销、运营工作。

二是网络间接分销渠道，是一种一级分销渠道，指产品从生产者经过电商分销商流向最终消费者。制造商作为电商分销商的产品供应商，消费者在电商分销商的网络平台上购买产品。

对于传统零售渠道，制造商处于强势地位，零售商处于弱势地位，制造商对产品的批发价具有主导性，将单位生产成本为 CM 的产品销售给零售商。然而，在网络间接分销渠道中，大型电商分销商处于强势地位，能够左右制造商的产品批发价。

假设所有渠道成员都为中性风险和完全理性的，零售渠道和网络渠道的需求函数分别为

$$Q_R = (1-\alpha)A - bP_R + cP_L$$

$$Q_L = (\alpha+\rho)A - bP_L + cP_R$$

其中，Q_R、Q_L 分别表示零售渠道和网络渠道的需求量。A（$A > 0$）表示市场总需求量，α（$0 < \alpha < 1$）表示网络渠道所占的市场份额，b（$0 < b < 1$）、c（$0 < c < 1$）表示渠道需求量对销售价格的敏感系数，ρ（$0 < \rho < 1$）表示网络渠道的潜在市场拓展系数。假设以上参数在不同电商渠道中是一致的。

1）网络直接分销渠道模型

在由一个制造商和一个零售商组成的双渠道供应链中，制造商选择网络直接分销渠道，在传统零售渠道中，制造商处于供应链的主导地位，具有产品批发价的定价权，而零售商处于弱势地位，从而构成了以制造商为领导者的斯塔克伯格（Stackalberg）博弈。博弈顺序如下：

第一步，制造商选择网络直接分销渠道，为追求自身利润最大，需确定零售渠道的批发价 W_R 和网络直接分销渠道价格 P_L；

第二步，零售商观测到制造商给定的 W_R 和 P_L 价格后，确定零售渠道的零售价格 P_R。

博弈后零售商、制造商和渠道的最优利润分别为

$$\pi_R^{1*} = (P_R^{1*} - W_R^{1*})Q_R^{1*} - g$$

$$\pi_M^{1*} = (W_R^{1*} - C_M)Q_R^{1*} - F + (P_L^{1*} - C_M)Q_L^{1*} - f_1$$

$$\pi_C^{1*} = \pi_R^{1*} + \pi_M^{1*}{}^*$$

其中，P_R 为零售价，P_R^{1*} 为最优零售价格；W_R 为批发价，W_R^{1*} 为最优零售渠道批发价格；P_L 为直销零售价，且 $W_R < P_L$；g 为零售商的固定费用；F 为制造商在零售渠道销售的固定费用，f_1 表示构建网络直销渠道的成本主要为电子商务平台的使用费用以及运营费用；C_M 为单位产品的制造成本。

2）网络间接分销渠道模型

在由一个制造商、一个零售商和一个电商分销商组成的双渠道供应链中，制造商选择网络间接分销渠道，制造商作为电商分销商的供应商，电商分销商通过网络进行产品销

售。在传统零售渠道中，制造商占主导地位，对产品的批发价具有一定的决策权。但是大型电商分销商的实力要远远大于制造商，强势电商分销商将左右该渠道的批发价，制造商处于议价弱势地位。此时，在网络间接分销渠道中的产品批发价的定价权转移到了电商分销商手中。

博弈顺序如下：

第一步，制造商选择网络间接分销渠道，电商分销商确定网络间接分销渠道的销售价格 P_L 和批发价 W_L，使自己利润最大化；

第二步，制造商观测到电商分销商的销售价格 P_L 和批发价 W_L 后，确定零售渠道的批发价 W_R 使自己的利润最大化；

第三步，对于零售渠道，零售商将根据制造商的定价策略，确定其零售价格 P_R，使其利润最大化。

博弈后零售商、电商分销商、制造商和渠道的最优利润分别为

$$\pi_R^{2*}=(P_R^{2*}-W_R^{2*})\,Q_R^{2*}-g$$

$$\pi_L^{2*}=(P_L^{2*}-W_L^{2*})\,Q_L^{2*}-y$$

$$\pi_M^{2*}=(W_R^{2*}-C_M)\,Q_R^{2*}-F+(W_L^{2*}-C_M)\,Q_L^{2*}-f_2$$

$$\pi_C^{2*}=\pi_L^{2*}+\pi_M^{2*}+\pi_R^{2*}$$

其中，y 表示电商分销商的固定费用，f_2 表示制造商在网络间接分销渠道中的成本。

3）模型选择

在电子商务背景下，对比网络直接分销渠道和网络间接分销渠道可知，对制造商而言，主要区别在于制造商运营两种渠道的固定费用 f_1、f_2 不同以及电商分销商对渠道批发价的主导程度 β。这两者的不同直接影响了制造商的利润和零售商的参与情况。假定除制造商运营网络直接分销渠道的固定费用 f_1、制造商运营网络间接分销渠道的固定费用 f_2 以及电商分销商对渠道批发价的主导程度 β 不同外，其余参数都相同。则有以下 3 个结论。

（1）当 f_1、f_2 和 β 满足下式时，制造商选择网络直接销售渠道。要保证零售商的参与，在网络直接分销渠道中必须使零售商的获利大于其在网络间接分销渠道中的获利。同时制造商的获利要大于其在网络间接分销渠道的获利，其利润大于或等于 0。

$$0<\beta<\frac{8A\,(c^2-b^2)\,(2\alpha+\rho-1)}{Ac^2\,(\alpha+2\rho+1)+4Abc\,(\alpha+\rho)+C_M\,(bc^2-4b^2c+3c^3)}$$

$$(f_1-f_2)<(W_R^{1*}-C_M)\,Q_R^{1**}+(P_L^{1*}-C_M)\,Q_L^{1*}-$$

$$(W_R^{2*}-C_M)\,Q_R^{2*}-(W_L^{2*}-C_M)\,Q_L^{2*}$$

（2）当 f_1、f_2 和 β 满足式（6-6）时，制造商选择网络间接销售渠道。要保证零售商的参与，在网络间接分销渠道中必须使零售商的获利水平高于其在网络直接分销渠道中的获利。同时制造商的获利水平要高于其在网络直接分销渠道中的获利，其利润大于或等于 0。

$$\frac{8A\,(c^2-b^2)\,(2\alpha+\rho-1)}{Ac^2\,(\alpha+2\rho+1)+4Abc\,(\alpha+\rho)+C_M\,(bc^2-4b^2c+3c^3)}<\beta<1$$

$$(f_1-f_2) > (W_R^{1**}-C_M) Q_R^{1*}+ (P_L^{1**}-C_M) Q_L^{1*}-$$
$$(W_R^{2*}-C_M) Q_R^{2*}- (W_L^{2*}-C_M) Q_L^{2*}$$

（3）当f_1、f_2和β满足上式时，制造商选择网络直接分销渠道或网络间接分销渠道是等价的。当制造商、零售商在两种网络分销渠道中的获利水平相等时，对于制造商来说，选择哪种网络分销渠道皆可。即制造商既可选择网络直接分销渠道也可选择网络间接分销渠道。

6.1.5　跨境电商产品促销推广策略

跨境电子商务发展至今，商家们从拼产品、拼数量、拼质量，发展为拼价格、拼服务、拼速度，促销当然是不可缺少的一个重要销售手段。促销策略多种多样，如何选择合适的、有效的、保证生产经营成本的，又要能最大可能地激发消费者购买意愿的促销策略，成为各大商家的研究重点。

目前我国主流的线上购物网站主要有淘宝网、当当网、1 号店、京东商城等，分析这几大购物网站，其采用的八种主要促销策略有：价格折扣、特价促销、抽奖促销、赠券、量多优惠、运费减免、限时抢购、搭售促销。网店的促销策略主要分为内部和外部两方面。内部促销策略包括：销售促进，主要指邮费折扣、价格折扣、赠品、会员积分、店铺红包和网店其他活动参与度等；消费者信用，主要指消费者与网店交易完毕后，会给予网店评价，而网店反过来也会给予消费者评价，在评价的时候网店应当借助机会在评价中适当推介本网点产品等，促使消费者二次购买。外部促销策略包括：借助搜索引擎，即在网站内（如淘宝网、1 号店等）的搜索引擎页面的关键词上下功夫，研究并依据消费者搜索习惯来设置品名等；联合销售，即选取与自身网店销售的商品类似、目标群体相同的网店来合作，虽然是竞争对手，但不同网店的合作可以借助店内的友情链接来促进商品信息的流转，无形中给网店都增加了客户流，可以提高网站的人气，和客户建立良好的关系。目前国内各大线上销售平台都会提供卖家交流或者买家分享的平台，网店要借助这一平台适时地推荐自己的商品，多发帖，多积人气。

1. 买赠

通过向消费者赠送小包装的新产品、金额较低的小件商品，买 x 件则送 x 件等形式，使消费者快速地熟悉企业的产品，刺激购买欲望。让产品迅速打开市场，为企业赢得稳定的利润。赠品具有以下三个特征：

（1）赠品是新品，提高新品认知率。卖家通常会推出试用装、迷你装，让用户尝试性使用这部分规格，且不会单独在市场销售，这样可以避免定价冲突的问题。例如，某位客户在购买防晒霜时，商家赠送了一瓶补水喷雾。用户在使用过后渐渐习惯了补水喷雾的便捷，之后便进行多次回购。于是商家通过买赠补水喷雾的方式达到了老产品带动新产品的效果。

（2）赠品是金额较低的小件商品，能提高支付转化率。用户在购买商品时，以另外有价物质或服务等方式来直接提高商品价值，其目的是通过直接的利益刺激达到短期内销售量的增加，给用户买到划算的感觉，刺激用户，增强购买欲。在同质量同价格的商品想促进更多销售的场景使用。如在淘宝买衣服的时候，会赠送一双袜子。同样价格的商品赠送商品的就会比不赠送商品的卖得好。

（3）赠品是买 x 件的则送 x 件的同一商品，提高支付转化率。卖家对于一些滞销的产品可以通过买 x 件则赠送 x 件同一商品的方式进行清仓销售。有一些商品是有淡旺季的，也就可以通过这种方式在淡季的时候吸引客流。在商品清库存，或增大销售量的场景时使用。如在超市经常见到酸奶区有包好的买 2 送 1，或者买 3 送 2 的酸奶。

2. 限时购

限制在某个时间段内进行购买。限时抢购（flash sale）又称闪购，起源于法国网站 **Vente Privée**。在国内，限时抢购模式兴起于 2008 年。2008 年 12 月，唯品会率先从法国引入限时抢购模式，并迅速发展壮大，成为中国限时抢购领域的领头羊。限时购的形式有以下功能：

（1）提高限时商品下单率 / 提高支付转化率，一般限时购的商品种类比较丰富，同时也会推出一些名牌商品，刺激消费者购买。

（2）在时间上，限时购营造了紧张的氛围，每个场推出的时间短暂，一般是 2 小时左右，先到先买，限量售卖，且折扣力度大，以商品原价一折至五折的价格销售，折扣力度大。例如，不少用户在进行网购时由于价格原因对部分商品望而却步，后来无意中发现这些商品出现在限时购中，有了比较大的折扣。由于对这些商品有涨价的预期，用户会选择在规定的时间内下单购买，这就是限时促销的魅力。

3. 特价

特价就是划线价后的价格，一般在清库存或回馈用户时推出。特价的形式有以下功能：

（1）减少库存量、提高支付转化率，产品以较市场价偏低、接近成本价的价格，在同种商品中脱颖而出，对消费者更具有吸引力和号召力，从而占有更大的市场份额。

（2）成规模的商家往往主打价格优势，以特价的形式，赢得自己的市场空间；在竞争激烈的市场空间中，薄利多销成为众多商家制胜的法宝。例如，一些经常购买面膜的女生在发现商家进行特价活动之后，往往会选择下单购买。

4. 预售、预约、订金翻倍

预售、预约、订金翻倍指在产品还没正式进入市场前进行的销售行为，预售的形式有以下功能：

（1）提高用户黏性，进行市场调研，避免批量化生产造成浪费。

（2）对于一些新发明创造的商品，可以通过预售来了解该种商品是否有市场，特别是针对一些只能通过批量化生产的商品而言，通过预售达到一定量后才投入生产，有效规避了生产存在的风险。

说到预售，大家最有感受的应该是"双 11"，10 月 22 日起大部分商品都开始预售，只需要先支付订金，尾款是在 11 月 11 日的时候在进行支付。提前支付订金是付 x 订金抵 x 金额，而且提前下单的还会多送一些赠品。

5. 加价购

在顾客购买某种商品时，可以以优惠价格购买附加商品，这个附加商品可能与原始商品有关，也可能无关。例如，在购买羽绒服时，可以以优惠价格购买卫衣或厚裤子等。

6. 满减

顾客在消费达到一定金额后可以获得折扣式减免一定金额，这通常会吸引顾客增加购买量。

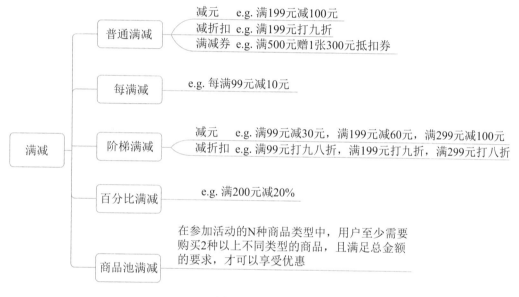

图 6-6　满减形式

1）普通满减

（1）普通满减—减元。"满减 x 元"是在消费达到规定金额后，可以在总价基础上减免固定金额。表现形式如满 100 元减 30 元。这种一般是参加了满减活动后，使原先商品的单价降低了。

（2）普通满减—减折扣。"满减折"是在消费达到规定金额后，可以享受总价进行折扣。表现形式如满 199 元打九折。满减折更多适用于 B2B，因为 B 端用户更倾向考虑单位商品的毛利。

（3）普通满减—满减券。"满减券"是在消费达到相应的金额后，可以用来抵扣物品（商品）部分价格的一种券。表现形式如满 500 元赠 1 张 300 元抵扣券。平台发送的平台券，既能为平台引流，又能带动店铺销量提升。

2）每满减

每满减常用于吸引消费者增加购买量，提高销售额。具体来说，每满减的策略是指在购物时，当消费者的购买金额达到一定的阈值时，商家会给予一定的优惠，通常是在总价上减去一定的金额或者按比例折扣。

例如，一个商家设定了每满100元减20元的策略，那么当消费者购买商品的总价达到100元或者100元的倍数时，就可以享受20元的优惠。如果购买金额为200元，就可以享受40元的优惠，以此类推。

每满减的策略可以有效地激发消费者的购买欲望，同时也能增加商家的销售额。不过，商家需要根据自己的实际情况来制定合理的每满减策略，不能过于频繁或者力度过大，否则可能会导致损失过大。

3）阶梯满减

阶梯满减即根据消费者的购买金额给予不同程度的优惠。这种促销策略通常设置多个阶梯，每个阶梯对应不同的优惠条件，消费者只有在满足相应阶梯的购买金额条件时才能享受相应的优惠。

例如，一个商家可能设置以下阶梯满减促销策略：

消费满100元，减5元；

消费满200元，减10元；

消费满300元，减20元。

如果消费者在该商家购买商品的金额达到了其中一个阶梯的条件，就可以享受相应的优惠。例如，如果消费者购买了价值300元的商品，就可以享受减20元的优惠。

阶梯满减促销策略可以增加消费者的购买欲望，同时也可以帮助商家提高销售额和客户满意度。

4）百分比满减

百分比满减是根据消费者的购买金额给予一定比例的优惠。这种促销策略通常设置一个满减条件和一个对应的优惠比例，消费者只有在满足满减条件时才能享受相应的优惠。

例如，一个商家可能设置以下百分比满减促销策略：

消费满100元，打九折；

消费满200元，打八折；

消费满300元，打七折。

如果消费者在该商家购买商品的金额达到了其中一个满减条件，就可以享受相应的优惠。例如，如果消费者购买了价值300元的商品，就可以享受打七折的优惠。

百分比满减促销策略可以增加消费者的购买欲望，同时也可以帮助商家提高销售额和客户满意度。

5）商品池满减

商品池满减是商家在特定的商品池中设置满减条件，只有在消费者购买的商品属于该商品池中的商品，并且购买金额达到了满减条件，才能享受相应的优惠。

例如，一个商家可能设置以下商品池满减促销策略：

在 A 商品池中，消费满 100 元，减 5 元。

在 B 商品池中，消费满 200 元，减 10 元。

如果消费者购买的商品属于 A 商品池，并且购买金额达到了 100 元，就可以享受减 5 元的优惠；如果消费者购买的商品属于 B 商品池，并且购买金额达到了 200 元，就可以享受减 10 元的优惠。

商品池满减促销策略可以促使消费者购买更多的商品，并且可以帮助商家提高特定商品的销售额和客户满意度。

7. 满赠

消费者购买一种满 X 元商品时，可获得商家免费赠送的另一种商品。满赠可以促进从不买到买，提升客单数，具体形式如图 6-7 所示。

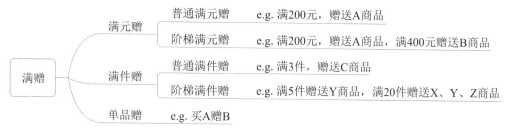

图 6-7　满赠形式

（1）普通满元赠。表现形式如满 200 元赠送 A 商品。

（2）阶梯满元赠。表现形式如满 200 元赠送价值 50 元的 A 商品，满 400 元赠送价值 100 元的 B 商品。

（3）普通满件赠。表现形式如满 3 件，赠送 C 商品。

（4）阶梯满件赠。表现形式如满 5 件赠送 Y 商品，满 20 件赠送 X、Y、Z 商品。

在以下三种场景下，商家会配置满赠：一是想提高用户对新品的认知率，二是通过赠送金额较低的小件商品来提高商品价值，三是商品清库存。

8. 折扣

折扣是商家在商品售价上直接打折，使消费者以更低的价格购买商品。折扣通常以百分比形式表示，例如"打八折"表示售价减少 20%。

折扣是一种常见的促销策略，它可以吸引消费者的眼球，提高销售额和客户满意度。商家可以在特定时间或者特定商品上设置折扣，吸引更多的消费者购买。同时，消费者也可以通过折扣购买到心仪的商品，享受到更低的价格，提高消费体验和满意度。

需要注意的是，商家在设置折扣时应该合理考虑成本和利润，以免在追求销售额的同时影响盈利能力。同时，商家还需要合法合规地设置折扣，遵守相关法律法规，保障消费者权益。

9. 绑定套餐

绑定套餐是指商家将不同种类的商品或服务进行捆绑销售，并以更低的价格提供给消费者。这种促销方式可以帮助商家增加销售额和客户满意度，同时也可以让消费者获得更多的实惠。

例如，一个电信公司可能推出以下绑定套餐：赠送一个智能手表，同时签约两年的5G套餐；购买一台电视，赠送一年的付费电视频道会员资格；购买一张高铁票，赠送一张优惠券，可以在旅行目的地的合作商家享受特别折扣。

这些绑定套餐可以增加消费者的购买欲望，同时也可以帮助商家提高销售额和客户满意度。需要注意的是，商家在设计绑定套餐时应该充分考虑消费者的需求和购买习惯，以及自身的产品和服务特点，以便更好地实现双赢的效果。

10. 众筹

商家通常会发布一个特定的商品，并设定一个固定的价格，同时设置一个目标购买人数。消费者可以通过邀请好友或者社交分享等方式，来协同达成购买人数的目标，并以更低的价格购买商品。这种促销模式可以吸引更多的消费者参与，同时也可以帮助商家提高销售额和品牌知名度。需要注意的是，商家在设计这种营销活动时，应该充分考虑产品本身的特点和消费者的需求，同时也应该遵守相关法律法规，保障消费者权益。

11. 集点、积分、会员卡

集点、积分和会员卡促销主要是通过积累、兑换或消费会员积分来吸引顾客，增加购买欲望和忠诚度。

集点促销：集点促销是指商家通过购买商品或服务，赠送一定的积分或点数，累计一定数量后可以兑换礼品或者享受折扣优惠，等等。

积分促销：积分促销是指商家通过积分系统，对于消费者的消费行为进行积分，积分可以用于折扣或者兑换礼品，等等。

会员卡促销：会员卡促销是指商家通过会员卡系统，对于消费者的消费行为进行积分，并提供一定的优惠和服务，吸引消费者加入会员，增加购买欲望和忠诚度。

这些促销方式可以帮助商家增加客户忠诚度和购买频率，同时也可以增加消费者购买商品或服务的欲望，达到促进销售的效果。需要注意的是，商家在设计这些促销活动时，应该充分考虑消费者的需求和购买习惯，以及自身的产品和服务特点，以便更好地实现双赢的效果。

12. 直播

随着互联网渠道的获客成本越来越高，新颖独特的营销方式才能吸引用户的眼球。目前，视频直播平台越来越受追捧，在粉丝经济盛行的今天，很多企业也抓住商机，通过直播平台提高企业的知名度，扩宽营销渠道，营销企业的产品从中获利。随着大众消费理念的转变，利用直播营销的市场将越来越大。现在的主流消费群体都喜欢玩直播，而且有一定的消费能力，所以在电商平台软件中嵌入直播视频无疑是一种明智的营销方式。点赞送粉丝福利、抽奖送粉丝礼物、秒杀活动、优惠券等前文提到的促销活动通过直播都可以展开。通过电商直播，企业可以利用低成本进行推广，有利于培养忠实用户，更精确地了解市场需求，同时也可以完善产品本身。

电商直播是一种基于互联网和视频直播平台的新型营销方式，它利用视频直播等互联网工具，将产品、品牌等信息传播给用户，促进用户的消费行为。以下是一些常见的电商直播营销方式：

（1）产品展示：商家可以通过视频直播展示产品的特点、功能、使用方法等，让消费者更加了解产品，增强购买欲望。

（2）互动体验：商家可以通过直播平台与用户进行互动，回答用户的问题，提供更好的服务，增强用户的信任感和忠诚度。

（3）限时促销：商家可以在直播过程中设立一定的时间限制，针对某些产品或服务进行限时促销，吸引消费者抢购。

（4）礼品赠送：商家可以在直播过程中进行礼品赠送活动，增加消费者的参与感和体验感，同时提高销售额。

（5）合作推广：商家可以通过邀请网红、博主、名人等合作推广产品，扩大品牌影响力和知名度。

这些营销方式可以有效地提高用户参与度和消费转化率，同时也可以帮助商家提高品牌知名度和销售额。需要注意的是，在实施电商直播营销时，商家应该考虑消费者的需求和购买习惯，同时要保证直播内容的真实性和可信度，以建立良好的品牌形象和信任感。

以上是常见的 12 种促销策略，合适的促销策略可以有效提高产品的销量，增加顾客满意度，同时也能够提高品牌知名度和忠诚度。以下是一些商家可以采用的促销策略：

（1）根据产品定位选择促销策略：不同的产品有不同的定位，商家可以根据产品的特点和目标消费群体来选择适合的促销策略。例如，对于高端产品，可以采用会员卡促销或者折扣优惠等方式，而对于低端产品，可以采用满减或赠品等方式。

（2）根据销售周期选择促销策略：商家可以根据产品的销售周期选择不同的促销策略。例如，在产品季节性销售淡季时，可以采用限时促销或满减等方式刺激消费者购买，而在销售旺季时，则可以采用礼品赠送或返利促销等方式。

（3）根据消费者群体选择促销策略：商家可以根据消费者的购买习惯和偏好来选择促销策略。例如，针对年轻消费者，可以采用电商直播营销等方式，而针对老年消费者，则可以采用传统广告宣传等方式。

（4）根据竞争对手选择促销策略：商家可以通过分析竞争对手的促销策略来选择自己的促销策略。例如，如果竞争对手采用了折扣优惠的促销策略，商家可以采用赠品或满减等方式来增加自己的竞争优势。

总之，商家在选择促销策略时应该综合考虑产品特点、消费者需求和市场环境等因素，同时也需要不断尝试和改进，以达到最佳的促销效果。

6.2　跨境电商用户行为分析方法

6.2.1　常见的跨境用户数据分析方法

跨境用户数据分析是指用适当的统计分析方法对收集来的大量跨境交易或评论数据进行分析，提取有用信息和形成结论而对数据加以详细研究和概括总结的过程，是为了寻求问题的答案而实施的有计划、有步骤的行为。常规的分析方法有以下几种。

1）描述统计

描述统计是指通过图表或数学方法，对数据资料进行整理、分析，并描述数据的集中趋势、离散趋势、偏度、峰度。①缺失值填充，常用方法有剔除法、均值法、最小邻居法、比率回归法、决策树法。②正态性检验。很多统计方法都要求数值服从或近似服从正态分布，所以之前需要进行正态性检验。常用方法有非参数检验的K-量检验、P-P图、Q-Q图、W检验、动差法。

2）假设检验

参数检验是在已知总体分布的条件下（一般要求总体服从正态分布）对一些主要的参数（如均值、百分数、方差、相关系数等）进行的检验。包括：①U检验使用条件，当样本含量n较大时，样本值符合正态分布。②T检验使用条件，当样本含量n较小时，样本值符合正态分布。具体检验过程包括以下三个方面：第一，单样本T检验，推断该样本来自的总体均数与已知的某一总体均数μ_0（常为理论值或标准值）有无差别；第二，配对样本T检验，当总体均数未知时，且两个样本可以配对，同对中的两者在可能会影响处理效果的各种条件方面极为相似；第三，两独立样本T检验，做配对比较时无法找到在各方面极为相似的两个样本。

非参数检验不考虑总体分布是否已知，常常也不是针对总体参数，而是针对总体的某些一般性假设（如总体分布的位置是否相同，总体分布是否正态）进行检验。其适用情况主要是顺序类型的数据资料，这类数据的分布形态一般是未知的：①虽然是连续数据，但总体分布形态未知或者非正态；②总体分布虽然正态，数据也是连续类型，但样本容量极小，如10以下。非参数检验主要方法包括卡方检验、秩和检验、二项检验、游程检验、K-量检验等。

3）信度与列联表分析

信度分析主要检查测量的可信度，如调查问卷的真实性，其分析包括外在信度和内在信度。外在信度是不同时间测量时量表的一致性程度，常用方法为重测信度。内在信度是每个量表是否测量到单一的概念，同时组成两表的内在体项一致性如何，常用方法为分半信度。

列联表分析用于分析离散变量或定型变量之间是否存在相关。对于二维表，可进行卡方检验；对于三维表，可做 Mentel-Hanszel 分层分析。列联表分析还包括配对计数资料的卡方检验、行列均为顺序变量的相关检验。

4）相关与方差分析

相关分析研究现象之间是否存在某种依存关系，对具体有依存关系的现象探讨相关方向及相关程度，具体如下。①单相关：两个因素之间的相关关系叫单相关，即研究时只涉及一个自变量和一个因变量；②复相关：三个或三个以上因素的相关关系叫复相关，即研究时涉及两个或两个以上的自变量和因变量；③偏相关：在某一现象与多种现象相关的场合，当假定其他变量不变时，其中两个变量之间的相关关系称为偏相关。

方差分析的使用条件：各样本须是相互独立的随机样本；各样本来自正态分布总体；各总体方差相等。具体内容如下。

（1）单因素方差分析：一项试验只有一个影响因素，或者存在多个影响因素时，只分析一个因素与响应变量的关系。

（2）多因素有交互方差分析：一项实验有多个影响因素，分析多个影响因素与响应变量的关系，同时考虑多个影响因素之间的关系。

（3）多因素无交互方差分析：分析多个影响因素与响应变量的关系，但是影响因素之间没有影响关系或忽略影响关系。

（4）协方差分析：传统的方差分析存在明显的弊端，无法控制分析中存在的某些随机因素，使之影响了分析结果的准确度。协方差分析主要是在排除了协变量的影响后再对修正后的主效应进行方差分析，是将线性回归与方差分析结合起来的一种分析方法。

5）回归分析

一元线性回归分析表示只有一个自变量 X 与因变量 Y 有关，X 与 Y 都必须是连续型变量，因变量 Y 或其残差必须服从正态分布。而多元线性回归分析表示分析多个自变量与因变量 Y 的关系，X 与 Y 都必须是连续型变量，因变量 Y 或其残差必须服从正态分布。

（1）变量筛选方式。

选择最优回归方程的变量筛选法包括全横型法（CP 法）、逐步回归法、向前引入法和向后剔除法。

（2）横型诊断方法。

①残差检验。观测值与估计值的差值要服从正态分布。

②强影响点判断。寻找方式一般分为标准误差法、马哈拉诺比斯（Mahalanobis）距离法。

③共线性诊断。a. 诊断方式：容忍度、方差扩大因子法（又称膨胀系数 VIF）、特征根判定法、条件指针 CI、方差比例。b. 处理方法：增加样本容量或选取另外的回归（如主成分回归、岭回归等）。

线性回归模型要求因变量是连续的正态分布变量，且自变量和因变量呈线性关系，而

Logistic 回归模型对因变量的分布没有要求，一般用于因变量是离散时的情况。Logistic 回归模型有条件与非条件之分，条件 Logistic 回归模型和非条件 Logistic 回归模型的区别在于参数的估计是否用到了条件概率。其他回归方法主要包括非线性回归、有序回归、Probit 回归、加权回归等。

6）聚类分析

聚类分析是指样本个体或指标变量按其具有的特性进行分类，寻找合理的度量事物相似性的统计量。按照聚类分析性质分类，可以分为 Q 型聚类分析和 R 型聚类分析。Q 型聚类分析是对样本进行分类处理，又称样本聚类分析，使用距离系数（如欧式距离系数、极端距离系数、绝对距离系数等）作为统计量衡量相似度。R 型聚类分析是对指标进行分类处理，又称指标聚类分析，使用相似系数（相关系数、列联系数等）作为统计量衡量相似度。按照聚类分析方法分类，可以分为系统聚类法、逐步聚类法以及其他聚类。系统聚类法适用于小样本的样本聚类或指标聚类，一般用系统聚类法来聚类指标，又称分层聚类。逐步聚类法适用于大样本的样本聚类。其他聚类法主要包括两步聚类、K 均值聚类等。

7）判别分析

判别分析是指根据已掌握的一批分类明确的样品建立判别函数，使产生错判的事例最少，进而对给定的一个新样品，判断它来自哪个总体。与聚类分析的区别主要有三个方面：

（1）聚类分析可以对样本进行分类，也可以对指标进行分类；而判别分析只能对样本进行分类。

（2）聚类分析事先不知道事物的类别，也不知道分几类；而判别分析必须事先知道事物的类别，也知道分几类。

（3）聚类分析不需要分类的历史资料，直接对样本进行分类；而判别分析需要根据分类历史资料去建立判别函数，然后才能对样本进行分类。

判别分析方法一般主要有 Fisher 判别分析法和 Bayes 判别分析法。Fisher 判别分析法以距离为判别准则来分类，即样本与哪个类的距离最短就分到哪一类，适用于两类判别；也可以以概率为判别准则来分类，即样本属于哪一类的概率最大就分到哪一类，适用于多类判别。而 Bayes 判别分析法比 Fisher 判别分析法更加完善和先进，它不仅能解决多类判别分析，而且分析时考虑了数据的分布状态，所以一般较多使用。

8）主成分与因子分析

主成分分析将彼此相关的一组指标变量转化为彼此独立的一组新的指标变量，并用其中较少的几个新指标变量综合反映原多个指标变量中所包含的主要信息。

因子分析是一种旨在寻找隐藏在多变量数据中、无法直接观察到却影响或支配可测变量的潜在因子，并估计潜在因子对可测变量的影响程度以及潜在因子之间相关性的一种多元统计分析方法。与主成分分析比较，若相同，都能够起到清理多个原始变量内在结构关系的作用。若不同，主成分分析重在综合原始变量的信息，而因子分析重在解释原始变量间的关系，是比主成分分析更深入的一种多元统计方法。该分析方法主要用途为减少分析变量个数和通过对变量间相关关系探测，将原始变量进行分类。

9）时间序列与生存分析

时间序列分析是动态数据处理的统计方法，研究随机数据序列所遵从的统计规律，以用于解决实际问题。时间序列通常由 4 种要素组成：趋势、季节变动、循环波动和不规则波动。主要方法包括移动平均滤波与指数平滑法、ARIMA 模型、ARIMA 模型、ARIMAX 模型、向呈自回归模型、ARCH 族模型。

生存分析用来研究生存时间的分布规律以及生存时间和相关因素之间关系的一种统计分析方法，主要包含以下几个内容：

（1）描述生存过程，即研究生存时间的分布规律。

（2）比较生存过程，即研究两组或多组生存时间的分布规律，并进行比较。

（3）分析危险因素，即研究危险因素对生存过程的影响。

（4）建立数学模型，即将生存时间与相关危险因素的依存关系用一个数学式子表示出来。

生存分析主要方法包括统计描述、非参数检验、半参数模型回归分析和参数模型回归分析等。统计描述包括求生存时间的分位数、中数生存期、平均数、生存函数的估计、判断生存时间的图示法，不对所分析的数据作出任何统计推断结论；非参数检验检验分组变量各水平所对应的生存曲线是否一致，对生存时间的分布没有要求，并且检验危险因素对生存时间的影响，主要有乘积极限法（PL 法）和寿命表法（LT 法）；半参数模型回归分析是在特定的假设之下建立生存时间随多个危险因素变化的回归方程，这种方法的代表是Cox 比例风险回归分析法；参数模型回归分析是已知生存时间服从特定的参数模型时拟合相应的参数模型，更准确地分析确定变量之间的变化规律。

10）趋势与决策分析

趋势分析是最简单、最基础，也是最常见的数据监测与数据分析方法。通常在数据分析产品中建立一张数据指标的线图或者柱状图，然后持续观察，重点关注异常值。在这个过程中，要选定第一关键指标（one metric that matters，OMTM），而不要被虚荣指标（vanity metrics）所迷惑。以社交类 App 为例，如果将下载量作为第一关键指标，决策分析可能就会走偏；因为用户下载 App 并不代表使用了产品。在这种情况下，建议将日活跃用户（daily active users，DAU）作为第一关键指标，必须是启动并且执行了某个操作的用户才能算上去，这样的指标才有实际意义，运营人员要主要关注这类指标。趋势分析（trend analysis）最初由特里格（Trigg's）提出，采用 Trigg's 轨迹信号（Trigg's tracking signal）对测定方法的误差进行监控。此种轨迹信号可反映系统误差和随机误差的共同作用，但不能对此二者分别进行监控。其后，Cembrowski 等单独处理轨迹信号中的两个估计值，使之可对系统误差和随机误差分别进行监控，其一即为"准确度趋势"（均数）指示系统——Trigg's 平均数规则，其二即为反映随机误差的"精密度趋势"（标准差）指示系统——Trigg's 方差卡方规则。趋势分析与传统的休哈特控制图（hugh hart control chart）在表面上有类似之处，即用平均数来监测系统误差，而用极差或标准差来监测随机误差。然而，在趋势分析中，平均数（准确度趋势）和标准差（精密度趋势）的估计值是通过指数修匀（exponential smoothing）方法获得的。指数修匀要引入权数来完成计算，而测定序列的每一次测定中，后一次测定的权数较前一次为大，因此增加了对刚刚开始趋势的响应，起到了"预警"和"防微杜渐"的作用。

决策树分析法是一种运用概率与图论中的树对决策中的不同方案进行比较，从而获得最优方案的风险型决策方法。树是连通且无回路的有向图，入度为 0 的点称为树根，出度为 0 的点称为树叶，树叶以外的点称为内点。决策树由树根（决策节点）、其他内点（方案节点、状态节点）、树叶（终点）、树枝（方案枝、概率枝）、概率值、损益值组成。决策树分析法是常用的风险分析决策方法。该方法是一种用树形图来描述各方案在未来收益的计算、比较以及选择的方法，其决策是以期望值为标准的。人们在未来可能会遇到好几种不同的情况，每种情况均有出现的可能，人们现在无法确知，但是可以根据以前的资料来推断各种自然状态出现的概率。在这样的条件下，人们计算的各种方案在未来的经济效果只能是考虑到各种自然状态出现的概率的期望值，与未来的实际收益不会完全相等。

整个决策树由决策节点、方案分枝、状态节点、概率分枝和结果点五个要素构成。决策树法是管理人员和决策分析人员经常采用的一种行之有效的决策工具。它具有下列优点：第一，决策树列出了决策问题的全部可行方案和可能出现的各种自然状态，以及各可行方法在各种不同状态下的期望值；第二，能直观地显示整个决策问题在时间和决策顺序上不同阶段的决策过程；第三，在应用于复杂的多阶段决策时，阶段明显，层次清楚，便于决策机构集体研究，可以周密地思考各种因素，有利于作出正确的决策。当然，决策树法也不是十全十美的，它也有缺点，如使用范围有限，无法适用于一些不能用数量表示的决策；对各种方案出现概率的确定有时主观性较大，可能导致决策失误等。

11）用户分群与漏斗分析

用户分群主要有两种分法：维度和行为组合。第一种根据用户的维度进行分群，例如：从地区维度分，有北京、上海、广州、杭州等地的用户；从用户登录平台进行分群，有 PC 端、平板端和手机移动端用户。第二种根据用户行为组合进行分群，比如说每周在社区签到 3 次的用户与每周在社区签到少于 3 次的用户的区别，具体的会在后面的留存分析中介绍。

漏斗分析是一套流程式数据分析，它能够科学地反映用户行为状态以及从起点到终点各阶段用户转化率情况的重要分析模型。漏斗分析模型已经广泛应用于网站用户行为分析和 App 用户行为分析的流量监控、产品目标转化等日常数据运营与数据分析的工作中。漏斗分析最常用的是转化率和流失率两个互补型指标。用一个简单的例子来说明，假如有 100 人访问某电商网站，有 30 人点击注册，有 10 人注册成功。这个过程共有三步，第一步到第二步的转化率为 30%，流失率为 70%；第二步到第三步的转化率为 33%，流失率为 67%；整个过程的转化率为 10%，流失率为 90%。该模型就是经典的漏斗分析模型。可以根据所从事业务的需求，设置"有序漏斗""无序漏斗"。有序漏斗指严格限定漏斗多个步骤之间事件发生的顺序，无序漏斗指不限定漏斗多个步骤之间事件发生的顺序。例如某网站注册转化漏斗"查看首页—注册"当日触发"查看首页"的有 1000 人，触发"注册"的有 50 人；第一步触发"查看首页"，第二步触发注册的有 20 人。那么，注册转化"查看首页—注册"无序漏斗的转化率为 5%，有序漏斗的转化率为 2%。

漏斗分析除了能帮助运营者找到哪些环节产生了泄漏，进一步分析堵住泄漏点，排除影响主进程转化的意外环节外，还可以结合时间趋势对比、多维度对比、客户类型细分分析、表单分析等高级分析功能，帮助运营者分析转化趋势，挖掘用户细节行为。漏斗分析要注意的两个要点：第一，不但要看总体的转化率，还要关注转化过程中每一步的转化率；第二，漏斗分析也需要进行多维度拆解，拆解之后可能会发现不同维度下的转化率也有很大差异。

12）留存分析

留存分析是一种用来分析用户参与情况／活跃程度的分析模型，考察进行初始行为的用户中，有多少人会进行后续行为。这是用来衡量产品对用户价值高低的重要方法。产品用户留存分析方法是对某个或某批用户，在第一次使用产品后每天的活跃情况。用户越活跃越能说明运营方向确立没有问题，侧面反映出了用户的质量较高、产品对用户的黏性很强、生命周期较长；相反则会反映出运营方向出现了误差，用户的质量较低、产品对用户的黏性低下、产品生命周期短。衡量留存的常见指标有次日留存率、7 日留存率、30 日留存率等。

留存分析可以帮助回答以下问题：一个新客户在未来的一段时间内是否完成了企业期许用户完成的行为，如支付订单等？某个社交产品改进了新注册用户的引导流程，期待改善用户注册后的参与程度，如何验证？想判断某项产品改动是否奏效，如新增了一个邀请好友的功能，观察是否有人因新增功能而多使用产品几个月？分析留存数据可以得到非常有效的结论：第一，新周期内用户普遍在哪个时间点流失？数据中一般新用户会在第二个周期内流失三成到五成，下一个周期后剩一成也是常态，并且许多用户根本没有用到产品的核心功能就流失了。因此，在产品规划运营工作中，活动和产品设计越来越针对新进用户，有关于活跃新手的任务，加强用户对产品核心功能的体验。比如，妇幼知识付费App，会给新进用户大量的优惠和现金抵扣。第二，各渠道引入的新用户差异性较大，渠道运营策略需要调整。在渠道运营中，将引流渠道留存进行留存率高低排序，可以发现某些渠道带来的用户量较大，留存率却很低，能够进一步分析渠道质量或渠道弊端。对高流动低留存的渠道进行降投操作，以达到节约资源，优化渠道运营策略的目的。第三，通过周内维度计算用户留存率可以获得用户在产品中的生命周期。单个用户生命周期的计算，一般采用末次活跃日期减去首次访问日期，除以当前周期新增用户即可得到所有用户的平均生命周期。这个结果刚好是每日留存之和。

6.2.2　消费者偏好预测分析及方法

对电商企业来说，一个人是用户，所有用户就是市场，用户所需就是市场所需。但是市场具有滞后性，只有当用户的需求发出之后，市场才会有所反应，所以说第一时间抢占市场非常重要，它是影响企业营销收益的重要因素。传统的营销方式很难了解用户内心真正的需求，更无法预知市场的趋势，只能跟随消费者的脚步，而大数据的应用完全可以使电商企业成为市场的主导者。电商企业利用大数据不仅对单一用户进行分析，不断挖掘用户的偏好，预测用户行为，推送用户想要购买的产品，同时也在对市场发展的趋势进行预测。例如通过本月的用户搜索预测用户关注的流行衣物，对大量用户购买衣物颜色进行分析而预测下一季的流行色，对评价的分析可以找到用户关注的重点促进商品改进。

1. 用户长短偏好预测模型

当前周期的用户行为所表现的兴趣称为短期偏好。若在周期 T 内，用户购买、收藏、浏览某种特征的产品次数增加，相应的用户对此类特征的偏好程度较高，或者可能对此类特征相关的产品偏好程度较高。则当前周期内用户对某一类特征的短期偏好记为

$$p^{\text{now}}=\alpha h_{\text{ui}}+\beta p_{\text{ui}}$$

h_{ui} 表示在当前周期 T 内，用户对此类特征产品的关注频率，记为 $h_{\text{ui}}=\dfrac{tf_{\text{ui}}}{\sum\limits_{j=1}^{n} tf_{\text{ui}}}$；$\alpha$ 和 β 是系数，且 $\alpha+\beta=1$。相应的用户对此特征的长期偏好表示为

$$p^{\text{per}}=\frac{1}{n}\sum_{i=1}^{n} \mathrm{e}^{-i}\times p_i^{\text{now}}$$

其中，p_i^{now} 表示第 i 个周期形成的用户兴趣，结合用户的短期偏好和长期偏好，将用户长短偏好表示

$$p=x\times p^{\text{nax}}+y\times p^{p=r}$$

其中 x，y 是系数，且 $x+y=1$。基于此，对产品的类别和品牌进行 one-hot 编码，采用十分位数原理对同类别产品的所有价格进行区间划分之后，将用户对产品特征的长短偏好表示为以下三元组：$(p_{ij,G}, p_{ij,P}, p_{ij,R})$。

$$p_{ij,G}=x\left(\frac{n+1-1}{n}p_1^{\text{now}}\right)$$

$$p_{ij,P}=y_1\left(\frac{n+1}{2n}p_p^{\text{per}}\right)$$

$$p_{ij,R}=y_2\left(\frac{n+1}{2n}p_B^{\text{per}}\right)$$

延伸阅读 6-1

熵权法

p_{ij} 代表第 i 个周期内的产品 j，$p_{ij,G}$ 表示用户对于产品类别的短期偏好，$p_{ij,P}$ 表示用户对于产品感知价格的长期偏好，$p_{ij,R}$ 表示用户对于品牌长期偏好，n 表示时间周期数量，x、y_1、y_2 是系数，$x+y_1+y_2=1$。采用熵

权法计算用户长期偏好权重 y_1，y_2。熵权法是一种客观赋权法，基于信息熵的概念确定相应指标权重。信息熵：$E=\sum_{i=1}^{n} p_i \log p_i$，表示信源中所有可能发生情况的平均不确定性。熵值越大，表示不确定性越高。基于此，将用户长期感知价格偏好及品牌偏好表示为

$$E_{ap}=-\sum_i^n f_a(P_i) \log f_a(P_i)$$

$$E_{aB}=-\sum_i^i f_a(B_i) \log f_a(B_i)$$

其中，$f_a(P_i)$ 是用户 u 对感知价格为 P_i 的产品产生行为的概率，行为次数越多，则概率越大，因而对于每一位用户的长期偏好权重，熵值 E_{aP}、E_{aR} 越小，表示用户相应偏好越集中，需要给其更高的权重。因而

$$y_1=(1-x) \times \frac{E_{aB}}{E_{aP}+E_{\alpha B}}$$

$$y_2=(1-x) \times \frac{E_{aP}}{E_{aP}+E_{aB}}$$

2.用户长短偏好评分方法

推荐模型通过捕捉用户与项目之间的交互作用进行评分预测，然而评分除了和用户对项目的直接打分有关，还和用户自身或者项目自身相关。偏置项须考虑用户的严格程度和项目的质量，使得模型能更好地拟合用户真实偏好的参数项，可显著提高推荐性能，表示为

$$R_{ui}=r_{ui}+b_i+b_u$$

其中，r_{ui} 为用户 u 对产品 i 的打分，b_i 为产品偏置评分，b_u 为用户偏置得分，R_{ui} 为修正后用户 u 对产品 i 的偏好。基于此，将用户的长短偏好作为偏置项以表示其综合偏好，如下：

$$R_{ui}=P_{ui}+P_{ij,G}+p_{ij,P}+p_{ij,R}$$

注意力机制主要运用在深度学习的各个领域，其核心设计思想源于人类的视觉注意力机制。人类视觉总是快速扫描全局，并马上聚焦于需要重点关注的目标区域，也就是通常所说的注意力焦点，而后对这一区域投入更多注意力资源，以获取更多需要关注的细节信息，并抑制无用信息。深度学习注意力模型的选择与视觉注意力机制类似，核心目标也是从众多输入特征中选择出对当前输出结果更关键的特征。注意力机制被广泛使用在自然语言处理、图像识别及语音识别、个性化推荐等各种不同类型的深度学习任务中。在 RNN 编解码模型中，注意力机制可简要表示为以下过程：

$$\boldsymbol{X}=\{x_1,x_2,x_3,\cdots,x_n\}$$

$$h_i=f(x_i,h_{i-1})$$

$$S_j=q(\{h_1,h_2,h_3,\cdots,h_n\})$$

$$\propto_{ij}=\text{align}(h_i,S_j)$$

X 表示编码网络的输入特征向量，h_i 表示编码网络每个神经元的输出状态，S_j 表示一次前向传播编码网络的最终输出，当执行解码过程时，即启动注意力模型通过 align 函数计算 S_j 与每个神经元输出 $\{h_1, h_1, \cdots, h_n\}$ 之间的权重关系 $\propto_{ij}$，且 $\sum_{i=1}^{n} \propto_{ij} = 1$。基于此思想，通过赋予 x 不同的值，以调整预测目标评分 R_{ui} 与用户长短偏好之间的关系。

大数据以更全面、更速度、更及时的特点找到市场发展方向，发现市场的需求，从而引领市场趋势，第一时间满足市场需求。淘宝公司曾推出"淘宝时光机"项目，此项目用客户喜好的交流模式，将其在淘宝购物的行为轨迹推送给本人。其目的不仅是给客户以温馨的回忆，提升客户体验，更通过收集与该用户有类似喜好及行为的同类用户信息，利用大数据技术进行特定的偏好及行为轨迹预测，以达到精准营销的目的。腾讯公司为了实现大数据内部巨大价值，利用数据挖掘对客户进行细分，对客户进行个性化、精准化推荐，使广告投放更精准有效，同时还可以为客户推荐音乐、游戏、视频等。阿里巴巴与中央气象局进行合作，将气象数据存储在阿里云系统中，试图通过大数据分析预测出中长期的天气状况，从而用来精准的指导服装及家电企业产品的设计及生产。

6.2.3 广告效应分析及方法

广告投放费用一直是影响电商企业效益的症结，关键原因就是广告投入与之带来的收益比较低，而大数据下的营销更加精准，通过对客户数据的分析，为之提供个性化服务，同时从数据中获取潜在客户的信息，大大减少了垃圾广告的投放比例，从粗放的广告投放模式变成精准投放模式，从而减少企业的营销成本，提高效益。

1. 广告效应测定方法

（1）实验法。采用实验法必须选择与目标销售区域或对象具有类似特征的实验范围与对象。对于接受实验者来说，一切必须是全新的，不带任何假想的，甚至是一无所知地接受实验，这样才能使所获结果尽量接近真实。

（2）问卷法。可以通过邮寄、报纸公开征集回函或访员上门访问进行。当然，如果能够许诺消费者某种好处，反馈率是相当可观的。这是一个比较费时、费力的方法，但测定对象覆盖面广，问题可以比较全面地了解。如消费者的品牌认知度、品牌忠实度等，都能够有所反应。这两种方法都是从消费者角度来进行广告效果的测定。

（3）产品销售效果的分析。这是从广告主内部来测定的，这也是广告主最常拿来衡量广告运动效果的尺度。以产品销售额与广告费用之比，大致可看出广告运动最为直接最为短期的效果。这当中排除了其他影响销售额的因素。所以，销售额增减只是测定广告效果的一个参考，并不能完全准确地反映广告效果。

（4）市场占有率变化描述。广告运动前产品在市场中的位置和力量，与广告运动后产品在市场中的位置和力量对比。这已是将与竞争对手的关系考虑在内了。此法与分析销售额法极类似，只能作为一个参考因素。

（5）利润与利润率变化比较。广告是为了促进销售，但更深入一步讲，广告应该促进产品的利润实现。销售额是浮在水面上的花，利润才真正是沉在水底的果。事实上，企业能够享用的不是销售额，而是利润。利润率则是衡量付出与得到是否相当的天平。对广告实施前后的利润与利润率进行比较，在某种意义上比销售额分析、市场占有率描述都要来得尖锐。

（6）广告效果测定的方向。广告效果测定需要测定广告行为对广大受众直接产生的效果，即广告的沟通效果；需要测定广告行为对企业促销所带来的效果，即广告的促销效果；还要测定广告的销售效果。

（7）广告的沟通效果。主要是判断广告活动是否有效传播了广告信息，实现了有效沟通。具体的测评方法又分为预先测评和事后测评两种。

广告预先测评是在广告正式投放之前的测评，主要有三种：第一，直接评分。由一组目标顾客或广告专家来观看即将投放的广告，由他们填写评分问卷，对广告作出评定。第二，组合测试。由目标顾客观看广告后，让其回忆所看广告的内容，用以判断广告的突出性和易记程度。第三，实验室测试。利用各种测量仪器来测试目标顾客对广告的反应。这些反应多为生理反应，只能测量广告的吸引力，无法测出受试者对广告的信任和态度。广告事后测评是在广告正式投放以后的测评，主要有两种方法：第一，回忆测试，回忆所看到的广告；第二，识别测试，指出所接触过的广告。

2. 广告效应促销效果分析

普遍采用历史分析和实验分析两种方法来测量广告的促销效果，具体如下：第一，历史分析法。运用回归分析的方法，将历史上企业的销售与广告支出联系起来，进行相关分析，借以测量广告支出对产品销售的影响。第二，实验分析法。在不同的地区投放不同支出水平的广告，观察不同广告支出对促进产品销售的影响。例如，脑白金广告，在每个地区都有不同的效果，同样一种东西可以换一种做法，城市人拿 100 元送礼没什么问题，但农村人拿 100 元送礼，经济上就很紧张，由此可见，在不同地区作出好的广告很难。

广告的销售效果主要反映在广告费用与商品销售量（额）之间的比例关系，它的测定是以商品销售量（额）增减幅度作为衡量标准的。测定方法主要有以下 5 种。

（1）广告费用占销率法。用来测定计划期内广告费用对产品销售量（额）的影响。广告费用占销率越小，表明广告促销效果越好；反之越差。其公式为

$$广告费用占销率 = [广告费 / 销售量（额）] \times 100\%$$

（2）广告费用增销率法。用来测定计划期内广告费用增减对广告商品销售量（额）的影响。广告费用增销率越大，表明广告促销效果越好；反之越差。其公式为

$$广告费用增销率 = [销售量（额）增长率 / 广告费用增长率] \times 100\%$$

（3）单位广告费用促销法。用来测定单位广告费用促销商品的数量或金额。单位广告费用促销额（量）越大，表明广告效果越好；反之越差。其公式为

$$单位广告费用促销额（量） = 销售额（量） / 广告费用$$

（4）单位广告费用增销法。用来测定单位广告费用对商品销售的增益程度。单位广告费用增销量（额）越大，表明广告效果越好；反之则越差，其计算公式为

单位广告费用增销量（额）=［报告期销售量（额）– 基期销售量（额）］/ 广告费用

（5）弹性系数测定法。通过广告费用投入量变动率与销售量（额）变动率之比值来测定广告促销效果。其公式为

$$E=（\Delta S/S）/（\Delta A/A）$$

其中：S 指销售量（额）；ΔS 指增加广告费用后的销售增加量（额）；A 指广告费用原有支出；ΔA 指增加的广告费支出；E 指弹性系数，即广告效果。E 值越大，表明广告的促销效果越好。

淘宝著名网店韩都衣舍曾与 360 公司进行大数据合作，在合作期间，通过企业品牌分析、同类竞品对比、人群定位等数据进行大数据分析，能够达到在目标人群集中关注的时段和地域智能的曝光品牌信息，使关键信息在恰当的时间呈现在年轻消费者的搜索页面、媒体页面以及移动端页面，多屏信息的包围、时段和地域的精准组合，成功为韩都衣舍在短时间内快速提升点击率 8 倍之多，投资回报率提升 2 倍有余。

6.2.4　品牌联合分析及方法

品牌联合是企业为了提升品牌形象和强化产品质量信号，与其他品牌名称相组合而成为联合品牌的联盟方式。如今，单一的品牌和营销方式，已经无法满足消费者的多重性需求。对于消费者来说，品牌不仅是名称或者标志，而且具有一定的象征意义和价值。品牌联合迎合了消费者追求存在感的需求，直接满足着消费者们对不同文化的需求和不同特色 IP 的喜爱。而联合分析（conjoint analysis），早期称为联合衡量，是 1964 年由数理心理学家 R.Luce 和统计学家 J.Tukey 提出来的。1971 年由 P. Green 和 V.Rao 引入消费者行为研究领域，成为该研究领域内最重要的研究方法之一。1978 年 F.Carmone、P. Green 和 A.Jain 等将联合衡量改为联合分析。

1. 品牌联合分析主要步骤

联合分析通常由以下几部分组成：第一，确定产品特征与特征水平。联合分析首先要对产品或服务的特征进行识别，这些特征与特征水平必须是显著影响消费者购买的因素。一个典型的联合分析包含 6~7 个显著因素。确定了特征之后，还应该确定这些特征恰当的水平，例如 CPU 类型是电脑产品的一个特征，而市场上电脑的 CPU 类型主要有奔腾 II450、奔腾 II350、赛扬 300 等，这些是 CPU 特征的主要特征水平。特征与特征水平的个数决定了分析过程中要进行估计的参数个数。第二，产品模拟。联合分析将产品的所有特征与特征水平通盘考虑，并采用正交设计的方法将这些特征与特征水平进行组合，生成一系列虚拟产品。在实际应用中，通常每一种虚拟产品被分别描述在一卡片上。第三，数据收集。请受访者对虚拟产品进行评价，通过打分、排序等方法调查受访者对虚拟产品的喜好、购买的可能性等。第四，计算特征的效用。从收集的信息中分离出消费者对每一特征

以及特征水平的偏好值，这些偏好值也就是该特征的"效用"。第五，市场预测。利用效用值来预测消费者将如何在不同产品中进行选择，从而决定应该采取的措施。

2. 品牌联合分析应用

在市场营销中，联合分析主要有以下用途。

（1）确定消费者选择过程中不同属性的相对重要性。联合分析可以间接推导出构成产品的所有属性的相对重要性权重的估计值，这些权重表示哪些属性对消费者的选择有重要影响。根据不同属性水平偏好的相似度进行市场细分。属性的效用函数可作为调查对象聚类的依据，以便得到偏好相同的细分市场。

（2）估计具有不同属性水平的品牌市场份额。联合分析所估算的效用可作为模拟选项的输入，以便确定不同选项的份额，并由此估算不同品牌的市场份额。

（3）确定最受欢迎产品的属性构成。可以通过属性水平的调整，改变品牌特征并估计相应的效用。产生最高效用的品牌特征代表最受欢迎的品牌的构成。

联合分析是对人们购买决策的一种现实模拟。因为在实际的抉择过程中，由于价格等原因，人们要对产品的多个特征进行综合考虑，往往要在满足一些要求的前提下，牺牲部分其他特性，是一种对特征的权衡与折中（trade-off）。通过联合分析，我们可以模拟出人们的抉择行为，可以预测不同类型的人群抉择的结果。因此，通过联合分析，我们可以了解消费者对产品各特征的重视程度，并利用这些信息开发出具有竞争力的产品。联合分析已经广泛应用于消费品、工业品、金融以及其他服务等领域。在现代市场研究的各个方面，如新产品的概念筛选、开发，竞争分析，产品定价，市场细分，广告，分销，品牌等领域，都可见到联合分析的应用。

随着改革开放的不断深入，经济和社会制度不断完善，消费者的消费心理和消费习惯都发生了变化。过去人们首先注重商品的质量品质而不看重外形、服务等附加值。其次消费者不仅追求质量，在外形和方便性上也有追求，最后消费者不仅满足于产品上，为满足自身心理上和情感上的诉求，对品牌所要表现的社会价值观、企业精神等也成为人们努力追求的对象。因此，品牌对消费者行为的作用力在趋向于不断增强。品牌联合为两个品牌共同表现一个产品，通过这种形式赋予产品新的质量保障和新的意义，从而为满足人们追求新事物的需求创造了更多的可能。

6.2.5　客户满意度分析方法

自 Cardozo 首次将客户满意引入营销领域以来，不同的学者也相继提出了自己的见解：Howard 和 Sheth 认为客户满意是消费者的一种心理状态，衡量其付出与实际获得之间的差距。Hunt 认为客户满意是客户对其消费经历的感知和评价过程，Pfaff 指出客户满意代表一种反差，这种反差来源于客户对产品组合的理想和实际之间的差异。Oliver 认为客户满意是一种对产品、服务的特征或其所提供的消费过程满意状况的综合考量。Churchill和 Surprenant 提出客户满意是消费者使用产品后的心理状态，在预期结果和投入之间作出的权衡。Westhrook 认为客户满意是客户对使用或消费产品、服务过程的整体评价。Day 提出客户满意是针对某一特定的交易行为，在消费以后对这次交易所进行的整体评价。Solomonnn 客户满意代表消费者对所购买产品所持有的整体态度、看法。James H.Myers 认为客户满意是消费者对产品或服务的感受、认知，这一感受、认知与客户在购买或使用某一产品或接受服务前所抱有的期望是有紧密联系的。Woodruff 等指出，客户评价满意的标准并不是单一的，消费者常综合事前期望、产品或服务提供方的广告、承诺等因素加以判断；Philip.Kotler 将客户满意用函数表达为客户满意 =f（事前预期，可感知的效果）；Barry J.babin Mitch Griffin 提出，客户满意度是在对一系列的消费经历进行评价中产生的一种情感，这些评价由能激发起情感反应的各种过程构成。Philip.Kotler 指出满意是指某个消费者通过对一个产品的可感知的效果或结果与他期望值相比较后，所形成的愉悦或失望的感觉状态。

国际标准化组织在 2000 年版的 ISO 9000 质量管理标准体系《质量管理体系基础和术语》中指出，客户满意是人的一种感觉状况水平，客户满意与否，取决于客户接受产品或服务的感知同客户在接受之前的期望相比较后的体验。

1. 客户满意度指数模型

客户满意度指数（customer satisfaction index，CSI）模型主要探讨客户满意各影响因素、结果变量之间的作用机理，目前国外知名度比较高的主要有以下几种模型。

（1）Kano 客户满意模型。该模型认为产品及服务的质量分为当然质量、期望质量和迷人质量三类，三者在一定条件下可以相互转化；期望质量与客户满意度之间具有线性正向相关关系，而当然质量和迷人质量与客户满意度之间呈现非线性正向相关关系。

这一模型奠定了现代客户满意度指数测评的理论基础，而且模型简单易操作，不需要运用太多统计软件，就能得出客户满意度与重要度的对比图，并能在企业质量改善和经营管理改进、经营业绩非财务评价等方面加以运用。但是，事无两全——Kano 模型无法定量研究客户满意度和企业业绩之间的关系，也无法建立起客户满意度与客户抱怨、客户忠诚度等潜在变量的测评体系，也只能局限于定性研究层面。

（2）瑞典客户满意度指数模型（SCSI）。费耐尔（Fornell）界定了消费者在商品消费过程中的需求满足状态，这使客户满意由一个生活概念演变成一个消费心理学的科学概念，开辟了理论界对客户满意系统研究的新时代；在 1989 年他又结合计量经济学的方法，提出费耐尔模型，其思想内核为：客户满意度与购前期望值与购后实际感受之间存在密切联系，而且引入两个结果变量，即客户抱怨和客户忠诚。作为世界上第一个国家层次的客户满意度指数模型，其提出影响深远，为后续客户满意模型的研究搭建了一个基本框架。

（3）美国客户满意度指数模型（ACSI）。这一模型是在 1994 提出的比较 SCSI 模型，ACSI 模型仅增加了"感知质量"这一前提变量，客户预期会作用于感知质量，二者会共同影响感知价值，进而对客户满意产生影响，若客户满意度低就将产生客户抱怨以致投诉，反之，就会提高客户的忠诚程度；同时，如果重视并妥善处理好客户的投诉，化解了客户抱怨，同样可以提升客户忠诚度。

（4）欧洲客户满意度指数模型（ESCI）。这一模型是由 Abingdon 等于 1999 年研究提出的，相对于前述模型引入变量更加全面。具体而言，该模型将感知质量做了具体划分，即感知硬件质量和感知软件质量，对有形产品来说，感知硬件质量为产品质量本身，感知软件质量为服务质量；对服务产品来说，感知硬件质量为服务属性质量，感知软件质量为服务过程中客户交互作用的一些因素，包括服务人员的态度、言行举止等。另外，该模型增加了"形象"这一变量，以解释企业形象或品牌形象对客户满意度的影响，删掉"客户抱怨"变量，认为其应当作为服务的一个环节，是影响客户满意度的因素，而不是结果。

2. 客户满意度测评体系

（1）建立模型，确定测评指标体系并进行量化。构建模型是进行顾客满意度测评的第一步，模型选择因行业、顾客群而异。现有文献中顾客满意度测评模型多数是基于 ACSI 模型建立起来的。顾客满意度测评体系分为四大指标：总的测评目标"顾客满意度指数"为一级指标；顾客满意度指数模型中的六大要素——顾客期望、感知质量、感知价值、顾客满意度、顾客抱怨、顾客忠诚度，为二级指标；由二级指标具体展开而得到的指标，符合不同行业、企业、服务的特点，为三级指标；三级指标具体展开为问卷上的题项构成四级指标。顾客满意度测评本质上是对影响顾客满意的因素及结果变量量化的过程。现有文献普遍采用五级或七级里克特量表。

（2）确定被测评对象。顾客一般包括组织内部顾客（包括企业员工、上下级关系顾客、平行职能关系顾客、流程关系顾客）和组织外部顾客（包括供应商、投资者、经销者、消费者、最终使用者）。对外部顾客可按照人口特征（性别、年龄、受教育程度、职业、收入、居住地等）、消费行为特征进行分类。只有明确被测评顾客群才能进行后续的问卷设计。

（3）抽样设计。一般采用随机抽样，也可根据自身实际选择分层抽样、整群抽样或系统抽样的方法。较常见的是采用简单随机抽样。

（4）问卷设计。问卷部分是顾客满意度测评指标体系中三级指标的具体延伸，具体化为被测企业的实际问题，是呈现给被测对象的最终材料。问卷要严格按照要求设计，尤其注意问题顺序与措辞准确性、可理解性，以保证最大限度挖掘到最真实的数据。

（5）实施调查。企业可选择自行调查也可委托独立第三方来完成调查，后者调查时间短、可信度高，但也意味着较高的代理费。内部顾客满意度调查可采用问卷调查、意见箱、面谈访问等方法；外部顾客满意度调查方法可采用以下方法：①面谈法，可以比较详细地解说调查目的，可能获取问卷上忽略的但比较重要的因素点，缺点是比较费时，成本较高，而且会受调查人员的主观影响。②邮寄问卷，优点在于这种方式调查范围比较大，但是问卷的回收率比较低，耗时久。③电话调查，节约了调研者的时间，操作简单、便捷，但如果涉及问题较多，被访者可能会失去耐心，所得数据可信性低。④电子邮件调查，顾客可直接在网上作答，以邮件形式回复，效率高，发放邮件前事先提醒被访者查收、认真填写，有利于数据的尽快收集。

（6）数据汇总、统计检验。调研者将问卷回收后，要统计出回收数量，剔除无效问卷的数量，计算问卷有效回收率，并对相应题项进行分类整理，然后对所收集数据进行信度和效度检验。信度是指服务业顾客满意度测评问卷中设置的指标反映顾客评价的可靠程度。估计可靠性的方法很多，不同的方法得到的结果说明的是可靠性的不同方面，一般采用克朗巴哈系数（Cornbach's α）检验可靠性。此外，为检验问卷设计的合理性，要对每一项测评指标对顾客评价结果的影响程度进行检验，同时，也要对问卷中测评指标的分类的合理性进行检验。一般采用因子分析法对以上两个方面进行合理性检验。经过统计检验，如果不符合统计规律，说明设计的测评指标体系不符合要求，需要返回第一步重新设计。

（7）确定权重。顾客满意度测评指标体系中包含了影响顾客满意的各级指标，但是每个指标并不是均衡的作用于顾客满意，如银行业确保资金安全远比服务人员的态度重要，因此，必须确定出各级指标对顾客满意的贡献度（权重），否则，就会使得测评结果失真，无益于企业的质量管理工作。权重的确定是一个综合知识的调动，需要测评人员对企业的经营情况、服务产品、消费者心理、顾客满意测评系统等都十分熟悉，根据经验，加深对各指标重要性的理解，确定各个项目的权重。现有文献一般采用专家赋权法、历史资料法、层次分析法等方法。根据客户的信息反馈确定权重，可以减少调研者的主观因素影响，数据更具说服力。确定权重的有效方法首先有平均赋值法、主成分法、因子分析法、平均赋值法的计算结果与顾客综合满意度的相关性最高，其次是因子分析法，相关性最低的是主成分法，但是三种计算方法的标准差都不大。

（8）计算顾客满意度。顾客满意度的计算比较简单，通过加权平均就可实现，公式为

$$CSD=\sum_{i=1}^{n} W_i X_i$$

式中，$i=1, 2, \cdots, n$。CSD 为顾客满意度；W_i 为第 i 个指标的权重；X_i 为第 i 个指标的评价；套用上述公式，可计算出企业内部某个部门或企业总体的顾客满意度。

（9）数据分析、制定对策。数据分析包括定性分析和定量分析。定性分析主要是对问卷中的问题答案进行分析，首先，了解顾客对企业满意程度的高低；其次，通过顾客对各个满意度指标的评价和重要程度，识别顾客满意的关键因素，初步总结出顾客满意或不满意的原因。量化分析可通过对数据进行简单描述性统计分析，发现样本的均值、方差等基本情况，然后可利用 SPSS 统计软件、SEM 或者 LISREL 结构建模技术对顾客满意的各指标数据的进一步分析，进而找出企业经营的薄弱环节，深入探究问题根源，并有针对性的制定改进策略。另外，当今社会技术日新月异，瞬息万变，经济、行业也呈现快速变化趋势，在此大环境背景下，顾客的需求、消费心理、期望必然会随着变化，因此，评价服务产品指标、权重都会有所改变。这就要求测评人员动态追踪顾客满意指标体系的框架和内容，相应更新各指标的权重赋值，保持测评结果的有效性和可用性。

6.3　基于大数据的跨境电商用户画像案例

如今越来越多的学者研究客户/用户参与的产品创新，麻省理工学院的冯·希普尔（Eric von Hippel）教授于 1986 年提出的用户创新（user innovation）理论被认为是该领域的经典理论。该理论认为，除了生产者的创新，用户参与的创新往往也可以扮演非常重要的角色，甚至许多产品是由用户来开发的，或者至少是用户改进的。比如在许多网上论坛，很多用户会对一些产品提出自己的意见和看法，来帮助企业完善和创新产品；又比如，网站专门为用户提供了设计工具包，用户可以自行设计想要的产品，例如专门的衣服、鞋子、包包网站，许多用户利用设计工具包参与产品的创新设计，有些用户甚至将自己的设计卖给其他用户。用户创新之所以可行，是因为用户是真正的产品体验者，可以真实而又具体地了解到产品在使用过程中的各种优缺点，从而提出自己的意见或建议。电子商务平台的在线客户评论系统也可以起到用户创新的作用，客户的评论中包含各种对于产品特征的观点，企业可以挖掘出有利于产品创新的客户观点，从而利用这些来自客户的创新主意对产品进行改进，一来能够节省企业的设计成本，二来能够更加贴近客户的需求，提升满意度。

面向不同文化的客户做产品创新是一个复杂的活动，需要考虑客户的文化差异性，对于产品有不同的偏好，会在在线客户评论中表达不同的观点，还需要考虑技术的实现难度以及企业的有限资源，为了解决以上研究问题，本案例一方面分析和梳理在线客户评论中基于文化差异的产品创新机理。包括其中的动力机制和理论框架。另一方面研究和提出一种考虑在线客户评论中基于文化差异的产品创新方法。该方法包括文本挖掘的技术方法，即面向不同文化客户的在线评论提取出产品和客户的关键信息，构建出整合关键的客户和产品信息的知识体系，将大量无序的在线客户评论知识有序化，为产品创新提供知识基础，建立一个知识驱动的产品创新模型，实现考虑文化差异的产品创新。

6.3.1　不同国家同类产品的消费者行为分析方法

基于大数据，研究不同文化消费者消费行为的方法步骤主要包括在线客户评论中客户观点和产品特征的提取、考虑在线客户评论中文化差异的知识体系构建以及产品创新模型的构建，如图 6-8 所示。

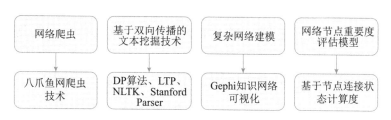

图 6-8　不同文化的消费者消费行为研究方法步骤

1. 在线客户评论中客户观点与产品特征提取

在线客户评论中包含着非常多的信息，比如客户对于产品特征的描述，对于价格、质量的评价，对于商家的服务态度和物流的评价，等等，而在线客户评论中挖掘的关键信息需要有产品特征和对应的客户观点，也就是特征观点对。特征观点对在许多文本挖掘的文献中也扮演了重要的角色。在一段长长的评论中，可能包含的特征词和观点词就只有几个，但其中却包含了非常重要的信息，如客户关注的产品特征是什么，以及客户对于这个特征的情感是怎样的，都可以通过特征观点对发现。

通过图 6-9 所示的步骤从评论内容中提取产品特征和对应的观点词。

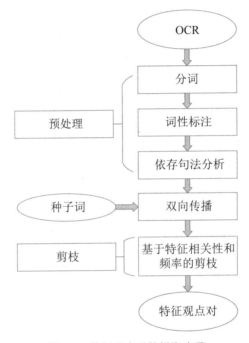

图 6-9　特征观点对的提取步骤

首先，从在线客户评论中删除了无用的字符，包括一些特殊符号，如"*"和"#"等。

其次，使用语言技术平台（Language Technology Platform，http://ltp.ai）工具、自然语言工具包（NLTK，http://www.nltk.org/）和斯坦福自然语言处理（NLP，http://nlp.stanford.edu）对在线客户评论进行分词和词性标注。

最后，进行依存句法分析，即通过使用斯坦福分析器分析英语和汉语语料来发现句子中词与词之间的句法关系。解析句法关系后，特征词和观点词之间的关系就会被自动识别出来。鉴于特征词是名词或名词短语，而客户的意见反映在写作中通常使用的是形容词，所以需要关注评论语料中的名词、名词短语和形容词［包括 JJ（形容词）、JJR（比较形容词）和JJS（最高级形容词）］。如果一个形容词修饰了产品特征，那么这个形容词更可能是一个观点词。图 6-10 和图 6-11 分别显示了英文句子和中文句子中直接依存的简单示例。

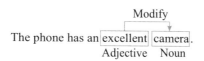

图 6-10　直接依存关系示例（英文）

图 6-11　直接依存关系示例（中文）

完成以上文本处理和分析之后，应用双向传播（double propagation）算法来提取"特征观点对"，双向传播法是一种可以通过特征词和观点词之间的依存关系而进行双向传播从而迭代地提取特征词和观点词的方法。双向传播法需要一组观点种子词用于引导传播。本书选择了一个英语意见词典和一个名为 HowNet 的中文意见词典（http://www.keenage.com/html/e_index.html）作为种子观点词典。传播过程中有以下四个任务。

（1）通过给定的观点词提取特征词。

（2）通过提取出的特征词提取特征词。

（3）通过提取出的特征词提取观点词。

（4）通过给定的和提取的观点词提取更多观点词。

这里采用了 Qiu 等（2009）提出的规则来完成上述四项任务。举个例子，在句子"手机有一个优秀的摄像头"中，"优秀"是观点词，因为它已经存在于种子观点词典中，然后通过依存关系提取出产品的特征词"摄像头"（即形容词修饰名词）。接下来，在另一句在线客户评论"摄像头好酷啊！"中，通过刚刚提取出的产品特征词"摄像头"与形容词的依存关系来提取出"好酷"。之后，可以用"好酷"来提取其他相关特征。新提取的观点词和特征词将通过这些规则迭代地提取更多的观点词和特征词，这个过程会一直持续到没有新的观点词和特征词可以添加为止。要注意的是，有时在观点词之前存在否定词（不、没有），这会将情感改变为完全相反的方向。因此，本案例还检查了否定词是否出现在观点词之前，以便进行更准确的分析。

因为并非所有提取出的名词或名词短语都是实际的产品特征，必须要对候选数据集进行剪枝，所以需要对特征词进行排序，以自动剔除不相关或不太相关的字词。基本思想是按特征重要性对提取出的候选特征进行排序，而影响特征重要性的两个主要因素是特征相关性和特征频率。首先，应用 HITS 算法来计算特征的相关性，删除了低相关的特征。其次，计算所有候选特征的出现频率，去除掉非常低频的特征。最后，手动删除一些非产品特征的特征候选词，因为自动生成的结果并不总是能做到 100% 准确。

2. 考虑文化差异的产品创新知识体系构建

将在线客户评论中的关键信息提取出来之后，这些信息仍然是大量且无序的，因此需要把它们进行整合与处理，构建出一个考虑文化差异的产品创新知识体系。所以还需要采用知识网络和知识超网络的方法来构建知识体系。

在知识经济时代，经过前人不断的探索与研究之后，知识网络的概念逐渐形成，贝克曼（Bechmann）在1995年就提出过知识网络的概念，他提出知识网络是从事科学知识的生产和传播的机构和活动。也有人认为在知识经济中，社会和经济活动已经成为一个网络，依靠这个网络，企业、政府和消费者以及其他的市场单元之间存在着非常广的知识传递、创新和利益分配活动，这种网络形态也可以看作是知识网络。知识网络属于复杂网络的其中一种应用，因此，先对复杂网络的一些基本概念和特点进行介绍。

网络是一个包含了大量个体以及个体之间互相作用的系统，是把某种关系或者某种现象抽象为个体（节点）以及个体之间互相作用（边）而形成的用来描述这一关系的图。复杂网络则可以看作由一些具有独立特征的又和其他个体互相连接的节点的集合，每个个体都可以被看作图里的一个节点，节点之间的相互作用视为边。钱学森曾经为复杂网络下了一个定义：具有自组织、自相似、吸引子、小世界、无标度中部分或全部性质的网络称为复杂网络。复杂网络可以用来描述人与人之间的社会关系，词和词之间的语义联系，物种之间的食物链关系，计算机之间的网络链接关系，神经元之间的通信反馈作用关系，等等。复杂网络的一个非常明显的特点就是它的复杂性，主要表现在如下几个方面。

（1）网络节点的数目规模可以非常大，达到成百上千万个的量级。

（2）网络节点多的同时还伴随着网络间的连接多，其中的连接并不是完全规律的，也不是完全随机的，而是有网络内在的自组织规律，内部可以表现出多样的连接特征，甚至随着时间变化，节点之间的连接可能产生，也可能消失，连接的权重也可能是有变化的，或者是具有一定的方向性。

（3）复杂网络还有时间与空间两个维度的演化复杂性，拥有非常多的复杂行为，尤其是网络节点之间的多种形式的同步化运动。

（4）复杂网络中的节点具有动力学的复杂性，可能是线性系统，也可能是混沌和分岔等非线性动力学行为。另外，节点也可能是多种类型的，复杂网络可能出现不同种类的节点，比如万维网中的节点可以表示不同类型的网页。

（5）网络连接的稀疏性。具有 X 个节点的全局耦合结构的网络连接数目为 $O(X^2)$，但是实际上很多大型网络的连接数一般为 $O(X)$。

此外，复杂网络还具有其他几个特性。

（1）小世界特性。虽然很多网络的节点数量规模庞大，但是两个节点之间的距离是一条短的路径。一个节点也许连接的其他节点量不多，但是该节点可以通过其他节点不断连接到剩下的节点。就好比生活中，一个人认识的人数量有限，但是认识的人又有其他认识的人，这样组成的人际关系网络就可以很复杂，因此，世界很小，也就是所谓的小世界特性。

（2）无标度特性。幂指数函数的规律被发现存在于某些复杂网络节点的度分布中，因为幂指数函数在双对数坐标中是一条直线，这个分布和系统特征的长度是没有关系的，所以这个特点也叫作无标度性质。该性质说明了网络中度分布的不均匀性，也就是说其实只有少量的节点跟很多的其他节点有连接关系，处于相对中心的位置，而其他的节点的度是很小的，只和少量的节点有联系。

（3）超家族特性。有学者把很多已有网络的局部结构和拓扑特性进行了比较，发现在一定条件下，有部分不同类型的网络特性是相似的。虽然网络是不一致的，但是只要网络的基本单元一样，那么它们的拓扑性质的重大轮廓外形就很有可能是相似的，这种现象被称为超家族特性。

知识网络是基于复杂网络产生的，按照节点形态来划分，知识网络主要有四种类型。

（1）知识主体之间的网络，比如人和企业等知识主体，较多研究集中在科研团体或组织以及企业之间的知识合作网络，本质为知识在不同的主体之间流动或传播的网络。

（2）知识和知识之间的网络，这种网络的节点多为知识点、概念、学科领域等，网络内的边为知识之间的分类关系，或者是词汇、概念等之间的语义联系。

（3）以知识存储媒介为节点的知识网络。比如引文网络和万维网，前者是用学术论文为节点，用论文之间的引用关系为边，后者则是用网页当节点，其中的超级链接关系为边。

（4）多种类型的节点或关系构建而成的知识网络，研究多集中在知识和人之间的网络，这种网络定义了知识主体，网络随着主体的学习、交互而动态变化。

在线客户评论是大量且无序的，基于复杂网络的知识网络可以将复杂无序的拥有多个节点的系统进行科学的描述，从而将无序变得有章可循，因此，采用知识网络的构建来解决问题。此外，由于网络中的角度重要度是可以准确评估的，这也就为挖掘产品知识网络重要的产品特征提供了方法，从而直接作用于产品创新的决策当中，改进重要的产品特征，避免企业资源的浪费，实现精准的产品定位。

3. 产品知识节点的重要度评估

在复杂网络的研究当中，人们比较关心一个节点和哪个节点有连接，而节点是处于哪个位置、网络中的边的形状是什么样子并不是主要研究点。网络拓扑结构就是这样不以节点位置和网络边形状为依赖的具体形态。从本质上来说，复杂网络是非同质拓扑结构，这也就意味着复杂网络里面的每个节点的重要程度并不一样。比如，在供应链网络当中，不同供应商节点的重要度是不一样的，对于重要节点的挖掘有助于供应链的管理，完善企业的运作。

挖掘产品知识网络中的重要产品特征节点具有重要意义，对于企业来说，越重要的产品特征自然应该被赋予更多的资源进行改进和创新，确定好重要的产品特征可以促进公司进行产品的创新开发决策。挖掘网络中重要节点的方法有很多，根源都是图论和基于图的数据挖掘，也就是图论中的关键节点和关键边问题。对于节点的重要度，可以有多种指标来描述，例如，采用度指标来描述节点重要度，用介数、接近度、流介数等作为衡量指标描述，还有用特征向量和累计提名为指标的。通过衡量删掉节点造成对网络连通性的破坏程度来显示复杂网络中节点的重要度是一种系统和科学的分析方法，也就是影响程度等价于重要性。重要节点指标可以分为如下类别。

（1）不影响网络结构的指标，主要包含中心性和声望两种。

（2）基于节点删除方法的指标，一般包括最大连通分支尺寸、平均距离和网络生成树数目。

由此可见，网络中节点重要度的评估方法有多种，基于节点之间的直接连接状态是常见的方法，主要是分析网络的拓扑结构来知晓节点的作用。在一个无向网络当中，某个节点的重要度可以用和其他节点的连接数来表示，也就是连接数量越大的节点，它的重要度就越大。度是网络拓扑结构的一个指标，表示节点在网络中可以产生的影响力，和节点相连的其他节点数量即为该指标的值，把此指标作为衡量节点重要性是最直观的一种方法，这个指标可以体现节点之间建立联系的能力。

计算产品知识网络中的节点重要度之后，实际上也就为产品创新决策提供了一定的支持，因为企业需要确定客户关注的产品特征，然后才能分配合理的资源进行产品创新。面对不同国家不同文化的客户，同一个产品的同一个产品特征的重要度很有可能是不一样的，因此，这也就为企业在试图满足不同文化客户群体的需求时提供了合理的支持。

4. 知识驱动的产品创新模型构建

前文构建了在线客户评论的知识网络和超网络，利用重要节点评估模型计算得出重要的产品特征节点，至此，考虑文化差异的产品创新前期工作已完成。然后将不同文化的客户所关注的重要产品特征分开分析，得出符合 A 文化、B 文化等不同文化的产品特征，对应的客户观点均有正面观点和负面观点，具有较多正面观点的产品特征应继续保持，持续企业当前的资源投入状态，而对于有较多负面观点的产品特征来说，企业则需要增大投入力度，重新配置该产品特征上的资源，因为这是客户认为重要的但是又不太满意的地方。具体地，企业可以根据这些产品特征对应的客户观点进行改进和创新，相当于客户在体验产品之后给企业反馈对于产品特征的精准意见，明确了产品开发的一个方向。

完成产品的改进与创新后，企业进行定制化生产，并针对不同文化的客户群体进行分开销售，以迎合差异化需求；客户购买与体验了产品后，在在线客户评论平台上留下意见，企业则同步更新知识网络，从而形成一个产品创新的循环，知识驱动的产品创新模型如图 6-12 所示。

相比传统的产品创新模型，本案例提出的考虑在线客户评论中文化差异的产品创新模型一方面更大程度地利用了客户的知识，提高了客户在产品创新中的参与程度，接近客户的真实需求；另一方面考虑了不同客户之间的文化差异，并结合这些差异来做符合市场需求的产品，可以进一步提升客户满意度，也有利于扩大全球市场。

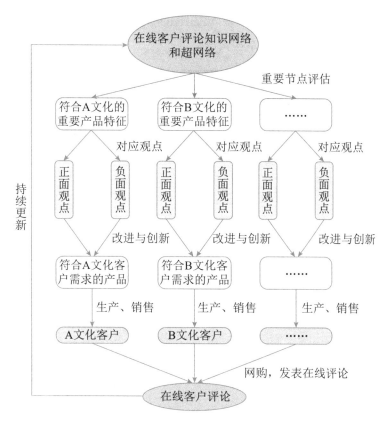

图 6-12　在线客户评论知识驱动的产品创新模型

6.3.2　中美跨境电商用户行为分析案例——亚马逊

以亚马逊中国和亚马逊美国网站为例，探讨中美客户的文化差异，选择比较中国客户的在线客户评论与美国客户的在线客户评论。为了避免因在线零售商的不同而产生混乱，本案例从亚马逊的中国和美国网站（即 Amazon.com 和 Amazon.cn）中选择了相同产品的在线客户评论，如图 6-13 和图 6-14 所示，除了语言不同，这两个在线客户评论平台基本是一致的。

1. 数据收集

首先，选择在 Amazon.com 和 Amazon.cn 上销售的几个产品，涵盖了多个品类，包括电子产品、日用品、食品、服饰鞋类。根据尼尔森（Nelson）的研究，产品可分为"搜索产品"和"体验产品"。搜索产品，例如衣服和家具，是客户在购买前就能够收集有关产品质量的信息的产品；体验产品则是需要抽样或真实使用才能评估产品质量的产品，体验产品可以进一步分为耐用品（如书籍、手表和通信设备）和非耐用品（如啤酒、肥皂和香水）。虽然互联网使所有产品属性都变得易于搜索了，减少了搜索和体验产品之间的差异，但这两种类型之间仍存在差异，因为有一些体验产品仍然需要用户实际体验它们以评估其质量。通过考虑这两种类型，这里选择了八种产品的在线客户评论，包括佳能（Canon）EOS 6D 数码相机、苹果 7、罗技（Logitech）M185 鼠标、伊丽莎白·雅顿（Elizabeth Arden）绿茶香水、佳明（Garmin）Vivoactive HR 智能手表、Kindle Paperwhite 电子阅读器、

Puma Suede Classic 彪马运动鞋和费列罗（Ferrero）巧克力。其中数码相机、香水、运动鞋和巧克力是体验产品，其余的则是搜索产品。

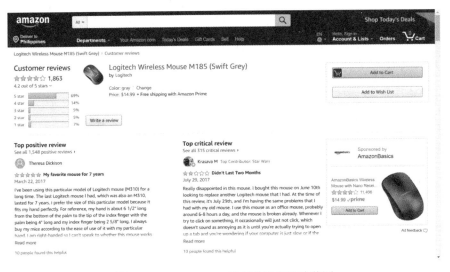

图 6-13　Amazon.com 的在线客户评论截图

资料来源：https://www.amazon.cn/

图 6-14　Amazon.cn 的在线客户评论截图

资料来源：https://www.amazon.cn/

使用网络爬虫软件是八爪鱼数据采集器（www.bazhuayu.com），该软件是整合了网页数据采集、移动互联网数据及 API 接口服务（包括数据爬虫、数据优化、数据挖掘、数据存储、数据备份）等服务为一体的数据服务平台，自 2016 年起，八爪鱼积极开拓海外市场，分别在美国、日本推出了数据爬虫平台 Octopus 和 Octopus.JP。截至 2018 年，八爪鱼全球用户突破 110 万人。八爪鱼具有操作简单、数据抓取速度快、采集量大的特点，在学术界也有学者使用这一工具做科研数据的采集与分析，比如高校图书馆利用八爪鱼网络爬虫技术高效采集元数据。因此，使用这一软件进行在线客户评论的抓取，只需要设计一套采集规则，选定好采集的网站区域，然后循环采集，便可以完成采集任务。爬虫软件的操作界面如图 6-15 所示。

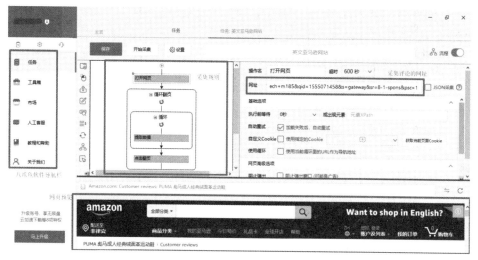

图 6-15　爬虫软件的操作界面截图

表 6-1 列出了最初爬取的八种产品的在线客户评论的统计数据。

表 6-1　从两个亚马逊网站上采集的在线客户评论数量　　　　　　　单位：条

	佳能数码相机	苹果 7	罗技 M185 鼠标	伊丽莎白香水	佳明智能手表	Kindle	彪马运动鞋	费列罗巧克力	总　计
Amazon.com	770	598	1800	360	2007	9779	1638	431	17383
Amazon.cn	215	426	500	360	117	1990	536	368	4512

因为两个亚马逊平台上相同产品的在线客户评论数量在八种选定的产品中有七种是显著不同的（假设有来自在线客户评论平台 A 的 m 条评论和从平台 B 爬取的同一产品的 n 条评论，且 $m>n$），为了避免在线客户评论数量的不同对分析结果的潜在影响，从初始的 m 条评论中随机选择了 n 条评论，从而使得来自不同亚马逊平台的相同产品的评论数量是一致的。因此分析数据集由 4754 条在线客户评论组成，如表 6-2 所示。然后，从每条评论中都提取出评论者的 ID、评论发布时间、评论标题、产品评分和评论的文本内容。

表 6-2　在线客户评论的统计数据　　　　　　　单位：条

		相　机	苹　果	鼠　标	香　水	智能手表	Kindle	彪马鞋	费列罗巧克力
OCR 发布时间		2012.12—2016.12	2016.9—2017.12	2014.5—2017.9	2013.1—2018.1	2016.2—2017.12	2017.3—2017.9	2017.1—2019.1	2015.1—2019.1
Amazon.com	采集的 OCR 数	215	426	482	280	110	400	310	154
	正面评价的 OCR 数（4 星和 5 星）	203	300	399	245	64	346	254	139

续表

		相 机	苹果	鼠 标	香 水	智能手表	Kindle	彪马鞋	费列罗巧克力
Amazon.com	负面评价的OCR数（1星和2星）	6	111	57	21	33	29	29	11
	中性评价的OCR数（3星）	6	15	26	14	13	25	27	4
Amazon.cn	采集的OCR数	215	426	482	280	110	400	310	154
	正面评价的OCR数（4星和5星）	201	318	390	215	92	321	307	126
	负面评价的OCR数（1星和2星）	7	73	56	28	11	50	1	18
	中性评价的OCR数（3星）	7	35	36	37	7	29	2	10

2. 数据分析

每个产品都有许多特征，每个产品特征都可能在在线客户评论中有多个相关的观点词。接下来通过前文提出的基于双向传播算法的中英双语文本挖掘方法，来提取在线客户评论中的特征观点对。使用 Python 语言来对采集的在线客户评论文本进行挖掘处理，可以导入已有的许多文本挖掘的工具，如 NLTK、StanfordCoreNLP 和 pyltp 等，完成语料的预处理，然后使用双向传播算法将特征观点对提取出来，如图 6-16 所示。

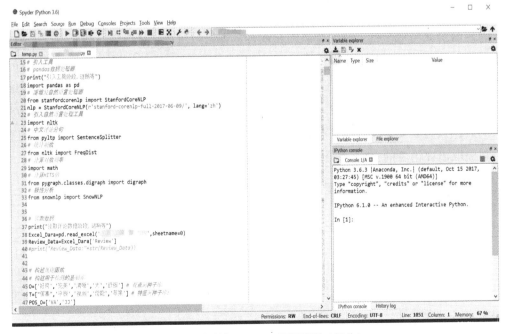

图 6-16　文本挖掘 Python 代码界面（部分）

在中美亚马逊网站上抓取的在线客户评论数据由 Excel 文件格式导出，如图 6-17 和图 6-18 所示。

ID	Date	Rating	Model	Title	Review	Response	Helpfulness
shinecoat	于2017年9月3日	4.0颗星，最多5颗星	颜色：蓝色	一只轻盈的鼠标	鼠标不是很重，使用起来很灵活且指示准确。一开始用的是老式	回应	这条评论对您有用吗？
张健	于2017年9月1日	4.0颗星，最多5颗星	颜色：红色	尚可	给女友买到，试了一下，还比较轻畅。	回应	这条评论对您有用吗？
Sasural	于2017年9月11日	5.0颗星，最多5颗星	颜色：红色	Worth it!	Great mouse, good grip and decent all round. Came with a battery	回应	这条评论对您有用吗？
Frank	于2017年8月7日	4.0颗星，最多5颗星	颜色：灰色	挺好的，就是小了点。	挺好的，就是小了点。适合妹子	回应	这条评论对您有用吗？
nkutiu	于2017年8月27日	5.0颗星，最多5颗星	颜色：红色	很好用	质量很好，用了一段时间了。	回应	这条评论对您有用吗？
zzz	于2017年8月25日	2.0颗星，最多5颗星	颜色：B175 黑	鼠标卡顿，有延迟	鼠标卡顿，有延迟，没法用，而且太漂了，无法准确点击。第一一	回应	这条评论对您有用吗？
☺奕嘟	于2017年8月13日	2.0颗星，最多5颗星	颜色：红色	用了两个月有一个坏掉	用着还可以 有个坏掉？怎么联系卖家？	回应	这条评论对您有用吗？
lector	于2017年8月5日	5.0颗星，最多5颗星	颜色：蓝色	必须说明下灯不亮哦	这款鼠标底部的触摸器不会发出红光，就因为不会发光，老人家	回应	这条评论对您有用吗？
Kimura	于2017年7月24日	5.0颗星，最多5颗星	颜色：红色	终于买到了满意的鼠标	性价比很高，触感按键也很清脆，很满意	回应	这条评论对您有用吗？
应后书	于2017年7月14日	4.0颗星，最多5颗星	颜色：红色	价廉物美的鼠标	小巧玲珑，经济实惠，更换鼠标的首选，省去有线拖线的烦恼	回应	这条评论对您有用吗？
亚马逊买家	于2017年7月1日	1.0颗星，最多5颗星	颜色：灰色	这是假货	请问商家怎么证明这货是真的 我一拆开拿到手，很明显这是偶	回应	这条评论对您有用吗？
亚马逊买家	于2017年6月27日	2.0颗星，最多5颗星	颜色：B175 黑	物美价廉	发货很快头天拍第二天就送到了 质量还行对得起这个价格	回应	这条评论对您有用吗？
狗不理	于2017年6月23日	5.0颗星，最多5颗星	颜色：红色	物美价廉	用了两三个月了，挺不错的，物美价廉	回应	这条评论对您有用吗？
李伟	于2017年6月22日	5.0颗星，最多5颗星	颜色：红色	so nice	虽然价格比 某二手东 和 某购宝高点，货真的不错，没问题 配送	回应	这条评论对您有用吗？
Lucky	于2017年6月16日	2.0颗星，最多5颗星	颜色：蓝色	设计太差！	设计太差！！电池盖子不好装，掉地上烂掉了，怎么补盖子	回应	这条评论对您有用吗？
龙骑士	于2017年6月11日	4.0颗星，最多5颗星	颜色：红色	还可以	给对象买的，挺好用的，就是有点小小了。女生用还可以，然后	1个人发现此评论有用。	这条评
自律自强的筑梦者	于2017年5月24日	5.0颗星，最多5颗星	颜色：灰色	手感不错，简单就好	优点：1、定位准确，移动灵敏，按键很舒服，没有廉价塑料片的杂音	1个人发现此评论有用。	这条评
高翔	于2017年5月24日	5.0颗星，最多5颗星	颜色：灰色	实用，性价比较高	对二手东不太感冒，这是第一次在亚马逊购买商品，快递很快，在	回应	这条评论对您有用吗？
叮叮	于2017年5月17日	5.0颗星，最多5颗星	颜色：红色	实用，性价比较高	用着挺好的。发货速度很快。	回应	这条评论对您有用吗？
亚马逊买家	于2017年5月16日	5.0颗星，最多5颗星	颜色：红色	好用。	比较娇小，适合出差时候放包里。	回应	这条评论对您有用吗？
urtools_zhu	于2017年5月16日	5.0颗星，最多5颗星	颜色：蓝色	都挺好的	没感觉什么不好的，就是小了点？	回应	这条评论对您有用吗？
米米小雨	于2017年5月13日	5.0颗星，最多5颗星	颜色：蓝色	快	除了不怎么好看，都很好。	回应	这条评论对您有用吗？
bieber	于2017年5月12日	5.0颗星，最多5颗星	颜色：红色	外观设计漂亮，家人说非常好用	外观设计漂亮，家人说非常好用，家人很满意	回应	这条评论对您有用吗？

图 6-17 中国亚马逊网站在线客户评论抓取示例

ID	Date	Rating	title	model	Review	Comment	Helpfulness
Brian O	on September 9, 2016	4.0 out of 5 stars	This is a very nice entry	Color: Gray	This is a very nice entry-level wireless mouse. The design is	Comment	One person found this helpful. Was this
Nathan Lugo	on September 9, 2016	5.0 out of 5 stars	Excellent Mouse for Lapt	Color: Gray	This mouse is compact and connects very easily to my mac	Comment	One person found this helpful. Was this
Todd Forsyth	on September 9, 2014	3.0 out of 5 stars	The definition of "okay"	Color: Gray	This mouse is as though this has some mouse acceleration. I	Comment	Was this review helpful to you?
Samantha Mitchell	on September 9, 2016	5.0 out of 5 stars	I love it	Color: Gray	Works great!	Comment	Was this review helpful to you?
afss	on September 8, 2017	4.0 out of 5 stars	have been happy with it	Color: Gray	The first unit I bought had a kind of 'squeaky' sound when	Comment	Was this review helpful to you?
Zhouminggyan	on September 9, 2015	5.0 out of 5 stars	Fortunately, a friend rec	Color: Gray	I am always unconcentrated to do a thing, but I have a ver	Comment	Was this review helpful to you?
Amazon Customer	on September 8, 2015	5.0 out of 5 stars	Five Stars	Color: Gray	Works great and installed easily	Comment	Was this review helpful to you?
Eagle	on September 6, 2016	1.0 out of 5 stars	Poor tracking/accuracy	Color: Gray	Poor tracking. If I try to make a straight line with the mous	Comment	Was this review helpful to you?
Cheryl M.	on September 6, 2016	5.0 out of 5 stars	Five Stars	Color: Gray	Arrived on time and are fantastic wireless mice to use.	Comment	Was this review helpful to you?
Britterny	on September 5, 2017	1.0 out of 5 stars	Missing piece	Color: Gray	Can't use because the package was missing the sub port. C	Comment	Was this review helpful to you?
Amazon Customer	on September 5, 2016	5.0 out of 5 stars	It works great.	Color: Gray	As expected. It works great.	Comment	Was this review helpful to you?
JeffersonOh	on September 4, 2015	1.0 out of 5 stars	One Star	Color: Gray	Didn't have the receiver in the box.	Comment	One person found this helpful. Was this
Chris	on September 30, 2016	5.0 out of 5 stars	Good to go	Color: Gray	Arrived on time, and exactly what I needed.	Comment	Was this review helpful to you?
Chasm	on September 3, 2017	1.0 out of 5 stars	Didn't work	Color: Gray	Didn't work right out of the box.	Comment	Was this review helpful to you?
Brian A. Zolotor	on September 3, 2017	5.0 out of 5 stars	Excellent product - excell	Color: Gray	Excellent product - excellent value	Comment	Was this review helpful to you?
Hayden Thomas Hahn	on September 29, 2016	1.0 out of 5 stars	Broken	Color: Gray	I got this mouse a couple of months ago and like a month	Comment	Was this review helpful to you?
Eugene	on September 29, 2016	3.0 out of 5 stars	Three Stars	Color: Gray	perfect	Comment	Was this review helpful to you?
gamer	on September 28, 2015	1.0 out of 5 stars	Beware	Color: Gray	Mouse worked for a bit and now even with batteries does	Comment	Was this review helpful to you?
Michael Maguire	on September 27, 2016	5.0 out of 5 stars	Great affordable and reli	Color: Gray	Works exactly as expected. Quick response and good batte	Comment	Was this review helpful to you?
NunyaBiz	on September 27, 2015	5.0 out of 5 stars	Five Stars	Color: Gray	Works great. Not to large and easy to manipulate.	Comment	Was this review helpful to you?
Yariza L. Fernandez	on September 25, 2016	1.0 out of 5 stars	One Star	Color: Gray	It never worked.	Comment	Was this review helpful to you?
flyguy	on September 25, 2014	4.0 out of 5 stars	Good for the money	Color: Gray	I've been using this mouse for over a year now. It does the	Comment	Was this review helpful to you?
Harrison H. Owen	on September 23, 2016	5.0 out of 5 stars	Works	Color: Gray	great as usual.	Comment	Was this review helpful to you?

图 6-18 美国亚马逊网站在线客户评论抓取示例

最终，总共提取了 1933 个特征观点对，其中来自 Amazon.com 的有 1545 个，来自 Amazon.cn 的有 388 个。根据前文所述方法，在提取了特征观点对之后，利用 Gephi 来建立在线客户评论知识网络，Gephi 是一个开源的复杂网络分析和可视化软件包，在 NetBeans 平台基于 Java 语言编写完成，Gephi 在学术界、新闻业和其他领域的许多研究项目中得到了应用，在线客户评论知识网络图如图 6-19 所示。接着由产品知识节点的重要度评估模型计算得出中国客户和美国客户在在线客户评论中重要的产品特征 TOP3，并给出对应的客户观点，结果如表 6-3 所示。

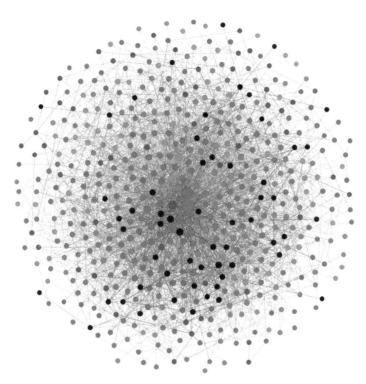

图 6-19　在线客户评论知识网络图

表 6-3　在线客户评论中重要产品特征及其客户观点统计

产　品	国　家	产品特征	正面观点数	负面观点数	中性观点数	观点总数	情感分数
相机	中国	包装	34	0	0	34	34
		画质	10	0	0	10	10
		镜头	4	3	0	7	1
	美国	传感器	28	1	6	35	27
		速度	3	4	0	7	−1
		拨盘	3	0	0	3	3
苹果手机	中国	屏幕	7	17	0	24	−10
		包装	14	9	0	23	5
		声音	5	7	0	12	−2
	美国	摄像头	25	3	2	30	22
		电池	18	2	0	20	16
		耳机	6	6	1	13	0
鼠标	中国	手感	21	8	1	30	13
		声音	5	14	0	19	−9
		反应	14	2	0	16	12
	美国	电池	21	1	0	22	20
		尺寸	13	0	0	13	13
		按钮	1	4	0	5	−3

续表

产　品	国　家	产 品 特 征	正面观点数	负面观点数	中性观点数	观 点 总 数	情 感 分 数
香水	中国	味道	51	8	33	92	43
		香味	12	3	12	27	9
		包装，外包装	7	3	1	11	4
	美国	味道	100	7	13	120	93
		瓶身	5	0	0	5	5
		留香	5	0	0	5	5
手表	中国	表带	5	1	0	6	4
		手环	3	0	0	3	3
		表盘	3	0	0	3	3
	美国	表盘	3	14	0	17	−11
		监控	3	6	1	10	−3
		通知	3	0	0	3	3
Kindle	中国	反应	2	16	0	18	−14
		包装	9	7	0	16	2
		屏幕	5	0	0	5	5
	美国	屏幕	13	3	0	16	10
		亮度	13	3	0	16	10
		尺寸	3	1	2	6	2
彪马鞋	中国	尺寸，大小	18	0	0	18	18
		鞋底	6	4	0	10	2
		鞋面	1	3	0	4	−2
	美国	颜色	10	0	6	16	10
		鞋带	0	0	12	12	0
		尺寸	7	2	0	9	5
巧克力	中国	盒子，包装	15	8	0	23	7
		味道	16	0	1	17	16
		口感	7	1	0	8	6
	美国	巧克力含量	15	0	12	27	15
		口味	6	0	0	6	6
		包装	2	1	0	3	1

这里选择了 Amazon.com 和 Amazon.cn 上在线客户评论中出现的所有特征及其对应的观点词，然后计算并比较 Amazon.com 和 Amazon.cn 上客户的情感分数，对于每个识别出的特征观点对，当观点词分别为正面、负面或中性时，情感分数则分别为+1、−1 或 0。如表 6-3 统计结果表明，Amazon.com 上的客户普遍喜欢佳能数码相机的传感器和操作盘、苹果 7 的摄像头和电池、罗技鼠标的电池寿命和尺寸大小、伊丽莎白·雅顿绿茶香水的味道和瓶子、佳明智能手表的提示功能、Kindle 电子阅读器的灯和屏幕、彪马（Puma）

运动鞋的颜色和尺寸、费列罗巧克力的味道，因为这些产品特征都获得相对较高的情感分数。不过，美国客户在亚马逊美国网站上对于佳能数码相机的速度、苹果的耳机、鼠标的按键、佳明智能手表屏幕和监控器的总体情感分数为负或者为零。亚马逊中国网站上的在线客户评论显示了佳能相机的包装和画质、苹果的包装、罗技鼠标的手感和反应、伊丽莎白香水的味道、佳明智能手表的表带、Kindle 的屏幕、彪马鞋的尺寸大小、费列罗巧克力的味道口感和包装这些产品特征的情感分数较高，但苹果的屏幕和声音、罗技鼠标的声音、Kindle 的反应、彪马鞋的鞋面这些产品特征得到了负的情感分数，说明中国客户对于这些产品特征并不满意，由此也可以发现中国客户和美国客户最关注的产品特征是不太一样的，对产品特征表达的情感倾向也不一致。

3. 产品创新

对于拥有着较高情感分数的产品，说明客户对该特征比较满意，企业需要做的就是继续保持当前的投入，维持客户对于这些产品特征的满意度；而对于情感分数为负或者为零的产品，则说明客户对于这些重要的特征并无好感，值得企业重新配置更多的人力、物力和财力来改进和创新这些产品特征，以期符合客户的需求，提高满意度。对于中国客户来说，较多的人对于苹果的屏幕不满意，从具体的客户观点表中可以看出，中国客户对于屏幕的色差更加敏感，多次表达出"屏幕很黄、偏黄"的观点，对于苹果的手机声音也不太满意，主要是声音小、质量不高等问题，因此，针对中国客户可以改进屏幕和声音，而美国客户并没有觉得手机屏幕不合适，主要认为手机的耳机不行，非常不方便。对于彪马鞋，一些中国客户不喜欢它的鞋面，认为鞋面掉色、粗糙，而美国客户则对它的鞋带没有好感，认为其鞋带偏大和偏厚，因此鞋子也可以针对性地改进与创新，迎合中国客户和美国客户。

另外发现一个有趣的点是中国客户在在线客户评论中似乎非常关注产品的包装，在多个产品中都多次提到，包括佳能相机、苹果手机、伊丽莎白香水、Kindle 和费列罗巧克力。相反，美国客户对于这一方面就相对没那么重视，说明这其中的确存在着中美文化差异，产品包装和中国的"面子"文化相关，中国人更加有面子需要，在消费中都非常重视别人的意见和观点，要有"面子"。因此，产品创新策略要考虑到中美文化的差异。

对文化差异的重视可以有多种表现，比如跨国企业建立多语种的业务环境，提升多语种能力，进一步提升国际化水平；又如阿里巴巴和亚马逊，在全球多个国家都建立了网站，拥有多语言的业务环境，可以大大增强国际业务的竞争力，减少了因为语言和文化差异而产生的风险；还可以表现为建立文化差异管理的学习机制，提升企业员工的整体文化差异接受能力。总之，企业需要充分理解在产品创新中的文化差异这一重要因素，为进一步开拓市场创造可能性。

考虑文化差异的在线客户评论知识超网络可以为企业面向不同文化的客户进行产品创新提供有力的支撑，因此，构建这样一个知识超网络也是基于文化差异的产品创新的重要策略，也就是企业的产品创新知识体系。然后企业可以从已构建的跨文化在线客户评论知识网络中确定不同文化客户对于产品的不同意见与需求，甚至细化到产品特征层面，按照本章提出的产品特征重要度的评估模型，从而确定创新优先级排序，结合企业现有的各项资源和条件限制，让企业确定合适的产品创新方案，研发人员按优先级逐步对产品进行开发或者改进，使生产出的产品尽可能满足客户需求。

产品创新方案确定后，虽然经过了合理的客户需求挖掘，并且有相关的理论支持，但是面对竞争激烈和多变的市场环境，依然需要由市场来检验。因此，在产品生产后，根据不同文化的客户群体的需求，将对应的不同产品特征组合的产品投放到国际市场中，对不同文化的客户做不同的营销策略，强调更加关注的产品特征，然后密切关注市场反应，并及时做客户满意度调查。基于文化差异的产品创新效果究竟如何，需要结合市场数据和客户的反馈来做评估。

最后可以进一步扩大多元化市场。有的企业已经在某些国家的市场占据了一定的份额，并有着一定量的客户群体，但是还未进入更多国家的市场，因此，企业可以充分调研其他潜在市场的客户文化特征，了解其对于产品的偏好，在对应的在线客户评论平台上获取竞品的在线客户评论，利用文本挖掘方法进行分析后，与自己的产品进行对比，然后根据这些客户的意见来做产品创新和改进，从而逐步形成自己的产品矩阵，扩大企业的全球市场，面向更多的国际客户。

思考题

1. 跨境电商营销策略及其方法有哪些，请简要概括一下。

2. 基于评论情感分析的跨境电商产品选择定价策略的优缺点有哪些，请结合实际情景进行分析。

3. 与传统的产品分销渠道和促销策略相比，跨境电商产品分销渠道和促销策略有何特征？

4. 简要概括一下跨境电商用户行为分析有哪些方法？

5. 现如今"双11"和"6·18"促销活动蒸蒸日上，请简要概括当今社会各种促销手段以及方式，并说一说其优劣势。

6. 尝试选择一种类型或一款你非常了解的产品或一家企业进行相关的用户行为分析，并给出相关的建议与策略。

即测即练

案例分析

扫描书背面的二维码，获取答题权限。

第 6 章

即测即练

案例分析 6-1

跨境电商 B2C 创
业企业品牌营销

参与文献

[1] 陈婕 . 基于大数据技术的电商平台营销策略研究 [J]. 福建茶叶 ,2019,41(11):18.

[2] 陈奥杰 . 消费者跨境电商信息偏好程度测算及其影响因素 [D]. 浙江大学 ,2018.

[3] 梁宵 . 大数据视角下电商企业精准营销策略研究 [D]. 辽宁科技大学 ,2018.

[4] 郭国歌 . 优衣库品牌联合营销策略研究 [D]. 兰州财经大学 ,2019.

[5] 宋晓涵 .2017, 品牌联合营销新思路 [J]. 中国广告 ,2018(03):91-94.

[6] 姜浩 . 消费者视角下的跨国公司品牌联合研究 [D]. 中央财经大学 ,2015.

[7] 刘勇 . 基于品牌联合的消费者行为研究 [D]. 燕山大学 ,2013.

[8] 赵玉箫 . 基于消费者行为分析的 CH 电视线上营销策略分析 [D]. 电子科技大学 ,2018.

[9] 邹雨函 . 基于 4R 理论的农产品短视频营销模式探究 [J]. 河北企业 ,2020(02):113-114.

[10] 陈素佩 . 基于 4R 理论看《都挺好》IP 影视市场营销 [J]. 知识经济 ,2020(01):62-63.

[11] 张悦 . 基于评论情感分析和销量预测的外贸电商选品研究 [D]. 北京交通大学 ,2019.

[12] 郑小莹 , 耿庆峰 . 品牌出海，货通全球——跨境电商选品分析 [J]. 内蒙古财经大学学报 ,2019,17(05):60-63.

[13] 潘齐涛 . 客户满意度提升策略在美团团购中的应用研究 [J]. 中外企业家 ,2020(05):91-92.

[14] 陈耶拉 , 耿秀丽 . 基于改进协同过滤的个性化产品服务系统方案推荐 [J/OL]. 计算机集成制造系统 :1-12[2020-03-04].http://kns.cnki.net/kcms/detail/11.5946.TP.20191129.1140.002.html.

[15] 于萍 . 移动互联时代跨境电商的场景营销沟通策略 [J]. 对外经贸实务 ,2019(09):58-61.

[16] 王海云 .A 公司跨境电商营销策略优化研究 [D]. 上海外国语大学 ,2019.

[17] 郭峰 . 华德公司工业电源跨境电商营销策略研究 [D]. 兰州大学 ,2019.

[18] 林锡杰 . 网络环境下的制造商产品分销渠道构建策略研究 [D]. 江南大学 ,2018.

[19] 孟晓 . 基于 AHP 的河北农村电子商务平台顾客满意度研究 [D]. 河北工程大学 ,2017.

[20] 王林炜 . 考虑赠品促销的预售模式下电商定价策略研究 [D]. 东南大学 ,2017.

[21] 王福军 . 电商产品设计：谈谈促销功能的实现逻辑 [J]. 计算机与网络 ,2017,43(15):14-15.

[22] 曾经莲 , 简兆权 . 互联网环境下产品服务系统研究：企业—顾客—环境价值共创视角 [J]. 中国科技论坛 ,2017(08):87-93.

[23] 刘艳霞 .M 公司能效产品分销渠道管理研究 [D]. 北京交通大学 ,2017.

[24] 余牛 , 李建斌 , 刘志学 . 电子商务产品定价与返利策略优化及协调研究 [J]. 管理科学学报 ,2016,19(11):18-32.

[25] 王方杰 . 电子商务环境下生鲜产品定价模型研究 [D]. 重庆师范大学 ,2016.

[26] 张辉辉 . 基于 ACSI 模型的客户满意度测评体系研究 [D]. 吉林财经大学 ,2016.

[27] 刘晓峰 , 顾领 . 基于消费者转换行为的线上线下产品定价策略研究 [J]. 管理科学 ,2016,29(02):93-103.

[28] 杨丹 . 大数据时代消费者行为与精确营销研究 [D]. 上海工程技术大学 ,2015.

[29] 王雅婧 . 关于线上促销策略对激发消费者购买欲望的有效性研究 [D]. 华东理工大学 ,2015.

[30] 宋文燕 . 面向客户需求的产品服务方案设计方法与技术研究 [D]. 上海交通大学 ,2014.

[31] 牛晓娜 . 网络环境下的定价策略研究 [D]. 南京大学 ,2013.

[32] 刘加鹏 . 电子商务环境下的双渠道促销策略研究 [D]. 青岛大学 ,2012.

[33] 谷红勋 , 杨珂 . 基于大数据的移动用户行为分析系统与应用案例 [J]. 电信科学 ,2016,32(03):139-146.

[34] 田德华 .4R 理论在奢侈品营销中的应用及启示 [D]. 暨南大学 ,2008.

[35] 胡治芳 . 中小企业跨境电商渠道选择研究 [J]. 电子商务 ,2020(04):26-27+30.

[36] 杨俊勇 . 优享公司跨境电商的营销策略研究 [D]. 广东财经大学 ,2017.

[37] 王林炜 . 考虑赠品促销的预售模式下电商定价策略研究 [D]. 东南大学 ,2017.

[38] 毕菁佩 , 舒华英 . 基于竞争平台的新老用户定价策略分析 [J]. 管理学报 ,2016,13(08):1257-1262.

[39] 刘朝阳 . 大数据定价问题分析 [J]. 图书情报知识 ,2016(01):57-64.

[40] 周尔凤 . 基于消费者心理的定价策略 [D]. 中国科学技术大学 ,2015.

[41] 官振中 , 任建标 . 存在策略消费者的动态定价策略 [J]. 系统工程理论与实践 ,2014,34(08):2018-2024.

[42] 王秋菊 . 基于双边市场理论的 B2C 电子商务平台定价策略研究 [D]. 华南理工大学 ,2014.

[43] 郭恺强 , 王洪伟 , 郑晗 . 基于在线评论的网络零售定价模型研究 [J]. 商业经济与管理 ,2014(04):59-66.

[44] 徐峰 , 侯云章 , 高俊 . 电子商务背景下制造商渠道定价与再制造策略研究 [J]. 管理科学 ,2014,27(02):74-81.

[45] 董志刚 . 电子商务环境下双渠道供应链的渠道选择与协调 [D]. 青岛大学 ,2015.

[46] Yu Wang，Zhigang Wang，Dongsong Zhang，et al. Discovering Cultural Differences in Online Consumer Product Reviews[J]. Journal of Electronic Commerce Research, 2019,20(3):169-183.

[47] 王志刚 . 一种考虑在线客户评论中文化差异的产品创新方法研究 [D]. 暨南大学 ,2019.

第7章
跨境电商
金融与区块链技术

导入案例 ••• ·

基于汇率的跨境电商第三方支付

自 2015 年 "8·11" 汇改、"人民币入篮" 以来，人民币结束了多年的单边升值的局面，开始了双向波动。仅 2015 年当年，兑美元汇率就下跌了 6%。2016 年，国际局势风云突变，全球经济开始逐步复苏，美联储也进入加息通道缩表的阶段，全球货币放水大潮开始褪去，市场由松转紧。而英国脱欧，意大利全民公投失败等国际政治 "黑天鹅" 频发，进一步加大了国际市场不确定性。到 2017 年第 2 季度，人民币兑美元汇率开始走强，到年末人民币兑美元升值 6%。显示出了人民币的 "强劲"。2018 年 1 月，人民币兑美元汇率中间价进一步升值约 3%，在岸人民币即期走高约 3.3%，但从 2 月中下旬开始，人民币汇率又突然 "跳水"，速度惊人，连续 8 个交易日跌去 2000bp，汇率直接跌破 6.6 的市场心理关口。自此，人民币兑美元汇率的 "跳崖" 已抹去年初以来的全部涨幅，较年初贬值约 16%。不可预测的汇率波动给我国跨境电商的发展带来了挑战。

近年来，我国跨境电子商务进出口规模连年扩大，从 2013 年的仅 29 万亿元人民币，到 2017 年的 76 万亿元人民币，实现了跨越式增长。然而，传统的跨境电商习惯了以往的人民币汇率走势的平稳，对突如其来的波动缺乏心理上的重视和措施上的防范，导致不少跨境电商卖家面临汇兑损失，从而导致了利润的下降。比如，2017 年半年报显示，有 1228 家上市公司由于遭受了汇率变动带来的损失，有 16 家损失额甚至超过了 1 亿元。所有企业累计损失达 589 亿元，比上一年同期的 209.8 亿元翻了将一番多。跨境企业如何应对国际市场的汇率波动？

资料来源：

[1] 崔彩周 . 第三方支付在拓展跨境电子商务中面临的困境及破解思路 [J]. 商业经济研究，2017（8）：56-58.

[2] 马述忠，程泉，张秀豪，等 . 基于汇率风险管理的跨境电商第三方支付 2.0 模式研究 [J]. 浙江树人大学学报（人文社会科学），2019，19（3）：29-35+42.

7.1　跨境电商支付与工具选择方法

7.1.1　跨境支付的含义与内涵

跨境支付（cross-border payment）指两个或两个以上国家或地区之间因贸易、投资及其他方面所发生的国际资金转移，需要借助一定的结算工具和支付系统实现。目前使用的跨境支付系统主要为国际资金清算系统（society for worldwide interbank financial telecommunications，SWIFT）系统、人民币跨境支付系统（cross-border interbank payment systerm，CIPS）和欧盟的贸易往来支持工具系统（instrument for supporting trade exchanges，INSTEX）。随着中国与国际货币资金往来交易量的不断扩大，我国跨境支付市场也逐渐成熟，其中第三方支付已经广泛参与到跨境支付行业，推动跨境支付交易选择更加多元化，为跨境支付交易者带来便利的同时也推动了行业的发展。跨境电子商务支付交易的流程按照交易进度可分为三个阶段。

1. 支付交易前

支付交易前期是买方、卖方、第三方服务机构等各参与主体进入跨境电商交易生态圈的一个准入期，买家、卖家的身份、地理位置、交易真实性、产品的质量、厂商的资格、银行的信誉、非金融机构的实力等，都在这个阶段完成验证，因此该阶段的监管直接影响后期交易的正常进行。支付业务本身的性质是金融业务的一种，无论是金融机构还是第三方非金融机构，凡是涉及支付交易业务，都应该实行准入制度，纳入政府监管。政府部门作为监管部门，应该实行分类监管，鼓励有资质和能力的机构开拓市场；引导已进入的机构积极进行结构优化，同时遵循市场规则优胜劣汰；对于未颁发牌照的要做好预先调研和审查，不得为了盲目追寻经济效益而随意准入。现今，第三方支付机构准入门槛抬高不少，除了要获得央行授予的"支付业务许可证"，还需要外汇管理局准许的批复文件。央行对于第三方支付机构的强势监管将有助于我国跨境电商产业的良性发展。

2. 支付交易中

支付交易过程是指买方付款给卖方，卖方发货并经物流送达买家手中，这其中为了保护双方的权益，主要由第三方支付工具作为中间人，它和买卖双方无直接利益交集，因而使得交易更加安全。买方通过跨境电商服务平台选购所需的商品，并通过使用为该平台提供支付交易服务的第三方支付工具，将商品的价值金额先付给第三方支付公司，当卖家将商品运达买方时通知第三方支付公司打款给卖家。我国目前的跨境电商支付业务主要依赖国内第三方支付企业和境外相关机构的合作，跨境支付模式主要包括购汇和收汇两种。购汇业务主要服务于境内消费者在境外跨境电商平台的消费，通常是人民币转外币；收汇主要支持境内各企业在境外的外币收入转人民币结算。不论是服务于境内消费者还是企业，第三方支付机构和其托管银行的密切合作是促进跨境电商支付业务的重点。在跨境支付交易的购汇、收汇业务中，第三方支付公司和托管银行相互合作，操作完成资金流转的过程如图 7-1 所示。

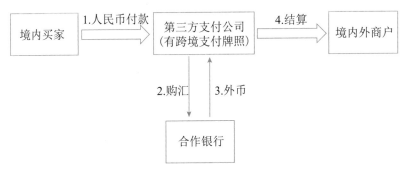

图 7-1　资金出境流程

由图 7-1 可以看出，跨境电商支付交易过程中直接和交易主体打交道的已经不再是银行，而是由第三方支付机构取代，因此第三方机构应该积极配合银行开展跨境电商交易信息保护和数据监控，建立健全支付交易的风险管控系统，保证交易双方在跨境交易中的合法权益。当今社会，信息就是资本，因此不法分子通过高科技手段进行非法信息交易活动，由于信息泄露引起的账户被盗、资金风险、跨境欺诈等违法行为时有出现。同时，支付机构应积极配合国家相关部门指示和相关法律法规，对跨境电商交易双方的信息实行备份和继续交易前准入的二次核查，按时对国家相关监管部门上报备份信息和业务情况。

3. 支付交易后

跨境电商完成支付动作后，交易并未结束，一般还需物流运输、清关结算、外汇汇兑、海关扣税等环节。采取第三方支付交易的卖家，只有当买家收到货并确认后，第三方机构才会打钱给卖家，结算等程序相对滞后。同时，由于全球货币种类繁多，目前外汇结算依旧难度大，尤其是个别国家或地区的货币需要进行反复汇兑才能完成一笔交易。

2016 年人民币加入国际货币基金组织的特别提款权（special drawing rights，SDR），将为未来用人民币进行跨境支付结算提供便利。特别提款权，是由 IMF 构建的一种准货币，在这之前全球仅有四种主要储备货币——美元、欧元、英镑和日元。人民币加入 SDR 和中国加入 WTO 的意义一样重大，意味着我国在国际上经济地位的提升，这将促进我国与世界其他国家或地区的经济往来，尤其是跨境电商行业的大发展。

7.1.2　跨境支付工具发展现状

　　2010 年以前我国跨境电商年交易总额尚未超过 1.5 万亿元，2016 年即达到 6.5 万亿元。跨境电商交易规模增长快，2012—2016 年，跨境电子商务以年均 33.99% 的增速快速扩张，在进出口总额中的占比由 2012 年的 8.6% 提高到 2016 年的 27.53%。2020 年中国跨境电商市场规模达 12.5 万亿元，较 2019 年增加了 2 万亿元，同比增长 19.05%，预计 2021 年中国跨境电商市场规模统计将达到 14.6 万亿元，未来将继续保持增长。因为跨境支付的规模逐渐扩大，跨境支付体系呈现多元化、多样化、多层次的发展态势。

　　1. 电子支付

　　电子支付是指交易主体通过网络，实现资金的数字化转移从而达到支付交易的目的；通常都会借助电子载体来完成操作，常见的如电脑、手机、POS 机、自动柜员机等电子设备。

　　2. 第三方电子支付

　　近几年，我国跨境电商业务发展速度较快，其规模水平持续扩展，传统的支付方式已不能满足需求，所以发展了一批新的第三方付款方式。第三方支付机构在跨境电商零售进出口业务模式中是指根据人民银行《非金融机构支付服务管理办法》的规定取得《支付业务许可证》、在收付款人之间作为中介机构提供全部或部分货币资金转移服务的非银行机构，例如支付宝、微信支付等。这种模式背后的资金流和信息流颇为复杂。简言之，即第三方支付机构在对应的银行有一个专用的备付金账户，境外买家付款后，货款先到达第三方支付机构的上述专用备付金账户，买家确认收货之后第三方支付机构再从备付金账户里打款给境内卖家的账户，典型例子如阿里巴巴开发的速卖通平台上绑定了第三方支付机构——国际支付宝。资金流如图 7-2 所示。

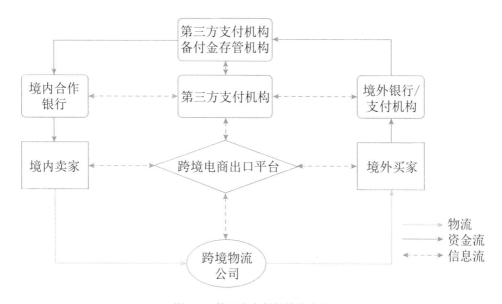

图 7-2　第三方支付机构资金流

第三方支付机构解决跨境电商平台单独对接各银行的难题，降低了平台开发成本以及平台使用费率，为用户提供了更加友好的跨境支付操作界面，而且可以在买家和卖家的交易中发挥货款监管的作用，因此第三方支付机构通道是目前大多数的跨境电商出口平台上境内卖家使用的收款模式。目前我国第三方跨境支付行业平台包括财付通、宝付、PingPong、支付宝国际、环迅支付、易宝支付、合利宝支付、拉卡拉支付等（表 7-1）。

表 7-1　第三方跨境支付行业平台

企 业 名 称	基 本 情 况
财付通	财付通公司是中国最早的领先支付平台，是首批获得中国人民银行《支付业务许可证》的专业第三方支付大型企业，长期致力于为互联网用户和各类企业提供安全、便捷、专业的支付服务。现阶段，财付通公司的支付业务类型包括网络支付、银行卡收单及跨境支付，客户类型包括个人客户及商户，业务范围覆盖全国。财付通跨境支付及国际业务的主要应用场景为跨境电子商务外汇支付业务
宝付	宝付网络科技（上海）有限公司成立于 2011 年，是漫道金服旗下的一家第三方支付企业。同年荣获由中国人民银行颁发的《支付业务许可证》。宝付以领先的研发实力和创新能力，专注于电子支付和大金融领域。2017 年宝付全年交易量已突破 1.5 万亿元
PingPong	PingPong 金融是一家在 2015 年成立的国内首家跨境收款平台，专注为中国跨境电商提供亚马逊收款服务。其受中国和美国政府监管，在美国持有支付牌照，和国内四大银行有合作，接受中美两边监管，安全性上相对比较高
支付宝国际	支付宝国际账户是支付宝（中国）网络技术有限公司拥有的国际支付产品，主要是为从事跨境交易安全支付（secure payment）订单的国内用户建立的一个资金账户管理系统
环迅支付	环迅支付在 2011 年获颁中国人民银行首批《支付业务许可证》，目前可以支持国际主流信用卡及所有国内主流银行的在线支付，为全球超过 60 万家商户及 2000 万名用户提供金融级的支付体验
易宝支付	易宝支付是中国行业支付的开创者和领导者，也是互联网金融和移动互联领军企业。易宝于 2003 年 8 月成立，总部位于北京。2011 年 5 月，易宝获得首批央行颁发的支付牌照。2013 年 10 月，易宝支付获得国家外汇管理局批准的跨境支付业务许可证
合利宝支付	合利宝是中国领先的支付科技赋能平台（T2B2C），成立于 2013 年 7 月 19 日，总部位于广州。其拥有中国人民银行颁发的全业务《支付业务许可证》，业务类型包含互联网支付、移动电话支付、银行卡收单业务（覆盖全国），具有跨境人民币业务资质，是广州唯一全牌照第三方支付公司
拉卡拉支付	拉卡拉针对跨境交易电子商务平台的外币、人民币跨境支付结算解决方案，以及针对境内交易电子商务平台的支付结算解决方案。2014—2015 年拉卡拉分别获得国家外汇管理局批复的跨境电子商务外汇支付业务试点资格，以及人民银行广州分行批复的跨境人民币支付业务备案申请许可，可以向境内外商户提供跨境外汇及人民币的支付结算服务，业务范围包括货物贸易和服务贸易
汇付天下	汇付天下成立于 2006 年，总部位于上海，是独立的第三方支付服务提供商，于 2018 年 6 月香港联合交易所上市。公司支付服务主要为实体店、线上或移动设备上进行支付，包括 POS、互联网支付、移动 POS、移动支付及跨境支付服务，主要通过中国银联清算网络接受来自银行卡的付款
通联支付	通联支付（全称"通联支付网络服务股份有限公司"）成立于 2008 年 10 月，由上海国际集团、上海国际信托有限公司、中国万向集团等机构共同出资设立的一家金融外包与综合跨境支付服务企业，现任中国支付清算协会常务理事

续表

企业名称	基本情况
网银在线	公司于 2011 年 5 月 3 日首批荣获央行《支付业务许可证》，当前许可业务范围是支付行业最全的支付机构之一。公司业务包含互联网支付、银行卡收单、线上开放预付卡、固定电话支付、跨境外汇支付、跨境人民币支付、基金支付及移动电话支付等
富友支付	富友支付是上海富友金融服务集团股份有限公司旗下子公司。富友自 2011 年成立以来，先后获得由中国人民银行、外管局、证监会颁发互联网支付、银行卡收单、多用途预付卡、跨境支付、基金支付 5 项支付业务资质
网易支付	网易支付是少数拥有第三方支付、跨境外汇、跨境人民币全牌照的第三方支付机构，受中国人民银行和国家外汇管理局监管。网易跨境收款平台属于网易支付旗下。为出口电商卖家提供费率低、到账快、流程便捷、安全合规的服务。帮助卖家简化海外收款、结汇等流程，平台提现最快可在 2 小时内到账。让跨境收款更便捷、税费更优惠、风险性更低
盛付通	盛付通作为领先的独立第三方支付平台，于 2013 年首批获得外汇牌照，并针对跨境电子商务支付。盛付通拥有全国性的线上 / 线下支付、预付费卡支付、跨境外汇 / 人民币支付、小贷等支付业务牌照，是全国仅有的四家全牌照支付公司之一。盛付通跨境业务主要包括：基础汇率服务、跨境收单服务、保税清关服务及跨境结算服务

3. 第三方支付和电子支付的关系

第三方支付借助与国内外各大银行签约合作的第三方非金融平台完成交易，也需要电子设备作为交易载体。第三方支付根据载体不同可分为互联网支付，移动支付和其他第三方支付方式。

第三方支付和电子支付互有叠加，但不完全等同。电子支付既包含通过银行的电子交易操作，又包含通过第三方机构的电子交易操作；当电子支付没有明确的第三方支付机构参与时，不能叫第三方支付。二者的关系如图 7-3 所示。

图 7-3　电子支付和第三方支付关系

7.1.3　国际货款结算方式与选择

1. 国际结算的概念

国际结算（international settlement），即不同国家、地区之间在经济、政治、文化、外交等不同领域产生的以货币作为债权债务清偿行为或资金转移行为的结算方式。具体而言，国际结算即运用一定的金融工具（汇票、本票、支票等），采用一定的结算方式（汇款、托收、信用证等），通过一定的媒介机构（银行或其他金融机构等）进行的不同经济体之间的货币收付行为。

2. 国际结算的方式

国际结算方式，简言之，即国家与国家之间进行货币收付的方法和手段，主要用以解决国家间在资金以及外汇等方面的难题。其中，汇付、托收以及信用证是国际贸易中常见的几类结算方式，尤以信用证结算最为普遍。

汇付又称汇款，是付款人通过银行，使用各种结算工具将货款汇交收款人的一种结算方式。属于商业信用，采用顺汇法。汇付业务涉及的当事人有四个：付款人（remittor）、收款人（payee 或 beneficiary）、汇出行（remiting bank）和汇入行（paying bank）。其中付款人（通常为进口人）与汇出行（委托汇出汇款的银行）之间订有合约关系，汇出行与汇入行（汇出行的代理行）之间订有代理合约关系。

托收是出口人在货物装运后，开具以进口方为付款人的汇款人的汇票（随附或不随付货运单据），委托出口地银行通过它在进口地的分行或代理行代进口人收取货款一种结算方式。属于商业信用，采用的是逆汇法。

信用证（letter of credit，L/C）方式是银行信用介入国际货物买卖价款结算的产物。它的出现不仅在一定程度上解决了买卖双方之间互不信任的矛盾，而且还能使双方在使用信用证结算货款的过程中获得银行资金融通的便利，从而促进了国际贸易的发展。因此，被广泛应用于国际贸易之中，以致成为当今国际贸易中的一种主要的结算方式。

在国际贸易业务中，一笔交易的货款结算，可以只使用一种结算方式（通常如此），也可根据需要，例如不同的交易商品、不同的交易对象、不同的交易做法，将两种以上的结算方式结合使用，或有利于促成交易，或有利于安全及时收汇，或有利于妥善处理付汇。常见的不同结算使用的形式有信用证与汇付结合、信用证与托收结合、汇付与银行保函或信用证结合。

信用证与汇付结合。这是指一笔交易的货款，部分用信用证方式支付，余额用汇付方式结算。这种结算方式的结合形式常用于允许其交货数量有一定机动幅度的某些初级产品的交易。对此，经双方同意，信用证规定凭装运单据先付发票金额或在货物发运前预付金额若干成，余额待货到目的地（港）后或经再检验的实际数量用汇付方式支付。使用这种结合形式，必须首先订明采用的是何种信用证和何种汇付方式以及按信用证支付金额的比例。

信用证与托收结合。这是指一笔交易的货款，部分用信用证方式支付，余额用托收方式结算。这种结合形式的具体做法通常是：信用证规定受益人（出口人）开立两张汇票，属于信用证项下的部分货款凭光票支付，而其余额则将货运单据附在托收的汇票项下，按即期或远期付款交单方式托收。这种做法，对出口人收汇较为安全，对进口人可减少垫金，易为双方接受。但信用证必须订明信用证的种类和支付金额以及托收方式的种类，也必须订明"在全部付清发票金额后方可交单"的条款。

汇付与银行保函或信用证结合。汇付与银行保函或信用证结合使用的形式常用于成套设备、大型机械和大型交通运输工具（飞机、船舶等）等货款的结算。这类产品，交易金额大，生产周期大，往往要求买方以汇付方式预付部分货款或定金，其余大部分货款则由买方按信用证规定或开加保函分期付款或迟期付款。

此外，还有汇付与托收结合、托收与备用信用证或银行保函结合等形式。在开展对外经济贸易业务时，究竟选择哪一种结合形式，可酌情而定。

3. 国际结算的工具

结算工具是债权、债务清偿的载体，进出口企业在国际贸易中的货款支付与回笼均需要通过结算工具。国际结算是国际贸易中的重要一环，选择正确又适合自己的结算工具，对降低国际结算风险、减少国际结算成本、保障国际贸易的顺利进行有着至关重要的意义。国际结算工具，换言之，就是票据。广义的票据泛指一切有价证券和各种凭证，包括汇票、本票、支票、股票、仓单、提单、证券政府债券、金融债券、公司债券等。狭义的票据是指以支付金钱为目的的债券有价证券，是指由出票人签发，无条件约定由本人或委托他人在一定日期支付确定金额的流通证券。国际结算中的票据便是指这种狭义的票据，它代替现金起流通和支付作用，从而抵销和清偿国际债权债务，因而是国际结算中的重要工具。根据《中华人民共和国票据法》规定："本法所称票据，是指汇票、本票和支票。"

跨境电商相较传统进出口贸易而言，更多地使用第三方支付工具统一购汇结汇进行结算，或者选择可以接受人民币支付的跨境电商平台，也可以选择第三方支付平台，如PayPal和国际支付宝。PayPal是全球最大的第三方支付平台，是全球最安全、接受度最广的支付方式之一，目前是小额跨境贸易工具中最主流的付款方式。阿里巴巴国际支付宝是一种第三方支付担保服务，而不是一种支付工具，由阿里巴巴与支付宝联合开发，旨在保护国际在线交易中买卖双方的交易安全所设。目前国际支付宝支持的支付方式有信用卡、T/T银行汇款。它的风控体系可以防止用户在交易中免受信用卡盗卡的欺骗，而且只有当且仅当国际支付宝收到了客户的货款，才会通知卖家发货，这样可以避免用户在交易中使用其他支付方式导致交易欺诈。

7.1.4　结汇和退税

结汇指企业或个人按照汇率将买进外汇和卖出外汇进行结清的行为。进出口专业公司，根据进口业务需要，以本国的货币按照国家公布的外汇牌价，向外汇专业银行购买外币汇往国外，或将出口所得外币，按照牌价售与外汇银行而折合成本国货币，在对外贸易中，均称为结汇。

退税是指因某种原因，税务机关将已征税款按规定程序，退给原纳税人。主要包括：一是由于工作差错而发生的多征；二是政策性退税，因税收政策变动；三是由于其他原因的退税。退税程序为，纳税人向税务机关提出退税申请，税务机关审批后，根据不同情况予以办理。

跨境电商贸易中，大额外汇收支可使用传统的结汇方式，也可正常退税。但目前外贸订单出现了碎片化的特点，尤其是一些跨境电商B2C交易额很小、交易分散，使用传统银行的结汇成本非常高。因此出口企业需要新的收汇方式。一些新的结汇方式如PayPal、 pingpong 等适应了跨境小额支付的特点，未来发展前景广阔。

大额跨境电商贸易企业多采用传统的电汇、信用证方式完成支付，也可以利用电商平台提供的金融服务完成支付。企业在选择结汇方式时需要考虑结汇的安全性和后续的出口退税业务。小额跨境电商贸易企业可以通过集中报关结汇、利用第三方支付平台结汇、海外账户收汇等方式进行结汇退税。

根据我国外汇管制政策，到银行结汇必须有对应的出口货物海关报关单和增值税专用发票才可以正常享受退税。快递企业承担跨境电商集中报关任务时，只能取得快递企业的物流运输单，而跨境电商经营者由于没有出口的报关单，因而不能进行外汇结算，更无法享受退税。另外，我国外汇政策还规定国外买家支付的款项只能通过个人储蓄账号结汇，且还会受到每人每年 5 万美元汇兑额度限制，一些跨境电商企业不得不通过地下钱庄、个人账户、境外交换等方式将外汇兑换成人民币，用以支付采购货款。导致企业不能享受到国家现有税收政策，收汇风险明显增加，经营成本无法降低，也影响跨境电子商务发展。

7.1.5　跨境电商支付典型案例——速卖通

速卖通可选择的支付方式较多，主要有 VISA 国际信用卡、美国运通卡、电子钱包、网银转账等方式。

1. 维萨（VISA）国际信用卡

VISA 是一个信用卡品牌，由位于美国加利福尼亚州圣弗朗西斯科市的 Visa 国际组织负责经营和管理。VISA 卡于 1976 年开始发行，它的前身是由美洲银行所发行的 Bank Americard。VISA 主要类型：信用卡（速卖通支持的）、借记卡、预付费卡、商业支付解决方案。除了这些平台，VISA 在不同市场还可以提供特殊定制的解决方案，以满足各种规模的企业和政府机构的特殊要求。

2. 美国运通卡（American express）

自 1958 年发行第一张运通卡以来，迄今为止运通已在 68 个国家和地区以 49 种货币发行了运通卡，构建了全球最大的自成体系的特约商户网络，并拥有超过 6000 万名的优质持卡人群体。

3. 国外电子钱包

可能有些人对本地支付这个概念有些陌生，可以换个角度去理解，中国有支付宝、微信钱包和银联支付，国外很多国家也有自己比较常用的本地支付，如俄罗斯的 QIWI（相当于支付宝）、Yandex.Money，德国的 Sofortbanking，巴西的 Boleto。速卖通支持的国外本地支付主要有以下几种类型：电子钱包、网银转账、银行转账、现金支付等。

（1）Qiwi Wallet。Qiwi 是俄罗斯最大的支付服务商之一，俄罗斯互联网集团 http://Mail.ru 于 2007 年共同创立 Qiwi，它运营着俄罗斯最大规模的自助购物终端设备，以及提供在线支付和手机支付服务，Qiwi 在欧洲、亚洲、非洲和美洲的 22 个国家开展有业务。覆盖国家有俄罗斯、哈萨克斯坦、德国、白俄罗斯、格鲁吉亚、乌兹别克斯坦、乌克兰、阿塞拜疆等。

（2）Webmoney。WebMoney 成立于 1998 年，是俄罗斯最为普及的第三方支付工具之一，和 Qiwi Wallet 不同的是，WebMoney 在全球范围使用得更广，中国手机号也可以注册。覆盖俄罗斯、中国、德国、希腊、爱沙尼亚、格鲁吉亚、白俄罗斯、匈牙利等 70 多个国家和地区。全球应用场景：手机充值、游戏及互联网在线充值、在线购物等。WebMoney 系统中有不同货币的电子钱包：WMR（俄罗斯卢布），WMZ（美元），WME（欧元），WMU（乌克兰格里夫纳），WMB（白俄罗斯卢布），WMG（存放在认证存储区的黄金仓储单），WMV（预付费的越南盾）。WebMoney 系统使用以下几种方法进行交易：Keeper Classic，用于 Windows 系统，单独安装在个人计算机上的专业版程序；Keeper Light，带个人认证的浏览器端程序，所有交易通过安全的 HTTPS 通道进行；Keeper Mini，具有基本功能的浏览器端程序；Keeper Mobile，移动客户端程序，可安装在所有支持 Java 的移动设备或蜂窝电话。

（3）DOKU wallet。DOKU wallet 是印度尼西亚在线支付公司 DOKU 提供的多种服务其中之一，于 2013 年 4 月上线，目前已经有 10 万名左右的活跃用户。其用户的主要年龄段在 18～30 岁之间，人均交易额每个月在 25～32 美元之间。覆盖国家仅为印度尼西亚。

4. 国外网银转账

（1）sofortbanking。sofortbanking 是德国主流的在线支付方式，sofortbanking 使用覆盖的国家比较多，支持德国、奥地利、瑞士、意大利、荷兰等 10 多个国家的网银转账。giropaygiropay 和 sofort 类似，也是德国比较常用的在线支付。

（2）iDEAL。iDEAL 是荷兰当地主流的一种在线支付，支持当地大部分主流银行，如 ABN AMRO、ASN Bank、Bunq、ING、Knab、Rabobank、RegioBank、SNS Bank、Triodos Bank、Van Lanschot；荷兰银行（ABN-AMRO BANK）是荷兰第一大银行，由荷兰通用银行（ABN BANK）和阿姆斯特丹—鹿特丹银行（AMRO BANK）于 1991 年合并而成，在世界上拥有 3000 多家分支机构，是世界上拥有银行网络最多的银行之一。

（3）przelewy24。przelewy24（简称 P24），是波兰的一种实时在线银行转账付款方式，通过 P24，消费者可以选择已有的网上银行在线完成付款。przelewy24 同时为波兰 324 家银行提供了在线支付服务，这是波兰电子支付市场上最广泛的服务范围。

5. 其他支付

（1）boleto 账单支付。boleto 是巴西本地最常用的支付方式，由于巴西的在线信用卡支付使用率不高，国内在线支付主要是通过银行转账和 boleto 支付，Boleto 是由多家巴西银行共同支持的一种使用条形码（bar code）识别的支付方式，在巴西占据主导地位，客户可以到任何一家银行或使用网上银行授权银行转账。

由于全球速卖通覆盖多达 220 个国家和地区，所以在面向全球市场的买家的同时，首先考虑到不同国家消费者习惯的支付方式将有不同，要综合尽可能全面的支付方式，速卖通按照实际市场情况分类设计并且选择了相应的支付方式，全球范围内的消费者买家可以选择 VISA 或者万事达（MasterCard）信用卡、万事达公司旗下的万事顺（maestro）卡，无论是信用卡还是借记卡均可以进行相应的选择。

（2）国际汇款公司西联汇款（Western Union）。当今世界领先的特快汇款公司，西联汇款有着全球最先进的电子汇兑金融网络，代理网点几乎遍布世界各地。西联公司所属美国第一数据公司 FDC。西联汇款支付方式最长花费 3~5 天时间，全球消费者还可以选择银行转账。

（3）giropay。作为德国本地的在线网银转账方式，giropay 成为当地消费者网购时较为常用的方式。

（4）荷兰本地的支付方式 ideal。在荷兰，由于近几年荷兰的电子商务市场发展较快，荷兰境内的网上消费非常迅速，许多荷兰消费者也关注于跨境交易，这样可以使得荷兰安全健康的商晶远销海内外，跨境出口和进口均效果显著。在最后支付方式的选择上有在线转账、电子钱包、信用卡和借记卡等。其中在线转账的用户比例占到了市场份额的63.8%，信用卡和银行卡则占到了 16.1%，剩余部分是电子钱包和借记卡等。作为荷兰本地的支付方式，ideal 在跨境电商支付中极受欢迎。使用 ideal 的消费者可以直接从银行账户中转款给卖家，针对荷兰的跨境电商业务，欧洲其他国家消费者支付时使用比较多的是soforto。

（5）boleto 和 debito online。对于拉丁美洲的巴西，除了上述全球消费者均可以采用的信用卡及 PayPal 等第三方支付方式，使用比较常见的还有 boleto 和 debito online。其中当买家在速卖通支付环节点击 boleto 以后，是需要巴西的买家去银行柜台进行付款的，中国的卖家需要过几天在后台查看是否资金已经到账。只有确定资金到账之后才能进行后续的操作，因为有一些巴西的买家，即便已经点击了 boleto 付款，但是没有去银行柜台办理付款事宜，那么卖家就不能给予发送货物的行为。

（6）mercadopago。对于在拉丁美洲的墨西哥，阿里巴巴旗下全球速卖通和拉美支付公司 mercadopago 合作，墨西哥的消费者将可以选择使用 mercadopago 支付方式，最终在速卖通上支付购物。这是继巴西 boleto 化和 TEF 支付之后，速卖通对拉美地区再次增加的新的支付方式，以期扩大和方便速卖通跨境电商市场和消费者。mercadopago 是拉美一家支付公司，也是易贝旗下的一家公司，在阿根廷、巴西、智利、哥伦比亚、墨西哥、委内瑞拉这六个国家均开展支付业务。

7.2　跨境电商融资

7.2.1　跨境电商融资的概念

跨境电商融资是一个跨境电商企业资金筹集的行为与过程。跨境电商公司根据自身的生产经营状况、资金拥有的状况，以及公司未来经营发展的需要，通过科学的预测和决策，采用一定的方式，从一定的渠道向公司的投资者和债权人去筹集资金，组织资金的供应，以保证公司正常生产需要，经营管理活动需要的理财行为。

受疫情影响，消费习惯由线下变到了线上，而随着国内经济复苏，大众的消费欲望得以激发，作为消费升级的跨境电商也随之迅速火爆。由于跨境电商业务的特殊性，跨境电商企业对于融资的需求更大，如：出口跨境电商运营及交易过程中，存在诸如广告费、店铺租金、佣金，销售国的税费、工资水电等日常经营周转资金的需求；拿到海外订单时，需要资金完成订单项下的备货采购；在完成采购或生产后，需要通过物流企业将货物运输至目的地或者海外仓，通常物流及仓储费用约占其总成本的 25%~40%；完成发货后，需要加强应收账款及退税款的管理，盘活应收款，尽可能实现快速回款等。

据中国海关统计，2020 年跨境电商进出口 1.69 万亿元，同比增长 31.1%。庞大的市场规模，预示着跨境电商赛道的火热。随着跨境电商市场的高速发展，获得一大批投资者的青睐，2021 年上半年中国跨境电商共发生 29 起融资，较 2020 年同期增加了 20 起，同比增长 222.22%。2021 年上半年店小秘、马帮、易仓科技、船长 BI、卡佩希、洋码头、亿数酒、积加、空中云汇、马帮位列中国跨境电商融资数据前十，如表 7-2 所示。

表 7-2 2021 年上半年中国跨境电商融资数据 TOP10 排名

序号	融资方	所属行业	所在地	融资时间	融资轮次	融资金额	投资方
1	店小秘	跨境服务商	北京市	2021 年 1 月 18 日	B 轮	1.5 亿元人民币	GOVE 源资本、鼎师投资、昆仑资本
2	马帮	跨境服务商	上海市	2021 年 1 月 18 日	A 轮	未透露	光云科技
3	易仓科技	跨境服务商	广东省、深圳市	2021 年 2 月 8 日	B 轮	4000 万美元	eWTP、五岳资本、创世伙伴等
4	船长 BI	跨境服务商	广东省、深圳市	2021 年 2 月 19 日	A 轮	1 亿元人民币	钟鼎资本、纵内集团、同创伟业
5	卡佩希	出口电商	江苏省、南京市	2021 年 3 月 3 日	战略投资	亿元级人民币	嘉御基金
6	洋码头	进口电商	上海市	2021 年 3 月 9 日	D+ 轮	数亿元人民币	盛世投资
7	亿数酒	跨境服务商	广东省、广州市	2021 年 3 月 10 日	战略投资	千万元级人民币	咕噜公园
8	积加	跨境服务商	广东省、深圳市	2021 年 3 月 15 日	Pre-A 轮	3000 万元人民币	云启资本、拙朴投资等
9	空中云汇	跨境服务商	广东省、深圳市	2021 年 3 月 24 日	D++ 轮	1 亿美元	绿橡树资本、GrokVentures 等
10	马帮	跨境服务商	上海市	2021 年 3 月 29 日	A+ 轮	1.5 亿元人民币	华院微盟基全

资料来源：网经社电子商务研究中心、智研咨询整理。

7.2.2 跨境电商融资业务的主要特征

1. 流动资金少，融资需求大

由于本身的"跨境交易"属性，跨境电商需要占用诸多领域的资金，不但存货需占用资金，同时存在着由于支付平台服务费、货款资金到账速度慢、出口退税用时长、货币汇损所产生的资金占用，所以在途资金的比重较高。

近年来，虽然我国加大了对小微企业的金融支持，但在跨境电商交易中，中小微外贸企业的融资难问题仍比较突出。据亿邦智库 2020 年调研发现，27% 的跨境电商企业需要融资，6% 的跨境电商企业长期面临资金不足问题，16% 偶尔出现资金不足。这主要由于，一是中小微外贸企业普遍具有轻资产、风险控制能力低、资金周转慢的特点，其本身存在融资条件不足的短板。二是现有贸易融资方式与企业融资需求匹配度较差。从跨境电商企业的融资方式偏好来看，52% 的外贸企业倾向于信用贷款、28% 的企业倾向于仓单抵押、应收账款抵押贷款，仅 16% 的企业倾向于固定资产抵押贷款。

2. 融资渠道有限，融资问题表现突出

在传统观念和社会现状的影响下，大多数中小跨境电商的融资渠道主要是民间借贷和银行。近年来，随着电子支付的兴起，越来越多的企业和个人采用电子方式支付，传统的汇付、托付等方式受到了严重冲击，跨境电商中小企业在这方面的融资渠道也越来越窄。根据跨境电商融资渠道有限这一问题，汇丰银行（2017）对长三角地区跨境电商企业发布调查，结果显示，跨境电商企业普遍存在严重的融资难的问题，具体表现为：39.65% 的跨境电商企业缺乏有效的担保和融资渠道，23.45% 的跨境电商企业认为自我积累与经营条件弱，19.6% 的跨境电商企业认为缺乏足够抵押物，还有 10.26% 的企业存在负债率较高的问题。

3. 融资门槛高，融资风险大

跨境电商中小企业要想从银行方面获得融资，通常要面临较高的门槛，比如需要进行资产抵押或是第三方担保。然而，与电商大企业相比，跨境电商中小企业往往很多都是轻资产企业，因此抵押的条件往往难以达标，且跨境电商中小企业实力背景较弱，很难得到第三方担保。根据中国人民银行公布的统计数据，在 2017 年年底之前，我国中小企业占全国企业总数的 99.4%，规模庞大，但是在银行的贷款额度上，仅有全国融资规模的 26.4%，由此可见，跨境电商中小企业在融资方面的困境和难度，为了企业的生存和发展，民间借贷也就成为中小跨境电商的一条可选道路，但是企业的借贷利率又较高，融资成本大幅攀升，借贷时的相互担保行为又进一步增加了企业的潜在融资风险。

7.2.3 跨境电商融资业务的主要类型

跨境电商融资业务的主要类型包括银行融资、小额贷款公司融资、互联网金融模式融资。它们具有不同的风险与产业特点，跨境电商企业可根据自身需求自行选择。

（1）银行融资。银行为跨境电商提供的金融服务主要包括支付结算和融资两类，银行

的融资额度会根据授信客户的经营体量、经营现状、还款来源和融资用途等方面来确定。目前跨境电商行业融资主体主要是跨境交易平台、跨境电商企业和综合服务平台。

（2）小额贷款公司融资。小额贷款公司是不吸收公众存款，经营小额贷款业务的公司。许多中小跨境电商企业因为没有抵质押物无法从银行获得融资支持，民间借贷利息高又缺乏规范性，可以选择从小额贷款公司融资。

（3）互联网金融模式融资。①网络贷款融资。网络信用贷款融资手段是在互联网平台上把个人闲置的资金集中起来发放给有贷款需求的中小企业，个人获得了理财收益，中小企业解决了资金问题。网络贷款融资方式中的资金可以由平台代管理或者第三方托管银行运作，平台只是作为中介把资金需求者和供应者对接，收取一定费用。②众筹。在一定范围向不特定对象筹集资金的行为即为众筹，众筹包括产品众筹和资金众筹。资金众筹作为小规模的融资，它跟天使投资和机构投资的区别主要是人数较多、金额较小，可以被认为一个小的证券发行。中小跨境电商企业主要通过资金众筹方式进行融资。

7.2.4 跨境电商融资创新

基于跨境电商融资的特征以及现有的融资方式，从以下五点提出跨境电商融资创新方式：

1. 构建多元化支付结算方式

鉴于支付结算存在兼容性差、支付成本高、支付风险高等结构性问题，可以从以下三个方面入手构建多元化支付结算方式。其一，银行和第三方支付机构可为跨境电商企业尤其是中小型企业以及个体工商户开立外汇结算账户，从而降低跨境支付成本；其二，对于没有外汇牌照的第三方支付机构而言，通过加强与持牌机构合作共同开展跨境支付业务，通过降低跨境支付费率以获取更多用户流量。其三，除了外汇币种外，还可以加大人民币跨境支付结算。通过人民币跨境支付系统（CIPS）加快跨境资金清算网络构建，同时发挥商业银行在境内外清算渠道上的优势，加强与境外电商平台应用程序编程接口（API）直联业务合作，减少支付链条环节以提高跨境人民币清算结算效率。

2. 整合多样化融资渠道

其一，可以根据跨境电商的交易规模出台出口退税资金管理办法，在符合资产和流动性管理的安排下设立出口退税资金池。其二，可以联合社会资本成立跨境电商股权投资基金，用于企业及其产业链上的相关企业，同时加强和丰富投贷联动在跨境电商中的应用场景。其三，加强对与跨境电商发展相适应的配套服务体系以及智能化、数字化海外仓的资金支持。其四，鉴于跨境电商经营的轻资产特征，可以考虑成立第三方担保公司，解决跨境电商传统信贷和抵押授信中担保不足的问题。其五，结合专项债政策和额度，做实各地、各综试区、各试点城市专项债与跨境电商项目库的匹配度，使得筹集的债券资金能有力地支撑跨境电商的发展，并有效地转化为实物工作量。其六，拓宽境内外双向融资渠道，支持跨境电商平台上中小微企业通过标准化票据从债券市场融资，支持小微跨境电商创业创新孵化平台、产业园发行"双创"债券，支持符合条件的优质电商平台企业发行债务融资工具。

3. 进一步发挥外汇管理工具的效能

其一，在跨境电商企业对冲汇率风险能力不足的情况下，银行应有针对性地提供结构简单、流动性强、风险可控、多样化的汇率风险管理产品以及衍生工具。其二，企业需要加强树立汇率风险中性理念，综合运用各类工具开展套期保值，支持多渠道降低企业汇率套期保值保证金比例。其三，加大对跨境电商企业的外汇收支企业名录登记以及从事跨境电商业务的个人备案，便于跨境电商进出口规模与国际收支申报金额保持一致，并纳入外汇管理的统一监测框架。

4. 加强综合性金融产品和服务的创新开发

其一，跨境电商企业通过与能提供一站式聚合支付服务的支付机构合作，来满足资金集中归并要求。同时，商业银行可以通过金融技术开发综合性、定制化的产品服务形式为企业提供帮助。其二，鼓励金融机构结合跨境电商产业链属性创新开发具有差异化、针对性的供应链金融业务。政府、商业银行、信保机构、物流企业等可根据实际情况进行跨界合作，着力开发多种供应链金融产品线。其三，通过组合创新提供更有针对性的贸易金融产品，在贸易保险、保值避险、现金管理上有所突破，从而优化综合金融服务，提升金融服务的附加值。

5. 构建共享式跨境电商数据体系并拓宽多维应用场景

构建共享互通、统一口径、精准有效的数据体系对于跨境支付、贸易融资以及外汇管理来说尤为重要，这需要加快推进跨境电商数据采集机制建设，实现对"国际贸易单一窗口"、海关、商务、外汇、税收、第三方支付、商业银行、跨境电商平台等各方机构信息的有效对接。此外，加强金融科技在数据系统中的多维应用，积极发挥数据挖掘带来的综合红利。其一，加强区块链技术在支付结算、溯源、信用、风险防控等领域的应用。其二，加快商业银行和支付机构的数字化转型升级，提高数据治理效能，提升智能响应和线上高效交易等方面的能力。

7.3 区块链与跨境电商

7.3.1 区块链简介

1. 区块链概念与特点

延伸阅读 7-1

比特币的
前世与今生

区块链（blockchain）是分布式数据存储、点对点传输、共识机制、加密算法等计算机技术的新型应用模式。所以区块链不是一项新的计算机技术，而是一个新的技术组合。区块链是以比特币为代表的加密数字货币体系的基础支撑技术。它本质上是一个去中心化的数据库，同时作为比特币的底层技术，是一串使用密码学方法相关联产生的数据块，每一个数据块中包含了一批次比特币网络交易的信息，用于验证其信息的有效性（防伪）和生成下一个区块。具有以下特点，是一把"双刃剑"。

（1）去中心化。区块链技术不依赖额外的第三方管理机构或硬件设施，没有中心管制，除了自成一体的区块链本身，通过分布式核算和存储，各个节点实现了信息自我验证、传递和管理。去中心化是区块链最突出最本质的特征。

（2）开放性。区块链技术基础是开源的，除了交易各方的私有信息被加密外，区块链的数据对所有人开放，任何人都可以通过公开的接口查询区块链数据和开发相关应用，因此整个系统信息高度透明。

（3）独立性。基于协商一致的规范和协议（类似比特币采用的哈希算法等各种数学算法），整个区块链系统不依赖其他第三方，所有节点能够在系统内自动安全地验证、交换数据，不需要任何人为的干预。

（4）安全性。只要不能掌控全部数据节点的51%，就无法肆意操控修改网络数据，这使区块链本身变得相对安全，避免了主观人为的数据变更。

（5）匿名性。除非有法律规范要求，单从技术上来讲，各区块节点的身份信息不需要公开或验证，信息传递可以匿名进行。

2. 区块链基础架构模型

虽然区块链起源于比特币，但目前已有很多创新模式被提出，区块链的内涵及应用场景越来越丰富。区块链的发展可以归纳为三个阶段，以可编程货币体系为主要特征的区块链1.0版本，以可编程金融为标志的区块链2.0版本和以可编程社会为最终目标的区块链3.0版本。相比于传统的OSI网络协议7层模型，区块链基础架构模型（图7-4）分为6层，包括数据层、网络层、共识层、激励层、合约层和应用层。其中数据层封装了区块链底层存储数据的区块，以及相关链式结构、树形结构和有向无环图结构，并通过密码学相关技术保障数据加密和不可篡改；网络层包括分布式自治系统的组网机制，传播协议以及数据校验机制；共识层中包括区块链主要的共识算法和共识机制，是区块链最为核心的创新之一，也是分布式计算领域的重要研究课题，目的是能在决策权分散的无中心化系统中快速、高效地针对数据的有效性达成一致；激励层以代币的形式发放和分配奖励。前提假设参与共识的节点是自利的，必须引入经济学的知识设计激励相容的奖励机制并与共识算法相融合，以保证区块链中记账和校验节点稳定工作；合约层封装了图灵完备的脚本、算法、程序以及编译执行智能合约的虚拟机等，是区块链实现可编程的基础设施；应用层则封装了区块链的各种应用场景。该模型中，每层用到的都是已有的计算机技术或者是对成熟技术的优化改进。其中分布式节点的共识机制、基于时间戳的区块链式或图式存储结构、可编程的智能合约是区块链最典型最具代表性的创新。

图 7-4　区块链基础架构模型

3. 区块链的分类

根据准入规则来划分，区块链可分为公有链（public blockchain）、联盟链（consortium blockchain）和私有链（private blockchain）；根据链与链的关系来划分，区块链可以分为单链、侧链和互联链；根据适用范围来划分可以分为基础链和行业链。

（1）公有链。也称作非许可链（permissionless blockchain），是一个允许任何节点在无须授权就可以匿名访问的区块链形式。公链上的区块数据可以被任何人查看、存储，任意节点都可以随时在区块链上发布交易、参与共识、共同维护区块链并记录当前的网络状态。由于公链的完全开放特性，使得它是真正意义上完全去中心化的区块链形式。公链的共识机制主要为工作量证明和权益证明，参与记账的节点会得到代币奖励，以此激励每个参与节点为共识作出贡献，保障区块链的稳定和安全。主要应用场景有支付交易、福利分配等。公有链典型的代表有比特币、以太坊等。系统全面公开也为公有链带来很多问题，因此公有链成为学者研究的主要对象。

（2）私有链。是一个在准入原则上与公有链对立的区块链形式。私有链仅供组织内部使用，区块链上的读、写、共识记账等都需要符合组织内部的约定。私有链的价值在于为封闭式的场景提供安全、可追溯、不可篡改的可编程运算平台。私有链是许可链

（permissioned blockchain）的一种。主要适用于企业内部的数据库管理、审计等。私有链的代表共识机制有实用性拜占庭容错算法（practical Byzantine fault tolerance，PBFT）、权益证明（proof of stake，PoS）和股份授权证明（delegate proof of stake，DPoS）。由于系统封闭节点数量可控，私有链在效率和性能方面远优于公有链。

（3）联盟链。在准入规则上是一个介于私有链和公有链之间的区块链形式。仅限于联盟成员参与，区块链上数据的读、写、参与记账共识的权限由联盟成员协商制定。联盟链也属于许可链的一种，可以根据应用场景决定开放程度，共识过程由预先设定好的结点负责，主要采用的共识算法有 PoS、DPoS、PBFT、一致性算法（consensus algorithm，RAFT）等。联盟链典型的应用场景是企业间的交易结算、清算等。由于参与节点动态变化但数量可控，联盟链每秒处理的交易数以及确认时间都与公链有很大差别，其对安全和性能要求也高于公链。

（4）单链。能够独立运行的区块链系统，如比特币主链、测试链、超级账本 Fabric（hyper ledger fabric）的私有链形式或者联盟链形式都可以称为单链。目前主要的区块链方案都是单链。

（5）侧链。起初是针对比特币的主链提出的一个概念，是一种解决比特币主链拥塞、性能过低、难以修改等问题的技术方案。侧链的实质就是与比特币主链挂钩的区块链，可以与比特币进行数据交互。跨链的数据传输使主链的功能得以扩展，侧链独立运行可以提供高性能的服务，同时将数据锚定到主链增加本链的可靠性和安全性。

（6）互联链。顾名思义就是能提供多个区块链之间数据互联互通的底层区块链。针对各领域垂直的区块链应用，当需要链与链之间自由交换数据时就可以使用互联链提供的协议和服务。互联链的主要特点是具有良好的互操作性和可扩展性。典型项目例如"区块链的互联网"COSMOS，通过枢纽（hub）完成对不同分区间的数据交换，不同的分区可以通过共享枢纽来互相通信与互相操作。COSMOS 中的区块链都通过如 Tendermint 的拜占庭容错算法达成共识。

（7）基础链。可以为区块链或者分布式应用提供基础服务的区块链。典型的基础链如以太坊可以提供智能合约的发布、编译、运行服务，是下一代分布式应用平台；星际文件系统可以提供数据的存储服务；本体（ontology，ONT）是新一代的公有基础链，提供基础公有链服务、智能合约体系服务、定制公有链相关服务以及分布式数据交换协议服务等。

（8）行业链。针对特定的应用场景而形成的垂直领域的区块链。

4. 区块链技术的应用领域

目前，区块链除了在数字货币、支付汇兑、供应链金融等金融领域有大量应用之外，在物联网、数据存证和版权保护、溯源防伪和供应链、娱乐及医疗健康等领域也有了一些尝试，简要说明如下。

（1）数字货币。数字货币是区块链最早也是最主要的应用场景，据

延伸阅读 7-2

全球 20 家顶级的区块链公司

CoinMarketCap 数据显示，截至 2018 年年底全球已有约 2080 种数字货币，市值共计约 1100 亿美元。这些数字货币可以简单分为五类：纯数字货币类公链中的代币，主要用于在线支付和购买商品，如比特币；开发类公链中的代币，以 NEO 和以太坊为代表，该公链具有解析和运行智能合约的功能，降低了分布式应用（dapp）的开发成本，提高了开发效率；协议类公链中的代币，主要是对公链的补充，在性能、吞吐量、应用范围等方面优化公链生态系统，如 RDN 雷电币是在以太坊的基础上通过使用通道技术缓解主网交易拥堵问题；基础设施类公链中的代币，这类公链是指可为其他区块链提供包括计算、存储、网络带宽等基础能力的项目，如星际文件系统（interplanetary file system，IPFS）是一个点对点的分布式版本文件系统，目标是补充超文本传输协议，可以提供基于内容寻址的存储服务。

（2）供应链金融。供应链金融是指将供应链上的核心企业以及其相关的企业看作一个整体，运用自偿性贸易融资方式对供应链上下游企业提供金融产品和服务。布比公司基于区块链研发了壹诺供应链金融服务平台，提供资产管理、在线融资等服务；联动优势发布的基于区块链的跨境保理融资授信管理平台，采用自主研发的优链为供应商和保理公司提供全生命周期的金融服务；微企链平台运用腾讯区块链作为底层技术搭建金融平台，完整真实地记录资产上链、兑付和拆分的全过程。

（3）物联网。物联网是通过传感器等信息传感设备，按照约定的协议将任何物品与物联网相连接，进行通信和信息交换的网络技术。区块链结合物联网的研究方向，主要包括物联网数据存储管理、传感器数据交易、物联网设备身份管理等。著名的大数据架构（IOTA）项目是物联网基础设施中数据交换的解决方案，专注于解决机器和机器之间交易的问题，系统基于新型分布式账本 Tangle 实现；沃尔顿链（waltonchain）将区块链技术与射频识别技术结合，搭建出跨链的架构，物联网项目可以根据自己的需求在公链上构建各式各样的子链，完成链与链之间的数据交换。

（4）医疗健康。目前医疗健康领域产生了大量数据，区块链技术可以激活这些可交换数据的价值，同时提高医疗服务机构对用户提供服务的质量。此外，医疗保险、药品溯源防伪、医务人员身份认证等多方面都可以与区块链技术相结合。

7.3.2 基于区块链技术的跨境电商供应链金融

1. 跨境电商供应链金融简介

随着跨境电商交易规模的不断增加，跨境电商行业供应链金融作为新的金融模式得到了迅速的发展，与传统的供应链金融不同，跨境电商行业供应链金融整合了商流、信息流、物流、资金流而"四流合一"，为供应链上的中小企业提供融资需求，降低了跨境电商行业及其生态领域内的中小企业的融资成本。但是随着跨境电商行业大批企业的倒闭，这种金融模式所隐含的风险也在不断爆发，如何对跨境电商行业供应链金融风险进行防控，已成为当前社会各界关注的重点。

而区块链技术作为一种新的互联网技术，具有不可篡改、去中心化、分布式记账等特性，能够对金融环境信任度进行优化，从而降低金融领域内的融资成本。从区块链技术的视角对跨境电商企业供应链金融风险进行研究，分析其存在的风险，并将区块链技术应用到电商企业供应链金融业务中，从而降低电商企业供应链金融风险具有重要的实际意义。

2. 跨境电商供应链金融的基本模式

跨境电商行业供应链金融是指从事电子商务相关的企业、金融机构、中介服务机构以及与跨境电商行业相关的中小微企业所组成的融资服务系统。该系统旨在通过对跨境电商行业相关企业的资金供给、需求相对接，为跨境电商行业中的中小微企业提供融资服务的金融模式。按照跨境电商行业的性质可将供应链金融分为三种模式：一是基于 B2B 跨境电商平台的供应链金融模式，融资的资金来源主要以行业内大型跨境电商企业的自有资金和银行资金为主，采用电子订单、电子仓单和网络信用的信用质押物模式。如"阿里巴巴 ＋ 蚂蚁金服"的模式。二是基于 B2C 跨境电商平台的供应链金融模式，融资的资金来源主要以行业内大型跨境电商企业的自有资金和银行资金为主，采用电子订单、网络信用的信用质押物模式。如"天猫 ＋ 蚂蚁金服"的模式。三是基于 C2C 跨境电商平台的供应链金融模式，资金来源主要以自有资金为主，采用电子订单、网络信用的信用质押物模式。如"淘宝 ＋ 蚂蚁金服"的模式。

3. 跨境电商行业供应链金融业务风险特点及传递机制

从跨境电商行业供应链金融的风险来看，可以将其分为市场风险、信用风险和操作风险，从跨境电商行业的特点来看，跨境电商企业更容易受到市场因素、信用的影响，最终造成其交易数据不稳定，影响其如期归还贷款，进而对于整个供应链金融造成一定的影响，甚至会引发金融风险。

（1）市场风险的特点及传导。跨境电商行业供应链金融的市场风险主要是由于市场因素波动所带来的风险。通常而言，影响跨境电商行业市场风险的因素比较多，如利率波动、汇率变化等。对于跨境电商行业中的企业而言，一般认为中小型企业对于市场的风险抵御能力比较弱，一旦出现市场因素的波动，就会对跨境电商企业造成较大的影响。而在供应链金融的实施过程中，受到市场因素的影响，跨境电商商户的交易额会出现下降，不能够及时还款，从而影响其贷款等业务。跨境电商行业中的企业在获得供应链金融贷款时，由于缺少实物作为抵押，往往采用交易数据评估的方法，对于跨境电商行业内的中小企业的信贷风险进行评估。由于很多跨境电商企业的规模较小，受到市场因素的影响波动较大，交易数据的波动也较大，从而会造成风险在跨境电商行业内传导，可能引发更大的风险。

（2）跨境电商行业供应链金融的信用风险特点及传导。信用风险是指借款人在规定的还款期限内，不能够全额偿还贷款本息所引发的风险行为。信用风险在传统金融业务模式中是较为常见的风险。而在跨境电商行业，供应链金融的信用风险主要表现为跨境电商行业中的中小企业由于跨境电商，交易数据真实性不能够保证的情况下，可能会由于虚构订单、线下回扣等方式所引发的数据不真实，不能够如期偿还贷款的情况。而对于跨境电商企业的这些数据真实性，跨境电商平台或者中介机构又缺少必要的监督手段，从而造成贷款违约。由于很多跨境电商企业之间存在一定的业务关联，相应的信用会在供应链上传递，从而引发系统性风险。

（3）跨境电商行业供应链金融操作风险的特点及传导。操作风险是在供应链金融业务操作的过程中，所出现的失误或者欺骗等行为而引发的风险。跨境电商行业供应链金融业务在实施的过程中，一些跨境电商企业的数据受到网络病毒的入侵，造成交易数据的不稳定，或者是供应链金融评估模型的构建出现一定的失误，造成所构建的模型与实际存在一定差异，不能够计算出跨境电商企业展示的守信额度，从而引发供应链金融风险。

4. 基于区块链技术的电商企业供应链金融风险防控步骤

（1）市场风险的防控。在区块链模式下，采用整个跨境电商行业供应链环节上企业数据的全面采集，并对市场中的利率、经济数据进行采集，从而能够确保市场中的各类风险数据实现全部覆盖，并通过区块链的方式，将数据进行储存和分析，能够提高金融机构对于跨境电商行业市场风险的把握程度。如跨境电商行业供应链上某一个环节出现了问题，可能会对申请贷款的企业带来哪些影响，都可以通过分析的方式获得，从而降低市场带来的风险。

（2）信用风险的防控。对于信用风险的防控，主要采用"三方信用评价"的方式，第一方为人民银行，为金融机构提供申请贷款的跨境电商企业主要负责人的个人征信数据作为参考；第二方为跨境电商平台，根据跨境电商行业中每一类企业或者供应链每一环节企业的平均水平，对于申请贷款的企业经营等综合状况等级进行评价，从而为金融机构提供企业经营方面的信用数据；第三方为消费者评价，采用跨境电商企业的消费者评价中的好评、中评、差评情况，以及消费者的追加评价和评价内容质量，为金融机构提供申请贷款企业的服务质量方面的数据。金融机构按照"三方信用评价"情况，调整对于申请贷款企业的授信规模和授信系数。

（3）操作风险的防控。对操作风险主要源自两个方面：一方面是来自跨境电商企业的操作风险，主要以道德风险为主；另一方面是来自金融机构的操作风险，主要以员工操作和模型不科学因素为主。对于来自跨境电商企业的操作风险，采用区块链对跨境电商企业数据实时跟踪和记录的方式，确保跨境电商企业的每一个数据都能够记录和追溯，从而避免道德风险的发生。对于金融机构的操作风险，采用大数据技术和区块链技术结合的方法，实现对操作人员的行为数据实时记录，避免人为操作风险，利用人工智能技术对授信评估模型进行不断的智能化完善，确保授信模型的科学，从而降低操作风险。

7.3.3　区块链技术在跨境电商中的应用

1. 区块链技术应用于跨境电商的可行性分析

众所周知，现阶段跨境电商还存在诸多问题，但是区块链的应用可以解决部分问题。从可行性方面看，具体如下。

（1）跨境电商无中心交易主体的现状满足区块链分布式存储要求。跨境电商中涉及的交易主体比较多，当众多交易主体被放置于世界大环境中的时候，没有一个交易主体具有绝对权威，能够成为整个跨境电商的中心节点。

（2）跨境交易的安全需求契合区块链安全特质。在跨境电商环境下，由于交易频繁且交易主体间信息不能共享，容易导致信息失真，而信息失真必然会造成交易安全隐患，比如货物原产地造假，快递单据信息造假，退换货物频次增加等。另外，由于跨境主体间产生大量的交易信息，对于信息的保护尤为重要，一旦遭遇商业机密、支付数据、客户信息泄露，将会对整个跨境电商体系的稳定运行带来巨大冲击。区块链数据的不可篡改特性和非对称加密技术在最大程度上保证了交易的安全性。

（3）区块链追溯特质是指区块链所有交易主体都可以回溯任何一个区块之前的交易记录。在跨境电商中，需要回溯的信息非常多，对信息的可回溯要求符合区块链追溯特质。区块链采用协商过的规范使系统中的交易安全进行，使信任机制建立，这也是区块链技术能应用于跨境物流、跨境支付、跨境溯源领域的基础。

2. 区块链技术在跨境电商领域的应用现状

1）跨境支付方面

2016年招商银行基于区块链技术开发了跨境直联清算系统。在此之后，中国银行完成了我国国内首笔区块链技术下的国际汇款业务。2018年下半年，中国银行通过利用区块链跨境支付系统，成功地完成了中国河北雄安与韩国首尔这两地之间客户的美元国际汇款任务，这是国内银行首笔应用自主研发的区块链支付系统完成的国际汇款业务，这标志着中国银行运用区块链技术在国际支付领域取得了重大进展。中国银行使用区块链跨境支付系统的国际汇款具有汇款速度快、无须对账等优点，中国银行利用区块链技术进一步提升了国际支付的安全性和透明度。中国银行通过使用区块链跨境支付系统，在区块链平台上可以实现快速完成参与方之间支付交易信息的可信共享，并可以在数秒内就完成客户账款的解付，实现实时查询交易处理的状态，实时追踪资金动态。同时，这使得银行可以实时销账，实时了解账户头寸信息，提高了流动性管理的效率。

银行业中的区块链应用正在逐步地落地，虽然到目前为止落地数量很少，但区块链这一领域仍受到了很多的关注，在中国银行实现利用区块链支付系统完成两国间的国际汇款业务之前，阿里巴巴就完成了全球首笔区块链跨境汇款业务，全球首笔利用区块链技术的同业间跨境人民币清算业务也由招商银行联手永隆银行、永隆深圳分行完成。这些已经落地的项目标志着我国区块链技术在国际支付领域中取得的重大进展。

2）跨境物流方面

中国各个电子商务公司都在积极地应用区块链技术于跨境物流当中，例如阿里巴巴旗下的子公司Lynx通过研究与试验已经成功地将区块链技术应用于跨境物流业务当中。Lynx公司表示，有关生产、运输、海关、第三方核查、安检等相关跨境物流的细节信息已经基于区块链系统被记录下来。以区块链技术解决跨境物流追踪等问题是实现商品品质与效率的双方面升级。

3）跨境溯源方面

国内外都积极应用区块链技术解决跨境溯源问题。英国 provenance 软件公司已经采用将食材信息记录在区块链系统中的方式，保证食材的数据信息真实可靠。在国内，阿里与京东也应用区块链技术完善跨境食品供应链，使其透明且商品信息可追溯。在跨境食品的各个环节中应用区块链技术，使得数据的采集依赖于机器，解决了跨境溯源方面信息不对称的问题。

3. 区块链技术解决跨境电商支付问题

传统跨境支付的高收费是因为跨境支付体系的层级代理结构，而区块链技术可以依靠分布式存储和点对点的传输方式消除中间层级代理，使双方直接交易，从而达到降低跨境支付成本的目的。传统跨境支付的另一个问题是多币种交易，其实客户账面上的钱都是一串数字，转账也是数字上的加减，多币种支付就是汇率变化下的数字计算。如果能创造出一种全世界认可的数字货币，那么这个问题就能得到解决。货币之所以被认可，是因为它的有价证券特性。创造出的数字化货币必须有对等的实物支撑，这样才会被接受，不需要再转换成其他币种。此外，区块链技术还可以通过分布式共识算法和智能合约建立起一个适用于区块链系统内部交易的数字货币，以消除不同国家之间的汇率变化问题，提升区块链系统的运行效率。

在现有的传统国际支付业务中，跨境支付交易信息需要在许多家银行间进行流转、处理，其中不仅包括国内银行，也包括了国际银行，这不仅使得完成一个跨境支付业务耗费更多的人力与时间成本，还使得跨境支付业务的客户无法实时获知交易处理的状态和资金动态。流程过于繁杂使得用户体验差，也有泄露个人信息和交易信息造成损失的风险。在现有的传统国际支付业务中，管理资费标准高、资金流转时间长、经营风险盲点多等问题限制了我国跨境电商的发展。

区块链技术在跨境支付方式上与传统跨境支付最大的不同是转变了支付的流程，这一转变是在去中心化的前提下实现的。中心化所采用的支付流程简化来说，一般是买方下单并且付款，第三方收到买家货款后通知交易卖方发货，卖方收到第三方的消息后发货，等到买家确认收货并且确认货物没有问题后，第三方就会把款项转到卖家账户（图 7-5）。

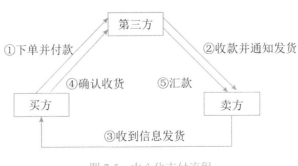

图 7-5　中心化支付流程

图 7-5 的交易过程是中心化思想的一种最简单的交易模型，目前跨境支付采用的正是这种中心化的交易模式。但是通过第三方机构来保证资金和数据的安全性并不是万无一失的，跨境交易很容易遭到来自第三方机构的影响，这是因为第三方机构的安全性也不能完全保证。因此采用中心化方式的跨境支付模式有许多安全性问题，并且层级代理结构使得跨境支付的收费相比国内支付更高。区块链技术消除了第三方机构使得买卖双方直接交易，不仅降低了跨境支付的交易成本，提高交易效率，同时也杜绝了来自第三方机构的影响。利用区块链技术，使得跨境支付中买方与卖方直接交易，无须中间机构参与，如图 7-6 所示。

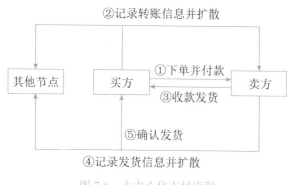

图 7-6　去中心化支付流程

基于最简单的支付流程来看，建立一个简化的去中心化的新型交易模型。买方提交订单并付款后，使用区块链来完成储存转账信息并通过广播的形式发布出去，使得区块链中所有的节点都收到这一交易信息数据。卖方收款并发货，这一交易信息同样被区块链储存并通过广播的形式发布出去，买方最终确认收货。通过建立这样一个简化的去中心化的模型就能够知道，交易过程出现了本质的改变。每个人的账本上都储存着完全一样的信息，如果有一个参与者的信息有所变化，不会影响到其他人账本上的原始交易记录，这些原始的信息都是交易过程完成的证明。支付流程出现这些变化，一方面是由于中心化传统模式的改变，另一方面是区块链技术分布式的存储方式优势的体现，跨境交易过程的真实性以及可信性都通过多个节点的信息备份方式得以实现，也可以让区块链中的每个人维护共同的数据，同时也可以相互监督交易过程中的行为。

在传统的跨境交易方式中，账目记录在双方间分开进行，不仅消耗了大量的人力资源和时间成本，而且调整相互间的矛盾，往往会影响结算效率。使用区块链技术，所有交易清算记录都是链内，安全、透明、防止篡改并且可以被追溯，跨境支付效率被显著提高。通过智能合约还可以实现跨境交易的自动结算，尤其是在跨境支付方案中能够显著降低成本和错误率。

4. 区块链技术解决跨境电商物流问题

目前，区块链技术大多应用于金融领域，但区块链的分布式记账和可追溯的特性完全可以应用到物流领域。实际上，跨境物流系统是由多个参与方组成的利益共同体，也非常符合区块链技术多节点参与的特征。原因在于当交易主体的交易信息被全程记录时，将有助于优化物流运输路径、仓储作业以及商品追踪和溯源，从而解决物流成本高、运输时间长以及货物损坏责任认定难等问题。

此外，跨境物流所遇到的问题包括跨境配送速度慢、不确定性强、跨境物流费用高、跨境配送商品受限制、跨境商品退换货难度大、货物丢失率高，无法做到跨境物流的全程追踪。我国跨境电商所应用的跨境物流模式主要包括四种，分别是邮政小包、商业快递、专线物流和海外仓。邮政小包的优势有清关方便、投寄方便等，但邮政小包的配送速度较慢，货物丢失率高，不能提高跨境物流效率。商业快递的优势是运输速度快、货物丢失率极低，并且可以实现货物信息的全程追踪，这对于实现跨境物流的高效率及产品信息流可查询是十分重要的。但商业快递没有打通跨境物流中的各个环节，例如海关等不能对跨境货物的信息进行追踪等。专线物流的特点是货物送达时间是基本不变的，对于运输时间的把握更加精确。在海外仓模式下，国内卖家先将货物存储到国外已经安排好的仓库中，下达订单后，国外的仓库可以像国内受到订单后一样，进行货物的分拣、包装和配送。但海外仓模式投资成本较大，只适用于较大的平台卖家，而且对于卖方准确的市场预期有非常高的要求，否则很容易就会造成库存积压，导致较大的损失。但目前这些物流模式都没有解决跨境物流跨境运输成本高、运输时间长、货物损坏定责难及物流信息的全程分享问题。

由此，加强跨境物流的信息化建设，实现跨境物流的全程追踪，解决物流运输过程中的信息不对称问题，是我国跨境电商亟待解决的一大问题。各个主体间的物流信息系统需要互联互通，需要构建完整的跨境电商信息链，使得信息不对称问题得以解决。"互联网＋物流"的信息系统建设是跨境物流的发展方向，需要互联网技术优化跨境物流的信息共享建设。

以区块链技术解决跨境物流运输成本高、时间长以及货物损坏难定责等问题是可以实现的。跨境物流系统是由多个主体组成的利益共同体，包括国内物流、海关、报检机构国际物流等，这十分符合区块链技术多节点参与的特征。若交易信息可以被区块链技术全程记录，那么实现跨境物流的全程追踪，解决物流运输过程中的信息不对称问题便是有可能的。区块链技术还在以下几方面促进跨境物流的发展。

（1）区块链技术可以提高清关效率，减少手动验证的要求。区块链技术可以使跨境物流易于预处理，即货物的到货前处理和货物的快速通关，必要的数据可以在账本上实时共享。海关文件通过系统提交，海关文件根据智能合约中预定选择标准自动分析并立即评估，符合标准的产品会自动标记。

（2）提升跨境物流效率及数据准确性。智能合约可依据法律和监管的要求来进行编程，实现自动支付关税，例如当货物到达进口商海关时"自动"处理货物付款。在有疑问时，区块链不可更改性使跟踪和审核交易变得容易。采用区块链技术来登记税率，有利于增加交易数据的准确性。

（3）区块链技术可跨境物流解决追责难的问题。由于区块链具有真实性、可信性、不可篡改性等特点，又能为参与区块链的多方主体提供访问权限，可以用于跨境物流产品的追踪，区块链中商品的物流情况可以被实时查看。各参与主体的责任得到了有效且公正的认定。跨境物流信息被写入区块链且加盖时间戳，不存在任何更改数据的可能，因为数据存储于各个主体中，单独修改一个节点的数据没有影响。在区块链系统中，所有的区块链系统参与者共同维持账本的数据积累，账本只能严格按照既定的规则和共识进行修改。

（4）利用区块链技术建立跨境物流的基础数据库。将厂家发货、国内物流、清关、商检、国外派送等跨境物流信息全部写入区块链系统中，由区块链系统保证以上跨境物流信息无法被篡改，保证消费者查询到的跨境物流信息是实时且正确的。消费者可以利用跨境电商平台来向系统发送请求查询跨境产品的相关信息，然后消费者能够快速得到已输入跨境物流基础数据库中的跨境物流信息。例如，消费者通过配送的实时信息发现货物不符合订单要求时，可以直接和国际物流公司沟通，使跨境物流中止，问题被事先控制，提高了跨境物流的效率，节约了跨境物流的成本。海关也可以通过货物的来源信息查询跨境货物是否符合要求。

5. 区块链技术解决跨境电商产品质量溯源问题

区块链技术在产品质量控制方面的应用主要体现在溯源功能和信息的实时性上。由于源头信息的真实性可以起到产品有错可查、有错必纠、预防为主、纠错为辅等作用。因此，越接近源头越要有详细的交易记录，避免问题逐渐积累，从而造成退货等问题。鉴于此，区块链技术可以应用于商品源头记录环节，通过建立一个用于查询的数据库，保证货物来源的真实性。

近年来，食品行业的各种问题使食品公司和零售公司正寻找相关技术，以便快速追踪到问题产品，以增进消费者对食品的信任。采用区块链技术解决跨境溯源问题，要求从源头开始就要有详细的记录，避免问题逐层积累，生产环节每一个细节都需要配备区块链技术，因为区块链技术在防止产品信息被篡改的同时，能够以更安全的方式实时跟踪、更新跨境产品信息。鉴于此，可以通过区块链技术建立包含跨境货物从源头起的信息的数据库。建立这种跨境溯源数据库的基本思路如图 7-7 所示。

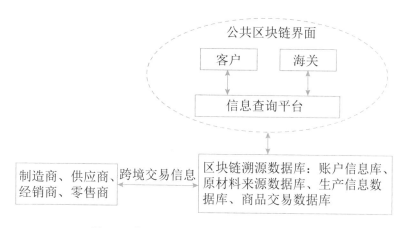

图 7-7　基于区块链技术建立跨境溯源数据库

由跨境电商平台或商检局作为主导机构，建立公有区块链，相关的供应商、制造商、跨境电商平台等交易主体通过实名注册获得区块链记账权限。然后，建立区块链溯源相关的基本数据库，主要包括供应商、制造商、经销商、零售商等交易主体的所有交易及产品信息数据库等。海关等检查机构和消费者可以通过商品源头信息查询平台来对跨境货物进行溯源，例如图 7-7 的公共区块链界面。这样的平台可以保证正品的跨境货物出入境。

由于跨境电商平台大数据的应用，平台本身拥有上游供应商和下游消费者全部数据的优势，因此跨境电商平台能够利用此优势建立上文提出的比较完备的跨境溯源基础数据库。平台可以将各个环节的参与者都纳入其中，将跨境交易各个环节的参与者变成区块链系统的参与者。将跨境电商平台上产品的所有信息全部归档至区块链系统中。由区块链系统保证以上信息在跨境电商平台中无法被篡改，保证消费者查询到的信息安全可靠。消费者可以利用跨境电商平台向系统发送请求来查看跨境产品的相关信息，并能够快速得到已经输入跨境溯源基础数据库中的产品信息。

区块链技术为跨境电商提供了打击盗版的机会，因为区块链技术自身所具备的不可更改性以及透明性，使识别产品的来源变得十分容易。许多初创公司正在研究用于跟踪和识别药品、奢侈品和时尚产品、电子产品等跨境商品的解决方案。保障消费者能够获得真正的优质产品。例如，时尚品牌 Babyghost 与致力于品牌、商标以及产品保护的创业公司唯链（Ve Chain）合作，在每个服装中嵌入了一个以区块链技术为基础的唯链芯片。通过扫描二维码，消费者可以访问服装的信息，包含与设计师以及设计相关的信息，以验证产品的可靠性。

思考题

1. 请比较跨境电商支付交易过程中，有区块链与没有区块链的资金出境模式。
2. 请简述跨境电商业务运行过程中第三方支付机构在其中的作用。
3. 请比较几种国际货款结算方式组合的不同。
4. 请简述跨境电商中区块链金融的运用对于结汇和退税的帮助。
5. 请分析跨境电商融资对于业务发展的优势与劣势。
6. 请简述区块链技术对于跨境电商物流的帮助。

即测即练

扫描书背面的二维码，获取答题权限。

第 7 章

即测即练

案例分析

案例分析 7-1

重庆自贸区解决
跨境贸易支付问题

参考文献

[1]　郎玲, 李子良. 我国跨境电商发展现状及支付问题研究 [J]. 合作经济与科技 ,2019(02):124-127.

[2]　卢志强, 葛新锋. 区块链在跨境支付中的应用研究 [J]. 西南金融 ,2018(02):23-28.

[3]　李栅淳. 中国跨境电子商务发展现状、问题及对策研究 [D]. 吉林大学 ,2017.

[4]　吴学影. 国际贸易结算方式的应用及风险管理研究 [D]. 对外经济贸易大学 ,2016.

[5]　黄蕙. 中国进出口贸易的国际结算成本研究 [D]. 江西财经大学 ,2014.

[6]　孙好. 我国跨境电商金融服务发展现状 [J]. 经济研究导刊 ,2019(25):74-75.

[7]　陈彦舟, 尹应凯. 互联网金融模式下跨境电商中小企业融资难的原因及应对 [J]. 对外经贸实务 ,2019(04):30-33.

[8]　龚榆桐, 李超建. 中国跨境电商支付平台发展现状、问题及应对策略 [J]. 对外经贸实务 ,2018(11):29-32.

[9]　王馨. 我国商业银行国际结算新模式——BPO 业务研究 [D]. 对外经济贸易大学 ,2018.

[10]　曾晖. 民生银行跨境电商金融服务方案优化研究 [D]. 江西财经大学 ,2016.

[11]　林梅. 我国跨境电商发展趋势及对策探析 [J]. 现代商业 ,2016(18):164-165.

[12]　周莉萍, 于品显. 跨境电子商务支付现状、风险与监管对策 [J]. 上海金融 ,2016(05):73-78.

[13]　张淑涵. 基于一带一路背景下中俄蒙跨境电商发展策略研究 [J]. 知识经济 ,2019(31):72+74.

[14]　李海波. 利用区块链技术促进我国跨境电商发展 [J]. 财会月刊 ,2019(03):142-146.

[15]　李海波. 区块链视角下我国跨境电商问题解决对策 [J]. 中国流通经济 ,2018,32(11):41-48.

[16]　梁尧. 跨境电商支付平台的发展与应用 [D]. 浙江大学 ,2018.

[17]　程震舟. 关于跨境电商贸易结汇方式的研究 [J]. 中国市场 ,2017(28):30+34.

[18]　丁雅馨. 中国 B2C 电子商务跨境发展研究 [D]. 海南大学 ,2017.

[19]　胡英华. 跨境电商背景下的国际结算方式研究 [J]. 中国市场 ,2017(12):273-274.

[20]　李彦, 王杰, 李翔龙, 等, 创造性思维及计算机辅助产品创新设计研究 [J]. 计算机集成制造系统 ,2003. 9(12): 49-53+61.

[21]　廖荣福, 李彦, 李文强, 面向产品创新设计的知识库研究 [J]. 机械科学与技术 ,2008. 25(7): 5-10.

[22]　郴南, 李德毅, 淦文燕, 等. 复杂网络中重要性节点发掘综述 [J]. 计算机科学 ,2007. 34(12): 1-5.

[23]　李鹏翔, 任玉晴, 席酉民, 网络节点（集）重要性的一种度量指标 [J]. 系统工程 ,2004. 22(4): 13-20.

[24]　李世伟. 有权复杂网络的演化模型及重要节点的研究 [D]. 合肥工业大学 ,2010.

[25]　中国互联网信息中心, 第 43 次中国互联网络发展状况统计报告 [R]. 北京: 中国互联网信息中心 ,2019.

[26]　鲜京宸, 谭亮. 区块链 + 加密数字凭证创新驱动重庆自贸区跨境贸易支付研究 [J]. 特区经济 ,2020(01):28-31.

[27] 张晓婷 . 第三方跨境支付系统——"E 支付" [J]. 中外企业家 ,2020(02):88.

[28] 史大宁 . 我国跨境支付市场数字发展规模分析 [J]. 商业经济研究 ,2019(24):175-177.

[29] 卢志强 , 葛新锋 . 区块链在跨境支付中的应用研究 [J]. 西南金融 ,2018(02):23-28.

[30] 王颖 . 我国跨境电商支付交易的政府监管研究 [D]. 西南交通大学 ,2018.

[31] 张夏恒 . 跨境电子商务支付表征、模式与影响因素 [J]. 企业经济 ,2017,36(07):53-58.

[32] 林官忠 . 跨境电子商务第三方支付管理研究 [D]. 福建师范大学 ,2016.

[33] 王帅 . 速卖通和亚马逊跨境电子商务支付的对比研究 [D]. 北京化工大学 ,2015.

[34] 黄立文 . 我国支付工具发展的瓶颈因素分析 [J]. 中国外资 ,2014(04):185.

[35] 薛腾飞 . 区块链应用若干问题研究 [D]. 北京邮电大学 ,2019.

[36] 宋鹏杰 . 基于区块链的跨境电子商务电子支付模式研究 [D]. 郑州航空工业管理学院 ,2018.

[37] 陈彦舟 , 尹应凯 . 互联网金融模式下跨境电商中小企业融资难的原因及应对 [J]. 对外经贸实务 ,2019(04):30-33.

[38] 史金召 , 孙茂林 , 黎建强 . 我国跨境电商供应链金融的模式设计与风险管控 [J]. 国际贸易 ,2022,491(11):26-34.

[39] 张方波 . 金融支持跨境电商发展研究：进展、挑战与推进 [J]. 征信 ,2022,40(09):63-70.

第8章
跨境电商物流与建设

导入案例

跨境电商物流创新——基于咖狗网

在人工智能支撑下，跨境电商物流供应链体系生态圈发展的生命力日益强大，创新特色日益凸显。

咖狗网是奥林科技（宁波）有限公司旗下的国际物流撮合交易服务平台，定位于外贸企业信赖的国际物流交易服务平台，它网罗了全球优质物流服务商，为外贸企业和跨境电商提供运价查询、在线订舱、拖卡报关和货物跟踪等全程国际物流服务。平台特点是诚信、透明、开放。在"互联网+"时代，咖狗网推动传统国际物流模式转型升级，为外贸企业带来省时、省钱、省力、省心的服务体验。"省时"体现在实时运价一键可查；"省钱"体现在海运费、附加费一目了然，每单节约20%~30%物流成本；"省力"体现在信用账期，一笔账单，在线支付；"省心"体现在全程专业护航，保证舱位，甩柜赔付。

咖狗网打破原有点状或区块状的合作模式，通过"互联网+"模式打造全球性资源共享、互信互利、业务协同、信息透明的利益和责任共同体。咖狗网物流创新模式如图8-1所示。

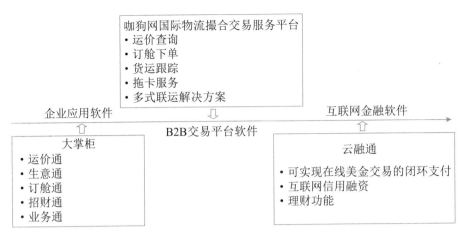

图 8-1　咖狗网物流创新模式

资料来源：朱耿，朱占峰，朱一青，等. 人工智能背景下跨境电商物流体系构建的理论和案例剖析 [J]. 物流工程与管理，2018，40（11）：31-35.

8.1　跨境电商环境下的国际物流

8.1.1　跨境电商与国际物流

国际物流又称全球物流，是指买方和卖方在两个或两个以上不同的国家进行商品交易时，为了克服距离上的问题，由国际物流将物品送至买方手中，完成国际商品交易，是一种高效率、低风险的物流方式。国际物流的实质是按国际分工协作的原则，依照国际惯例，利用国际化的物流网络、物流设施和物流技术，实现货物在国际间的流动与交换，以促进区域经济的发展和世界资源的优化配置。国际物流由四个部分构成。商品的全球采购，如商品的进出口。与国际物流相关的物流活动，如国内运输、储存、货运保险等。口岸物流，如海关仓库、集装箱货场作业、组配、加工等。国际运输、转运货物、过境货物报关等。

跨境电商与国际物流是相辅相成的关系，二者互相促进，缺一不可。一方面，跨境电商的快速崛起为国际物流的发展提供了前所未有的机遇，同时国际物流服务水平的提高为跨境电商的发展提供有力的保证。另一方面，跨境电商效益与效率的提升对国际物流服务提出更严苛的要求，国际物流需要突破自身瓶颈来保障跨境电商的有效运行。

1. 跨境电商国际物流的特征

国际物流的总体目标是高效率、低成本的为跨国经营和国际贸易服务，致力于选择出最佳的运输方式与路径，适时、保量、保质地将货物从 A 国的供应方运到 B 国的需求方。国际物流主要是针对跨境贸易提供服务的，必须使各国的物流系统实现高效无缝衔接，所以与国内物流系统相比，它具有复杂性、国际性、风险性、管制性、技术性等特点。因此，国际物流已成为推动跨境电商快速发展的因子。

1）国际物流的复杂性

国际物流的复杂性主要包括商业现状的差异性、政策与法规环境的差异性、国际物流通信系统设置的复杂性等。在对外贸易的经济活动中，生产、消费、流通三个环节之间存在着密不可分的关系，由于各国的自然环境、社会制度、生产习惯及经营管理方法不同，现有的物流标准、物流设施设备不同，不同国家对物流管理以及国际贸易的政策存在一定的差异，从而导致货物在国际间从生产到消费的运输变成一项复杂的工作。

2）国际物流的国际性

国际物流的国际性指的是国际物流系统涉及世界上多个不同国家，辐射的地理范围广阔，所以这一特点是国际物流系统的显著地理特征。从范围来看，国际物流活动覆盖不同国家和地区，跨越山河与大海；从距离来看，运输距离极长，跨越大洲与大洋，因此选择科学合理的国际物流运输方式和运输路线至关重要，以集装箱多式联运为主的海洋运输和航空运输是国际货运作业的主要形式。

3）国际物流的风险性

国际物流的风险性从影响因素上可分为自然风险、经济风险、政治风险。自然风险是指在国际物流实际运作中，由于不可抗的自然因素所引起的风险。如地震、山体滑坡对陆运造成的风险，飓风、雨雪对航运造成的风险等。经济风险主要是资金在国际间流通与结算时产生的利率风险和汇率风险，如英国脱欧就对世界各跨国公司造成了一定程度的经济风险；政治风险主要指由于贸易所在国的国家政策与国内局势变动产生的风险，如美国开始对中国的产品增收关税或者有些西方国家政局动荡，发生战争、罢工等造成货物损毁。

4）国际物流的管制性

国际物流的管制主体主要分为政府管制、行业协会管制、企业管制三种类型。由于国际物流相对于国内物流来说属于跨境提供服务，其体现在一国国际收支平衡表常设项目下，对国际收支平衡有着十分重要的作用，因此政府对国际物流的干预与管制远比国内物流多；行业协会对国际物流的管制则主要体现在增加国际物流设施设备的集约性、促进国际物流标准化的实施、加强各国际物流主体间的信息共享等，企业对国际物流的管制旨在增加企业的竞争能力。

5）国际物流的技术性

国际物流的技术性主要是指国际物流技术的标准化，包括设施设备的标准化、操作流程的标准化、物流信息系统的标准化等。由于国际物流涉及两个或两个以上的国家，不同的国家国际物流环境存在差异，所采用的国际物流设施设备与国际物流标准都不尽相同，这会直接导致国际物流衔接不畅，降低国际物流的运行效率，因此国际物流技术的标准化至关重要。

2. 我国跨境电商国际物流的现状

1）跨境电商与国际物流缺乏协同

国际物流虽然有多种发展模式，但各种模式都有其发展弊端，导致国际物流无法与跨境电商实现协同。例如，海外仓、边境仓这两种新型物流模式都需要大量物流投入资金，而一般企业则无法承担；集货物流，又需要国家相关政策倾斜，但相关法律保障仍然缺失；自贸区或保税区设置较少，无法很好满足跨境电商需求；国际物流专线又有相当大的区域局限性；第四方物流现今处于发展初级阶段，无论是技术还是人才都很欠缺，不能为跨境电商的发展奠定基础。各种物流模式自身所存在的弊端导致其发展后劲不足，同时现阶段由于各种物流模式自身的运用特点使得其与跨境电商无法实现有效协同。

此外，在国际物流功能与国际物流环境上，也无法与跨境电商实现协同；从而导致国际物流出现运输成本高、服务水平低、增值服务欠缺等缺陷，在一定程度上同时影响国际物流与跨境电商的发展。

2）国际物流法律法规不健全

由于我国国际物流起步较晚，相关立法条件不健全，缺乏专门的保障国际物流正常运行的法律法规。现阶段关于国际物流的法律法规大多是部门性的规章制度，如《汽车货物运输规则》《铁路货物运输规程》《水路运输管理条例》《航空货物运输合同实施细则》等，这些法律法规对保障国际物流正常运转并没有极强的针对性。此外，由于我国国际物流从业人员大多为第三方物流的货运代理转行而来，这些人员在从事国际物流时其法律地位已出现了转变；由于法律的缺失，使得相关部门对从业人员身份审核不清，导致从业人员良莠不齐。关于国际物流的管理机制没有明确法律规定，导致国际物流运输管理条块分割现象严重，部门与部门之间、产业与产业之间，无法形成有效沟通协作，降低国际物流效率。

3）国际物流运力水平有限

虽然近几年随着跨境电子商务的发展，国家在改善基础设施建设、增强物流运力方面颁布政策并投入建设，但是就目前而言我国国际物流基础设施建设规模较小、物流运力水平有限依然是国际物流发展所面临的重要障碍，也是我国开展国际物流与国际水平有较大差距的原因。例如，在空运方面存在着空运航线较少、货运飞机少、空运能力不足、空运物流价格昂贵等问题；在陆运方面，铁路及公路线路规划不合理造成内陆出口困难，在一定程度上影响陆运运力、增加物流成本；在海运方面，物流港口设置不足及布局不合理，在很大程度上增加了国际物流中转成本、延长了国际物流流通时间；而这些都反映出我国国际物流基础设施建设不足、运力水平有限，阻碍了国际物流整体发展并削弱了我国出口国际竞争力。

4）国际物流人才储备不足

由于我国国际物流起步缓慢，因而在现今人才市场缺乏适合国际物流企业发展需求的专业人才；目前大多数国际物流的从业人员，大多是从其他物流领域之中临时转行而来，因而并不能完全满足当下国际物流企业需求；人才问题也是制约我国国际物流发展的重要因素之一。

8.1.2　跨境电商国际物流与传统物流的差异性

传统物流模式是比较经典的由专门的物流公司或者物流机构进行配送的模式。现阶段主要的传统物流模式主要包括国际商业快递和国际邮政小包两种形式，国际商业快递大多依托于专门的国际商业快递公司，如美国联合包裹运送服务公司、USPS、联邦快递等，我国可以进行国际商业快递的物流公司如顺丰、圆通等比较大型的物流公司也有国际快递业务，国际商业快递在发展中的优势是服务质量较高，能满足各个地区客户运送物品的需求，缺点就在于运送成本和价格比较高。相比于运送成本较高的国际商业快递，国际邮政小包的运送价格较低，是一种由万国邮政联盟进行配发商品，以个人形式进行邮递的活动，但由于传统邮政在管理和运送方面的局限性，国际邮政小包的运送丢包率较高，运送的时效性以及安全性方面存在一定问题。

与传统物流模式相对应的就是跨境电商背景下产生的新兴国际物流运送模式，新兴物流模式是随着近年来国际物流不断发展而涌现出的一系列更加科学、先进的物流模式，这些物流模式在控制运送成本以及进行物流管理方面有着一系列优势，能够又好又快地将跨境物品送至客户手中。当前比较主流的新兴物流模式包括海外仓、边境仓、集货物流、自由贸易区或保税区物流等，这些新型的物流模式大多依靠专属的仓库将电商产品进行储存、调运，完成物流运输活动。海外仓和边境仓是在商品输入地海外或邻国边境租赁仓库，再借用海陆空等多种运输方式将商品送至目的地的方式，仓储调配产品在很大程度上提升了运送的效率，但仓库建立本身具有一定成本，很多小型跨境电商在进行物流选择时需要更多地考虑成本相关问题。集货物流也是建立仓储物流中心进行电子商务配送的运送方式，成本更低，效率更高。目前，主要有建立仓储物流中心和建立跨境电子商务战略联盟共同构建国际物流中心两种操作方式。除了上述的几种物流模式外，第四方物流是顺应时代发展出现的新型物流模式，其本身并不直接参与到物流活动中，而是通过帮助其他物流模式进行更加科学、高效的物流规划方案设计，帮助提升国际物流运输效率。

8.1.3　跨境电商国际物流服务与成本管理

1. 出口跨境电商国际物流服务模式

物流作为复合型服务业，自身发展与一国社会经济的发展密切相关。出口物流作为大物流下的重要组成，自然受到一国贸易活动，尤其是对外贸易的显著影响。因此，纵观我国出口物流行业的发展历程，侧面反映了我国对外贸易正逐步由传统贸易向跨境电商新业态演变的特点。

跨境电商出口物流起步阶段（2004—2007 年）：伴随我国跨境出口电商平台兴起，跨境电商出口物流起步，部分传统货运代理公司转型成为跨境物流服务商。发送货物以国际邮包寄送为主，货值较高货物则通过国际商业快递渠道发送。

跨境电商出口物流进化（2007—2016 年）：2007 年开始，中国跨境电商企业大量兴起，如全球易购等，跨境电商出口物流快速发展，海外仓、平台物流等物流模式出现，铁运、空运物流形式发展；2011 年，中国邮政基于与美国双边邮政协定推出国际 e 邮宝产品；2011 年，中欧班列开通。

跨境电商出口物流优化（2016 年至今）：受万国邮联终端费上调影响，通过邮政网络完成物流运输费用明显上涨，促使跨境物流服务商推出"专线"类物流产品等新业务。2016 年万国邮联伊斯坦布尔大会通过了国际邮政小包终端费调资办法，包含我国在内的有关国家出口国际邮政小包终端费用大幅上涨。

跨境电商的客户需求和时效要求不同，对国际物流产生多样化的需求，因此派生出多种跨境电商物流模式。

1）国际货运储配服务模式

该物流模式的主要服务对象是跨境出口的大型批量化标准产品，如汽车零部件以及其他机械配件等，其特点是出口数量多、时间不敏感和物流运费低等，在运输上主要采用货轮运输，不过在加急时可采用航空运输的方式实现紧急增货，在抵达目的地时，往往采用批发的方式进行交付处理。

2）国际普通邮递服务模式

国际普通邮寄的模式主要针对中低价产品进行，其特点就是量少，对于邮寄费用的关注点很高，而对于时间需求的急迫性往往较低，采用国际邮寄的方式和国内物流的集中运输再到目标的分拣配送有较大的类似性。

3）国际航空快递服务模式

国际航空快递的显著特点就是超快的时间效率，它的商品特点是需求紧迫度高，价值高，在量上也常常以单独产品或者小批量为主，常见的有电子产品和高端穿戴设备。在抵达目标点后，也会实行优先配送，以保证配送的效率和质量。

4）定制化全供应链物流服务模式

定制化服务是提升用户体验的高质量服务模式，该模式的特点是，用户不单单是直接参与到产品最终形态的销售中，而是贯穿整个生产的始终，其服务成本高昂，主要针对高端化的产品包括奢侈品，如手机和香水等，跨境定制化的供应链服务模式更关注产品和服务的一体化。

2. 进口跨境电商国际物流服务模式

1）两国快递合作直邮物流服务

快递合作直邮的方法和普通国际直邮有很大的类似性，可以说这完全是一种模式，只是接收双方的身份进行了互换而已，不过在商品的种类上，进口和出口存在较大的差异性，在进口方面，我国更集中在奶粉、保健品等日常热销的消费品上。

2）海淘物流服务

"海淘模式"和当下的一个较为流行的词"代购"有很大的类似性，不过在代购中往往是熟人把关商品，再由熟人的渠道实现物流的回国，而"海淘"模式往往是客户自己把关商品，在物流上会采用国际物流加国内物流相结合的方式，在物流量上，海淘商品显然比代购商品多得多，而且海淘有正规的保障渠道，所以得到了很多消费者的青睐。

在多元化的跨境电商模式的发展当下，消费者对跨境购物的需求越来越高，它包含对跨境物流的服务、效率、成本以及后续的保障问题，为了适应这种多样化的需求，以此衍生出来的跨境服务体系也越来越多元化。为了占领市场，跨境物流服务企业要善于从服务质量、物流时间和成本等多方面入手，善于找到其中的平衡点，将自己服务的综合性能最大化，这是占领客户市场的关键。

3. 跨境电商国际物流成本管理

物流成本管理是国际贸易中的重要环节，也是商品从出厂到客户手中不可或缺的工作任务。当商品被工厂加工完成之后，需要进行保管、销售、运输、集散、配送等诸多过程，这些过程中所有需要消耗的人力、物力、财力，都可以用经济化数据来表示，这些数据也就是所说的国际物流成本。由于是国际性的商品交易和运输，在各通关口岸还需要有特殊包装、检验、报关等特别环节，所以在成本负担上比较重。

国际贸易主要是对商品进行买卖，商品就是标的物，商品在生产过程中要有资金的投入，一旦商品成型出厂后就面临着物流的一系列动作，商品的生产快慢直接影响到商品的保存和管理，商品在卖出去之前要有科学、安全、统一的管理和保存阶段，这个时候就涉及管理费用。如果生产速度大于销售速度，那么物流速度就要滞后，这也说明生产成本也会随之增加，库存量越积压越大之后也给保管造成了压力并且费用升高。然后就是运输成本，海运、航运、陆运三种主要形式需要根据商品本身特点，以及用户的要求进行选择，企业必定要根据最低成本进行选择，但是如果时间较慢也会给人造成企业能力不足的印象，所以需要综合考量。

物流成本的计算不是一成不变的，目前主要有以下两种核算成本的方法。

1）按照支付类型核算

主要是将成本分为企业本身需要支付的物流费用以及企业支付给别人的物流成本两个部分，按照支付类型的成本核算就是以企业自身物流形态打包计算的方法，并将物流费用中的报关费、托运费、检验费等各个清单细则分别罗列，可以让企业很明显地看到支付清单中哪些环节费用较高，并可以根据自身条件进行调整。

2）按照物流构成核算

这样的成本核算方法是将国际物流成本分为情报流通成本、物流管理成本、物流环节成本，在划分的三个环节当中，企业可以针对每一个环节在各个节点发生的变化了解成本动向，由于每个环节可以单独进行核算，所以有助于企业查找环节成本过高的原因，这也是目前国际上较为通用的物流成本核算方法。

国际物流成本居高不下，对外贸企业和跨境电商而言，降低国际物流成本则意味着扩大了企业的利润空间，同时也增强了企业产品的价格优势，企业和电商卖家可以利用相对低廉的价格出售自己的产品，从而提高市场竞争力，扩大销售，获得更多利润。那么，如何降低国际物流成本呢？

（1）通过效率化的配送来降低物流成本。企业实现效率化的配送，减少运输次数，提高装载率及合理安排配车计划，选择最佳的运送手段，从而降低配送成本。

（2）利用物流外包降低企业物流成本，降低投资成本。企业把物流外包给专业化的第三方物流公司，可以缩短商品在途时间，减少商品周转过程的费用和损失。有条件的企业可以采用第三方物流公司直供上线，实现零库存，降低成本。

（3）借助现代化的信息管理系统控制和降低物流成本。在传统的手工管理模式下，企业的成本控制受诸多因素的影响，往往不易也不可能实现各个环节的最优控制。企业采用信息系统，一方面可使各种物流作业或业务处理能准确、迅速地进行；另一方面通过信息系统的数据汇总，进行预测分析，可控制物流成本发生的可能性。

（4）加强企业职工的成本管理意识。把降低成本的工作从物流管理部门扩展到企业的各个部门，并从产品开发、生产、销售全生命周期中，进行物流成本管理，使企业员工具有长期发展的"战略性成本意识"。

（5）对商品流通的全过程实现供应链管理。使由生产企业、第三方物流企业、销售企业、消费者组成的供应链整体化和系统化，实现物流一体化，使整个供应链利益最大化，从而有效降低企业物流成本。

8.2 跨境电商国际物流模式

目前我国对于跨境电商国际物流模式的概念还没有官方的定义，本节结合国际物流与物流模式来解释跨境电商国际物流模式这个概念。吴健提出物流模式又称物流管理模式，是指从一定的观念出发，根据现实的需要，构建相应的物流管理系统，形成有目的、有方向的物流网络，采用某种形式的物流解决方案。因此本书将跨境电商国际物流模式定义为：以跨境电商国际贸易为背景，根据客户的实际需要，构建相应的国际物流管理系统，形成有目的、有方向的国际物流网络，采用某种形式的国际物流解决方案，经济有效地将产品送达目的地的活动集合。

8.2.1 国际物流专线

国际物流专线就是国际直达运输，指跨国企业或物流公司通过开通国际货运专线，用自己的运输工具把货物从始发地直接运送到目的地的运输方式。国际物流专线模式是相对于国际中转运输模式而言的，国际专线物流的特征主要体现在"专"上，国际专线物流有其专门使用的物流运输工具、物流线路、物流起点与终点、物流运输周期及时间等，同时它还根据特定国家或地区跨境电商物流特点推出物流专线。如现在已开通的中欧（武汉）班列、e-ulink 专线等。

跨境专线物流一般是通过航空包舱方式运输到国外，再通过合作公司进行目的国的派送。专线物流的优势在于其能够集中大批量到某一特定国家或地区的货物，通过规模效应降低成本。因此，价格一般比商业快递低。在时效上，专线物流稍慢于商业快递，但比邮政包裹快很多。市面上最普遍的专线物流产品是美国专线、欧洲专线、澳大利亚专线、俄罗斯专线等，也有不少物流公司推出了中东专线、南美专线、南非专线等。

我国国际物流专线模式中使用较多的是铁路专线运输，如中欧班列：湖南的"湘欧班列"、湖北的"汉欧班列"、河南的"郑欧班列"、重庆的"渝新欧"等，这是典型的跨境 B2B 国际物流专线模式。此外，航空运输专列也是另一种常见的国际物流专线模式。阿里巴巴是推进航空国际物流专线发展的积极响应企业，最早阿里巴巴整合了俄罗斯渠道服务商，推出了"中俄通"服务，并且"中俄通"推出初期便开通了两条中俄物流专线。随后，阿里巴巴旗下的速卖通与燕文物流达成合作协议，开通了针对俄罗斯与南美巴西市场的线上购物航空专线。国际物流专线这种物流模式能够有效规避通关、商检风险，同时具备物流经济性与物流时效性，但也正是由于其具备"专"的本质而产生一定的局限性。

8.2.2　国际商业快递

跨境电商物流服务中比较传统同时也比较常见的一种国际物流模式就是国际商业快递，主要通过专业的第三方国际物流公司来承担跨境商品的运输与配送问题。在国际上知名度比较高的国际商业快递公司包括 DHL、TNT、FedEx、UPS 等（表 8-1），国内目前发展势头最为迅猛的是顺丰快递，该公司拥有自己专门的飞机进行航空货运，其次是"四通一达"——中通、圆通、申通、汇通、韵达也在国际货运行业扮演着重要角色。国际商业快递作为一种传统的国际物流模式，在提供优质的服务质量与保持较高的时效性方面优势明显，同时根据物流系统中"效益背反"原则，它也维持着较高的运价水平，这便是它的缺点。表 8-1 是国际商业快递"四大巨头"的比较。

表 8-1　国际商业快递"四大巨头"的比较

国际商业快递	DHL	TNT	FedEx	UPS
总部	德国	荷兰	美国	美国
特点	5.5kg 以下物品发往美洲、英国价格有优势，21kg 以上物品有单独的大货价格	西欧国家或地区通关速度快，发送欧洲一般 3 个工作日可到	整体而言价格偏贵，21kg 以上物品送到东南亚国家或地区速度快，价格也有优势	到美国速度极快，6～21kg 物品发往美洲、英国有价格优势

8.2.3　国际邮政小包

国际邮政小包是指通过邮政空邮服务寄往国外的小邮包，也可以称为国际邮政小包。主要邮寄 2kg 以下，外包装长宽高之和小于 90 厘米，且最长边小于 60 厘米的货物。国际邮政小包分为普通空邮非挂号（normal air mail）和挂号（registered air mail）两种。前者费率较低，邮政不提供跟踪查询服务，后者费率稍高，可提供网上跟踪查询服务。

与国际商业快递一样，国际邮政小包也是服务于跨境电子商务的一种传统物流模式，主要通过万国邮政联盟来解决商品配送及物流问题，以个人邮包的形式进行发货；而万国邮政联盟是世界邮政国际组织，它是加入其中的成员国处理邮政事务的国际组织，目前其成员国在 200 个左右。国际邮政小包具有成本低、通关容易等优势（表 8-2），但在实际运营过程中，国际邮政小包的丢包率高、安全性低、时效性不强等劣势较为突出；同时使用国际邮政小包进行物流运输，还受制于包裹形状、体积、重量等因素，国际邮政小包在一定程度上影响物流效率及物流体验。

表 8-2　国际邮政小包的优势

资费低	相对于其他运输方式（如 EMS、四大快递等）来说，国际邮政小包有绝对的价格优势。采用此种发货方式可最大限度地降低成本，提升价格竞争力
简便性	国际邮政小包交寄方便，且计费方式全球统一，以重量"克"计算费用，不计首重和续重，大大简化了运费核算与成本控制
全球化	国际邮政小包可以将产品送达全球几乎任何一个国家或地区的客户手中，只要有邮局的地方都可以到达，大大扩展了外贸卖家的市场空间
通关效率高	由于是全球邮政合作一般不会发生扣关的情况
适用的货物范围广	一般无特别的限制，除了国际违禁品以外

8.2.4　海外仓（边境仓）

海外仓模式是指经营出口贸易的商家在境外目的地（国）自建或租赁仓库，提前将货物（商品）通过航空运输、陆路运输、海运等方式运抵境外目的地（国）仓库，在供应商接到境外目的地客户发送的网络订单后，直接将客户需要的所有商品从境外目的地（国）的保税仓库中调拨出来配送给客户。同时，还可以与海外的第三方物流公司建立合作伙伴关系提供海外仓储、订单管理、国际快递、专线运输等一系列物流服务。与传统物流模式所存在的弊端相比，海外仓这种新兴的物流模式能够缩短物流时间、降低物流配送成本，同时还能有效解决商品检验及退换货等诸多问题。这种模式的优点是可以使得商品前置时间拉长，同时直接把货物放在离消费者最近的地方，加快了市场响应速度。但是建设保税仓不仅受到目的国或地区的政治、经济、文化制约，前期资金投入量巨大也是一个问题。

延伸阅读 8-1

国内电商头部
玩家加入海外仓

边境仓与海外仓概念最早提出是在 2013 年，都是一种新型的跨境电商国际物流模式，两者同样是将国际物流仓库建立在远离商品供应地所属国境的地方。边境仓与海外仓最本质的区别在于海外仓建立于境外的目的地所属国，而边境仓是建立在境外的目的地所属国的邻国。设立边境仓的主要优点在于可以有效规避商品境外目的地所属国的税收、政治、法律等风险，同时能够有效利用诸如"自由贸易区"等区域物流性政策，从而降低物流成本、提升物流效率。目前海外仓的分类主要有自建仓和第三方海外仓。自建仓顾名思义，就是商家自己在海外建立的物流中心。优点是卖家能够自己掌控和管理，较为灵活。劣势是需要跨界学通国际物流、海外清关、海外物流、海外法务和海外市场等领域的知识，需要投入的人力物力是成倍的，即卖家需自己解决仓储、报关、物流运输等问题，建造成本、风险等也较大；运送货量不大的话，在运输方面很难得到有优势的价格。第三方海外仓指管理权由第三方海外仓建设企业管理，跨境电商企业和海外仓企业通过租用或者与其他企业合作建设两种方式，实现企业海外仓仓库的建设与业务完善。租用方式会存在操作费用、物流费用、仓储费用；合作建设则只产生物流费用，企业应根据实际情况综合考虑选择哪种具体的合作方式。

目前，我国海外仓的数量已经超过 1900 个，总面积超过了 1350 万平方米，业务范围辐射全球，其中北美、欧洲、亚洲等地区海外仓数量占比将近 90%。部分龙头企业已经建成先进的信息管理系统，能够实时对接客户、对接商品、对接仓储配送等信息。除了传统仓储配送业务以外，还创新开展了高质量的售后、供应链金融、合规咨询、营销推广等增值服务。海外仓特点很鲜明，概括起来是"四快一低"。第一快，是清关快。海外仓企业能够整合物流资源，提供配套的清关服务，所以它能够很快地提高货物出入境效率。第二快，是配送快。部分海外仓可以提供所在国 24 小时或者 48 小时的送达服务，这就大幅缩短了配送时间。第三快，是周转快。海外仓可以提供有针对性的选品建议，帮助卖家优化库存，提前备货，降低滞销的风险。第四快，是服务快。海外仓可以按照客户的要求，提供本土化的退换货、维修等服务，能够缩短服务周期，提升终端客户的购物体验。"一低"就是成本低。由于卖家可以提前在海外仓备货，因此在后续补货时，可以选择价格更低的海运方式，这就降低了国际物流的成本。

8.2.5　保税区

保税区是海关设置的、受海关监督和管理的可以较长时间存储商品的区域，是经国务院批准设立的、海关实施特殊监管的经济区域。保税区的功能定位为"保税仓储、出口加工、转口贸易"三大功能，享有"免证、免税、保税"政策，实行"境内关外"运作方式。外国商品存入保税区，不必缴纳进口关税，即可自由进出，只需交纳存储费和少量费用，但如果要进入关境则需交纳关税。

保税区物流模式也是跨境电子商务之下的产物，它是通过将货物运输至保税区仓库，再由跨境电商企业负责商品销售，同时由保税区仓库负责货物分拣、检疫、包装等环节，最后通过保税区实现商品集中物流配送的模式。这种模式的最大优势就是可以在最大程度上利用保税区自身优势，为跨境电子商务国际物流的快速运行提供保障。

8.2.6　自贸区

1. 自贸区的定义

自由贸易区被 WTO 定义为"在两个或两个以上的国家（地区）的关税领土中，取消成员之间关税和其他限制性政策"的区域。概言之，自由贸易区是两个或两个以上的国家或独立关税地区形成的经济一体化组织，旨在实现相互间的贸易自由化，成员国之间相互取消关税和与非关税壁垒、开放投资、取消绝大部分服务行业市场准入，制定相对规范的标准，使得市场公平竞争，商品、服务、资本、技术、人员等生产要素规范且自由流动。

从区域范围看，自贸区有狭义与广义之分。狭义的自贸区（free trade zone）是指一国国内划定的特定区域，该区域基本消除了关税和进口配额，对贸易及投资等行政干预较小，如上海自贸区、海南自由贸易港等。广义的自贸区（free trade area）包括两个或两个以上的国家或地区，通过签订自由贸易协定而形成的自由贸易区，在区域内实行低关税税率或零税率，加强成员国货物及服务贸易、投资，如美加墨自贸区、欧日自贸区等。

从开放程度看，自贸区可分为三个层次：货物自由贸易、服务自由贸易及资本开放、规则及标准统一制定，如图 8-2 所示。其中，货物自由贸易包括取消关税及非关税壁垒，如取消关税配额、简化动植物检疫等，服务自由贸易及资本开放是更进一步的开放，包括取消绝大多数部门的市场准入限制、促进资本、人员、技术的自由流动等。在货物与服务贸易开放的基础上，规范统一产品标准、知识产权保护规则等，在公开透明的环境下促进成员国产品的竞争、实现优势互补，将进一步促进自贸区成员国共同发展。

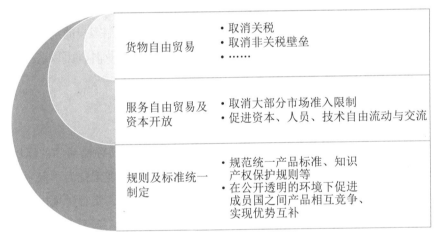

图 8-2　自贸区可分为三个层次

2. 自贸区的影响

自贸区的发展将提升区域经济整体福利。自由贸易区将成员国（地区）联系起来，相互间的关税取消后，将更加充分地发挥各自比较优势，调整区域分工，创造新的贸易、产生规模经济效应、强化竞争、提升效率、降低生产成本、提高整体福利水平。

自贸区各成员的受益程度有差异。自由贸易活动将重塑价值链分工，成员国原有高成本生产的产品竞争力下降，该部门的厂商利益受损、人员失业；同时处于低端生产的部门容易固化其低端地位，新兴幼稚产业难以适应竞争。例如美国服务业，尤其是金融业等优势部门在跨国贸易活动中得到进一步发展，但制造业部门因成本高于部分发展中国家而受损,制造业流出美国,工人失业增加。发展中国家因为劳动力成本较低,吸引跨国制造公司在其领土建厂投资,制造业就业增加,国民收入水平提升。但由于发展中国家制造业往往处于价值链低端,其收益相对有限。此外,发展中国家处于相对劣势的行业和部门,易受到国际贸易的打压。

8.2.7　集货物流

集货物流指先将商品运输到本地或当地的仓储中心,达到一定数量或形成一定规模后,通过与国际物流公司合作,将商品运到境外买家手中,或者将各地发来的商品先进行聚集,然后再批量配送,或者一些经营商品类似的跨境电子商务企业建立战略联盟,成立共同的跨境物流运营中心,利用规模优势或优势互补的理念,达到降低跨境物流费用的目的。如米兰网在广州与成都自建了仓储中心,商品在仓储中心聚集后,通过与国际商业快递合作将商品发至国外买家。

8.2.8　第三方物流

第三方物流指由买方、卖方以外的第三方专业物流企业,以合同委托的模式承担企业的物流服务。在国内电商中,自建物流已成为一种趋势。但在跨境电子商务中,由于其复杂性,且对物流投入要求很高,虽然个别跨境电商自建物流体系如洋码头,但是基于资金缺乏、跨境物流的复杂性等各种物流障碍,大多数跨境电商选择第三方物流模式,如与邮政、国际商业快递公司合作等。即便是邮政或者国际商业快递公司,在一些国家与地区,也会选择与当地的第三方物流公司合作。在跨境物流链条中,会存在多种或多个第三方物流企业通力合作的现象。包括我国在内的大批海运企业、国际货代企业,拥有丰富的进出口贸易、海外运作经验和海外业务网点布局及国际化操作能力,这些都是跨境电子商务或跨境物流企业可以合作的对象。在巴西,FedEx 和 UPS 等国际商业快递公司的业务量只能局限于城市,在偏远地区则依托于巴西邮政及其下属公司。

8.2.9　第四方物流

第四方物流指专为交易双方、第三方提供物流规划、咨询、物流信息系统、供应链管理等活动,通过调配与管理组织自身及具有互补性的服务提供商的资源、能力和技术,提供综合、全面的供应链解决方案。第四方物流通过整个供应链的影响力,在解决企业物流的基础上,整合各类社会资源,实现物流信息共享与社会物流资源充分利用。基于跨境电子商务与跨境物流的复杂性,涌现出一批第四方物流模式,为跨境物流注入新鲜因素。如2015 年 1 月 26 日,兰亭集势宣布正式启动"兰亭智通"全球跨境物流开放平台,可以整合全球各地物流配送服务资源,能够提供开放比价竞价、全球智能路径优化、多物流商协同配送、自动打单跟单、大数据智能分析等服务。

8.3　跨境电商物流风险识别

8.3.1　跨境电商物流外部风险因素识别

跨境电商物流风险包括物流企业承包跨境电商物流业务的风险和物流企业内部自身运作过程中的风险。

1）战略风险

跨境物流企业的战略计划引领着企业的发展方向、影响着企业的精神文化和生存能力。跨境物流公司与合作的跨境电商企业的战略计划不同，则可能会出现给企业带来后期的物流风险。战略计划风险可以理解为企业整体规划的不确定性。

跨境物流企业经常会出现大批量的物流订单热潮，但跨境物流企业在事前并没有做好接收大批订单的战略计划，由于战略计划过低而导致无法满足合作伙伴的物流需求；相反，如果企业战略计划过高，为合作的跨境电商企业提前囤积了的大量运输商品，而销售市场需求的变化则可能造成商品的长期囤货，导致物流仓储费用增加，从而引发物流风险。即企业战略计划过高或过低，都会造成利益相关者成本费用的增加，进而增加了整条供应链的成本。

此外，由于跨境电商的物流业务可能会按区域承包给多个跨境物流公司，整个物流链上的每个成员都有各自的战略目标，并且他们都会追求自身利润的最大化。同一条跨境物流链上的各个成员之间的利益诉求不可能是完全一致的，如果企业员工素质不高，不能实现良好的沟通和利益的协调，他们之间很可能引发矛盾，一旦发生冲突将可能会拖累整个跨境物流链的顺利进行。

2）供应风险

跨境物流公司承运的电商商品是整个物流关心的对象。承运的商品是电商企业从国外采购的。但是商品本身就存在质量问题，将会影响后期跨境物流公司的物流运作，增加物流各环节出现风险的概率，甚至还会引起退货等问题，加大物流作业任务，使物流成本增加。

对于跨境物流公司而言，按时交货也是物流服务质量的一部分。B2C 电商采购人员的交货时间对整个跨境物流运作起着重要的作用。在物流订单高峰期，B2C 企业需要与跨境物流公司提前确定准确的交货时间。如果商品供应商交货时间延迟则会从源头造成跨境物流公司无货可运，直接导致物流链的断裂。因此，商品供应商应诚信守时，排除所有的外在因素的影响，按期按量按质交货，从源头保障跨境物流的顺利运行。

3）合作风险

物流企业与跨境电商是一种合作关系。跨境电商企业将物流业务外包，而物流企业则承包其物流业务。双方互为合作伙伴，以实现共赢为目标。但是如果跨境电商企业实力弱，随时可能破产，那么跨境物流公司无疑将会产生合作伙伴消失的可能。所以跨境物流公司在为其提供物流服务时要提前了解所服务的跨境电商的背景情况。托运方与承运方是一种合作竞争的关系，所以双方在利益分配方面可能会有冲突。跨境电商对物流企业有不信任或自利行为，可能会提前寻找不同的物流企业，此外，合作伙伴也可能会逃避履行应尽的义务，如商品交货前的保护工作等。

4）信息风险

在当今的信息时代，及时有效地进行信息沟通，可以使决策者作出成功的决策规划。物流企业与跨境电商企业即物流服务商代理人与委托人之间如果不能实现双方信息畅通无阻的交流，对他们都会产生不利的影响。跨境物流链上实现信息共享将可以有效避免信息传递的"牛鞭效应"。跨境电商将所需转移商品的数量与时间提前通知物流企业，去物流企业就可以提前做好接待准备，为其提供优质的物流服务。如果信息没有及时沟通，可能会造成跨境物流企业突然接收大批订单而无法满足的情况，或者出现跨境物流企业本身有能力接收这批订单，但因没有实现信息的有效沟通，导致订单丢失。当然，信息的过度共享也容易导致成员企业信息资源损失、核心技术及商业机密泄露，增加经营风险。

8.3.2　跨境电商物流内部风险因素识别

要想保证物流活动的高效、正常运行，必须对物流系统中存在的风险因素进行识别和分析。物流企业的内部运作风险主要是其物流系统要素的风险，从物流的仓储、包装、装卸搬运、运输、配送、信息处理几个要素出发，对其分别进行风险识别。

1）仓储风险

物流仓储是为了满足短时间内不用物品进行存放的场所，有时为了降低物流运作成本进行规模运输，需要通过仓库来调节。虽然大部分商品在仓库仓储的时间较短，但是也需要进行商品的维护与整理。仓储水平的高低会直接影响物流企业的物流服务质量。如果仓储基本设备水平低，仓储实力弱，都可能会导致企业订单的缺失。或者仓库工作人员安全意识较低，或仓储信息化水平低都可能引发仓库内存放商品的损坏，如仓库发生进水或通风不良等情况。

2）包装风险

包装是物流的一部分，恰当的包装不仅可以起到保护商品的作用，还可以为整个跨境物流运作提供可靠的保障，最终提高客户满意度。跨境物流因运输路程较远，辗转环节较多，对包装的要求更为严格，如果商品的包装材料本身存在质量问题，将会在后期的装卸与运输流程中出现商品破损的风险。包装标准化可以提高物流装卸搬运的效率，而且近来社会越来越关注环境保护问题，但现在有许多跨境物流包装在使用后直接废弃而未进行回收再利用，不仅会造成较严重的环境问题，而且也会影响跨境物流公司的企业形象。

3）装卸搬运风险

装卸搬运是衔接所有物流流程的过渡性物流作业，是整个跨境物流运作不可或缺的物流活动。科技进步，装卸搬运的机械化水平越来越高，现在在物流运作中装卸搬运多以实现机械化操作，如通过吊车实现货物的装卸作业，吊车等装卸设备再将货物直接装卸在传送带上完成装卸搬运作业，此种装卸搬运方式可以大大提高运作效率，但是有时也会由于装卸设备本身的质量问题导致货物的损害，产生物流风险。尽管装卸搬运环节可以利用机械工具实现，但是也有许多时候，使用机械工具可能会更烦琐，需要工作人员进行人工装卸搬运，这时就很可能会由于员工操作疏忽，粗暴装卸，导致货物破损。此外，可以说，装卸搬运操作是整个物流过程进行最频繁的物流作业，在此过程中出现产品损坏是极有可能的。

4）运输风险

运输是整个物流系统的核心环节，是实现物流价值的操作。通过物流运输实现了商品地理空间的转移，将商品送至所需者手中，实现了商品的使用价值。因此，有人甚至认为物流就是运输。对于跨境电商物流企业，企业的运输能力至关重要，企业不仅要提供高效率的运输设备，还要选择最佳的运输路线与合适的运输方式，这样可以提高跨境物流企业的经营绩效。跨境物流的运输路线较长，员工必须做好商品的保管工作，避免因操作不当而造成商品的损害。因此在运输流程可能发生的风险可以概括为运输能力不足、商品保管不当导致货物损坏和运输人员操作不规范的风险。

5）配送风险

配送实质上是一项短距离的物流系统运作，它也需要完成物流的所有运作要素，进行商品装卸、包装、暂时保管以及短距离运输工作。配送环节物流作业广，在此环节发生物流配送风险的可能性更高。虽然配送是以进行近距离商品物理位置的活动，但是也需要一套合理的配送体系，避免出现配送延迟或出错风险的发生。如果配送体系不合理或员工操作不规范，很可能发生商品错发或漏发事件，甚至还有可能会因配送路径选择不当，造成配送过程遇交通拥堵等最终导致交货延迟，引发客户的不满。

6）物流信息处理风险

物流体系的正常运作必须有可靠的信息系统来支持。物流信息系统是物流体系的神经网络，遍布物流体系的每个方面。物流信息系统需要由专业的人才通过信息技术手段进行系统开发，实现高效的信息处理和计划功能等。但是如果信息技术落后、信息系统或信息处理人员错误操作，导致信息传递延迟或其他不良的信息失误，造成跨境物流出现配送延时或商品错发漏发等风险的发生。

8.4　跨境电商物流模式比较、选择方法及策略

8.4.1　目前主要的国际物流模式优劣势分析

1. 国际邮政小包和国际商业快递

国际邮政小包和国际商业快递的优劣势分析主要体现在其运输时效以及价格方面。下

面将以运输 0.5kg 货物至美国为例，对其优劣势，运输时效等方面进行分析，如表 8-3 所示。

表 8-3　国际邮政小包和国际商业快递（以运 0.5kg 货物至美国为例）

分 类	国际物流方式	参考价格（元）	价格计算规则	运输时效	优 劣 势
邮政小包	EMS	85	首重 0.5 千克，续重 0.5 千克	10~20 天	优势：时效快、海关通关能力强 劣势：价格较贵
	e 邮宝 / ePacket（仅美国）	47	按克计重，包裹限重 2 千克	7~20 天	优势：价格便宜，时效较快、海关通关能力强 劣势：只能发往美国
	中国邮政小包	53.3	按克计重，包裹限重 2 千克	20~50 天	优势：价格便宜，海关通关能力强 劣势：时效慢
	中国香港邮政小包	64.5			
	新加坡邮政小包	54.5			
	瑞典邮政小包	59			
	瑞士邮政小包	60.5			
	中国邮政大包	166.5	首重 1 千克，续重 1 千克		优势：海关通关能力强，没有重量限制，适合大件 劣势：时效慢，价格贵
	中国香港邮政大包	155			
商业快递	中外运敦豪 DHL	120	首重 0.5 千克，续重 0.5 千克	3~7 天	优势：时效快 劣势：价格贵，需要计算体积重量
	FEDEX IP（联邦快递优先服务）	145			
	FEDEX IE（联邦快递经济服务）	128			
	UPS 全球快捷	90			
	UPS 全球速快	108			
	TNT	280			

首先，国际邮政小包的优势在于其价格便宜，海关的通关能力较强，其劣势表现在运输时效上，其运输时效慢，如运 0.5kg 货物至美国的话，需要 20~50 天的时间。而国际商业快递则与其不同，其优势为时效快，缺点为价格昂贵，而且需要计算体积重。

同时，国际邮政小包具有全球化的特点。邮政具有几乎覆盖全球的网络，邮政小包是能够达到任何有邮局的地方，这也能够大大扩展跨境电子商务平台的贸易市场，而且邮政小包的适用范围较广，易贝和敦煌网这样的平台都可以使用，并且没有特别的邮寄限制。

国际邮政小包和国际商业快递等运输方式是较为简单和直接的物流方式。国际邮政小包的特点表现为两个方面：一是资费便宜，二是运送时间较长。以中国邮政小包为例，在当日中午 12 时之前交于邮局，则晚 8 点后能够在邮局网站查询到包裹的状态信息。其运输时效大概为：亚洲邻国 5~10 天；欧美主要国家 7~15 天；其他国家或地区 7~30 天。如表 8-3 所示，与国际邮政小包相比，国际商业快递运送时间短，但是其成本较高。国际邮政小包的方式虽然方便灵活，但是风险较大。例如，中国香港邮政小包曾经出现过业务量太大，没有办法对其在规定时间内全部操作，导致货物严重积压、无法按时到达，引起买家投诉猛增的情况。邮政小包还存在丢包率高、如果不是挂号件就没办法进行跟踪等情况。但即便如此，对于规模较小的外贸企业而言，国际邮政小包和快递仍是最常选择的物流方式。

另外，关于邮政小包，以中国为例，一般情况下是先由全员集货，然后发至统一的口岸（中国的三大口岸：北京、上海和广州），经过多次转包才能到达目的地，它可以最低成本达到全球的任何一个地方，因为要经历多次转包，所以运输时间也一般较长。下面有一组来自递四方速递公司对于邮政小包服务水平表现的统计数据，如表 8-4 所示。

表 8-4 邮政小包服务水平表现

主要目的地	15 日内到达	20 日内到达	主要时效
巴西	0.0%	7.0%	19 ~ 28 天
德国	32.2%	54.7%	12 ~ 15 天
英国	51.9%	53.7%	5 ~ 17 天
马来西亚	82.1%	87.4%	10 ~ 15 天
俄罗斯	12.1%	19.8%	15 ~ 23 天
新加坡	96.0%	99.7%	5 ~ 9 天
泰国	41.5%	44.9%	5 ~ 16 天
美国	48.9%	67.2%	14 ~ 22 天

关于国际商业快递，其最大的优势在于稳定快捷，并且信息十分透明，消费者可以通过查询物流信息获得货物的运输线路以及运输时间，而且极少出现丢包的现象，较为稳定。时效也基本保持在 3~5 天，并且对于货物的重量没有多大的限制，因此也是很多跨境电商企业愿意选择的物流模式。但其也存在自身的劣势，主要表现在以下两个方面：第一，价格较贵。在同样的重量下，国际商业快递的收费标准大约是国际邮政小包的两倍，因此，如果对于所购物品不是那么急切的话则不会愿意选择国际商业快递模式。第二，偏远地区需要加收附加费。国际商业快递并没有将其配送网络覆盖至全球，因此和邮政小包相比，有很多网点无法覆盖到的地方，所以就会存在偏远地区加收附加费的情况，即便已经支付了快递费用，可是当货物运输至用户手中相关快递公司要加收 100~300 元不等的偏远地区附加费。

2. 海外仓储模式优劣势分析

1）优势

（1）运输时效性强。海外仓储的仓库一般都设在需求地，也就是可以做到直接从本地发货，这样的话，能够极大程度上减少货物配送所需的时间。同时也减少了货物在报关和清关等各方面十分烦琐的操作流程所耗费的时间，更快更有效地发货，顾客的满意度会得到相应提升。

（2）物流成本较低。从海外直接发货给客户，相当于是境内的快递，其物流费用与向海外发货相比来说要减少很多。

（3）获取海外市场。海外仓模式能够在短时期内采用最低的成本去获取海外市场，而且能够积累更多的资源去开拓所看重的市场。

（4）退换货便捷。如有些特殊原因导致顾客需要进行退换货服务，只需将货物直接退至海外仓储，免去了国内外来回的运输成本，节约了时间，同时有助于平复顾客的情绪，提升综合竞争力。

2）劣势

（1）成本较高。海外仓储系统，不管是选择租赁还是自建，其运营成本普遍较高。另外，也会遇到库存周转、库存消化以及配送和售后等一系列问题。

（2）存在货物滞销的风险。海外仓储模式往往先将货物运输至海外仓库，如果对海外需求没有做到准确的预测，则很有可能出现货物滞销的情况。滞销货物的运输费用以及在仓库的保管费用均会给跨境电商带来很大的压力。

由于目前的电商市场规模正在急速扩大，海外物流仓储服务没有办法完全满足来自卖家订单配送量方面所带来的需求，需要对海外仓所在区域的需求情况作出详尽的分析，而且要在选址以及海外仓的辐射范围方面、海外仓库大小方面作出准确的判断。

综合之前的两种物流模式，从其时间和价格方面进行对比，如表 8-5 所示。

表 8-5　三种物流模式的对比

渠 道 方 式	客户收到包裹时间	价　　格
邮政小包	30 天左右	80 ～ 90 元 /kg
国际商业快递	7 天左右	120 ～ 130 元 /kg
海外仓储	7 天之内	100 元 /kg

3. 第三方物流模式的优劣势分析

1）优势

（1）这种模式能够有效地降低物流成本。由于跨境电子商务的交易是涉及全球范围的，这对于企业货物集散能力的要求很高。第三方物流拥有着较强的专业优势和规模优势，而这些是跨境电商企业没有办法匹敌的，这就能够使得第三方物流企业和跨境电商企业同时获利，针对第三方物流企业而言，能够从物流业务中获得收益，而同时跨境电商企业能够获得更好的运输、仓储等方面的服务，同时还可以降低其物流成本。

（2）采用第三方物流形式可以使得跨境电商企业专注于自己的核心业务。跨境电子商务企业如若将物流业务全权交于第三方物流企业，那么其在库存方面所占用的资金和固定资金方面的投入将大大减少，跨境电商企业就能够更大程度利用其有限资源来发展该企业的主营业务，增强本企业的核心竞争力，进而快速获取海外市场，提升用户体验，取得绝对的竞争优势。

（3）此种模式能够有效节约社会资源。众所周知，跨境电商业务具有运输距离远、货物运量大等特点，假如电子商务企业之间毫无联系、自成一家就容易重复建设产生的浪费，但换种方式，将单一物流需求汇集起来，交由第三方物流企业负责就能够整合社会物流资源，使得在全球市场中可以做到资源以及信息方面的全球共享。与此同时，这种集中化的物流能够减少运输次数，对环境有益，并且能够提高单次运输过程中的边际效益和规模效益，实现跨境电子商务的可持续发展。

2）劣势

（1）对于物流风险的可控性较差。由于过分依赖于第三方物流企业，容易使得跨境电商缺少对物流业务的控制权，而且在服务质量方面会受到来自第三方物流企业很大的影响。同时，其物流服务具有一定的风险性和不确定性。如果第三方物流企业因为经营或者其他外部风险而发生问题，这将给跨境电商企业带来较大的打击。

（2）缺乏对顾客信息的反馈。如企业无法获得产品的保管信息、物流人员的服务态度等，也没有办法第一时间获知顾客的一些特殊要求，没办法为顾客提供个性化的服务。

8.4.2 物流模式选择的影响因素分析

跨境电子商务的物流模式选择是建立在购物的时代背景上的，因此仅凭之前的分析而将其物流模式与现实状况脱离出来是不可行的，需要进一步分析其环境背景，研究在时代背景下对跨境电子商务物流模式选择的影响因素，并对其作出全面的分析。

1. 宏观因素分析

在当前跨境电子商务环境下，最先应该分析宏观因素对跨境电子商务物流模式造成的影响。通过宏观影响因素方面的分析，有助于了解当前有关政策及法律法规方面对跨境电子商务带来的变化，跨境电商企业应充分利用相关法律法规及政策，来促进自身跨境电子商务的发展。与此同时，对宏观因素的分析有助于认清当前经济特别是物流业发展现状，面对所存在的问题；有助于给相关物流市场注入新能量，带动其进行改革。

1）目标市场环境

如何选择合适的物流方式，首先要考虑目标市场是否属于成熟的跨境电子商务市场。对于欧美国家而言，电子商务和物流建设起步早，发展快，属于成熟市场，国内拥有较完善的物流基础设施。各大国际商业快递的网点已经基本覆盖成熟市场国家的大部分区域。第三方物流公司和国际电商平台建立海外仓的首选也是欧美国家。一方面，对于这类市场国家而言，可供选择的物流方式多。另一方面，成熟市场的客户通常具有较强的支付能力，对物流的时效性要求较高。

对于新兴市场而言，其国内物流基础设施建设不完善，物流网点覆盖范围有限，整体而言物流的安全性和时效性低于成熟市场。这类市场的客户支付能力较低，注重产品价格。同时由于在其国内段丢包率高，因此，相对于时效，物流的安全性更为重要。

2）国家的法律与政策

国家的法律与政策是跨境电子商务物流领域的成长基础，是指导规避和解决在跨境电子商务运行过程中发生的物流问题的依据。跨境电子商务物流相关管理制度和条例的实施效果，直接影响了网购过程中出现的物流问题能否解决，而跨境电子商务物流问题又直接影响了网购客户的网购满意度和网购物流体验，决定着跨境电子商务采取哪种物流模式。

随着跨境电子商务和物流业的发展，相关部门也意识到相关法律法规的重要性，我国邮政业的管理部门——国家邮政局制定出相关的法律和规划：出台《国家邮政局关于贯彻落实物流业调整和振兴规划的实施意见》；规定了快递业的相关标准；出台珠江、长江等领域的快递物流业发展规划。跨境电子商务的主要支撑是快递业的发展，快递业的健康发展则依赖于我国相关法律法规的完善和相关政策的优化。

3）经济因素

跨境电商物流模式的转变是伴随着经济的发展而改变的，因此经济因素对跨境电商的物流模式选择也具有相当大的影响。

随着经济的发展，消费者对于购物的要求也越来越高，当国内市场没有办法满足其需求时，消费者便将眼光放至国外市场。从我国的人均消费水平数据可以看出，持续增加的人均消费对于跨境电商来说是一个相当大的机遇。也正是伴随着经济的发展，跨境电商物流模式发生了从传统的"集装箱式"运输转变成了现在所存在的各种模式，也使得企业有能力构建海外仓以及选择第三方物流的形式，为顾客提供更好的物流服务。

在经济发展迅速的今天，消费者对所购物品有了更高的需求，对于物流的要求也越来越严苛，这也就导致了越来越多的跨境电商物流模式的出现。产生海外购物的原因最主要是由于资源的分布不均匀，而跨境电商的出现则能够填补这一块的缺陷，但由于跨境电商路途遥远，环节较为复杂，涉及多个国家和地区，因此，什么样的物流模式最适合，能够带来最佳的用户体验应成为跨境电商企业关注的重点，经济的发展必然对跨境电商规模产生影响，同时也会影响到跨境电商物流模式的选择。

2. 微观因素分析

1）货物性质

物流模式的选择与所运输的货物关系十分密切。由于跨境电子商务的物流模式分别具有其鲜明的特点，因此适合各模式的货物也会有所不一样。

针对邮政小包模式，由于此种模式的要价较为低廉，而且能够运往全球各地，因此也是受到非常多跨境电商企业的厚爱。此种物流模式适应的货物性质主要包含以下特点：小、低价和不怕挤压，典型的货物有 3C——计算机产品（computer）、通信产品（communication）、消费电子产品（consumer）卖家的产品。但因为邮政小包存在着重量方面的限制，一般无法运输一些过重的物品，通常小包的限重是 2kg。即便如此，由于其强大的网络和优惠的价格，此种模式是外贸电商接受的主要物流模式。

对于手机、计算机和高科技产品等价值较高，重量较轻，更新换代较快的物品，则适合选择商业快递的形式。其具有十分透明的信息机制，能够满足顾客对于物流信息的查询，相比于邮政小包形式而言，时效性特别强，一般 3~5 天的时间就能到达目的地。最主要的一点是它较为安全，对于价值高的货物来说，其带来顾客感知的边际效用是最大的，能够为顾客带来较好的物流服务。

对于沙发、大型机器、私人豪华游艇之类的大件物品，其适合的物流模式应该是海外仓储模式。此种模式对于物品没有多大的限制，而且可以通过海运的方式将其提前运送至海外仓库，能够降低其单位运输成本，并且在批量进入他国关境的时候在关税方面也存在优惠。假设采用快递方式对此类货品进行运送，那么其物流费用将会是一笔十分大的开销，远大于利用海外仓储模式的费用。

2）选择主体

跨境电子商务物流模式选择的不同主体会对物流产生不同的要求，它是影响跨境电子商务物流模式选择的前提因素。因此对跨境电子商务企业的类型进行分析具有十分重要的意义。

下面将从企业的规模与实力来进行分析。企业的规模和实力是跨境电子商务物流模式选择主体的重要表现之一，它在一定程度上影响着电子商务企业对物流模式的选择。不同规模的企业对于其自身物流的要求也不一样。对于规模较大、资金充裕、货物配送量大的大型跨境电子商务企业来说，一般更希望从整条供应链的角度来看待物流问题，而且也有能力掌握住配送的主导权，做到以客户为中心，能够将货物安全地抵达顾客手中，这样的情况之下对于物流的时效性和自主权要求就会较高。而对于规模小且资金实力不足的小型跨境电商企业而言，其没有对于物流方面的自主权，更愿意选择相对来说较为经济的物流模式来进行运输。不同规模和实力的跨境电商企业对于物流的要求也呈现出很大的不同。

3）货物时效

由于不一样的物流方式时效性存在明显的差别，根据之前的分析可知，国际快递的时效为3~7日，而国际邮政小包的时效性则显得较长，平均在20日左右，海外仓储则能够在较短的时间内运输到顾客手中。聚集后规模化运输的具体时间比较难控制，要等到达到一定的数目才进行运输。

时效能够代表一个公司的服务水平，也能够影响顾客满意度，是影响跨境电子商务企业物流模式选择的一个重要因素。货物达到顾客手中所需的时间直接影响到顾客的满意水平，而这个时间是包含从备货、运输、配送整个环节的时间。对于顾客要求在极短时间内运送到的物品，选择海外仓或者是国际商业快递的形式就能够保证货物的时效，而相对于时间方面要求不严格的物品来说，采用国际邮政小包的形式可以节省成本。

4）物流地位

物流在跨境电商企业中所处的地位各不相同。一条完整的跨境电商供应链包含以下几个节点，即供应商、跨境电商企业或平台、消费者以及多个中间的相关企业构成，跨境电商企业在这个供应链体系中占有重要的地位。在信息高速发展的今天，商流、信息流、资金流可以通过电子信息技术手段实现并得到解决，相比之下物流必须还要通过传统的流通手段来实现，如何提高物流速度和物流服务水平已成为跨境电商企业不得不面对的问题。物流处于电子商务交易过程中的最后一个环节，物流的成功与否直接影响着跨境电子商务企业的市场竞争地位。跨境电商应该要充分认识并考虑物流对自身企业竞争能力方面有多大的贡献力，以及企业应该对物流进行哪种程度的控制等方面的问题。物流在跨境电商企业中所处的地位对于其物流模式的影响是很大的，如果物流对跨境电商企业而言十分重要，并且自身有足够能力做好企业物流，那么第三方物流模式对其就不适合，当然这也需要结合物流的地位以及企业本身情况加以考虑。

5）物流成本

物流成本指的是物流系统的总成本，是企业在进行物流决策中最为看重的一个方面，跨境电子商务在选择其物流模式时，必须从物流系统总成本的角度出发进行相关考虑。根据物流的各要素来看，物流总成本包含以下几个方面，即库存维持方面的费用、运输费用、采购费用、顾客维持方面的费用等。如果用 TC 表示总的物流费用的话，那么可用公式（8-1）对物流成本进行表示：

$$TC=S+T+L+C+P+F$$

其中，S 表示的是库存维持的费用，包含三个方面，即库存管理费用、包装和返工方面的费用。T 则表示的是运输过程发生的所有费用；L 表示的是批量的费用，即物料加工费用和采购物料的费用；C 表示的是发生在顾客服务上的费用，即发生缺货损失以及客户流失方面的费用；P 表示的是订单处理和信息方面的费用；F 表示的是仓储的固定费用和变动费用。这些成本之间存在着物流各项要素之间所存在的二律背反现象。在选择物流模式的时候，跨境电子商务企业应该从总的物流成本出发，将所有的费用进行综合考虑之后尽量选择对本企业最有利的物流模式。

6）售后问题

跨境电子商务企业的售后问题关系到其在消费者心目中的地位，在选择物流模式的时候，售后问题对其有着一定程度的影响。

对于消费者而言，跨境电商存在的最大问题出现在售后服务环节。境外的消费者特别是一些欧美地区消费者的习惯和文化中存在着"无理由退货"这样的观念。而从跨境电商得到的产品，仅退货所需要花费的时间就可以让任何一个消费者打消退货这种念头，同时其物流、报关方面过程复杂，"无理由退货"更是一件异常艰难的事情，这对质优价低的中国制造产品而言无疑是一种打击，消费者对其热情也会大大减少。另外，当面对存在质量方面问题的产品时，投诉会花费巨大的时间成本，这会让多数消费者放弃投诉，这也大大影响了跨境电商网购的市场发展。因此在跨境电子商务选择物流方法也应该综合考虑到这一部分所产生的问题，应该尽量完善售后服务，提高其服务水平，缩短售后服务在物流上面所花费的时间。

8.4.3　物流模式选择的指标

通过查阅大量有关跨境电商、国际物流及国际物流模式、物流模式选择等方面的文献，面向跨境电商的国际物流模式选择的指标如表 8-6 所示。

表 8-6　相关文献中物流模式选择的指标

一级指标	二级指标
跨境物流总成本	运输成本、仓储成本、周转成本、人工服务成本、包装成本、信息处理成本
物流企业规模	企业员工规模、企业用户规模、企业盈利能力、企业资产规模、企业运输网络规模

续表

一级指标	二级指标
订单反映能力指标	订单响应时间、运输时间、仓储时间、周转时间、包装或再包装时间
客户服务水平	个性化服务能力、信息可视化程度、货物实时跟踪追溯能力、物流服务的覆盖率、服务人员专业技能、服务人员态度、响应时间、投诉处理率
产品物流特性	货物属性（材质、形状、面积、体积、单位重量）、货物运输要求（温度、湿度、是否通风、是否易碎）、货物运输批量、货物运输频率
物流运作能力	配送准确率、货损与货差、丢包率、作业完好率
信息化水平	仓储技术、运输技术、订单管理技术、过程管理技术

8.4.4　物流模式选择的方法

1. 矩阵图决策法

矩阵图决策法是利用矩阵图对两个不同因素进行组合从而选择物流模式的一种决策方法，如图 8-3 所示。在物流模式选择中，将这两个要素确定为：一是物流成本在产品售价中比例的高低，二是时效性对企业的重要程度。

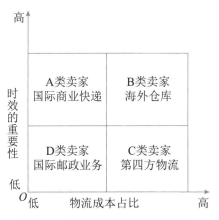

图 8-3　物流模式选择矩阵图决策

A 类卖家物流成本在产品的销售价格中占比较低，同时物流的时效性对产品的质量和价值很重要，因此选择国际商业快递。在这种情况下，产品的货值较高，体积小质量轻，可以承担较高的物流费用，同时也保证了货物运输的时效性和安全性。如手机和贵重饰品的卖家通常选择快递运输。

B 类卖家物流成本在产品的销售价格中占比较高，同时对物流的时效性又有着较高的要求，则选择海外仓储。在这种情况下，使用海外仓发货可以大大节省物流成本，提升企业的利润空间，同时本地海外仓发货的时效等同于其国内快递的时效，能够将货物快速安全的送达客户手中，有利于提升卖家的综合竞争力。通常家具、大型办公设备的卖家会选择海外仓储。

C 类卖家物流成本在产品的销售价格中占比较高，但对物流的时效性要求较低，则选择第四方物流。在这种情况下，卖家不用再在物流上花费更多的时间，可专注于产品的经营和销售，提升竞争力，同时也能适当减少物流成本，提供更具价格优势的产品。通常经营产品品类较多，产品属性丰富的卖家会选择第四方物流。

D 类卖家物流成本在产品的销售价格中占比较低，物流的时效性要求也较低，则选择国际邮政业务。通常这类卖家所经营的产品体积小、质量轻，同时货值低。国际邮政业务足以满足其运输需求，如经营中低端服装、鞋包、家居装饰的卖家通常会选择国际邮政业务。

2. 层次分析法

美国运筹学家 A .L.Saaty 于 20 世纪 70 年代提出的层次分析法（analytical hierarch process，AHP），是一种定性与定量相结合的决策分析方法。应用这种方法，决策者将复杂问题分解为若干层次和若干因素，在各因素之间进行简单的比较和计算，得出不同方案的权重，为最佳方案的选择提供依据。

一般而言，对于同一准则，两个方案进行比较总能得出优劣，层次分析法采用 1~9 标度法，对不同情况的评比给出标度数值，如表 8-7 所示。

表 8-7　判断矩阵 1~9 标度法及各标度数值含义

a_{ij} 标度	含　　义
1	因素 i 与 j 一样重要
3	因素 i 比 j 略重要
5	因素 i 比 j 明显重要
7	因素 i 比 j 强烈重要
9	因素 i 比 j 极端重要
2，4 6，8	上述相邻判断的中间值
倒数	因素 i 与 j 比较得 a_{ij}，则因素 j 与 i 比较得 $a_{ji}=\dfrac{1}{a_{ij}}$

1）构造层次分析模型

首先通过深入分析问题，将问题条理层次化。在充分调研、专家咨询以及文献资料分析的基础上，根据决策的目标、决策时考虑的因素以及决策方案，按它们之间的相互关系分为目标层、准则层、指标层、方案层，构造层次分析模型，如图 8-4 所示。

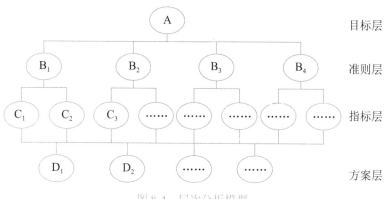

图 8-4　层次分析模型

2）构造判断矩阵

根据 A. L. Saaty 等提出的一致矩阵法，从第二层开始采用成对比较法和一定的相对尺度构造判断矩阵 A，直至最后一层。

$$A=（a_{ij}）_{n×n}, a_{ij} > 0, a_{ij}=\frac{1}{a_{ij}} （i,j=1,2,\cdots,n）$$

矩阵 A 中 a_{ij} 表示因素 与相对于上一层因素的重要性之比，a_{ji} 则表示因素 j 与 i 的重要性之比，且二者成反比关系 $a_{ij}=\frac{1}{a_{ji}}$。为了使决策判断定量化，对于 a_{ij} 的取值，A. L. Saaty 提出如表 8-8 所示的数字 1~9 标度法，并验证了其可行性。

表 8-8　判断矩阵 1~9 标度法及各标度数值含义

a_{ij} 标度	含　义
1	因素 i 与 j 一样重要
3	因素 i 比 j 略重要
5	因素 i 比 j 明显重要
7	因素 i 比 j 强烈重要
9	因素 i 比 j 极端重要
2，4 6，8	上述相邻判断的中间值
倒数	因素 i 与 j 比较得 a_{ij}，则因素 j 与 i 比较得 $a_{ji}=\frac{1}{a_{ij}}$

对于图 8-3 所示的层次分析模型，则可构建 B_1、B_2、B_3、B_4 相对于因素 A 的判断矩阵 B。诸如此法，可继续分别构建以下层次的判断矩阵。

$$B=\begin{pmatrix} A & B_1 & B_2 & B_3 & B_4 \\ B_1 & 1 & b_{12} & b_{13} & b_{14} \\ B_2 & \dfrac{1}{b_{12}} & 1 & b_{23} & b_{24} \\ B_3 & \dfrac{1}{b_{13}} & \dfrac{1}{b_{23}} & 1 & b_{34} \\ B_4 & \dfrac{1}{b_{14}} & \dfrac{1}{b_{24}} & \dfrac{1}{b_{34}} & 1 \end{pmatrix}$$

3）层次单排序及一致性检验

构造单层判断矩阵以后，需要进行层次单排序。即先计算每个判断矩阵的最大特征值 $\lambda_{\max}$ 及其对应的特征向量 W，然后对特征向量进行归一化处理，获得同层各评价指标相对于上层某一指标重要性的排序权值。在对每一个判断矩阵进行层次单排序之后，应当进行判断者思维的一致性检验。

判断矩阵的一致性比例 CR 由一致性指标 CI 与平均随机一致性指标 RI 的比值确定。当 CR ＜ 0.1 时，判断矩阵具有合理范围的一致性，否则需要对判断矩阵进行调整至达成满意的一致性为止。其中，$CR=\dfrac{CI}{RI}$，$CI=\dfrac{\lambda_{\max}-n}{n-1}$。当 $\lambda_{\max}=n$、$CI=0$ 时，CI 为完全一致，且 CI 值越大，判断矩阵一致性越差。一般只要 $CI \leqslant 0.1$，判断矩阵的一致性就可以接受，否则需重新调整判断矩阵。而平均随机一致性指标 RI 与判断矩阵的维数 n 有关，n 越大则判断的一致性越差，且 A.L.Saaty 已由实验证明给出随机一致性指标 RI 的取值如表 8-9 所示。

表 8-9　随机一致性指标 RI 的取值

阶数 n	1	2	3	4	5	6	7	8	9
RI	0	0	0.58	0.90	1.12	1.24	1.32	1.41	1.45

4）层次总排序及一致性检验

要得到最终的决策方案，还需算出最底层各指标相对于总目标的排序权重，这就需要自上而下地将层次单排序的权重进行合并。对于层次总排序也应进行一致性检验，且检验方法同层次单排序。然而在实际操作中，总排序一致性检验常常可以忽略。

3. 灰色多层次法

北京交通大学的常剑锋在其硕士论文中采用了基于集值统计和多层次灰色评价法相结合的评价模型，并且采用算例对模型进行检验，采用 MATLAB 求解，并进行灵敏度分析。

灰色多层次法的基本原理：首先，构建指标体系的层次结构，将层次分为目标层、准则层、指标层；其次，运用灰色评价方法先对指标层进行评价；再次，将指标层的评价结果应用到准则层各项指标的灰色评价中，自下而上对指标进行评价，得出目标层的综合评价结果；最后，对评价结果进行排序的过程。

灰色多层次法是一种将层次分析法和灰色系统理论有机结合在一起的非数学统计方法，这种方法主要是针对数据比较少或者不完整的情况，而且多用于解决"小数据""贫信息"等不确定问题的评价。

灰色多层次分析法的具体步骤如下。

1）确定多层次灰色评价指标的评分等级

评价等级的评分标准见表 8-10。

表 8-10　评价等级的评分标准

评 分 标 准	含　　义
9	很高
7	高
5	中
3	差
1	很差
2，4，6，8	介于相邻等级之间

2）获取指标评价的样本矩阵

根据前面对各指标进行打分，r（$r=1,2,\cdots,m$）次评分的评分值用 f_{ijm} 表示，构造指标样本矩阵。

3）确定指标评价灰类

选取"优""良""中""差""很差"这五个等级，分别用 1，2，3，4，5 这五个灰类序号表示。

第一灰类，即"优"的灰类函数为（此时评价等级为 9）

$$\varphi_1\left(f_{ijr}\right)=\begin{cases}1 & f_{ijr}\geqslant 9\\[2mm]\dfrac{f_{ijr}}{9} & 0<f_{ijr}<9\\[2mm]0 & f_{ijr}\leqslant 0\end{cases}$$

第二灰类，即"良"的灰类函数为（此时评价等级为 7）

$$\varphi_2\left(f_{ijr}\right)=\begin{cases}\dfrac{f_{ijr}}{7} & 0<f_{ijr}<7\\[2mm]\dfrac{14-f_{ijr}}{7} & 7\leqslant f_{ijr}\leqslant 14\\[2mm]0 & f_{ijr}\leqslant 0\end{cases}$$

第三灰类，即"中"的灰类函数为（此时评价等级为 5）

$$\varphi_3\left(f_{ijr}\right)=\begin{cases}\dfrac{f_{ijr}}{5} & 0<f_{ijr}<5\\[2mm]\dfrac{10-f_{ijr}}{5} & 5\leqslant f_{ijr}\leqslant 10\\[2mm]0 & f_{ijr}\leqslant 0\end{cases}$$

第四类灰，即"差"的灰类函数为（此时评价等级为 3）

$$\varphi_4\left(f_{ijr}\right)=\begin{cases}\dfrac{f_{ijr}}{3} & 0<f_{ijr}<3\\[2mm]\dfrac{6-f_{ijr}}{3} & 3\leqslant f_{ijr}\leqslant 6\\[2mm]0 & f_{ijr}\leqslant 0\ \text{或}\ f_{ijr}>6\end{cases}$$

第五类灰，即"很差"的灰类函数为（此时评价等级为 1）

$$\varphi_4\left(f_{ijr}\right)=\begin{cases}1 & 0<f_{ijr}<1\\[2mm]2-f_{ijr} & 1\leqslant f_{ijr}\leqslant 2\\[2mm]0 & f_{ijr}\leqslant 0\ \text{或}\ f_{ijr}>2\end{cases}$$

4）计算灰色评价数

其计算公式如式（8-2）所示。

$$X_{ijr}=\varphi_x\left(f_{ij1}\right)+\varphi_x\left(f_{ij2}\right)+\cdots+\varphi_x\left(f_{ijm}\right)$$

5）计算灰色评价权向量及权矩阵

6）计算综合评分值

通过公式 $B_i=\omega_i R$ 计算出子准则层的评分向量 B_i，主准则层的权重为 ω_i，$B=\omega_i\begin{bmatrix}B_1\\B_2\\B_3\\B_4\end{bmatrix}$，将评价等级值转化为向量 C，$C=[9，7，5，3，1]$，$Z=BC^T$ 即可求出 Z 的值。

4. 模糊综合评价法

模糊综合评价法是基于模糊数学的综合评价方法，它通过隶属度的理论，能够将一些定性的评价转化成定量评价，即采用模糊关系原理，能够将一些不容易定量或者边界不清晰的因素定量化处理，对受到多种因素制约的事物或对象作出一个总体的评价。

模糊综合评价法的基本思想原理：首先，确定被评价问题的因素集和评价集；其次，分别对各个因素的权重值和隶属度向量进行确定，得出模糊评判矩阵；最后，将模糊评判矩阵和因素的权向量进行归一化处理，即可得到模糊综合评价的结果。

其基本模型为：$S=AR$。具体步骤如下。

1）选择相关要素作为评价指标，确定指标集

结合层次分析，针对评价主体，选择相关要素作为评价指标，按照评价指标不同体系，构造相应的层次关系，确定评价指标集。设总因素集 $U=\{u_1,u_2,u_3,\cdots,u_m\}$，其中，$u_1\sim u_m$ 为 m 个一级指标；总因素集中的第 i 个因素 $u_i=\{u_{i1},u_{i2},u_{i3},\cdots,u_{ik}\}$，其中，$u_{i1}\sim u_{ik}$ 为 k 个二级指标。

2）建立研究对象的评价结果集

针对研究对象进行评价，将各种评价结果列出，建立研究对象评价集 $V=\{V_1,V_2,V_3,\cdots,V_n\}$。

3）根据重要程度，确定相关指标权重集

为确定各相关因素对研究对象评价结果的影响程度轻重，通过进行问卷调查专家评分，进行分析统计，来确定各评价因素的权重。将各权重归一化整理后分别可得总的权重集 A 和因素 u_i 的权重集 a_i：

$A=\{a_1,a_2,a_3,\cdots,a_m\}$，

其中，$A=1$，$a_i>0$。$a_i=\{a_{i1},a_{i2},\cdots,a_{ik}\}$（$i=1,2,\cdots,m$），

其中，$a_i=1$，$a_{ij}>0$（$j=1,2,\cdots,k$）。

4）根据各项指标和权重，建立评价矩阵

根据研究主体对每个评价指标所给出的动态模糊评价值可得动态模糊评价矩阵：

$$r_i=\begin{bmatrix}(r_{i11},r_{j11}) & (r_{i12},r_{j12}) & \cdots & (r_{i1n},r_{j1n})\\(r_{i21},r_{j21}) & (r_{i22},r_{j22}) & \cdots & (r_{i2n},r_{j2n})\\\vdots & \vdots & & \vdots\\(r_{ik1},r_{jk1}) & (r_{ik2},r_{jk2}) & \cdots & (r_{ikn},r_{jkn})\end{bmatrix}$$

其中，(r_{ijt},r_{ijt})（$i=1,2,\cdots,m$；$j=1,2,\cdots,k$；$t=1,2,\cdots,n$），表示研究主体对于第 i 个因素的

第 j 个指标在第 t 个评价结果上所给出的动态模糊评价值。进一步取均值处理得到最终动态模糊评价矩阵。

5）确定评价结果

根据权重集 A 和最终动态模糊评价矩阵 $\boldsymbol{R}$ 进行矩阵运算可得评价结果：$\boldsymbol{B}=AR-$ $(b_1,b_1)(b_2,b_2)\cdots(b_n,b_n)$。

8.4.5 以 A 公司为例的模糊集评价法

1. 建立指标集

结合层次分析，针对评价主体，选择相关要素作为评价指标，按照评价指标不同体系，构造相应的层次关系，确定评价指标集，具体情况如图 8-5 所示。

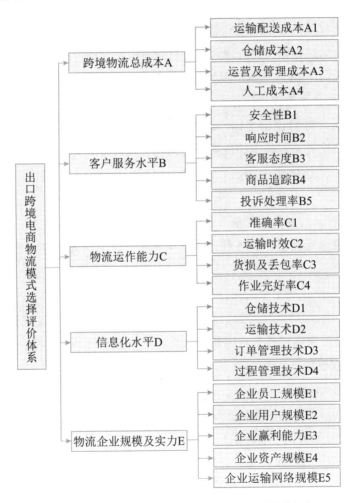

图 8-5　出口跨境电商物流模式选择指标体系构建框架

2. 建立评语集

针对研究对象进行评价，将各种评价结果列出，建立研究对象评价集 $V=\{V_1,V_2,V_3,\cdots,V_n\}$。这里分别用：非常合适、比较合适、合适、不太合适、不合适（表 8-11）。

表 8-11　评语集得分表

等　　级	非常合适	比较合适	合适	不太合适	不合适
数　　值	90	80	70	60	50

3. 建立权重集

为确定各相关因素对研究对象评价结果的影响程度轻重，通过进行问卷调查专家评分，进行分析统计，来确定各评价因素的权重，具体权重如表 8-12 所示。

表 8-12　评语集得分表

指标体系	一级指标	权　重	二级指标	权　重
出口跨境电商物流模式选择指标体系	跨境物流总成本	0.3298	运输配送成本	0.4502
			仓储成本	0.1061
			运营及管理成本	0.2599
			人工成本	0.1838
	客户服务水平	0.3869	安全性	0.5714
			响应时间	0.1876
			客服态度	0.1311
			商品追踪	0.0713
			投诉处理率	0.0386
	物流运作能力	0.1391	准确率	0.6134
			运输时效	0.1960
			货损及丢包率	0.1252
			作业完好率	0.0653
	信息化水平	0.0545	仓储技术	0.5226
			运输技术	0.2808
			订单管理技术	0.1328
			过程管理技术	0.0638
	物流企业规模及实力	0.0896	企业员工规模	0.3731
			企业用户规模	0.3206
			企业盈利能力	0.1684
			企业资产规模	0.0853
			企业运输网络规模	0.0526

4. 构建模糊综合评价的隶属矩阵

通过对 A 公司的 1 名副总经理、2 名国际商业快递招标采购部负责人及 7 名跨境电商部门主管进行当面访谈，要求其分别填写了对 A 公司跨境电商物流模式选择评价指标体系的因素调查问卷。问卷涉及 22 个影响因素的 5 个评语，如表 8-13 所示；评价的对象是国际邮政小包、国际商业快递、跨境专线物流、海外仓、集货转运五种物流模式。

表 8-13　A 公司跨境电商平台选择评价指标体系各因素调查问卷

评价对象	一级指标	二级指标	非常合适	比较合适	合适	不太合适	不合适
跨境电商物流模式	跨境物流总成本	运输配送成本					
		仓储成本					
		运营及管理成本					
		人工成本					
	客户服务水平	安全性					
		响应时间					
		客服态度					
		商品追踪					
		投诉处理率					
	物流运作能力	准确率					
		运输时效					
		货损及丢包率					
		作业完好率					
	信息化水平	仓储技术					
		运输技术					
		订单管理技术					
		过程管理技术					
	物流企业规模及实力	企业员工规模					
		企业用户规模					
		企业盈利能力					
		企业资产规模					
		企业运输网络规模					

5. 评价结果与分析

通过对模型的计算求解，得到了 A 公司对国际邮政小包、国际商业快递、跨境专线物流、海外仓、集货转运五种出口跨境电商物流模式的选择评价总体隶属度，最终各物流模式的总得分如表 8-14 所示。

表 8-14　五种物流模式总得分

公　　司	非常合适	比较合适	合　　适	不太合适	不合适	总得分
国际邮政小包	0.4616	0.3080	0.1593	0.0669	0.0043	81.5576
国际商业快递	0.7767	0.1746	0.0486	0.0000	0.0000	87.2810
跨境专线物流	0.5409	0.2675	0.1551	0.0324	0.0041	83.0870
海外仓	0.6814	0.2709	0.0452	0.0024	0.0000	86.3132
集货转运	0.5136	0.2776	0.1416	0.0562	0.0110	82.2653

结果显示，国际商业快递在五种物流模式中综合评分最高，为 87.2810 分，是目前最为适合 A 公司消费品出口业务的物流模式。海外仓模式得分次之，为 86.3132 分，说明海外仓模式也比较适合 A 公司出口业务，可以考虑将其作为 A 公司拓展业务进行海外布局时优先考虑的模式。值得注意的是，A 公司跨境物流总成本与客户服务水平的权重值比较

高，分别为 0.3298、0.3869，信息化水平的权重较低，为 0.0545，说明 A 公司在选择跨境物流模式时只关注到了一些表面关键点，而忽略了一些隐性的关键点，同时也体现出 A 公司只是将重心放到了产品生产加工、店铺运营当中，缺乏对物流流程的了解。

思考题

1. 你认为跨境电商和国际物流是什么样的关系？请简要回答。
2. 请简述跨境电商国际物流的特征。
3. 你认为我国目前跨境电商的国际物流现状如何，有什么阻碍？该如何应对？
4. 请简述跨境电商国际物流的模式。
5. 请分析第三方物流模式的优劣。
6. 请对某一跨境电商企业的物流模式进行评价。

即测即练

扫描书背面的二维码，获取答题权限。

第 8 章

即测即练

案例分析

案例分析 8-1

亚马逊
FBA 海外仓

参与文献

[1] 刘金海 . 基于跨境电商的国际物流发展问题研究 [J]. 现代营销 (信息版),2019(05):52-53.
[2] 杨镜融 , 张玉婷 . 跨境电商环境下国际物流模式分析 [J]. 商场现代化 ,2019(08):34-35.
[3] 高雅娟 . 跨境电商发展背景下的国际物流模式优化策略探析 [J]. 企业科技与发展 ,2019(11):54-55.
[4] 屠毅仁 . 我国国际物流与跨境电商相互影响实证分析 [J]. 现代经济信息 ,2018(18):323.
[5] 张玉娜 . 多元化运营模式下跨境电商物流服务体系构建 [J]. 商场现代化 ,2019(22):51-53.
[6] 孙冰 . 基于物流成本对国际贸易的影响分析 [J]. 全国流通经济 ,2019(30):25-26.
[7] 刘汝丽 . 面向跨境电商的湖南省国际物流模式选择研究 [D]. 中南林业科技大学 ,2018.
[8] 冀芳 , 张夏恒 . 跨境电子商务物流模式创新与发展趋势 [J]. 中国流通经济 ,2015,29(06):14-20.
[9] 李婵玉 . 跨境电子商务背景下的物流模式选择研究 [D]. 南昌：南昌大学 , 2015.

[10] 马顺顺．B2C 电商企业物流模式评价与选择研究 [D]．上海：上海工程技术大学，2015.

[11] 钱慧敏，何江 .B2C 跨境电子商务物流模式选择实证研究 [J]. 商业研究 ,2016(12):118-125.

[12] 张方．我国电子商务物流模式选择研究 [D]．大连：东北财经大学，2017.

[13] 舒慧 . 中国小额跨境电子商务出口物流模式选择研究 [D]. 湖南大学 ,2016.

[14] 宋磊 . 基于模糊综合评判的跨境电商物流模型的构建与策略研究 [J]. 科技促进发展 ,2019,15(08):890-897.

[15] 郑佳惠，余朋林 . 我国 B2C 跨境电子商务物流模式选择 [J]. 商场现代化 ,2018(13):45-46.

[16] 王百华 . 自贸区政策下天津港发展战略研究 [D]. 大连海事大学 ,2017.

[17] 张海天 . 中小跨境电商主要消费品出口物流模式选择研究 [D]. 郑州大学 ,2020.

[18] 常剑锋 . 电子商务企业物流运营模式选择研究 [D]. 北京交通大学 ,2016.

[19] 郑晓宏 . 跨境电商的第三方物流风险识别与评估 [D]. 太原理工大学 ,2017.

导入案例

广东省推进跨境电商高质量发展措施

2022 年，广东省人民政府发布《关于推进跨境电商高质量发展的若干政策措施》（以下简称《措施》），此次举措主要是为了促进贸易新业态扩容体制，培育跨境电商龙头企业。预计到 2025 年，全省跨境电商企业年交易规模 50 亿元以上的 20 家、100 亿元以上的 10 家、200 亿元以上的 5 家。相关政策措施还提出，到 2025 年，争取建设 20 个"产业集群＋跨境电商"试点，培育 100 个年交易额亿元以上的跨境电商卖家，培育 100 个年销售额亿元以上的跨境电商自主品牌。此外，支持跨境电商海外仓建设。鼓励企业在"一带一路"沿线国家和地区、区域全面经济伙伴关系协定（RCEP）成员国开展海外仓建设，扩大欧美市场海外仓布局。到 2025 年，争取海外建仓数达到 500 个、建仓总面积超过 400 万平方米，逐步形成专业化、智能化海外仓网络。值得注意的是，此次《措施》重点在于推动跨境电商行业发展，促进海外仓建设，尤其是提高跨境电商通关便利化水平，以及优化跨境电商税收政策和加强对跨境电商企业的金融支持力度。此次举措是对跨境电商行业的大胆试点，同时也在向大众释放强烈信号：由一线城市带头，向全国各省各地区辐射，加强各地的跨境电商行业建设与发展，未来势必成为下一个风口。

资料来源：《广东省人民政府办公厅印发关于推进跨境电商高质量发展若干政策措施通知》。

9.1 跨境电商政策发展历程

9.1.1 跨境电商政策发展历程与特点

跨境电商的高速发展已经成为推动我国外贸增长的新引擎和实现传统外贸转型升级的关键因素。政府为保障跨境电商健康可持续发展制定了一系列政策措施，这些政策的实施为跨境电商发展创造了便利、快速、规范的社会环境。根据现有跨境电商政策文件，以政策主要内容、特征表象为依据，可将其演化过程划分为四个阶段：2008—2012年为政策萌芽阶段，2013—2015年为政策探索阶段，2016—2018年为政策过渡阶段，2019年至今为政策成熟阶段。如图9-1所示，跨境电商监管性政策在政策过渡阶段，国家级政府单位总共发布了35项政策法令；2019—2022年国家层面共发布政策39项。

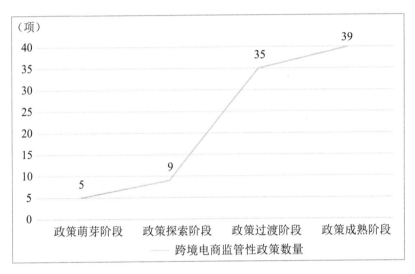

图 9-1　2008 年至今中国跨境电商政策文本数量年度分布

1. 政策萌芽阶段（2008—2012 年）

在这一阶段，跨境电商发展刚刚起步，跨境电商交易额占贸易总额的最大比重仅为8.6%，并未引起政府部门的重视。由于政府对跨境电商的重视不足，针对跨境电商发展制定的政策措施也较少，仅在以促进电商发展、国家电子商务示范城市建设、外贸稳定增长等为主题的政策文件中有所提及，尚无专门针对跨境电商发展制定的政策文件，所以将这一阶段划分为萌芽期。

这个阶段，跨境电商政策的重点内容是在建设国际电子商务中心、鼓励电商企业"走出去"、培育跨境电商相关平台等方面。其中，在国际电子商务中心建设方面，主要由国家发改委牵头，颁布了《珠江三角洲地区改革发展规划纲要（2008—2020 年）》《横琴总体发展规划》《前海深港现代服务业合作区总体发展规划》等一系列政策文件，将建设国际电子商务中心作为珠江三角洲、横琴、前海深港等地区的改革发展规划内容,此时建设国际电子商务中心的地区也较为局限。在鼓励电商企业"走出去"方面,2011 年 3 月,国家发展改革委、商务部等部门联合出台《关于开展国家电子商务示范城市创建工作的指导意见》,提出"电子商务在拓展国际国内两个市场、促进经济发展方式转变、方便百姓生活、改善民生、提高政府管理与服务能力等方面取得明显成效",首次将促进电商"走出去"纳入国家电子商务示范城市建设的总体目标。随后当年 10 月,《商务部"十二五"电子商务发展指导意见》给出了电商贸易总额的具体发展目标,即"到 2015 年,应用电子商务完成进出口贸易额占我国当年进出口贸易总额的 10% 以上",并为鼓励企业应用电子商务开拓国内外市场提出了"促进产品、服务质量提升和品牌建设"等发展方向。在培育跨境电商相关平台方面,一方面支持地方建设"单一电子窗口"平台,通过平台促进海关、检验检疫、港口、银行、保险、物流服务的电子单证协同,继而提高对外贸易监管效率;另一方面培育若干个技术力量强、信誉好、多语种的跨境电商平台,并且在 2017 年 3 月,商务部还专门制定并出台了《商务部关于利用电子商务平台开展对外贸易的若干意见》,对于增强电商平台对外贸易服务功能、提升企业利用电子商务平台开展对外贸易水平、加强对利用电子商务平台开展对外贸易的支持、加强对利用电子商务平台开展对外贸易的监督等方面制定了具体措施,并给出了重点培育开展对外贸易的电子商务平台的主要规程。可见,这一阶段制定的政策内容较为宽泛,并未涉及跨境电商相关的规章制度、标准体系等具体内容,且政策的可操作性较低。

2. 政策探索阶段(2013—2015 年)

在传统外贸增长缓慢的情况下,2013 年跨境电商交易额以 52.38% 的水平增长,对外贸易的贡献率高达 10%,且呈现持续高速增长之势,成为外贸增长的新引擎,从而引起政府部门的高度重视。此时,跨境电商正处于发展的初期阶段,各项配套政策措施尚未制定,使得通关效率低、运营成本高、行业规范不统一等问题层出不穷。为保障跨境电商健康发展,政府开始探索制定适应跨境电商发展需求的政策体系,所以将这一阶段划分为探索阶段。具有代表性的政策文件是,2013 年 8 月,商务部、国家发展改革委、财政部、人民银行、海关总署等九部门联合出台《关于实施支持跨境电子商务零售出口有关政策的意见》(以下简称《意见》),为发展跨境电商指明了方向,对外贸转型升级具有重要而深远的意义。随后,各大部委根据《意见》要求也相继出台相应的配套政策措施,这些政策深入到跨境电商的方方面面,大到总体制度、环境建设,如开展跨境电商综合试验区试点,小到跨境电商的具体环节,如税收、支付、通关、质检等多个方面。下面结合政策文本对此阶段的政策特征展开详细说明。

第一,在政策制度和规则层面,采取先试点后推广的方式。目前试点城市有海关总署牵头的"跨境电子商务试点城市"和国务院牵头的"跨境电子商务综合试验区",两者都是选择经济和外贸基础较好的城市进行先试先行,后者是前者的升级版。其中,在跨境贸易电子商务服务试点方面,2012 年 12 月,海关总署召开了国家跨境贸易电子商务服务试点工作启动会，部署了试点建设任务和工作计划，并向上海、重庆、杭州等5个试点城市授牌，标志着跨境电子商务服务试点工作正式启动。随后，跨境电商服务试点从5个城市拓展到20多个城市，向全国范围进行全面推广。在此过程中，由于跨境电子商务服务进口试点中的不规范问题频发，于是2013年12月，《海关总署关于跨境贸易电子商务服务试点网购保税进口模式有关问题的通知》紧急发布，就试点商品范围、购买金额和数量、税收、企业管理、海关统计等问题进行说明。为规范跨境电商网购保税进口业务（刷单）及其开展区域，2015年9月，海关总署加工贸易司出台《关于加强跨境电子商务网购保税进口监管工作的函》，规定网购保税进口业务模式只能在国家批准的试点城市开展，极大规范了之前跨境电商野蛮生长的现象。

第二，在跨境电子商务综合试验区方面，2015年3月国务院首次批准设立杭州跨境电商综合试验区，试图在跨境电子商务交易、支付、物流、通关、退税、结汇等环节的技术标准、业务流程、监管模式和信息化建设等方面先行先试，通过制度创新、管理创新、服务创新和协同发展，破解跨境电子商务发展中的深层次矛盾和体制性难题，打造跨境电子商务完整的产业链和生态链，逐步形成一套适应和引领全球跨境电子商务发展的管理制度和规则，为推动全国跨境电子商务健康发展提供可复制、可推广的经验。随后，为贯彻落实国务院关于跨境电商综试区建设的有关部署，国家质量监督检验检疫总局在2015年3月出台《关于支持中国（杭州）跨境电子商务综合试验区发展的意见》，提出下放事权、推进信用体系建设、通关一体化等16条支持意见。经过杭州综试区的先行先试，已初步建立起一套适应跨境电商发展的政策体系，于是2016年1月，国务院新批准设立12个跨境电子商务综合试验区，将杭州综试区探索建立的"六大体系""两个平台"等适合跨境电子商务发展的政策体系和管理制度向其他综试区复制推广。

第三，在税收方面，对跨境电商零售进口实行税收优惠政策，而对其出口由适用行邮税转换为跨境电商综合税模式。结合政策文件可知，2013年12月和2016年3月，财政部、国家税务总局先后颁布了《关于跨境电子商务零售出口税收政策的通知》和《关于跨境电子商务零售进口税收政策的通知》两个文件，对跨境电商零售进出口税收政策进行说明：一是明确了跨境电商零售出口适用的税收优惠政策。二是跨境电子商务零售进口商品将不再按个人物品征收行邮税，而是按照货物征收关税和进口环节增值税、消费税，并将单次交易限值提高至人民币2000元，个人年度交易限值设为人民币20000元。为落实跨境电子商务零售进口税收政策，2016年4月，财政部等部门颁布了《关于公布跨境电子商务零售进口商品清单的公告》和《关于公布跨境电子商务零售进口商品清单（第二批）的公告》，指出只有清单目录内的商品能够按照跨境电子商务零售进口新税制来进口，而清单之外商品暂不适用。

第四，在通关方面，一方面采取增列海关监管方式代码、调整作业时间和通关时限等方式促进通关便利化；另一方面将进出境货物、物品范围等事项纳入监管。具体来看，在便利化通关方面，海关总署增列了三种海关监管方式代码：第一种是"9610"，全称"跨境贸易电子商务"，适用于境内个人或电子商务企业通过电子商务交易平台实现交易，并采用"清单核放、汇总申报"模式办理通关手续的电子商务零售进出口商品；第二种是"1210"，全称"保税跨境贸易电子商务"，适用于境内个人或电子商务企业在经海关认可的电子商务平台实现跨境交易，并通过海关特殊监管区域或保税监管场所进出的电子商务零售进出境商品；第三种是"1239"，全称"保税跨境贸易电子商务 A"，适用于境内电子商务企业通过海关特殊监管区域或保税物流中心一线进境的跨境电子商务零售进口商品。另外，为满足跨境电商碎片化交易的特点，2015 年 5 月海关总署还出台了《关于调整跨境贸易电子商务监管海关作业时间和通关时限要求有关事宜的通知》，要求各直属海关对跨境贸易电子商务监管实行"全年（365 天）无休日、货到海关监管场所 24 小时内办结海关手续"的作业时间和通关时限要求。这些政策的实施极大地提高了企业的通关效率，规范了通关流程，降低了通关成本。

第五，在监管方面，海关总署分别于 2014 年 7 月和 2016 年 5 月，分别出台了《关于跨境贸易电子商务进出境货物、物品有关监管事宜公告》《海关总署办公厅关于执行跨境电子商务零售进口新的监管要求有关事宜通知》。一是明确规定了通过与海关联网的电子商务平台进行跨境交易的进出境货物、物品范围，以及数据传输、企业备案、申报方式、监管要求等事项；二是说明在过渡期内，网购保税商品"一线"进入海关特殊监管区域时暂不核发通关单，直购模式下暂不执行《清单》备注中关于部分商品的首次进口许可证、注册或备案要求。

第六，在质检方面，构建以风险管理为核心，以"事前备案、事中监测、事后追溯"为主线的跨境电商进出口商品质量安全监管模式。主要监管措施：一是制定重点商品和重点项目监管清单，对于涉及人身安全、健康和环保项目，通过现场查验、抽样检测和监督抽查等，加强风险监控和预警；二是以监督抽查、消费者投诉、跨境电商企业报告、境外通报等多种途径和形式，获取质量安全风险信息；三是明确跨境电商企业的质量安全主体责任，要求跨境电商经营主体向检验检疫机构提供经营主体和商品备案信息；四是通过质量安全追溯调查和责任追究，建立跨境电商消费品质量安全追溯机制。

3. 政策过渡阶段（2016—2018 年）

虽然经过上一阶段跨境电商政策的逐步探索，已经初步建立跨境电商政策体系，但这一政策体系的规章制度仍较为粗糙，无法为跨境电商发展提供系统监管，导致当前跨境电商市场仍然存在逃税避税、涉嫌走私、假货盛行、私下交易、侵犯知识产权等问题，所以这一阶段制定的政策主要是对初步建立的跨境电商政策体系进行修正与完善，因此将这一阶段的跨境电商政策划分为由探索向成熟转变的过渡期。下面结合政策文本对过渡期的各环节政策展开说明。

第一，在政策制度和规则层面，将试点的成熟经验进一步推广至中西部和东北地区，实现在全国范围开展跨境电商综试区。经过前期的探索积累，2017 年 10 月，商务部等十四部门联合出台《关于复制推广跨境电子商务综合试验区探索形成的成熟经验做法的函》，提出将"两平台六体系"等成熟做法面向全国推广，加快了跨境电商发展步伐。之后，2018年7月，国务院批准在北京等22个城市设立跨境电商综合试验区，这些城市以中西部和东北地区为主，前两批的13个综试区主要分布为珠三角（广州、深圳）、长三角（杭州、上海、宁波、苏州）、中部（郑州、合肥）、西部（成都、重庆）、北部（天津、大连、青岛），标志着跨境电商综合试验区在全国范围内全面开展。

第二，在税收方面，暂缓跨境电商"四八新政"的执行，提高税收商品的交易限值，扩大清单目录。具体而言，在进口方面，跨境电商零售进口税收政策三次延期执行。第一次是2016年5月，海关总署内部发布了《海关总署办公厅关于执行跨境电子商务零售进口新的监管要求有关事宜的通知》，规定"四八新政"的过渡期为1年，也就是将"四八新政"延期至2017年5月11日执行；随后是第二次，商务部宣布将过渡

延伸阅读 9-1

"四八新政"

期进一步延长至2017年12月31日。第三次是2018年11月，商务部等六部门和财政部等四部门分别出台了《关于完善跨境电商零售进口监管有关工作的通知》《关于完善跨境电子商务零售进口税收政策的通知》，一是提出延续执行跨境电商零售进口商品按个人自用进境物品监管，不执行有关商品首次进口许可批件、注册或备案要求，这是第三次延期"四八新政"的执行，过渡期再一次延长至2018年12月31日；二是将单次交易限值再次提高至人民币5000元，年度交易限值也提高至人民币26000元。另外，考虑到现有的跨境电商零售进口商品清单难以满足跨境电商发展需求，2018年11月，财政部等十三部门出台《关于调整跨境电商零售进口商品清单的公告》，进一步扩大了清单范围。在出口方面，2018年9月，财政部等四部门颁发《关于跨境电子商务综合试验区零售出口货物税收政策的通知》，指出对综试区电子商务出口企业出口未取得有效进货凭证的货物，同时符合相关条件的，试行增值税、消费税免税政策，鼓励跨境电商企业走出去。

第三，在通关方面，强调跨境电商企业的社会责任，加大监管力度。具体包括以下几方面内容：一是要求跨境电商企业根据海关要求传输相关交易电子数据，并对数据真实性承担相应责任，包括交易、支付、物流、消费者（订购人）身份信息等电子信息。二是跨境电商企业管理由备案变为注册，意味着海关拥有直接对跨境电商企业进行稽查、核查、行政处罚、信用管理的权利，大大加强了监管力度。三是将参与跨境电子商务零售进出口业务并在海关注册登记的企业，纳入海关信用管理，海关根据信用等级实施差异化的通关管理措施，加大了对跨境电商企业交易行为的约束，同时也提高了通关效率。

4. 政策成熟阶段（2019年至今）

2019年至今为政策成熟阶段。2019年1月1日正式开始实施的《电子商务法》对我国跨境电商的发展起到了直接的促进作用，该法从经营主体、责任划分、纳税和维权等角度对跨境电商做了明确说明。首先，该法明确要求包括一些从事海淘、代购的进口商等经营主体要到有关机构进行登记，规范了许多原本不需要办理任何手续就可以从事交易的经营主体。其次，跨境电商平台要对其商务负责，如果平台上的经营者销售的商品或服务存

在问题，且平台负责人在知情的情况下没有采取措施，平台要与经营者承担连带责任。再次，跨境电商经营者应该依法纳税，并且可以享受国家税收优惠。最后，该法强调维护消费者的合法权利。《电子商务法》中关于跨境电商的部分内容见表 9-1。

表 9-1　《电子商务法》中关于跨境电商的部分内容

条　　目	内　　容
第 71 条	国家促进跨境电子商务发展，建立健全适应跨境电子商务特点的海关、税收、进出境检验检疫、支付结算等管理制度，提高跨境电子商务各环节便利化水平，支持跨境电子商务平台经营者等为跨境电子商务提供仓储物流、报关、报检等服务。国家支持小型微型企业从事跨境电子商务
第 72 条	国家进出口管理部门应当推进跨境电子商务海关申报、纳税、检验检疫等环节的综合服务和监管体系建设，优化监管流程，推动实现信息共享、监管互认、执法互助，提高跨境电子商务服务和监管效率。跨境电子商务经营者可以凭电子单证向国家进出口管理部门办理有关手续
第 73 条	国家推动建立与不同国家、地区之间跨境电子商务的交流合作，参与电子商务国际规则的制定，促进电子签名、电子身份等国际互认
第 74 条	电子商务经营者销售商品或者提供服务，不履行合同义务或者履行合同义务不符合约定，或者造成他人损害的，依法承担民事责任

另外在试点城市扩容方面，加快了跨境电商综合试验区的设立，为整体市场的持续高速发展奠定了基础。截至 2022 年 11 月，国务院共设立 165 个跨境电商综合试验区，跨境电商综合试验区的加速设立有利于促进跨境电商的发展。跨境电商综合试验区的设立重点在于技术标准、业务流程、监管模式和信息化建设等方面，综试区将继续通过开展先行先试，并适用跨境电商零售出口税收、零售进口监管等政策措施。B 端和 C 端的城市试点不断加速扩容进一步体现国家对跨境电商的重视程度。

5. 跨境电商政策特点

政策对一个行业的发展而言有举足轻重的影响，伴随跨境电商的快速发展，政府的相关政策也在摸索中逐步跟进完善。在这些政策的发展中我们可以观察到以下两个显著特点。

第一，从激励政策到监管政策的转变。在跨境电子商务发展的初期，政府部门出台的大都是激励政策，如 2013 年国务院办公厅、国家质检总局以及商务部分别发布了《关于实施支持跨境电子商务零售出口有关政策的意见》《关于支持跨境电子商务零售出口的指导意见》《关于促进电子商务应用的实施意见》等激励政策；而随着跨境电子商务市场规模的日益扩大，跨境电商涉及的监管环节较多，且具有少批量、多批次、高频率的特点，因此，政策的重心也正逐渐从激励主导变为激励与监管并存的特点。

第二，部门涉及面广。跨境电商产业链涉及多个部门，因此会出现多部门共同参与，共同发布政策的情况。一些重大政策如《关于跨境电子商务零售出口税收政策的通知》《关于保税物流中心（B 型）设立申请和审批有关事项的公告》《关于跨境电子商务零售进口税收政策的通知》《关于公布跨境电子商务零售进口商品清单的公告》都是有两部门以上，甚至十一部门共同发布的。因此，多部门协同办公，共同探索适合跨境电商的监管体系和支持政策，成为我国跨境电商的政策特点。

9.1.2　政策的分类

从 2012 年设立第一批跨境电子商务服务试点城市开始，有关进口跨境电商发展及规范的顶层设计逐渐展开。目前，涉及跨境电商政策制定的部门包括国务院、海关总署、商务部、国家发改委、财政部、国家税务总局、国家工商总局、国家质检总局、中国人民银行和国家外汇管理局等部门。整体来看，我国针对跨境电商出台的相关政策按发布主体划分主要有以下 7 种。

1. 国务院颁布的政策

国务院是跨境电商相关政策指导性意见的制定方，在跨境电商相关的正式法律尚未出台前，是最高的顶层设计者。2015 年国务院开始明确推动进口跨境电商发展，从批复建立跨境电商综合试验区到出台相关指导意见，主要是要求各部门落实跨境电商基础设施建设、监管设施，以及要求优化完善通关、质检、税汇等过程（表 9-2）。正是国家层面对跨境电商这种新型贸易方式的高度重视和系统支持，才促进了我国跨境电商市场规模迅猛增长，成为我国稳定外贸的重要力量。

表 9-2　国务院层面关于跨境电商的主要指导文件

发布时间	名　称	主要内容	文　号	发布部门
2013 年 7 月 26 日	《关于促进进出口稳增长、调结构的若干意见》	调整出口法检费用和目录；加大出口退税支持度；加快推进跨境贸易人民币结算；改善融资服务等	国办发〔2013〕83 号	国务院办公厅
2013 年 8 月 21 日	《关于实施支持跨境电子商务零售出口有关政策意见的通知》	主要对跨境电子商务零售出口进行定义，以及跨境电子商务企业对企业出口和跨境电子商务进口的有关工作做了补充说明，指出目前企业对企业出口主要按一般贸易方式报关，仍按现行有关贸易政策执行。跨境电子商务进口有关政策另行研究	国办发〔2013〕89 号	国务院办公厅转发商务部等部门
2014 年 5 月 7 日	《关于支持外贸稳定增长的若干意见》	一是突出改革导向。支持外贸稳定增长，根本途径要通过改革来实现；二是注重减负增效。外贸企业所面临的各类成本上升等是影响外贸增长的不利因素；三是着力营造环境。对外贸易的主体是企业，企业的发展离不开良好的环境；四是货物贸易、服务贸易"双促进"	国办发〔2014〕19 号	国务院办公厅
2015 年 4 月 17 日	《关于改进口岸工作支持外贸发展的若干意见》	优化口岸服务，促进外贸稳定增长；加强口岸建设，推动外贸转型升级；深化口岸协作，改善外贸发展环境；扩大口岸开放，提升对外开放水平；夯实口岸基础，提高服务经济社会发展能力；加强对口岸工作的组织领导	国发〔2015〕16 号	国务院

发布时间	名　称	主要内容	文　号	发布部门
2015 年 5 月 7 日	《关于大力发展电子商务加快培育经济新动力的意见》	营造宽松发展环境；促进就业创业；推动转型升级；完善物流基础设施；提升对外开放水平；构筑安全保障防线；健全支撑体系	国发〔2015〕24 号	国务院
2015 年 5 月 12 日	《关于加快培育外贸竞争新优势的若干意见》	充分认识加快培育外贸竞争新优势的重要性和紧迫性；大力推动外贸结构调整；加快提升对外贸易国际竞争力；全面提升与"一带一路"沿线国家经贸合作水平；努力构建互利共赢的国际合作新格局；营造法治化国际化营商环境；完善政策体系；加强组织实施	国发〔2015〕9 号	国务院
2015 年 6 月 20 日	《国务院办公厅关于促进跨境电子商务健康快速发展的指导意见》	支持国内企业更好地利用电子商务开展对外贸易；鼓励有实力的企业做大做强；优化配套的海关监管措施；完善检验检疫监管政策措施；明确规范进出口税收政策；完善电子商务支付结算管理；提供积极财政金融支持；建设综合服务体系；规范跨境电子商务经营行为；充分发挥行业组织作用；加强多双边国际合作；加强组织实施	国办发〔2015〕46 号	国务院办公厅
2015 年 7 月 4 日	《关于积极推进"互联网 +"行动的指导意见》	互联网与各领域的融合发展具有广阔前景和无限潜力，已成为不可阻挡的时代潮流："互联网 +"创业创新；"互联网 +"协同制造；"互联网 +"现代农业；"互联网 +"智慧能源；"互联网 +"普惠金融；"互联网 +"益民服务；"互联网 +"高效物流；"互联网 +"便捷交通；等等	国发〔2015〕40 号	国务院
2016 年 5 月 9 日	《关于促进外贸回稳向好的若干意见》	充分发挥出口信用保险作用；大力支持外贸企业融资；进一步提高贸易便利化水平；调整完善出口退税政策；减免规范部分涉企收费；进一步完善加工贸易政策；支持边境贸易发展；等等	国发〔2016〕27 号	国务院
2018 年 7 月 2 日	《关于扩大进口促进对外贸易平衡发展的意见》	优化进口结构促进生产消费升级；优化国际市场布局；积极发挥多渠道促进作用；改善贸易自由化便利化条件	国办发〔2018〕53 号	国务院办公厅转发商务部等部门
2018 年 10 月 19 日	《关于印发优化口岸营商环境促进跨境贸易便利化工作方案的通知》	简政放权，减少进出口环节审批监管事项；加大改革力度，优化口岸通关流程和作业方；提升通关效率，提高口岸物流服务效能；加强科技应用，提升口岸管理信息化智能化水平；完善管理制度，促进口岸营商环境更加公开透明；等等	国发〔2018〕37 号	国务院

续表

发布时间	名　称	主要内容	文　号	发布部门
2019 年 1 月 1 日	《中华人民共和国电子商务法》	电子商务法是指调整平等主体之间通过电子行为设立、变更和消灭财产关系和人身关系的法律规范的总称；是政府调整、企业和个人以数据电文为交易手段，通过信息网络所产生的，因交易形式所引起的各种商事交易关系，以及与这种商事交易关系密切相关的社会关系、政府管理关系的法律规范的总称	无	全国人民代表大会常务委员会
2019 年 1 月 25 日	《关于促进综合保税区高水平开放高质量发展的若干意见》	统筹两个市场，打造加工制造中心；推动创新创业，打造研发设计中心；推进贸易便利化，打造物流分拨中心；延伸产业链条，打造检测维修中心；培育新动能新优势，打造销售服务中心；等等	国发〔2019〕3 号	国务院
2019 年 8 月 27 日	《国务院办公厅关于加快发展流通促进商业消费的意见》	促进流通新业态新模式发展；推动传统流通企业创新转型升级；改造提升商业步行街；加快连锁便利店发展；优化社区便民服务设施；拓展出口产品内销渠道；等等	国办发〔2019〕42 号	国务院办公厅
2020 年 8 月 12 日	《国务院办公厅关于进一步做好稳外贸稳外资工作的意见》	更好发挥出口信用保险作用；支持有条件的地方复制或扩大"信保＋担保"的融资模式；以多种方式为外贸企业融资提供增信支持；进一步扩大对中小微外贸企业出口信贷投放；支持贸易新业态发展；引导加工贸易梯度转移；加大对劳动密集型企业支持力度；等等	国办发〔2020〕28 号	国务院办公厅
2020 年 11 月 9 日	《国务院办公厅关于推进对外贸易创新发展的实施意见》	创新开拓方式，优化国际市场布局；发挥比较优势，优化国内区域布局；加强分类指导，优化经营主体；创新要素投入，优化商品结构；等等	国办发〔2020〕40 号	国务院办公厅
2020 年 11 月 10 日	《国务院办公厅关于印发全国深化"放管服"改革优化营商环境电视电话会议重点任务分工方案的通知》	财政资金直达机制实施中的好做法制度化，落实减税降费政策，为保就业、保民生、保市场主体提供支撑；让企业特别是中小微企业融资更加便利、更加优惠，推动国有大型商业银行创新对中小微企业的信贷服务模式，利用大数据等技术解决"首贷难""续贷难"等问题	国办发〔2020〕43 号	国务院办公厅

续表

发布时间	名　　称	主要内容	文　号	发布部门
2021 年 7 月 9 日	《国务院办公厅关于加快发展外贸新业态新模式的意见》	运用数字技术和数字工具，推动外贸全流程各环节优化提升。发挥"长尾效应"，整合碎片化订单，拓宽获取订单渠道；在全国适用跨境电商企业对企业（B2B）直接出口、跨境电商出口海外仓监管模式，完善配套政策。便利跨境电商进出口退换货管理；扩大跨境电子商务综合试验区（以下简称综试区）试点范围；鼓励传统外贸企业、跨境电商和物流企业等参与海外仓建设，提高海外仓数字化、智能化水平，促进中小微企业借船出海，带动国内品牌、双创产品拓展国际市场空间；等等	国办发〔2021〕24 号	国务院办公厅
2021 年 12 月 29 日	《国务院办公厅关于做好跨周期调节进一步稳外贸的意见》	挖掘进出口潜力：进一步发挥海外仓带动作用，做好大宗商品进口工作，挖掘消费品进口潜力；保障外贸产业链供应链稳定畅通：缓解国际物流压力，新培育一批外贸创新发展试点，稳定加工贸易发展，培育贸易双循环企业，提升贸易自由化便利化水平，加快推进贸易调整援助；稳市场主体保订单：巩固提升出口信用保险作用，持续培育发展短期险项下的保单融资业务，抓实抓好外贸信贷投放；等等	国办发〔2021〕57 号	国务院办公厅
2022 年 05 月 17 日	《国务院办公厅关于推动外贸保稳提质的意见》	加强外贸企业生产经营保障，促进外贸货物运输保通保畅，增强海运物流服务稳外贸功能，推动跨境电商加快发展提质增效，加大出口信用保险支持，加大进出口信贷支持，进一步加强对中小微外贸企业金融支持，加快提升外贸企业应对汇率风险能力，持续优化跨境贸易人民币结算环境，促进企业用好线上渠道扩大贸易成交，鼓励创新、绿色、高附加值产品开拓国际市场，加强进口促进平台培育建设，支持加工贸易稳定发展	国办发〔2022〕18 号	国务院办公厅

2. 跨境电商试点和综试区政策

我国采取先试点后推广这种试错成本较低的方式来探索指导性政策的具体落实。目前跨境电商政策落实试点城市包括"跨境电商试点城市"（海关总署负责）和"跨境电商综合试验区"（国务院负责），两者在城市的选择上有重叠，但后者比前者在工作重点和规格要求上更严格。

海关总署牵头的跨境电商试点城市自 2012 年 12 月启动以来，已经拓展至三十多个城市。试点城市包括出口试点和进口试点，相对而言，国家对于出口业务更为放开，而对进口业务较为谨慎，特别是海关总署于 2015 年 9 月发布加急文件《关于加强跨境电子商务网购保税进口监管工作的函》，要求试点城市严格按照现有的规则执行，不得将政策规定扩大化，以打击试点中的不规范行为。

跨境电商在快速发展的同时，对平台、物流、支付、通关等环节也提出了新的需求。无论是"试点城市"还是"综试区"，两种试点模式当前仍都处于探索期，各地方政府自下而上的探索表现出了各自的特点，政策的核心目的在于规范行业和提高行政效率。未来试点城市的增加、经验与数据的积累将有助于监管部门掌握更精确的统计数据，从而拟定更加精准的配套政策，进一步推动行业发展，未来跨境电商将在我国全面推开。我国近年来颁布的主要跨境电商试点和综试区代表性政策如表9-3所示。

表9-3　跨境电商试点和综试区代表性政策

发布时间	名　　称	主要内容	文　　号	发布部门
2012年5月8日	《国家发展改革委办公厅关于组织开展国家电子商务示范城市电子商务试点专项的通知》	网络（电子）发票应用试点；电子商务企业公共信息服务试点；电子商务支付基础平台试点；跨境贸易电子商务服务试点	发改办高技〔2012〕1137号	国家发改委办公厅
2015年3月12日	《关于同意设立中国（杭州）跨境电子商务综合试验区的批复》	同意设立中国（杭州）跨境电子商务综合试验区（以下简称综合试验区）	国函〔2015〕44号	国务院
2016年1月15日	《国务院关于同意在天津等12个城市设立跨境电子商务综合试验区的批复》	主要包括以下四个方面：一是同意在天津、上海等12个城市设立跨境电子商务综合试验区；二是借鉴"六体系两平台"的经验和做法，因地制宜，突出本地特色和优势；三是相关部门要坚持深化简政放权等改革，大力支持综合试验区发展；四是加强对综合试验区建设的组织领导	国函〔2016〕17号	国务院
2017年10月26日	《商务部等14部门关于复制推广跨境电子商务综合试验区探索形成的成熟经验做法的函》	一方面要求将"两平台六体系"等成熟做法面向全国复制推广。另一方面要求各地结合实际，积极探索新经验，推动跨境电商健康快速发展	商贸函〔2017〕840号	商务部等14部门
2018年8月7日	《国务院关于同意在北京等22个城市设立跨境电子商务综合试验区的批复》	主要包括以下四个方面：一是同意在北京市、呼和浩特市等22个城市设立跨境电子商务综合试验区；二是复制推广前两批综合试验区成熟经验做法，因地制宜，突出本地特色和优势，着力在跨境电子商务企业对企业（B2B）方式相关环节的技术标准、业务流程等方面先行先试，探索新经验、新做法；三是相关部门要积极深化外贸领域"放管服"改革，大力支持综合试验区大胆探索、创新发展；四是加强对综合试验区建设的组织领导	国函〔2018〕93号	国务院

续表

发布时间	名　称	主　要　内　容	文　号	发布部门
2018 年 11 月 28 日	《关于完善跨境电子商务零售进口监管有关工作的通知》	一是确定了跨境电商零售进口主要包括以下参与主体：跨境电商零售进口经营者、跨境电商第三方平台经营者、境内服务商；二是对跨境电商零售进口商品按个人自用进境物品监管，不执行有关商品首次进口许可批件、注册或备案要求。但对相关部门明令暂停进口的疫区商品，和对出现重大质量安全风险的商品启动风险应急处置时除外；三是《关于同意设立中国（杭州）跨境电商综合试验区的批复》	商财发〔2018〕486 号	商务部、国家发展改革委、财政部、海关总署、国家税务总局、国家市场监管总局
2019 年 12 月 24 日	《国务院关于同意在石家庄等 24 个城市设立跨境电子商务综合试验区的批复》	一是同意在石家庄等 24 个城市设立跨境电商综合试验区；二是复制推广前三批综合试验区成熟经验做法，对跨境电子商务零售出口试行增值税、消费税免税等相关政策，积极开展探索创新，推动产业转型升级，开展品牌建设，推动国际贸易自由化、便利化和业态创新，为推动全国跨境电子商务健康发展探索新经验、新做法，推进贸易高质量发展	国函〔2019〕137 号	国务院
2020 年 1 月 17 日	《关于扩大跨境电商零售进口试点的通知》	一是将石家庄等 50 个城市（地区）和海南全岛纳入跨境电商零售进口试点范围；二是上述城市和地区可按照《商务部发展改革委财政部海关总署税务总局市场监管总局关于完善跨境电子商务零售进口监管有关工作的通知》（商财发〔2018〕486 号）要求，开展网购保税进口（海关监管方式代码 1210）业务	商财发〔2020〕15 号	商务部、国家发展改革委、财政部、海关总署、税务总局、市场监管总局
2020 年 5 月 6 日	《国务院关于同意在雄安新区等 46 个城市和地区设立跨境电子商务综合试验区的批复》	一是同意在雄安新区等 46 个城市和地区设立跨境电子商务综合试验区；二是按照鼓励创新、包容审慎的原则，坚持问题导向，加强协调配合，着力在跨境电子商务企业对企业（B2B）方式相关环节的技术标准、业务流程、监管模式和信息化建设等方面探索创新，研究出台更多支持举措，为综合试验区发展营造良好的环境，更好地促进和规范跨境电子商务产业发展壮大	国函〔2020〕47 号	国务院

发布时间	名　称	主要内容	文　　号	发布部门
2021 年 3 月 18 日	《关于扩大跨境电商零售进口试点、严格落实监管要求的通知》	一是将跨境电商零售进口试点扩大至所有自贸试验区、跨境电商综试区、综合保税区、进口贸易促进创新示范区、保税物流中心（B 型）所在城市（及区域）；二是各试点城市（区域）应切实承担本地区跨境电商零售进口政策试点工作的主体责任，严格落实监管要求规定，全面加强质量安全风险防控，及时查处在海关特殊监管区域外开展"网购保税＋线下自提"、二次销售等违规行为，确保试点工作顺利推进，共同促进行业规范健康持续发展	商财发〔2021〕39 号	商务部、国家发改委、财政部、海关总署、税务总局、市场监管总局
2022 年 01 月 22 日	《国务院关于同意在鄂尔多斯等 27 个城市和地区设立跨境电子商务综合试验区的批复》	一是同意在鄂尔多斯市等 27 个城市和地区设立跨境电子商务综合试验区。二是强调跨境电子商务综合试验区建设要以习近平新时代中国特色社会主义思想为指导。三是明确有关省（自治区）人民政府要切实加强对综合试验区建设的组织领导，有力有序有效推进综合试验区建设发展。四是有关部门要按照职能分工，加强对综合试验区的协调指导和政策支持，切实发挥综合试验区示范引领作用	国函〔2022〕8 号	国务院

3. 关税政策

关税是一国对进出关境的货物和物品征收的一种流转税。根据《中华人民共和国海关法》（2017 年修正）的规定，中国海关是进出关境的监督管理机关，负有依照该法和其他有关法律、行政法规征收关税的权利和义务。我国现行的关境指的是适用《中华人民共和国海关法》的大陆行政管辖区域，不包括香港、澳门和台湾地区三个单独关境地区。

早在 2005 年前后，伴随着人们对高品质消费品的追求和国内双币卡的普及，消费者可以通过国外购物网站进行消费，其中最典型的是亚马逊，当时的税收政策是对此类邮寄的物品征收行邮税，且行邮税 50 元以下的物品免税，导致出卖人对物品进行拆分以避税。2007 年，淘宝全球购正式上线，国内消费者趋之若鹜，使淘宝的月成交额较之前增长了两倍，海淘就此拉开序幕。但是跨境电子商务的税收流失问题亟待解决，据全国海关行邮办公室统计，自 2012 年 6 个试点城市开展跨境贸易电子商务试点起，2013 年征收的行邮税税款仅占当年全国海关征收税款总额的 0.026%。

2014 年，海关总署 56 号、57 号文的发布确立了跨境电商的合法地位，京东全球购、聚美优品、唯品国际等电商平台相继上线，但无论是采用保税模式还是采用直邮模式都是征收行邮税，税额 50 元以下的商品免税，此项政策导致商家拆分包裹现象严重，包裹单价低、数量多，造成严重的税款流失。2016 年的税收新政彻底打破了征收单一行邮税的格局、取消了免征限额，并且制定了严格的进口商品监管模式，但是仍然存在一些问题有待改善。近年来的跨境电商有代表性的税收政策如表 9-4 所示。

表 9-4　跨境电商税收类代表性政策

发布时间	名　　称	主要内容	文　号	发布部门
2013 年 12 月 30 日	《关于跨境电子商务零售出口税收政策的通知》	明确了电子商务出口企业出口货物适用增值税、消费税（免）税政策的条件	财税〔2013〕96 号	财政部、国家税务总局
2016 年 3 月 24 日	《关于跨境电子商务零售进口税收政策的通知》	跨境电子商务零售进口商品将不再按邮递商品征收行邮税，而是按货物征收关税和进口环节增值税、消费税，为单次交易额和个人年度交易总额设置上限	财关税〔2016〕18 号	财政部、海关总署、国家税务总局
2016 年 4 月 6 日	《关于公布跨境电子商务零售进口商品清单的公告》	公布了首批跨境电子商务零售进口商品清单，清单共包括 1142 个 8 位税号商品，范围涵盖部分食品饮料、服装鞋帽、家用电器以及部分化妆品、纸尿裤、儿童玩具、保温杯等生活消费品	财关税〔2016〕40 号	财政部、国家发展改革委、工业和信息化部、农业部、商务部、海关总署等 11 个部门
2016 年 4 月 15 日	《关于公布跨境电子商务零售进口商品清单（第二批）的公告》	公布了第二批跨境电子商务零售进口商品清单，共包括 151 个 8 位税号商品	财关税〔2016〕47 号	财政部、国家发展改革委、工业和信息化部、环境保护部、农业部、商务部等 13 个部门
2016 年 7 月 6 日	《关于明确跨境电商进口商品完税价格有关问题的通知》	对完税价格、优惠促销价格和运费、保险费的认定原则进行说明	税管函〔2016〕73 号	海关总署、关税司、加贸司
2018 年 9 月 28 日	《关于跨境电子商务综合试验区零售出口货物税收政策的通知》	对综试区电子商务出口企业出口未取得有效进货凭证的货物，同时符合相关条件的，试行增值税、消费税免税政策	财税〔2018〕103 号	财政部、国家税务总局、商务部、海关总署
2018 年 11 月 20 日	《关于调整跨境电商零售进口商品清单的公告》	公布了跨境电子商务零售进口商品清单（2018 年版），同时废止了前两批清单	财税〔2018〕157 号	财政部、国家发展改革委等 13 个部门
2018 年 11 月 29 日	《关于完善跨境电子商务零售进口税收政策的通知》	通知主要包括两方面内容：（1）将跨境电子商务零售进口商品的单次交易限值由人民币 2000 元提高至 5000 元，年度交易限值由人民币 20000 元提高至 26000 元；（2）不允许电商进口商品二次销售及网购保税进口商品在海关特殊监管区域外开展"网购保税＋线下自提"模式	财关税〔2018〕49 号	财政部、海关总署、国家税务总局

发布时间	名　称	主要内容	文　号	发布部门
2019 年 10 月 26 日	《国家税务总局关于跨境电子商务综合试验区零售出口企业所得税核定征收有关问题的公告》	综试区内核定征收的跨境电商企业应准确核算收入总额，并采用应税所得率方式核定征收企业所得税。应税所得率统一按照 4% 确定；税务机关应按照有关规定，及时完成综试区跨境电商企业核定征收企业所得税的鉴定工作等	国家税务总局公告〔2019〕36 号	国家税务总局
2019 年 12 月 24 日	《关于调整扩大跨境电子商务零售进口商品清单的公告》	本清单实施后，《财政部等 13 个部门关于调整跨境电子商务零售进口商品清单的公告（2018 年第 157 号）》所附的清单同时废止	2019 年 第 96 号	财政部、国家发改委等 13 个部门
2020 年 3 月 17 日	《关于提高部分产品出口退税率的公告》	一是将瓷制卫生器具等 1084 项产品出口退税率提高至 13%；将植物生长调节剂等 380 项产品出口退税率提高至 9%。二是公告所列货物适用的出口退税率，以出口货物报关单上注明的出口日期界定	财政部、税务总局公告 2020 年第 15 号	财政部、国家税务总局
2022 年 4 月 20 日	《关于进一步加大出口退税支持力度促进外贸平稳发展的通知》	进一步加大助企政策支持力度、进一步提升退税办理便利程度、进一步优化出口企业营商环境	税总货劳发〔2022〕36 号	商务部

4. 海关监管政策

海关作为跨境电商的主要监管部门，探索建立新型跨境电商海关监管模式，增列 9610、1210、9710、9810 等监管代码，并逐步优化海关监管流程，以吸引企业利用阳光化通道从事跨境电商活动。如表 9-5 所示，海关发布的一系列监管政策，既表明了我国对跨境电商进出口商品的监管日趋完善，又说明海关部门利用新技术持续优化服务体系和提高通过效率。

表 9-5　跨境电商通关类代表性政策

发布时间	名　称	主要内容	文　号	发布部门
2014 年 1 月 24 日	《海关总署公告 2014 年第 12 号（关于增列海关监管方式代码的公告）》	增列海关监管方式代码"9610"，全称"跨境贸易电子商务"，并介绍了代码适用的电子商务零售进出境商品类型	总署公告〔2014〕12 号	海关总署
2014 年 3 月 4 日	《海关总署关于跨境贸易电子商务服务试点网购保税进口模式有关问题的通知》	试点商品应为个人生活消费品，国家禁止和限制进口物品除外；试点网购商品以"个人自用、合理数量"为原则；以电子订单的实际销售价格作为完税价格，参照行邮税税率计征税款等	署科函〔2013〕59 号	海关总署

发布时间	名　称	主要内容	文　号	发布部门
2014 年 7 月 23 日	《关于跨境贸易电子商务进出境货物、物品有关监管事宜的公告》	明确规定了通过与海关联网的电子商务平台进行跨境交易的进出境货物、物品范围，以及数据传输、企业备案、申报方式、监管要求等事项	总署公告〔2014〕56 号	海关总署
2014 年 7 月 30 日	《海关总署公告 2014 年第 57 号（关于增列海关监管方式代码的公告）》	增列海关监管方式代码"1210"，全称"保税跨境贸易电子商务"，并介绍了代码适用的电子商务零售进出境商品类型	总署公告〔2014〕57 号	海关总署
2015 年 5 月 8 日	《海关总署关于调整跨境贸易电子商务监管海关作业时间和通关时限要求有关事宜的通知》	自 2015 年 5 月 15 日起，海关对跨境贸易电子商务监管实行"全年（365 天）无休日、货到海关监管场所 24 小时内办结海关手续"的作业时间和通关时限要求	海关总署〔2015〕121 号	海关总署
2015 年 9 月 9 日	《加贸司关于加强跨境电子商务网购保税进口监管工作的函》	该文件要求试点城市严格按照现有规则执行，不得将政策扩大化。不仅强调了各地海关应严厉打击走私行为、对违法违规者提出实质性处罚，还限定了跨境保税进口必须在跨境电商试点城市的海关特殊监管区域或保税物流中心展开，普通保税仓库不能开展	加贸函〔2015〕58 号	海关总署加贸司
2016 年 4 月 6 日	《海关总署公告 2016 年第 26 号关于跨境电子商务零售进出口商品有关监管事宜的公告》	对海关有关监管问题进行说明，包括政策适用范围、企业管理、通关管理、税收征管、物流监控和退货管理等事项	总署公告〔2016〕26 号	海关总署
2016 年 5 月 24 日	《海关总署办公厅关于执行跨境电子商务零售进口新的监管要求有关事宜的通知》	通知对过渡期内跨境电子商务零售进口商品在网购保税模式和直购模式下新的监管要求进行说明	署办发〔2016〕29 号	海关总署办公厅
2016 年 7 月 6 日	《海关总署关税征管司、加贸司关于明确跨境电商进口商品完税价格有关问题的通知》	按照实际交易价格原则，以订单价格为基础确定完税价格，订单价格原则上不能为零；对直接打折、满减等优惠促销价格的认定应遵守公平、公开原则，即优惠促销应是适用于所有消费者，而非仅针对特定对象或特定人群的，海关以订单价格为基础确定完税价格等	税管函〔2016〕73 号	海关总署关税征管司、加贸司
2016 年 10 月 12 日	《海关总署公告 2016 年第 57 号（关于跨境电子商务进口统一版信息化系统企业接入事宜的公告）》	免费提供进口统一版系统清单录入功能；免费提供进口统一版系统客户端软件；公开进口统一版系统企业对接报文标准；企业对于其向海关所申报及传输的电子数据承担法律责任	总署公告〔2016〕57 号	海关总署
2016 年 12 月 5 日	《海关总署公告 2016 年第 75 号（关于增列海关监管方式代码的公告）》	增列海关监管方式代码"1239"，全称"保税跨境贸易电子商务 A"，并介绍了代码适用的跨境电子商务零售进口商品	总署公告〔2016〕75 号	海关总署

发布时间	名　　称	主要内容	文　号	发布部门
2018年4月13日	《海关总署公告2018年第27号（关于规范跨境电子商务支付企业登记管理)》	跨境电子商务支付企业在向海关办理注册登记或信息登记手续时，应当提交相关资质证书。其中，提供跨境电子商务支付服务的银行机构提交中国银保监会或者原中国银监会颁发的《金融许可证》复印件；非银行支付机构提交中国人民银行颁发的《支付业务许可证》复印件，支付业务范围应当包括"互联网支付"等	总署公告〔2018〕27号	海关总署
2018年6月14日	《海关总署公告2018年第56号（关于跨境电子商务统一版信息化系统企业接入事宜的公告)》	对接入跨境电子商务进口统一版信息化系统的企业，海关将免费提供客户端软件、清单录入功能，同时公开了进口统一版系统企业对接报文标准，并要求企业对于其向海关所申报及传输的电子数据承担法律责任	总署公告〔2018〕56号	海关总署
2018年12月3日	《海关总署公告2018年第179号（关于实时获取跨境电子商务平台企业支付相关原始数据接入有关事宜的公告)》	根据关检融合需求，将跨境电子商务统一版信息化系统企业申报数据项接入报文规范进行了修订	总署公告〔2018〕179号	海关总署
2018年12月10日	《海关总署公告2018年第194号（关于跨境电子商务零售进出口商品有关监管事宜的公告)》	对海关有关监管问题进行说明，包括政策适用范围、企业管理、通关管理、税收征管、场所管理、检疫、查验和物流管理及退货管理等事项	总署公告〔2018〕194号	海关总署
2020年3月27日	《海关总署公告2020年第44号（关于全面推广跨境电子商务出口商品退货监管措施有关事宜的公告)》	跨境电子商务出口企业、特殊区域［包括海关特殊监管区域和保税物流中心（B型)］内跨境电子商务相关企业或其委托的报关企业（以下简称"退货企业"）可向海关申请开展跨境电子商务零售出口、跨境电子商务特殊区域出口、跨境电子商务出口海外仓商品的退货业务等	总署公告〔2020〕44号	海关总署
2020年3月28日	《海关总署公告2020年第45号（关于跨境电子商务零售进口商品退货有关监管事宜的公告)》	退货企业可以对原《中华人民共和国海关跨境电子商务零售进口申报清单》（以下简称《申报清单》）内全部或部分商品申请退货；退货企业在《申报清单》放行之日起30日内申请退货，并且在《申报清单》放行之日起45日内将退货商品运抵原海关监管作业场所、原海关特殊监管区域或保税物流中心（B型）的，相应税款不予征收，并调整消费者个人年度交易累计金额	总署公告〔2020〕45号	海关总署

续表

发布时间	名　称	主要内容	文　号	发布部门
2020 年 6 月 12 日	《海关总署公告 2020 年第 75 号（关于开展跨境电子商务企业对企业出口监管试点的公告）》	增列海关监管方式代码"9710"，全称"跨境电子商务企业对企业直接出口"，简称"跨境电商 B2B 直接出口"，适用于跨境电商 B2B 直接出口的货物；增列海关监管方式代码"9810"，全称"跨境电子商务出口海外仓"，简称"跨境电商出口海外仓"，适用于跨境电商出口海外仓的货物；等等	总署公告〔2020〕75 号	海关总署
2020 年 8 月 13 日	《海关总署公告 2020 年第 92 号（关于扩大跨境电子商务对企业出口监管试点范围的公告）》	在现有试点海关基础上，增加上海、福州、青岛、济南、武汉、长沙、拱北、湛江、南宁、重庆、成都、西安等 12 个直属海关开展跨境电商 B2B 出口监管试点	总署公告〔2020〕92 号	海关总署
2021 年 9 月 18 日	《海关总署关于中华人民共和国进出口货物商品归类管理规定》	规范进出口货物的商品归类，保证商品归类的准确性和统一性，进出口货物收发货人或者其代理人对进出口货物进行商品归类，等等	海关总署令〔2021〕252 号	海关总署
2022 年 12 月 23 日	《关于〈区域全面经济伙伴协定〉实施相关事项的公告》	自 2023 年 1 月 2 日起，成员方增加印度尼西亚，《特别货物清单》增加《出口至印度尼西亚特别货物清单》	海关总署令第 255 号	海关总署

5. 质检政策

质量检测是指检查和验证产品或服务质量是否符合有关规定的活动。我国在跨境电商质检方面，构建以风险管理为核心，以"事前备案、事中监测、事后追溯"为主线的跨境电商进出口商品质量安全监管模式。主要监管措施有：

（1）制定重点商品和重点项目监管清单，对于涉及人身安全、健康和环保的项目，通过现场查验、抽样检测和监督抽查等，加强风险监控和预警。

（2）以监督抽查、消费者投诉、跨境电商企业报告、境外通报等多种途径和形式，获取质量安全风险信息。

（3）明确跨境电商企业的质量安全主体责任，要求跨境电商经营主体向检验检疫机构提供经营主体和商品备案信息。

（4）通过质量安全追溯调查和责任追究，建立跨境电商消费品质量安全追溯机制。

跨境电商质检类代表性政策如表 9-6 所示。

表 9-6 跨境电商质检类代表性政策

发布时间	名　　称	主要内容	文　号	发布部门
2015 年 3 月 9 日	《质检总局关于深化检验检疫监管模式改革支持自贸区发展的意见》	意见提出三个方面的监管措施：（1）明确电商经营主体的质量安全责任，实行全申报管理；（2）对按国外个人订单出境的跨境电子商务出口商品，一般不实施品质检验，而对备货入境、最终按个人订单以邮件、快件形式销售的跨境电子商务商品，严格检疫管理；（3）加强事后监管，组织对质量安全问题的调查处理	国质检通〔2015〕87 号	国家质检总局
2015 年 5 月 13 日	《国家质检总局关于进一步发挥检验检疫职能作用促进跨境电子商务发展的意见》	要求各地检验检疫局构建符合跨境电子商务发展的工作体制机制、跨境电子商务风险监控和质量追溯体系，介绍了 8 类禁止以跨境电子商务形式入境的情况	国发〔2015〕24 号	国家质检总局
2015 年 6 月 9 日	《质检总局关于加强跨境电子商务进出口消费品检验监管工作的指导意见》	意见提出四个方面的监管措施，包括建立跨境电商进出口消费品监管新模式、建立跨境电商消费品质量安全风险监测机制和质量安全追溯机制、明确跨境电商企业的质量安全主体责任、建立跨境电商领域打击假冒伪劣工作机制等	国质检通〔2015〕250 号	国家质检总局
2015 年 10 月 17 日	《网购保税模式跨境电子商务进口食品安全监督管理细则》	制定了两个方面的实施细则：一是明确了经营主体义务，具体涉及经营企业、平台企业、物流仓储企业的一般义务、经营主体备案、产品信息备案、质量安全承诺、产品标签说明等方面。二是提出安全监管的要求，包含检验检疫、专项抽查、监督检查和诚信记录等	无	国家质检总局
2015 年 11 月 24 日	《跨境电子商务经营主体和商品备案管理工作规范》	对经营主体和商品备案管理相关事项进行说明：一是明确了跨境电子商务经营主体的定义，要求跨境电商经营主体向检验检疫机构提供经营主体备案信息。二是规定跨境电子商务经营主体和商品备案信息实施一地备案、全国共享管理，并介绍了备案信息无效的三种情形	国家质检总局〔2015〕137 号	国家质检总局
2016 年 4 月 13 日	《跨境电子商务零售进口商品清单》有关商品备注的说明	对《跨境电子商务零售进口商品清单》中的两类商品的备注进行说明：一是婴幼儿配方乳粉的产品配方应当经国务院食品药品监管部门注册。二是首次进口的化妆品必须获得国家食品药品监督管理总局核发的化妆品许可批件	无	关税司

续表

发布时间	名　　　称	主要内容	文　号	发布部门
2016 年 4 月 15 日	《跨境电子商务零售进口商品清单（第二批）》有关商品备注的说明	对《跨境电子商务零售进口商品清单》中三类商品的备注进行说明：一是依法获准注册或备案的医疗器械产品，方可按照法律法规有关规定进口；二是首次进口的保健食品应当经国务院食品药品监督管理部门注册；三是婴幼儿配方乳粉产品配方和特殊医学用途配方食品应当经国务院食品药品监督管理部门注册	无	关税司
2016 年 5 月 15 日	《质检总局关于跨境电商零售进口通关单政策的说明》	要求进口法检货物凭检验检疫机构签发的通关单办理海关通关手续，并对通关单管理上的便利措施进行说明	无	国家质检总局

6. 自贸区政策

中国自由贸易区是指在国境内关外设立的，以优惠税收和海关特殊监管政策为主要手段，以贸易自由化、便利化为主要目的的多功能经济性特区。原则上是指在没有海关"干预"的情况下允许货物进口、制造、再出口。中国自由贸易区是政府全力打造中国经济升级版的最重要的举动，其力度和意义堪与 20 世纪 80 年代建立深圳特区和 90 年代开发浦东两大事件相媲美。其核心是营造一个符合国际惯例的、对内外资的投资都要具有国际竞争力的国际商业环境。

从 2013 年上海自贸试验区挂牌开始，中国的自贸试验区建设走过了五个年头。近年来，广东、天津、福建、重庆、四川自贸试验区纷纷设立……从北到南，从沿海到内陆，从一枝独秀到百花齐放，到目前为止一共开设了共 21 个自由贸易试验区。我国逐步开设的自贸试验区如表 9-7 所示。

表 9-7　我国开设的自贸试验区

时　　　间	开设的自贸试验区
2013 年 9 月 27 日	中国（上海）自由贸易试验区 1 个自贸区
2015 年 4 月 20 日	中国（广东）自由贸易试验区、中国（天津）自由贸易试验区、中国（福建）自由贸易试验区 3 个自贸区
2017 年 3 月 31 日	中国（辽宁）自由贸易试验区、中国（浙江）自由贸易试验区、中国（河南）自由贸易试验区、中国（湖北）自由贸易试验区、中国（重庆）自由贸易试验区、中国（四川）自由贸易试验区、中国（陕西）自由贸易试验区 7 个自贸区
2018 年 10 月 16 日	中国（海南）自由贸易试验区 1 个自贸区
2019 年 8 月 2 日	中国（山东）自由贸易试验区、中国（江苏）自由贸易试验区、中国（广西）自由贸易试验区、中国（河北）自由贸易试验区、中国（云南）自由贸易试验区、中国（黑龙江）自由贸易试验区 6 个自贸区
2020 年 6 月 1 日	中国（海南）自由贸易港
2020 年 9 月 21 日	中国（北京）自由贸易试验区、中国（湖南）自由贸易试验区、中国（安徽）自由贸易试验区 3 个自贸区

7. 保税区政策

保税区（bonded area）亦称保税仓库区。这是一国海关设置的或经海关批准注册、受海关监督和管理的可以较长时间存储商品的区域。中国保税区是经国务院批准设立的、海关实施特殊监管的经济区域，是我国目前开放度和自由度最大的经济区域。

1987 年 12 月 25 日，在深圳经济特区，邓小平同志首次提出要实施"改革开放"的总方针，并将在深圳的沙头角设立保税区，1991 年 5 月 28 日经由国务院正式批准设立的沙头角保税区是我国创办最早的保税区。伴随着改革开放的不断发展和深入，为了进一步的积累和探索，1991 年 5 月 28 日，国务院批准在深圳经济特区设立福田保税区，这不仅是跨历史进步的一次有益尝试，也为以后其他保税区、综合保税区、保税港区的设立提供了借鉴依据。

从 1990 年开始，我国设立的海关特殊监管区域先后有出口加工、保税区、保税物流园区、保税港区、综合保税区和跨境工业区六种形态，且不同的特殊区域设立之初都有不同的功能和特点，具体内容见表 9-8。

表 9-8　我国海关特殊监管区域功能区分表

名　称	主　要　功　能	代　表　区　域
出口加工区	服务企业扩大出口，进而推动外贸发展	深圳出口加工区、井冈山出口加工区、九江出口加工区等
保税区	对加工企业的生产设备和原料进行保税监管	深圳市沙头角保税区、盐田港保税区、青岛保税区
保税物流园区	发展现代国际物流	天津港保税物流园区
保税港区	国际中转、国际采购、国际配送	上海洋山保税港区、海南洋浦保税港区、深圳前海湾保税港区
综合保税区	国际中转、配送、采购、转口贸易和出口加工等	北极天竺综合保税区、苏州工业园综合保税区、海口综合保税区
跨境工业区	新型工业、现代物流展销、自由贸易	珠澳跨境工业区

为了适应经济环境，促进经济发展，不同的特殊区域在建立之初都被赋予了特有的功能和运营模式，但是没有一个特殊区域能够满足社会经济发展的综合性要求。在此基础上，为了整合优化这些区域的特有政策和功能，并实行统一化要求和管理，国家提出建立综合保税区。为了在发展经济的同时，能够配合对外开放发展，国务院颁布的《保税区海关监督管理办法》（海关总署令第 65 号）和《中华人民共和国海关保税港区管理暂行办法》（海关总署令第 235 号）规定，综保区属于具有"境内关外"性质的海关特殊监管区域，是目前我国开放层次最高的特殊开放区，其主要功能有口岸作业、物流、加工、贸易、服务等。

目前，国务院鼓励将原有的海关特殊监管区域加快整合优化为综合保税区，将新设立海关特殊监管区域均统一命名为综合保税区。截至 2021 年 3 月底，全国 31 个省、自治区、直辖市共设立海关特殊监管区域 163 个。其中，综合保税区 150 个，保税区 9 个，保税港区 2 个，出口加工区 1 个，珠澳跨境工业区（珠海园区）1 个。据海关部门统计，2021 年前 5 个月，全国综合保税区实现进出口值 2.08 万亿元，同比增长 31.6%，比进出口整体增速高 3.4%，成为稳外贸稳外资重要力量。其中，出口 11067.3 亿元，增长 36.4%；进口 9763.7 亿元，增长 26.6%。

9.2　跨境电商相关法规制度

9.2.1　跨境电商知识产权法规

互联网、大数据、云计算飞速发展，人们的国际购买力不断增强，跨境电商的发展也因此更加快速，人们在享有跨境电商发展带来的便利实惠的同时也出现了许多问题，比较突出的是跨境电商平台销售假冒伪劣商品、侵犯知识产权等行为。人们高度重视电子商务领域中的知识产权保护。

1. 知识产权

在法律层面上，2016 年修正的《对外贸易法》第二十九条第二款规定，从境外进口的货物若侵犯了我国的知识产权，国家外贸主管部门可以禁止进口侵权人生产销售的有关货物。2017 年修正的《海关法》第四十四条第二款明确要求，进出口货物收发人与代理人，应当按照我国有关规定向海关如实申报货物的知识产权状况。该款阐明了我国海关的知识产权申报制度。并且，该法还在其第九十一条明确了违反本制度的后果。2019 年 1 月 1 日生效的《电子商务法》，在第四十二条至第四十三条，确立了"避风港"规则。第四十四条规定了公示规则，第四十五条则是"红旗"规则的体现。第八十四条还对违反侵犯知识产权的行为应受到的处罚作出了规定。但新《电子商务法》依旧缺乏对跨境电商知识产权保护的直接调控，仅在第七十一条至七十三条对跨境电商作出了一些笼统概括的宣誓性规定，缺少可参照执行的实体以及程序性规定。

行政法规层面上，国务院 2013 年颁布了《关于印发"宽带中国"实施方案的通知》，当中提到要"强化数字环境和互联网应用中的知识产权保护力度，加强打击互联网侵权行为的国际合作。"作为国务院印发的纲领性文件，其内容明显过于空泛，不具有可操作性。国务院知识产权局等单位 2014 年 12 月 10 日发布的《深入实施国家知识产权战略计划的通知》第二条第二款提出，要探索加强跨境贸易电商服务中的知识产权监管举措。国务院 2015 年发布的《关于促进跨境电商健康快速发展的指导意见》同样指出，要"坚决打击跨境电商中出现的各种侵权违法行为"。同年 10 月 26 日国务院颁布的《关于加强互联网领域侵权假冒行为的治理意见》在具体制度的层面上进行了细化，将知识产权的保护责任分配到了国务院的各个具体部门。在 2016 年，国务院为响应国家"十三五"计划的号召，制定及发布了《关于印发"十三五"国家知识产权保护和运用规划的通知》，其中再次强调要"突出打击互联网领域跨境电商假冒侵权等违法活动"。

对于法律、行政法规层面上暴露出的立法缺陷问题，国家知识产权局在对全国政协提案进行答复时进行了比较明确的回应。《国家知识产权局关于政协十三届全国委员会第一次会议第 3361 号（科学技术类 052 号）提案答复的函》首次提到，要对跨境电商知识产权保护制度进行研究，探索建立新商业模式知识产权保护的单独立法制度。《国家知识产权局关于政协十三届全国委员会第一次会议第 3379 号（科学技术类 159 号）提案答复的函》回应得就更为详细了，在其第二条第一款提到，"互联网、电子商务等新领域、新业态下的知识产权司法保护对象可以分别归类于《商标法》《著作权法》《专利法》及《反不正当竞争法》所规制的权利类型。现行法律体系已为互联网、电商领域的知识产权司法保护工作提供了相对完善的法律依据"。此处"相对完善"，但依旧存在不完善之处，国家机关已敏感地意识到了这一问题，并在回函的后半部分表示将密切关注"互联网＋电子商务"在司法实践中出现的问题，积极开展相关司法研究工作，进一步完善现行法律体系。

2. 专利权

我国现行法律体系针对跨境电商专利权保护的规定可以用捉襟见肘来形容。寻遍我国法律法规，能够查阅到的仅有一部国家知识产权局发布的《关于印发〈关于严格专利保护的若干意见〉的通知》对此问题进行了正面的回应："严格对跨境电商的专利执法监管，促进国内外监管的结合。"它从执法监管的角度作了抽象、宽泛的要求，同样没有具体可操作的条款。

在行政法规层面上，国务院 2015 年颁布的《关于加强互联网领域侵权假冒行为治理的意见》中第二条第五款要求："加强网上专利纠纷案件办理和电商领域专利执法维权，推进网上商业发明专利权的保护。"另外，国务院办公厅于 2014 年至 2017 年连续 4 年印发的"全国打击侵犯知识产权和制售假冒伪劣商品要点的通知"均强调要建立电商领域内的专利执法协作与调度机制。

在部门规章层面上，2015 年公布实施的《专利行政执法办法》第八条对电商平台上发生的专利侵权纠纷的解决办法进行了规定，第四十三条第七款及第四十五条第六款则规定了对电商平台上的专利侵权产品、依照专利方法获得的侵权产品的处置措施。国家知识产权局 2016 年颁布的《关于开展知识产权协同保护工作的通知》提出应建立电子商务平台的线上专利保护合作机制，推进线上专利侵权咨询工作。

3. 商标权

我国法律在跨境电商商标权保护上就更加匮乏了。不管在法律，行政法规，部门规章乃至司法解释中，都找不到一个有针对性地进行规制的条款。

4. 著作权

2010 年修正的《著作权法》以及作为该法实施的具体细则的《著作权法实施条例》均未涉及任何跨境电商的内容。

在传统跨境贸易领域中，倒存在对著作权保护的规定，如海关总署于 1994 年发布的《实施保护知识产权、制止侵权货物进出境的管理措施》第一条明确了："侵犯知识产权的货物不准进口或者出口。"在 1995 年颁布的《为进一步加强知识产权保护工作》中的第二条和第三条对跨境贸易中侵犯著作权商品由海关予以没收、销毁。在 2018 年修正的《中华人民共和国知识产权海关保护条例》中，规定了对侵犯著作权商品的处理措施及法律责任等内容。

9.2.2　跨境电商支付的法规制度

跨境支付作为跨境电商业务链条中的"资金流"，电商企业一般可以选择自建支付平台或者外包给专业的第三方公司。第三方支付，一般是指具备一定实力和信誉保障的第三方独立机构提供的交易支持平台；跨境电子商务外汇支付业务，则是指支付机构通过银行为小额电子商务交易双方提供跨境互联网支付所涉及的外汇资金集中收付及相关结售汇服务。

由于跨境电商外汇支付存在交易真实性难以辨别、备付金管理困难等问题，于是相关部门决定采取试点的方法，先在局部创新支付模式，解决支付中存在的问题，待相关经验成熟之后再推广至全国，以此减小试错成本。根据试点过程可以将支付相关政策划分为以下四个阶段。

（1）外汇支付试点的申请。2013 年 2 月，外汇管理局出台《关于支付机构跨境电子商务外汇支付业务试点指导意见》，规定在上海、北京、重庆、浙江、深圳等地区开展试点，允许试点支付机构为客户集中办理收付汇和结售汇业务。

（2）外汇支付试点的批复。2013 年 9 月，支付宝、财付通、易极付等 17 家支付机构（其中北京 4 家、深圳 2 家、杭州 2 家、上海 8 家、重庆 1 家）获得国家跨境电子商务外汇支付业务试点批复，正式拉开了跨境外汇支付业务试点的序幕。随后，2014 年 2 月，国家决定新增 5 个试点，届时支付试点机构达到 22 家。

（3）跨境外汇支付业务试点扩大到全国。2015 年 1 月 29 日，国家外汇管理局发布《支付机构跨境外汇支付业务试点指导意见》（以下简称《指导意见》），在全国范围内开展支付机构跨境外汇支付业务试点。外管局表示，为积极支持跨境电子商务发展，防范互联网渠道外汇支付风险，国家外汇管理局在总结前期经验的基础上，制定了《指导意见》，在全国范围内开展支付机构跨境外汇支付业务试点。《指导意见》要求，支付机构办理"贸易外汇收支企业名录"登记后可试点开办跨境外汇支付业务。

（4）提高跨境电子商务支付企业准入门槛，加大监管力度。主要表现在以下两方面：一是验核跨境电子商务支付企业资质，也就是说跨境电商支付企业除了需要办理注册登记或信息登记手续，还需要提交相关资质证书，这一措施的实施提高了跨境电商支付企业监管的规范性，但是对于目前已经注册的支付企业不再有效，无疑提高了跨境电商支付企业的注册门槛。二是要求参与跨境电子商务零售进口业务的跨境电商平台企业向海关开放支付相关原始数据，供海关验核，意味着海关可以通关支付数据对虚假支付等信息进行监管，进一步规范了跨境电商支付环境。跨境电商支付类代表性政策见表 9-9。

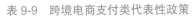

表 9-9　跨境电商支付类代表性政策

发布时间	名　　称	主要内容	文　　号	发布部门
2013 年 2 月 1 日	《国家外汇管理局综合司关于开展支付机构跨境电子商务外汇支付业务试点指导意见》	政策对支付机构外汇支付试点提出以下三点意见：一是政策拟在上海、北京、重庆、浙江、深圳等地区开展试点，允许试点支付机构为客户集中办理收付汇和结售汇业务；二是明确了外汇支付试点的申请条件、流程；三是对试点业务管理、备付金账户管理、风险管理、监督检查等内容进行说明	汇综发〔2013〕5 号	国家外汇管理局
2013 年 9 月 16 日	《国家外汇管理局综合司关于北京通融通信息技术有限公司等 4 家支付机构开展跨境电子商务外汇支付业务试点的批复》	同意北京通融通信息技术有限公司等 4 家支付机构开展跨境电子商务外汇支付业务试点；并对试点机构主体、业务范围、单笔交易限额等内容进行说明	汇综复〔2013〕87 号	国家外汇管理局
2013 年 9 月 10 日	《国家外汇管理局综合司关于深圳市财付通科技有限公司及钱宝科技服务有限公司开展跨境电子商务外汇支付业务试点的批复》	同意深圳市财付通科技有限公司和深圳市钱宝科技服务有限公司开展跨境电子商务外汇支付业务试点；并对试点机构主体、业务范围、单笔交易限额等内容进行说明	汇综复〔2013〕88 号	国家外汇管理局
2013 年 9 月 16 日	《国家外汇管理局综合司关于支付宝（中国）网络技术有限公司及浙江贝付科技有限公司开展跨境电子商务外汇支付业务试点的批复》	同意支付宝（中国）网络技术有限公司和浙江贝付科技有限公司开展跨境电子商务外汇支付业务试点；并对试点机构主体、业务范围、单笔交易限额等内容进行说明	汇综复〔2013〕89 号	国家外汇管理局
2013 年 9 月 16 日	《国家外汇管理局综合司关于东方电子支付有限公司等 8 家支付机构开展跨境电子商务外汇支付业务试点的批复》	同意东方电子支付有限公司等 8 家支付机构开展跨境电子商务外汇支付业务试点；并对试点机构主体、业务范围、单笔交易限额等内容进行说明	汇综复〔2013〕90 号	国家外汇管理局
2013 年 9 月 16 日	《国家外汇管理局综合司关于重庆易极付科技有限公司开展跨境电子商务外汇支付业务试点的批复》	同意重庆易极付科技有限公司（以下简称重庆易极付公司）开展跨境电子商务外汇支付业务试点；并对试点机构主体、业务范围、单笔交易限额等内容进行说明	汇综复〔2013〕86 号	国家外汇管理局
2014 年 2 月	《国家外汇管理局综合司关于易智付科技（北京）有限公司等 5 家支付机构开展跨境电子商务外汇支付业务试点的批复》	同意易智付科技（北京）有限公司等 5 家支付机构开展跨境电子商务外汇支付业务试点；并对试点机构主体、业务范围、单笔交易限额等内容进行说明	汇综复〔2014〕25 号	国家外汇管理局

续表

发布时间	名　　称	主要内容	文　　号	发布部门
2015 年 1 月 20 日	《国家外汇管理局关于开展支付机构跨境外汇支付业务试点的通知》	主要包括以下三个方面内容：一是在全国范围内开展支付机构跨境外汇支付业务试点；二是通过建立"贸易外汇收支企业名录"对开办货物贸易跨境外汇支付业务的支付机构进行管理；三是对试点业务、备付金账户、信息采集、监督核查等内容进行说明	汇发〔2015〕7 号	国家外汇管理局
2018 年 4 月 13 日	《关于规范跨境电子商务支付企业登记管理的公告》	政策对验核跨境电子商务支付企业资质有关事项进行以下三点说明：一是跨境电子商务支付企业在向海关办理注册登记或信息登记手续时，需要提供必要的许可证复印件及原件；二是支付企业还需按照规定提交相关资质证书；三是对于已经办理海关注册登记或信息登记的跨境电子商务支付企业，应当于 2018 年 5 月 31 日前向所在地海关补充提交相关资质证书	海关总署公告〔2018〕27 号	海关总署
2018 年 11 月 8 日	《关于实时获取跨境电子商务平台企业支付相关原始数据有关事宜的公告》	参与跨境电子商务零售进口业务的跨境电商平台企业应当向海关开放支付相关原始数据，供海关验核。上述开放数据包括订单号、商品名称、交易金额、币制、收款人相关信息、商品展示链接地址、支付交易流水号、验核机构、交易成功时间以及海关认为必要的其他数据	海关总署公告〔2018〕165 号	海关总署
2018 年 12 月 3 日	《关于实时获取跨境电子商务平台企业支付相关原始数据接入有关事宜的公告》	发布了支付相关原始数据的接口文档及接入方式，并要求跨境电子商务平台使用数字签名技术向海关提供数据，并对所提数据承担责任	海关总署公告〔2018〕179 号	海关总署

9.3　跨境电商政策效应

9.3.1　政策效应的积极影响

1）我国已初步建立较为完善的跨境电商政策体系

我国《电子商务法》的实施对整个跨境电商产业的发展起到了顶层设计与领导的作用，奠定了跨境电商健康发展的法律基础。同时，国务院、相关部门、地方政府构成的三级政策体系实现了自上而下的授权与管理，在保障跨境电商政策顺利实施的同时细化了具体规则与条款，对《电子商务法》中没有涉及的内容做了相应的补充与完善，初步建立了较为完善的跨境电商政治体系。

2）我国跨境电商政策对产业发展起到了规范和促进的效果

根据近些年我国跨境电商发展的成绩来看，这些政策确实促进了我国跨境电商产业的快速发展，在规范产业发展和企业行为，鼓励跨境电商企业技术和模式创新、营造企业运营环境方面取得了良好的促进效果。各个部门在不同环节形成有效配合和衔接，在支持跨境电商尤其是跨境电商中市区的建设方面积累了非常丰富可行的经验，有助于向其他国家推广复制。

3）我国各级政府在跨境电商政策体系上的协同发展卓有成效

从国务院制定宏观框架为起点和依据，到相关部门制定具体的政策来推动落实，再到各级政府、地方政府出台配套措施并实际执行，并将执行结果及时反馈到政策制定部门进行完善和修订，这一政策传导流程基本上反映了我国政策推行的实现路径。这一传导过程中，各级政府在跨境电商政策体系上实现了有效协同，取得明显成效。这种自上而下的政策传导和反馈意见的及时传递在保证我国现行的跨境电商政策快速落地的同时，也推动政策的制定更加符合新常态下我国经济高质量发展的实际需求。

9.3.2 跨境电商政策体系存在的突出问题和不足

1）部分跨境电商政策缺乏长期规划，造成区域间发展不平衡

根据已有发展经验，我国跨境电商企业受政策影响较大，相关部门出台的政策往往得到市场和企业的积极响应，但国家在整个行业发展软环境上的推动作用不太明显，相关政策没有提供强有力的持续输出，缺少了可持续发展的基础支撑。与此同时，不同地区优惠政策的差异性导致不同区域发展的不平衡。

2）部分跨境电商政策对部分定义不够明确，仍需进一步完善

在"双循环"新发展格局下，现有部分跨境电商政策体系依然存在不少问题，如现有政策不能满足新发展格局下的实际需求，数据统计制度不完善、监管权责划分不明确、缺乏对整个跨境电商产业边界的有效界定、不同区域优惠政策差异较大等。这些问题的存在极易导致跨境电商经营主体不断寻找运营成本更低的运作途径，增加了整个行业的无序性，进一步导致行业混乱，劣币驱逐良币现象频发。

3）部分跨境电商政策过于聚集，缺少均衡

根据已有政策统计数据，现有跨境电商政策多数集中在 B2C 零售业务的问题解决上，而对占据跨境电商业务比例高达 80% 以上的 B2B 业务，相关部门仅出台了 3 项政策，这表明现有政策过于聚集于某些领域而缺乏均衡，在支持跨境电商 B2B 业务上没有找到政策发力点，同时，现有政策也没对跨境电商软环境的营造提供足够有力支持，这对跨境电商的可持续发展产生不利影响。

4）部分跨境电商优惠政策短期有吸引力，但长期效益值得进一步验证

从企业运营时间来看，各级地方政府出台的跨境电商优惠政策对企业最具吸引力的是

现金补贴和税收减免，这些优惠政策容易形成跨境电商产业集聚，形成规模效益，促使交易单量和交易规模快速扩大，但这些政策没有直接促进企业的创新发展，资金也没实现行业资源的最优配置，更为重要的是，一旦政府停止补贴，企业能否在激烈的市场竞争中存活下来还值得进一步观察。

9.3.3　完善跨境电商政策体系的策略建议

1）强化跨境电商政策的顶层设计，注重区域间协同发展

尽管我国已初步建立了较为完善的跨境电商政策体系，但有针对性的跨境电商政策的顶层设计仍需进一步强化，应从源头上规避跨境电商发展过程中遇到的风险和不确定性，坚持全国一盘棋，统筹规划，协同推进，根据各个区域的发展特点，制定既有针对性又有差异性的政策，避免区域间恶性同质化竞争，实现资源最优配置，注重区域间协同发展。

2）借鉴国外政策成熟经验，进一步完善跨境电商政策体系

学习国外先进经验，既要学习国外先进的发展和管理理论，形成中国特色的管理体系，又要学习国外跨境电商政策法规，构建我国完善的跨境电商政策框架和体系。与此同时，积极参与跨境电商国际合作与建设，提高在跨境电商领域的话语权，积极参与跨境电商国际标准的制定，以"双循环"新发展格局为契机，在"一带一路"倡议下，打造跨境电商对外开放新高地，积极融入全球市场，为跨境电商可持续发展提供持久动力。

3）因地制宜制定区域跨境电商政策，根据发展需要及时动态调整

在已有跨境电商发展和建设经验的基础上，找到跨境电商发展的痛点和瓶颈环节，因地制宜，探索跨境电商与区域城市经济协同发展的联动模式，既要服务地方经济发展需求，又要培育和引进跨境电商优质企业，而不是单一追求跨境电商交易额的增长。在发展过程中，响应企业诉求，转变服务思路和模式，及时进行经验总结与反馈，对政策及时作出调整，带动区域经济整体协调发展。

4）恰当处理优惠政策与经济发展的关系，实现当前利益与长远利益的共赢

根据经济发展实际需求，进一步调整优惠政策的方向和范围，优化政策的服务模式，而不是单一的提供现金补贴和税收减免，提高整个行业资源的利用率。正确处理优惠政策与经济发展的关系，确保跨境电商的发展带动地方经济的健康发展，二者形成联动局面，摸索出更有利于地方经济发展的经验道路，有助于新发展格局的构建与形成。

5）提高企业政策制定的参与感，促进企业创新发展

创新是引领发展的第一动力，而跨境电商企业的技术和模式创新也与资质政策有着紧密的关系。因此，制定跨境电商相关政策时，要提高企业参与政策制定的积极性，掌握企业经营创新需求，根据内外部环境变化及时调整政策，满足企业不同时期的创新诉求，推动企业真正实现创新发展；企业也要增进与政府的协调互动，及时沟通反馈问题，提出合理化可行性的建议，实现发展的同频共振。

思考题

1. 跨境电商政策发展经历了哪几个阶段？
2. 跨境电商政策对企业创新具有什么影响？
3. 结合现有法律谈谈如何进一步完善跨境电商知识产权保护？
4. 跨境电商试点政策在跨境电商整体运行体系中作用如何？
5. 跨境电商政策的监管存在哪些问题？
6. 针对跨境电商政策现存监管问题的应对策略有哪些？

即测即练

扫描书背面的二维码，获取答题权限。

第 9 章

即测即练

案例分析

案例分析 9-1

网易考拉
关税政策

参与文献

[1] 平不凡. 基于 QCA 法的进口跨境电商政策及其影响路径研究 [D]. 浙江大学 ,2019.

[2] 冯晓鹏. 跨境电子商务的法律与政策研究 [D]. 吉林大学 ,2019.

[3] 杨云鹏 , 杨坚争 , 张璇 . 跨境电商贸易过程中新政策法规的影响传播模型 [J]. 中国流通经济 ,2018,32(01):55-66.

[4] 张鸣飞 , 杨坚争 . 我国跨境电子商务政策发展情况初探 [J]. 电子商务 ,2017(09):8-9.

[5] 王玉颖 . 我国跨境电商政策效应的统计研究 [D]. 浙江工商大学 ,2020.

[6] 屈幸 . 跨境电商知识产权保护问题研究 [D]. 吉林财经大学 ,2019.

[7] 张辰浩 . 跨境电商知识产权保护的中国对策 [D]. 浙江大学 ,2019.

[8] 电子商务研究中心 .2017 年度中国跨境电商政策研究报告 [R].2017.

[9] 杨兰 . 银川综合保税区制度创新与政策选择研究 [D]. 北方民族大学 ,2019.

[10] 黄薇 . 我国综合保税区融资租赁业务税收政策研究 [D]. 上海海关学院 ,2017.

[11] 吴雷雨 . 我国跨境电子商务税收征管问题研究 [D]. 河北大学 ,2019.

[12] 袁庆 . 我国跨境电子商务零售进口税收政策研究 [D]. 首都经济贸易大学 ,2018.

[13] 张大卫 , 徐平 , 喻新安 . 中国跨境电商发展报告 [R].2021.

[14] 王玉颖 . 我国跨境电商政策效应的统计研究 [R].2020.

导入案例

政府出台举措支持跨境电商等外贸新业态发展

作为我国外贸转型升级的重要方向，以跨境电商为代表的新业态发展势头强劲。从出口企业到服务机构，再到地方政府，都在加快布局。与此同时，相关部门也纷纷表示，将加大政策支持力度，在加快海外仓建设、优化退换货通关流程、加强知识产权保护等方面出台更多举措。2022 年 1—7 月，我国销往西班牙市场的电风扇增长超过 18 倍，销往法国市场的扫地机增长超 129 倍，销往沙特阿拉伯市场的谷物食品研磨机增长 84 倍。在速卖通"2022 夏日大促"上，不少产品实现销量大幅增长，为中国卖家带来商机。

不过分析人士指出，随着国际形势变化，拉动跨境电商等新业态快速增长的因素也在发生变化，企业需进一步增强抵御风险和创新应变能力。例如，一段时间内汇率波动幅度较大，给跨境出口企业带来了一定困扰。针对这一情况，商务部等三部门发布《关于支持外经贸企业提升汇率风险管理能力的通知》，提出支持银行通过单证电子化审核等方式简化结算流程，提高贸易新业态跨境人民币结算效率。商务部表示，接下来，将鼓励信用保险机构出台更多举措，支持跨境电商、海外仓等新业态发展，提供更有针对性、更加具有差异化的信保服务。近日，央行发布《关于支持外贸新业态跨境人民币结算的通知》，明确支持银行和支付机构更好地服务外贸新业态发展。另外，聚焦行业痛点和发展的共性问题，相关部门还提出一系列安排，包括鼓励多元主体建设海外仓，尽快出台便利跨境电商出口退换货的政策措施，支持符合条件的跨境电商企业申报高新技术企业，优化跨境电商出口海外仓退税流程，继续推动 AEO 互认等便利化举措支持跨境电商、市场采购等外贸新业态健康发展，研究制定跨境电商知识产权保护指南，等等。中国国际电子商务中心研究院院长李鸣涛对《经济参考报》记者表示，政策的集中部署，释放出政府支持大力发展跨境电商等外贸新业态的信号。相信随着更多针对性举措的落地，外贸企业主体活力将进一步提升，产业发展信心也将增强。

资料来源：王文博，程迪.多方布局新业态外贸转型添动力[N].经济参考报，2022-07-21（002）.

10.1　传统外贸企业到线上的转型

10.1.1　转型的背景

改革开放以来，我国紧紧抓住全球产业转移和全球贸易快速发展的历史机遇，以 2001 年加入世界贸易组织为契机，对外贸易实现跨越式发展，贸易大国地位不断巩固，贸易结构不断优化，为经济社会发展作出重要贡献，也为推动形成全面开放新格局和世界经济的共同繁荣作出重要贡献。但伴随着时间的推移，劳动资源的成本呈上升趋势，劳动资源的效率则呈下降的趋势，这是劳动密集型产业运行到一定阶段面对的必然结果，进而要求产业结构必须逐步转型升级。

具体来说，中国人口红利的弱化、城镇化的推进，原材料成本、物流仓储成本、用工成本、租金成本都在不断增加，虽然整体的供应链优势犹在，但正在失去曾经赖以生存的成本优势，传统外贸企业订单呈现明显的"短小散"趋势，利润空间也随之变得越来越狭窄。因此，中国需要提升自身竞争力，逐步提升其在全球价值链中的地位。而新业态、新模式是我国外贸发展的新生力量，也是国际贸易发展的重要趋势。加快发展外贸新业态、新模式，有利于推动贸易高质量发展，培育参与国际经济合作和竞争新优势，对于服务构建新发展格局具有重要作用。

跨境电子商务作为当前发展速度最快、潜力最大、带动作用最强的一种外贸新业态，近年来一直保持两位数增速，总规模 5 年增长近 10 倍，在外贸中的占比持续提升，尤其在疫情冲击下为稳定外贸发挥了重要作用。近年来，跨境电商在助推外贸转型升级方面的作用也愈加凸显。全球化智库（Center for China and Globalization，CCG）目前发布的《B2C 跨境电商平台"出海"研究报告》指出，无论是代工贴牌厂、新兴品牌，还是传统成熟品牌，跨境电商为中小企业提供了品牌出海、弯道超车的机会。借助跨境电商拓展海外市场，已成为越来越多的中国企业尤其是中小企业的选择。

1.转型的外在压力

1）利润率低

劳动力成本的提高使企业利润降低。我国农村劳动力的付出与回报存在不对等现象，劳动力的成本远低于劳动力创造的价值。同时，我国的人口不断老龄化，使我国适龄劳动人口数量正在相对和绝对地减少，我国劳动力的短缺问题正在凸显，因此，我国劳动力成本上涨将成为一种长期的趋势。

原材料价格的上涨使企业利润降低。进入 20 世纪以来，全球人口增加了 18 倍，人类所创造的财富也远远超出了之前历史时期的加总之和，这使得全球各种能源消耗飞速增加。中国长期粗放型的经济增长方式伴随着资源的高消耗和污染物的高排放，致使当前和未来面临资源品紧缺和环境恶化问题。资源品供给能力的严重削弱会推高资源品价格，增加企业的生产成本。

2）国际贸易的高标准

目前，以美国为首的欧美国家，在跨太平洋伙伴协议（TPP）、大西洋贸易伙伴投资协议（TTIP）、双边投资保护协定（BIT）等谈判中花大力气推动国际贸易的高标准规则，主要体现在：知识产权保护领域的高标准、服务业开放领域的高标准、投资自由化、国有企业经营行为高标准、环境高标准、改善劳动条件、提高人权标准及限制政府采购对本国产品和服务的支持等。这些规则带有明显的歧视性和保护性，对我国外贸企业转型是一个严峻的挑战。

3）周边国家或地区的竞争

21 世纪初，中国与墨西哥、越南等国家和地区相比具有一定的人口红利优势，而到 2013 年前后，中国的人口红利逐渐消失，而此时，印度、东南亚等国家和地区的低劳动力成本优势正在凸显，并在不断吸引全球企业，越来越多的企业把工厂从中国转移到东南亚等国家和地区。例如，2008 年本该给我国丰泰公司代工的耐克鞋订单被耐克公司交给了越南的公司。耐克公司在越南不仅投资建了新工厂，扩大了其在越南的多个加工厂的生产线，还计划把越南建设成该公司最大的境外生产基地。

2. 转型的内在动力

1）提升外贸企业附加值增强企业竞争力

传统外贸企业的出口，一般包括 6 个环节：国内工厂、国内出口企业、境外进口商、境外批发商、境外零售商、境外消费者。这种方式下，国际贸易中最大的利润部分被中间商获得，而外贸企业获得的利润率极低，使得我国外贸企业出境艰难。引入跨境电子商务后，可以简化出口环节为"中国出口企业—国外零售商—国外消费者"或简化为"中国出口企业—境外消费者"，很多中间商就被绕开了，传统线下外贸被中间环节据为己有的中间成本中，一部分成了跨境线上平台的费用，另一部分成了给买家的价格上的优惠，其余的则成为出口企业的利润，提升了外贸企业附加值。这样，可以有效改善外贸企业利润率低的问题，增加外贸企业发展动力，促进外贸发展。

另外，传统的外贸出口交易是需要交易双方见面，通过实际面对面的谈判决定合同的内容，而双方见面就必定花费相当的人力、物力和财力。尤其交易双方处于相距较远的国家和地区时，交易的成本更是大大增加，加之周边国家由于劳动力优势凸显，我国线下交易竞争力越来越弱。而跨境电商运用网上交易平台，可以使交易双方通过电商平台在网络上进行选择商品、商谈价格、签订订单等商务活动，免去交易双方会见的复杂程序，有效降低交易成本、提高业务效率，从而有助于提升企业竞争力，增加我国商品在境外市场的竞争筹码。

2）减少外贸企业库存和积压的产品

供应链是指商品到达消费者手中之前所有相关环节的连接或业务的衔接，是围绕核心企业，通过对信息流、物流、资金流的控制，从采购原材料开始，制成中间产品及最终产品，最后经由销售网络把产品送到消费者手中，将供应商、制造商、分销商、零售商，直到最终用户连成一个整体的功能网链结构。

线下传统贸易的供应链与线上跨境交易的供应链存在很多不同，线下传统外贸的供应链包括完整的供应环节，由于环节众多而且各个环节是自主经营，核算体系也是独立的，使得信息不能及时传递，资金使用效率低，物流速度慢，致使库存费用占库存物品价值的20%~40%。跨境电商的供应链是依托于跨境电商平台，平台通过对信息流的有效整合，可以提高各环节的信息透明度，让每一个环节都可以共享信息；通过资金流的整合和信用体系的建立，缩短支付流程；通过电子商务平台整合物流信息，形成规模优势，获取优惠物流价格，提高竞争力；通过电子商务平台和供应链节点企业的在线咨询，以订单为导向的生产安排，减少库存，节约库存成本。

3）加快外贸企业品牌的形成

传统的外贸线下交易虽然也是面向全球的，但是由于各方面的限制，其交易对象还是有限的，因此，在品牌宣传方面及拓展方面也会受到限制。而跨境电商利用网络，可以向全球每一个角落传送自己的产品及品牌信息，宣传自己的产品品牌，让更多的人了解自己的产品，从而认可企业产品。跨境电商平台让全球同类产品同台亮相，能让消费者更好地了解性价比好的产品。这种以买家的需求为主导，使买家不受地域局限可以自由选择商品，将会受消费者欢迎，从而促进跨境电商获得更好的发展，为我国企业转型创造条件。

4）拓展外贸企业国际市场

传统的线下交易由于受到企业人力、物力等各方面因素的限制，很多企业特别是众多中小型外资企业无法向全球发展其市场，因此交易量及交易金额也在很大程度上受到了限制，市场拓展缓慢。而跨境电商则不同，跨境电商可以通过网络，向所有网络能延伸及覆盖到的地区展示企业形象及企业经营产品，可以将任何一个国家或地区的企业或消费者纳入企业的市场范围，这为外贸企业业务的发展及市场的开拓提供了非常好的机会及便利的条件。

10.1.2　转型的步骤

1.战略目标市场定位

电子商务市场中因为不存在地域和时域的限制，所以消费者的心理和行为也会表现出许多传统市场中不曾出现或者体现较弱的"新"特征。因此，传统企业转型电子商务的市场细分首先应该在按照地域、人口、心理和行为进行细分的基础上对电子商务平台进行更为具体和细致的划分。

1）传统企业转型电子商务的市场细分

传统企业转型电子商务前需要对电子商务平台市场进行调研，从而根据网络消费者对商品的不同欲望与需求、不同购买行为与习惯，把整体市场划分为具有一定类型特征的若干子市场。传统企业在电子商务环境下的市场细分可以按照四个标准来开展，划分标准分为以下几项：①按地域划分。电子商务的非地域性使得大范围的地域细分是传统企业转型电子商务进行地域细分的最重要细分依据。②按人口细分。在传统意义上，对企业产品和服务进行细分；进一步根据消费者使用网络而产生的个性化进行更深入细致的划分。③按心理层次细分。个性、价值观、生活方式、兴趣、观点等；网络消费的原因及希望获得的消费体验。④按行为细分。消费者购买产品的时机、使用者情况、品牌忠诚度、待购阶段和售后消费者对产品的评价。

2）细分市场的评估和目标市场选择

企业对各种不同的细分市场进行评估，必须考虑以下三个方面的因素：一是细分市场的规模和增长的情况；二是细分市场结构的吸引力；三是企业目标和资源。

此外，企业应根据产品和服务的细分市场的数量、状态、分布以及各细分市场的特征，分析企业自身的发展经营优势，从细分市场中选择一两个或若干细分市场作为企业主要的营销对象。选择目标市场是传统企业转型电子商务的重要内容之一，一般来说，目标市场的选择有以下五种模式。

（1）单一市场集中化。由于将所有生产力针对单一的经营对象，从而能在其中某一个细分市场上获得相对较高的市场占有率；但缺点是风险大，难以进一步扩大规模。

（2）产品专门化。市场面扩大，有利于摆脱对个别市场的依赖，降低风险，在某一产品领域树立起很高的声誉，有较大的发展空间。

（3）市场专门化。发展、利用与顾客间的关系，降低交易成本，在这类顾客中建立信誉和知名度；但由于对该顾客群的过度依赖，导致风险大，企业收益不稳定等潜在问题。

（4）选择性专门化。这种多角化经营的模式，可以较好地分散企业的经营风险；但要求相当规模的资源投入，违背了专业化和循序渐进的规律。

（5）全面进入（一般只适用于实力雄厚的大企业）。为尽量满足广大顾客的需求，覆盖整个市场，而向所有的细分市场提供各种类型产品。

3）传统企业转型电子商务的目标市场定位及定位关键因素

传统市场的目标市场定位是单向的，企业可以拿着本企业生产的产品到市场上找客户，也可以选择顾客群后再找产品。而电子商务环境下的目标市场定位则是双向的。一方面，传统企业必须了解网络消费者的各种情况；另一方面，传统企业又必须了解自己的产品是否能适应电子商务环境。

传统企业转型电子商务的目标市场定位的关键因素如下。

（1）明确认识企业的相关经营理念和产品特色。按照企业的经营需要，传统企业转型后的电子商务网站需要通过适当的图案、颜色、文字、声音等方式展示企业主营业务的优势，以在较短时间内吸引目标消费者的注意并引导其进行进一步消费，从而实现销售利润最大化。

（2）明确销售和信息服务的关系。由于电子商务具有将信息传递与支付功能、插件进行结合的优势，所以传统企业在进行网络在线销售时要注意为目标市场提供切实可信且充足的产品信息、及时有效的售前售后服务和网络营销活动等内容，从而准确定位目标市场。

（3）明确商务与技术的关系。传统企业转型电子商务时要认识到技术是为商务提供服务的工具，通过了解商务需求，制定商务目标，并利用技术对商务目标进行推动与促进。

（4）明确网络受众和潜在客户的需求。传统企业转型电子商务后要能及时根据顾客多样化、个性化的需求和消费倾向做出适时改变和调整，才能在网络市场立足与发展。

4）目标市场竞争优势的确立

为了充分利用企业资源和占领市场，抢得竞争优势，传统企业应在合理细分市场之后对本企业进行合理定位，选择适合定位的目标市场进行销售开发。为确立目标市场的竞争优势，传统企业转型电子商务可分为以下几个步骤进行：一是通过定位确定可能性竞争优势；二是选择适合本企业发展竞争优势；三是有效地在市场中展现本企业竞争优势。

2. 企业资源能力分析

企业战略目标的制定及选择不但要知彼，即客观地分析企业外部环境，而且还要知己，即对企业内部资源、能力等加以正确的估计，从而清晰地了解企业所具有的优势和劣势，以使企业的战略目标得以实现。企业内部环境或条件是企业经营的基础，是制定战略的出发点、依据和条件，是企业竞争取胜的根本。一个公司的优势和劣势以及它的组织能力，比外部环境更能决定自身的绩效。建立目标和战略的出发点便是要利用内部优势并克服内部弱点。

资源与能力分析是企业制定战略时对于战略适应性的主要分析内容。企业制定战略后，需要对战略是否有能力去完成做客观的、准确的评价，不同的企业设置的评价能力标准有所不同，一般标准认为财务能力、人力资源能力、物质提供能力是基本。因此，当线下的传统企业准备向线上进行转型时，对企业自身已有的资源能力进行分析和评估是很有必要的。企业可以从核心资源、外延资源、通道资源三个方面进行分析。

1）核心资源

核心资源是企业战略得以实施的关键资源，是企业发展战略调整的有力支撑。一般企业核心资源包括人力资源、财务资源、技术资源和物质资源等。对于传统企业来说，在制定了针对某类目标市场的转型战略规划后，在正式开展线上业务之前，首先，企业要具备有能力发展线上业务的优秀人力资源——在面对跨境电子商务的物联网、大数据、人工智能等技术环境时，能通过自身过硬的职业能力和专业素养解决一系列问题，为企业转型提供专业性的指导；其次，线上业务的推进必定需要大量的资金，因此要求企业内部财务资源状况良好，能支持实现转型的战略目标的需求；再次，传统企业要保障发展线上业务的过程中所遇到的一些技术要求能够得到有效诉求，在信息技术如此发达的背景下，跨境电子商务的运作不再是传统技术所能匹配的了，因此企业要有足够的技术跟进及创新能力；最后，物质资源作为企业运营尤为重要的一个方面，在转型过程中的要求也一定更为严苛。

2）外延资源

是企业内部资源扩大效应的反映，对企业战略目标制定至关重要，主要体现在品牌资源。从线下到线上的转型，一个企业品牌首先要积累一定的口碑。如果没有一定的口碑资源，那么就需要先积累口碑——首先要让大众了解企业，企业在互联网上要有一个基本的资料与信息。一个企业初到互联网，如果网上没有其任何资料，产品就没有权威性，那么用户凭什么去购买你的商品呢？企业网站可以用来发布产品，可以展示公司的成功案例，可以让用户深入地了解产品，还可以展示公司的招商信息。另外，最好把企业品牌词做到搜索引擎第一位。企业站点建立好了之后，剩下的就是铺垫了。首先要把公司口碑信息，成功案例产品介绍等都写成软文发布到各大媒体平台和博客以及一些问答平台。如新浪博客、网易博客、搜狐媒体和博客、知乎、人人小站等类似的平台。这样可以让客户想了解企业的时候，在搜索引擎中可以搜索到更多的资料，得到更清晰的了解。

3）通道资源

企业沟通外部资源的重要途径，是企业战略优势释放的有力体现。通道资源包括供应商关系、营销网络、合作伙伴、信息等。首先，供应链渠道是跨境电商开展的一个很重要的环节，当建立了基本的线下线上业务关系时，企业需要建立稳定的供应商关系，以得到优质以及供求稳定的货源；其次，线上营销也是品牌推广尤为重要的方面，有时候会需要第三方渠道进行有效合作，因此营销网络资源也很重要；最后，是否拥有靠谱的合作伙伴也是企业资源评估的一个重要方面，这涉及资金流通、业务分配等多重因素。在跨境电子商务的背景下，传统企业转型到线上要求发展线上支付业务、线下物流业务、供应渠道等都可能需要第三方合作伙伴的支持，因此，转型之前企业要对是否已经建成或拥有这些合作资源有一个清晰的分析和定位。

3. 转型路径及发展模式的选择

传统零售企业开展跨境电商，除了已有经验和积累，还需要额外拥有丰富的海外品牌、跨境客户群体、跨境运营人才、资金、IT 技术等跨境电商资源，以及强大的国际供应链整合、国际网络营销、国际物流、支付、通关等跨境电商能力。参考学者王楠等的作法，基于资源基础理论（resource-based view，RBV），依据跨境电商资源和跨境电商能力，将传统零售企业分为基础型、资源型、能力型及领先型四种企业。不同类型企业选择合适的创新路径，实现各自的竞争优势。当企业通过创新改变了自身的资源能力之后，可以向其他创新路径迁移。

1）基础型企业的创新路径及发展模式

基础型企业跨境电商资源少、能力弱。这种类型的企业长期从事国内传统零售业务，拥有有限的海外产品品牌和用户群体，以及最基本的互联网等 IT 资源，开展跨境电商需要的国际供应链整合能力、国际网络营销能力、国际电子支付、通关、物流等业务能力比较缺乏。企业转型建议选择扩展式创新路径，充分利用发展跨境电商的红利期，紧跟市场领先者，利用自身的互补性资产融入新的价值网络，为合作伙伴提供服务，提升跨境电商能力。或者通过跨境进口引入国外新产品或服务扩展市场，或者通过跨境出口拓展海外新市场，逐步增加盈利能力，通过创新获取竞争优势。当自身的资源或能力得到提升后，可以迁移到新的创新路径。

最常见的跨境电商发展模式是对接第三方跨境电商平台，融入平台生态系统。基于第三方平台资源，进行跨境商品的选品、采购，利用原有门店、用户资源，建设线下跨境商品体验店，从官方网上商场、App、微信等多方引流，线上线下相结合，探索跨境零售 O2O 模式，提升跨境实体店的用户体验。通过扩展式创新，紧跟市场热点和趋势，不断拓展自身的商业逻辑，逐步提升盈利能力，在激烈竞争中求得一席之地。

南宁百货（A 股代码：600712），它是广西规模最大的商业零售企业之一，注册资本 5.45 亿元，2017 年年底每股收益 0.0033 元，净资产收益率 0.17%，目前在东方财富网商业百货板块 80 余家企业中规模和盈利能力分别排名第 67 和第 65，长期从事传统零售业务，是一家典型的基础型零售企业。随着跨境电商的兴起，南宁百货于 2015 年 9 月与跨境通广州公司签订战略合作协议，2016 年 1 月共同打造南宁跨境商品直购体验中心，该体验中心是目前广西最大的跨境商品直购平台，占地 8000 平方米，集合多商户、线上线下同步运营。通过合作，南宁百货成功地借助广州跨境通在电子商务平台建设、海外供应商资源整合方面的丰富经验和综合优势切入跨境电商领域，拓展原有业务领域。

2）资源型企业的创新路径及发展模式

相对于开展跨境电商的业务能力，资源型企业拥有丰富的国际品牌资源和忠诚的用户群体，互联网、IT 及网页等技术资源和供应链、门店、仓储和物流等实体资源也很强。企业转型建议选择强化式创新路径，充分发挥自身的市场和资源优势，扬长避短，通过联盟、投资等形式构建新的价值网络，以弥补开展跨境电商所需求的能力不足。

最常见的模式是搭建自营跨境电商平台。基于原有的资源优势运营跨境电商平台从事跨境进出口零售，通过自行采购商品并在跨境电商平台展示，吸引用户购买商品。此外，通过与国际营销、支付、物流等第三方服务商合作，强化自身资源优势，弥补能力不足，从而获得稳定收益。

苏宁易购（深市代码：002024），它是国内领先的商业零售企业，在 2017 年度中国零售百强中排名第四，2017 年中国连锁百强中排名第一，并且入榜 2018 年度全球财富 500 强。企业由传统零售成功转型为线上线下双线融合发展，线下实体门店有 1600 多家，线上苏宁易购位居国内 B2C 前三位，具有覆盖全品类、全渠道、全客群的运营能力。借由与众多海外品牌的良好合作关系，公司于 2014 年上线苏宁海外购跨境电商平台。苏宁海外购采用"自营＋直采"模式，与全球超过 100 家知名品牌如古驰（GUCCI）、美迪惠尔、雅诗兰黛等建立了直接供货关系，并且在多个国家设立了采购中心。目前苏宁海外购平台品类覆盖了美妆、母婴、电器、健康个护、时尚、家居等多个跨境电商主流品类，线下则利用原有实体店资源构建"跨境保税线下自提店＋苏宁云店体验店"，强化了苏宁易购全品类、全客群、全渠道优势。

3）能力型企业的创新路径及发展模式

能力型企业有很强的国际网络营销能力、国际支付、通关、物流等能力，跨境业务能力突出，在跨境伙伴的网络关系也很强大。企业转型建议选择强化式创新路径，充分发挥自身跨境业务能力优势，提升市场竞争力。

最常见的模式是建设第三方跨境电商服务平台，吸引企业入驻合作开展跨境电商业务，成为跨境电商综合提供服务商。利用出色的国际市场营销能力，帮助平台入驻企业开拓国际市场，利用强大的跨境关系网络，解决国际采购、国际营销、国际通关、支付和物流问题，从中获取服务费。

步步高（深市代码：002251），它是国内知名的连锁零售企业，拥有百货、便利店、电器城等线下门店 600 多个，以及线上商城"云猴网"，在 2017 年中国零售百强中排名第 19，入榜 2017 年中国企业 500 强。2015 年年初步步高开通全球购业务之后，在全球商品直采、国际仓储物流等方面进行了一系列探索，积累了丰富的经验。2015 年 11 月，步步高发起成立全球联采众筹平台，由旗下的腾万里供应链管理公司作为平台一般贸易进行运作，为平台成员引进全球优质商品。腾万里在美国、新西兰、日本、澳大利亚、德国及中国香港设立分公司，具备绝大多数品类的进出口资质，拥有经验丰富的采购专业团队，负责全球商品的直采和联采，提供通关、国检、结汇、核销等综合外贸服务，以及包括海运、空运、铁运及多联式运输方案及本地清关、转关、仓储、配送的跟踪服务，从而完成众筹资金流与商品流的运作。通过建设第三方服务平台，步步高强化了跨境电商业务能力优势。

4）领先型企业的创新路径及模式选择

领先型企业同时具备丰富的跨境电商资源和强大的跨境电商能力。这类企业不仅拥有丰富的品牌资源，互联网、IT 及网页等技术资源也很强，市场优势明显，企业还同时具备强大的国际网络营销能力、国际支付、通关、物流等跨境电商业务能力，以及完善且强大的跨境电商合作网络。企业转型建议选择全新型创新路径。利用跨境电商开拓国内外新市场，对内推广新产品和服务，创造新需求，对外开发海外新市场。

最常见的模式是"自营平台＋第三方服务平台"。通过建设自营平台，自行选品并在平台展示推广，利用大数据等新技术精准分析用户需求，提前将热卖商品批量运入保税区等海关特殊区域，交易发生后，再由保税区进行物流分拨直接送达国内消费者。或者依托自身的物流资源，建设海外仓，通过前店后仓模式进行跨境出口零售。最终是围绕平台构建一个功能完整的，包括供应链、物流、仓储、金融、营销等的跨境电商生态圈，优化价值链，向产业链上下游扩展，实现利润最大化。由于跨境电商能力突出，有条件的还可以建设第三方服务平台，提供跨境电商综合服务，成为另一个利润增长点。

跨境通（深市代码：002640），它前身是创立于 1995 年的百圆裤业。公司在 2014 年 7 月收购环球易购，正式进入跨境电商领域。目前已成为中国 A 股市场跨境电商第一股，实现了跨境电商进出口全覆盖，业务已延伸到包括美国、加拿大、英国、德国、俄罗斯、法国、西班牙等全球 200 多个国家与地区。企业以自营跨境电商零售渠道运营为主、第三方跨境电商渠道运营为辅，借助互联网技术及大数据，打造涵盖智能化营销体系、采购体系、物流体系、仓储体系、客服体系的全球性跨境零售企业。目前跨境通旗下拥有主营跨境出口的环球易购、前海帕拓逊、通拓科技、百伦科技，参股主营跨境进口电商的易极云商，自建跨境进口平台"五洲会"，收购主打母婴跨境进口的优壹电商，参股跨境供应链服务商跨境翼。除了自营平台，跨境通还开展第三方服务平台的跨境电商服务，如旗下易极云商包括易极供应链、易极海外帮和易极乐宝，易极供应链主要面向国内大中型在线 B2C 零售平台提供海外品牌采购、海外仓储、国际货运等全程式供应链购销服务。易极海外帮主要面向国内小型在线零售商提供快件直邮、保税直邮等保税代发服务。易极乐宝则是通过自营天猫、京东等 POP 店铺面向普通消费者直接零售进口优质商品。跨境通的商业模式创新带来了巨大的利润回报。

10.1.3　转型过程中可能遇到的问题

1. 转型前准备不足

1）对前期问题认识不足

我国传统外贸企业无法基于跨境电商顺利转型的首要原因便是对前期问题的认知不足。跨境电商的发展虽然只有短短几年，其热度却吸引了众多传统外贸企业进入这一领域。大多数企业对跨境电商认知不足便着急转型。大多数企业的管理者片面地认为跨境电商只是单纯地将线下的产品转移到线上，没有认真了解其细节部分，导致虽然转型为跨境电商企业却无法盈利，无法保证企业的运转。

企业认知不足的前期问题主要有以下几个方面。首先，跨境电商的流程，跨境电商的流程环节有制造（或采购）、销售、物流、收款等，而各个环节的经营模式都与传统外贸的经营有很多区别，包括制造定制化、销售网络化、物流小批量化等。企业由于没有充分分析并学习跨境电商经营流程环节，无法有效建设企业的组织结构并安排人员，导致经营混乱。其次，大多数企业转型前没有制定明确的转型经营目标。企业管理者认识到基于跨境电商的传统中小外贸企业转型是为了避开传统外贸衰退的风险，却忽视了转型经营目标的制定，导致企业没有明确的经营方向的指导，造成管理混乱。如果企业只是试水，积累经验，就应通过学习并尝试各种跨境电商经营模式，包括 B2C、B2B、定制化等，找到适合企业自身的经营模式，打好在库存管理、运营规范、品牌战略等方面的基础，以备日后企业正式进军跨境电商时拥有充足的经验。而如果企业在转型的同时想要一个快速的发展就需充分分析计算所需投入的资金，通过融资保证后备资金的充足，快速扩张市场。最后，一些企业在前期没有充分预测转型过程中可能出现的风险。企业没有风险预警系统会导致企业在面临风险时无法及时制定并实施规避风险的战略，导致转型失败。

2）企业整体能力不强

由于传统外贸的衰退，大多数传统外贸企业面临入不敷出的经营风险，这也导致了企业整体能力的降低。传统外贸企业的整体能力不强主要包括企业数据收集能力不足、抗风险能力不足、管理能力不足和创新能力不足四个方面。首先，跨境电商是以移动互联网、云计算、大数据等为基础的互联网运营方式。而部分传统外贸企业由于自身能力有限，无法收集有效的数据，导致其运营时无法准确判断可能出现的风险。其次，企业转型时战略层面的问题，关系着企业的存亡，而企业管理能力不强可能会引起组织结构配置不合理、运营流程混乱，很难保证转型的成功。最后，跨境电商的发展倾向于定制化产品，越来越多的消费者凭借自己的想法向企业产品提出要求，而企业创新能力不足会导致企业无法满足顾客的需求。总的来说，企业整体能力不强会导致企业无法顺利开展经营跨境电商业务，转型面临阻碍。

3）缺乏跨境电商人才支持

跨境电商在助推传统企业数字化转型过程中的作用日益显著。传统企业借助跨境电商拓展全球市场需要大量的跨境电商应用型人才作为支撑。而现实的情况是，一方面，我国跨境电商人才数量满足不了快速增长的跨境电商行业人才需求，尤其是缺乏通晓国际贸易规则、数据分析、营销推广、供应链管理、海外仓运营等专业复合型的跨境电商人才；另一方面，目前我国跨境电商企业大多数为中小型企业，公司的规模、资金和发展潜力等方面的限制导致其对跨境高层次人才的吸引力不足。所以大多数企业转型只能依靠现有的人力资源进行。而企业原有的高层管理者都是初次接触跨境电商业务，对跨境电商经营模式和运行规律不熟悉，专业化人才的缺乏成为制约跨境电商发展的重要因素之一。

2. 转型中运行不畅

1）观念转型缓慢

观念转型缓慢是指企业在决定转型之后由于对跨境电商运营模式较为陌生且企业管理不当造成企业经营观念跟不上转型的速度，组织结构不适应跨境电商业务。主要包括供应链、员工、顾客服务三个方面的问题。首先，原有传统外贸面对的是大批量订单的中间商，动辄几千件。传统外贸供应链设计的目标是实现产量最大化和单位成本最小化，对样式的设计能力和品牌自主研发的注意力度不足。而转型经营跨境电商业务，其订单变为多批次、少批量的交易模式，对产品质量、品牌、服务等的附加值的要求也提高很多，对供应链的柔性化要求变得更高，这使得单纯追求规模效应的供应链模式在样式更新、产品研发、品牌建设等方面存在的弊端逐渐显露。其次，传统外贸企业员工习惯了原有的传统外贸销售方式，企业员工工作方式转型缓慢，对跨境电商的接受需要一定的时间。最后，传统外贸企业面对的是中间商，经营的是 B2B 业务，而如果企业选择转型为零售跨境电商，就需经营 B2C 业务，面对的将是终端客户，企业服务能力决定顾客忠诚度的高低。一些企业由于顾客服务观念转型缓慢，无法为终端顾客提供良好的服务，造成顾客的流失。

2）缺少对员工的必要指导

一些传统外贸企业本身能力不强和观念转型缓慢的原因是缺少对企业员工的必要指导。首先，在为什么转型的问题上没有对员工进行必要的说明，缺乏对员工观念上的指导。这会造成员工无法理解企业的决定，对转型持有抱怨态度，可能会产生员工不配合的问题。其次，在着手跨境电商经营之前，一些外贸企业由于没有足够的资金预算，无法给员工进行有效培训，导致企业员工在转型过程中出现工作上的错误，给企业带来损失。为保证转型的顺利进行，在转型过程中需对企业员工的观念和工作上提供必要的指导。

3）政府对转型的扶持力度不够

分析我国对跨境电商和传统外贸企业转型的相关政策，还存在着某些方面的问题，这些问题导致了企业转型缺乏政策扶持，导致企业在转型中运行不畅。政府对转型的扶持力度不足主要体现在以下几个方面。首先，缺乏对企业转型的政策引导。企业只知道转型的优势，却不了解具体的跨境电商经营模式，不清楚哪种转型方式更适合企业，只能靠转型过程中不断地摸索。其次，为企业转型提供的优惠政策不足。在融资、税收方面的优惠不足，使得大多数外贸企业转型过程中缺乏资金支持，感到力不从心。最后，缺乏对转型的有效法律指导。我国现有的法律法规缺乏对企业转型，特别是跨境电商各个方面的指导和规制，企业没有相应的法律法规借鉴，企业管理者只能在转型过程中摸索前行。

3. 转型后经营不善

1）对跨境电商业务不重视

对跨境电商业务不重视的问题主要出现在运用"电商＋实体"模式转型的企业。利用"电商＋实体"模式的企业转型主要是试水跨境电商，这就可能会出现企业精力分散，从而难以兼顾两种业务的情况，导致对新设的跨境电商业务不重视。对跨境电商业务不重视会使企业无法为跨境电商业务投入充足的人力、物力资源，导致企业跨境电商业务无法开拓市场，难以获得顾客青睐。此外，由于无法投入所需的人力物力成本，企业很难对跨境电商有准确的了解，难以处理转型过程中遇到的问题，使得企业简单地归咎于自身并不适合经营跨境电商业务，最后放弃转型经营跨境电商业务。

2）缺乏优势产品的支撑

缺乏优势产品的支撑导致部分传统外贸企业的转型无法获得顾客的青睐，可能会阻碍企业在跨境电商中获得市场。国际市场竞争中，我国制造产品在质量和品牌方面均处于劣势，转型缺乏优势产品的支撑。在质量方面，"中国制造"一直以低廉的价格获得国外顾客的喜爱，但低廉的价格也造成产品质量无法得到保证。在外国消费者心中，"中国制造"产品一直是价廉质差的代名词，"中国制造"产品在国际上的形象较差。在品牌方面，企业对品牌的建设不重视，产品无法提高在全球产业链上的地位，也就不能获得更多的利益。要想使企业的产品通过跨境电商卖给国外顾客，就必须注意品牌的建设，企业有品牌的护航才能够在跨境电商的市场上占有有利地位。我国传统外贸企业想要拥有优势产品的支撑，就得从产品质量和品牌入手，提升产品价值。

3）跨境电商第三方平台和配套行业问题显现

随着跨境电商的发展，跨境电商第三方平台和配套行业，包括跨境物流企业、跨境支付企业成了跨境电商不可缺少的部分。但随着跨境电商的发展，这三类企业的问题逐渐显现，不仅影响了跨境电商的发展，还影响了转型的传统外贸企业开展业务，导致企业无法为消费者提供良好的服务。首先是跨境电商第三方平台，存在着价格战、平台监管不力等问题，这会导致转型企业形象受到牵连，不利于企业的持续发展。其次是物流方面，跨境物流发展时间较短，技术、流程方面还不是很成熟，这会造成跨境物流时间过长、物流过程中产品无法保证完好无损等问题，这就影响了企业的物流服务水平，可能会引起消费者的不满。最后是跨境支付企业也存在着技术方面的问题，国外支付机构无法适应国内企业的结款、收款要求，国内支付机构无法与国际支付方式接轨、存在网络安全风险等。这些问题不仅可能会引起消费者的不满，也会导致企业转型后资金周转出现问题。为保证企业在转型后继续维持转型优势，必须优化跨境电商平台和配套行业的服务水平，减少问题的发生。

10.1.4 转型案例

1. 案例简介——跨境通（百圆裤业）

百圆裤业全称山西百圆裤业连锁经营股份有限公司，成立于 1995 年，总部位于山西省太原市，是一家集服装生产与销售于一体的传统企业。百圆裤业起步于杨建新夫妇地摊销售，经过努力摸索出了"特许连锁经营模式"并建立了百圆裤业。2011 年 12 月 8 日，百圆裤业成功登陆深圳证券交易所中小企业板，在当时服装类公司首次公开募股（initial public offering，IPO）遇冷的大环境下，百圆裤业成为 2011 年以来继森马服饰、九牧王、朗姿三家之后，在 A 股挂牌上市的第四家服装公司，同时也成为中国首家上市的专业裤装企业，此次成功上市使百圆裤业成了广受社会关注的公众公司，为其今后的发展提供了更为广阔的发展平台。

自 2012 年以来，受原材料价格上升、店铺租金上涨、用工成本增加及新兴电商品平台崛起等因素的影响，我国服装行业遭遇了发展瓶颈，行业整体低迷，这也给刚刚上市的百圆裤业带来了沉重打击，2012 年、2013 年，百圆裤业销售乏力，主营业务收入和净利润双双下降，经营发展中出现了不小的危机，面对服装行业不景气和主营业务增长乏力的困境，百圆裤业开始寻求新的利润增长点，2014 年百圆裤业收购跨境电商环球易购，开始逐渐剥离其裤装业务，转战跨境电商领域。2015 年又斥巨资投资参股前海帕拓逊、广州百伦、通拓科技、跨境翼、易极云商等多家优质跨境电商企业并于年底完成了对前海帕拓逊的资产收购。至此，百圆裤业成功实现了转型，跨境电商业务取代原有服装业务成为其主要收入来源。2015 年 6 月，百圆裤业正式更名为"跨境通宝电子商务股份有限公司"，简称"跨境通"。在下文中，仍以"百圆裤业"作为公司名称进行案例分析。

1）转型原因

从宏观层面，第一，整个服装行业发展不景气。自 2011 年以后，由于工人工资不断上涨造成企业的成本显著上升，以及我国经济由高速发展变为高质量发展所带来的经济增长速度的放缓等多种原因所造成的国内服装行业发展环境恶化，服装行业发展举步维艰。百圆裤业的业绩也受到很大的影响，因此为了不使这种情况继续持续，转型势在必行。第二，行业内部竞争越发激烈。由于中国对外开发程度的不断提高以及庞大的市场体量，近年来许多来自外国的品牌纷纷涌入国内市场，这就使得我国的服装行业竞争更加激烈。同时伴随着线上购物时代的到来，越来越多的服装行业开始采取线上与线下相结合的销售方式。但由于电子商务流量红利的逐步消失，运营成本的连续上涨，使得服装行业公司的利润不断被压缩。

从微观层面，第一，增添新的盈利点。百圆裤业作为传统服装行业中具有代表性的企业也不免受到整个行业大环境的影响。2013 年百圆裤业的营业收入为 44635.46 万元，同比下降 8%，净利润为 4251.75 万元，同比下降 40.4%。在这样严峻的形势下，必须找到新的利润增长点。第二，改变在资本市场面临的不利形势，增强投资者的信心。由于整个行业发展陷入低迷以及电子商务的冲击使得百圆裤业自上市以来在股市上的表现一直不尽如人意。所以为了扭转股票价格连续下滑的不利情况，重获投资者的信任，百圆裤业必须作出改变来改善当时的不利状况。

2）转型过程

2011 年百圆裤业在深交易所中小企业板上市后，围绕"百圆裤业"这一品牌将公司战略定为改进产品结构，促进公司品牌升级，致力于把"百圆裤业"打造成中国裤装第一品牌，然而上市以来面对业绩下滑、行业不景气以及互联网发展的冲击，百圆裤业不断寻找新的盈利点，2013 年提出"探索多元化经营，培育新的利润增长点，促进公司业务的转型升级"的发展规划，2014 年在稳定原有业务的同时，积极在电子商务领域进行突破，并提出"跨境电商业务已经成为公司深耕细作的发展重点"，之后进一步强化了其跨境电商全领域的战略布局。百圆裤业战略转型具体过程如下。

（1）初涉电商领域。2012 年设立子公司上海凤汇电子商务有限公司，注册资本 50 万元，持股比例 51%，初步涉入电子商务。2012 年年末百圆裤业在未来发展战略中首次提出建立全网产品营销体系，拓展新赢利增长点，在经营计划中第一次提出多方面拓展网络销售渠道的计划。2013 年百圆裤业积极扩展线上销售渠道，不仅与天猫、京东、凡客、1号店、当当、唯品会等大型电子商务公司开展合作，而且在自身连锁体系内寻找优质的加盟商进行线上专卖店的开设和运营，多方位借助互联网加强与消费者的联系，推动线上线下一体化建设。

（2）并购环球易购，完成初步转型。2014 年百圆裤业积极在电子商务领域进行拓展，通过收购跨境电商环球易购迅速进入跨境电商领域。2014 年 10 月 30 日环球易购完成股权变更及工商手续过户，环球易购成为其全资子公司，其营业利润等相关数据自 2014 年 11 月起纳入公司合并报表范围，此次并购环球易购对百圆裤业战略转型起到了至关重要的作用，并购完成后，在当年财报中的营业收入构成中，电子商务行业收入占比首次超过服装行业，并且环球易购在合并报表中对公司的业绩增长起到了重要作用。之后百圆裤业调整主营业务发展方向，紧紧抓住跨境电商的发展势头，在其未来发展战略中提出将紧紧抓住跨境电商的历史性发展机遇，在以跨境电商为核心的互联网产业里深度布局，促进企业业务进一步转型升级。

（3）进一步加大跨境电商投资，完成转型。为了更好实现公司跨境电商领域转型的战略规划，百圆裤业继续加大其跨境电商全领域战略的布局。百圆裤业在战略转型过程中实施了全面预算管理，对各项费用支出严格把控，同时，为推进业务快速发展及新业务的顺利实施，百圆裤业通过公开发行债券及非公开发行股票的方式筹集资金，为其战略转型的实施提供资金保障。通过以上投入和实施，2015 年百圆裤业完成其跨境电商的战略转型，主营业务变为跨境电商，服装业务已变为公司很小的一部分，2015 年 6 月，山西百圆裤业连锁经营股份有限公司正式更名为跨境通宝电子商务股份有限公司（简称"跨境通"）。

（4）转型中的问题。跨境通抓住机遇成功转型，大举扩张的发展战略向投资者们交出了漂亮的业绩报表。但好景不长，2018 年起营收及净利润出现负增长，2019 年业绩突然变脸，跨境通营业收入及净利润变动趋势如图 10-1 所示。

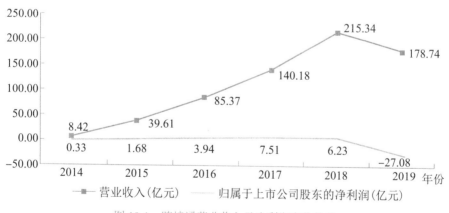

图 10-1　跨境通营业收入及净利润变化趋势

从图 10-1 可知，在 2018 年，公司收入已飙涨至 215.34 亿元，利润达到 6.23 亿元，同时迎来资本巅峰期，市值一度高达 356 亿元。但因拙于经营，跨境通埋下了极大隐患。一个是庞大的商誉资产，一个就是巨额的库存。2018 年业绩高峰期，因并购产生的商誉高达 25.3 亿元，而库存从 2014 年的 2.94 亿元一路高涨至 50.66 亿元！两者相加，超过了同期 73.23 亿元的净资产；超过 6 亿元的净利润，经营活动现金流量净额才区区 1.83 亿元。就财务状况而言，跨境通已危如累卵。跨境通董事长、总经理徐佳东等多名高管已申请辞去公司相关职务，导致几近无实控人的状态，这引发了投资者的恐慌情绪。截至 2021 年 5 月 13 日，跨境通连续 6 个交易日跌停，收盘报 2.71 元 / 股，市值 42 亿元，仅为高峰期的 1/9，3 年多时间，市值蒸发超过 300 亿元。

3）转型中的经验教训

分析人士指出，多年来，跨境贸易大多采取铺货模式，即卖家通过海量上架新品（采集图片作为虚拟商品）来运营店铺，卖家手上可能有货也可能没货；更多卖家先把自己的商品投放到平台，等到一定时间或一定账期后再收钱。在铺货模式下，跨境通偏偏选择了资产最重的采购模式——以买断式为主，且没有及时进行调整，未能有效控制库存，加之国际环境不稳定，自 2019 年起，环球易购等核心平台收入下滑，公司不得不计提大额存货跌价准备，当年即清理滞销存货，资产减值达到 27.59 亿元，全年巨亏 27 亿元。

总结跨境通的失败经验，跨境电商公司应该根据历史销售数据、产品生命周期等进行备货，通过各业务环节获取运营数据，进行不同流程环节的配套算法模型开发，对存货和滞销品进行管理。

10.2　跨境电商企业成长性评估与战略创新

10.2.1　企业成长概念及理论支撑

1. 企业成长概念及特点

企业成长如生物的成长，是从无到有、从小到大的发展过程。这一过程包括量变和质变。企业在成长过程中不仅有结构和功能的不断完善，而且有自身实力的增强。自身实力的增强包括企业研发技术的提高，运营能力的增强，文化的日益深入。企业成长是一个动态的过程，企业规模短时间的扩大不能称作企业成长。企业的成长伴随企业的整个生命周期，从企业的出生发展壮大，到企业成熟和衰亡，都伴随着企业的成长。

企业在成立初期，由于资金的缺乏、管理的混乱、产品不稳定、投入大产出少，所以企业成长主要依靠资金的增加，表现在逐渐完善的管理制度、投入产出逐渐平衡、企业房产数量的增加、员工数量的增多、业务的增多等能够看得到的方面。在发展阶段，企业面临的是自身的发展，需要寻求更多的资源来促进自身的成长。在这一阶段，企业自身生存问题已经解决，且具有较强的活力，管理越来越复杂，需要更加完善的管理制度支持企业的发展。企业成长以量变为主，资产进一步增加，员工数量达到一定的规模。在成熟阶段，企业往往通过上市的方式，完善自己的管理制度，增加自己的资本，使企业规模增加，通过内外部资源的整合，度过企业成长瓶颈期，在这一阶段，企业的成长主要是质变，包括提升抵抗风险和经济危机的能力，以及寻求具有高成长性企业作为合作伙伴的能力等，企业除了自身业务的发展，也在寻求新业务进行多元化经营，在激烈的竞争环境中发展壮大。在衰退期，主要需要解决的是蜕变或者消亡，这就要求企业具备一定的能力，企业在前期所增加的能力在这一阶段就能够有所体现，企业蜕变要求企业有一定的经济实力、高超技术和完善的管理方法，最终以另一种形式存在；企业消亡，是前期企业所具备的能力不足以支撑企业存活或蜕变，从而破产清算。

企业成长性是对公司当前成长状态的描述及发展优劣的评价，具体是指在论述公司现有状态前提下，继续发掘企业发展的潜在资源，使其具有可持续发展的能力。通常而言，企业成长性特征主要表现为以下几点。①持续性，公司在生存的基础上能实现公司的规模及经济效益持续扩张；②效益性，效益是衡量一个企业是否有必要存在及其是否具有发展潜力的重要指标，投入产出比是进行效益测算的重要组成部分，是显示企业在成长过程中能否提高公司效益的重要标志；③扩张性，公司扩张的目的是增加企业价值、提高企业的公众形象及品牌影响力，其方式主要包括股本扩大、权益资本保值增值、广告宣传等。

根据统计数据显示，我国跨境电子商务产业规模正在不断扩大，跨境电子商务仍然有着广阔的成长空间，在多重因素的共同作用下，跨境电商企业不断地涌现和发展，加大了行业内部间的激烈竞争，这对企业的成长来说，既是机遇也是挑战。中国跨境电商企业成长的特点表现如下。

1）平台型跨境电商企业规模迅速扩大，龙头企业形成壁垒

平台型跨境电商企业为客户提供一个可以展示商品、达成交易的良好平台，协助客户开展商品营销，业务覆盖整个交易、支付、物流环节，最终促成商户和消费者之间达成交易，对企业的流量和资金的要求较高，龙头企业容易通过资本和技术形成壁垒，快速扩张而在行业中占据主导地位。如阿里巴巴国际站、中国制造网、阿里巴巴速卖通等。

2）自营型跨境电商企业规模小，占比高

自营型跨境电商企业一般有两种销售商品的方式：一是自建独立站，即企业拥有独立域名，自行搭建服务器与销售平台；二是依托第三方平台亚马逊、易贝、速卖通、Wish 等，无须自建销售平台。相比而言，自营型跨境电商企业在流量、资金、技术等方面不具备垄断优势，各企业所占市场份额相对分散。

企业在选择开展跨境电商业务或是继续发展跨境电商前，需要先进行企业定位，明确企业是否适合开展跨境电商业务，或是根据在行业中的成长性水平，分析企业成长动力，明确未来发展方向。

2. 企业成长的相关理论

企业生命周期理论最早是由美国管理学家伊查克·爱迪思（Ichak Adizes）在其《企业生命周期》一书中提出来的。之后经过数十年，学者们对生命周期理论的研究和发展，衍生出了多种划分生命周期的模型。这些模型虽然研究的角度不同，但都遵循了产生、发展、成熟、衰退到消亡的规律。

伊查克·爱迪思将企业的生命周期分为了从孕育期到死亡的 10 个阶段，如图 10-2 所示，指出企业如同生命一样具有生命周期的基本规律。伊查克·爱迪思在书中生动分析了各个阶段的特征并提出了相应的对策。企业生命周期理论认为，企业的发展遵循生命周期从产生到消亡的整个过程（图 10-2），而且企业生命周期各阶段都遵循大致相同的规律。

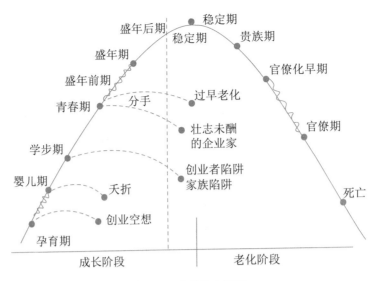

图 10-2　企业生命周期

综合迄今为止企业生命周期的模型，企业生命周期可简单划分为四个阶段，即发展期、成长期、成熟期和衰退期。企业在生命周期各个阶段的特征、追求的目标、关注的重点和存在的风险都不同。企业需针对自身所处生命周期的阶段制定适合的战略，保证企业能够运营顺畅。

（1）发展期。企业生命周期的第一阶段，是指企业刚成立的前几年时间。在发展期的企业发展还没有步入正轨，企业的知名度不高，资金不充裕，组织结构的构建还不完善。企业在日常经营中的风险较大、不确定因素较多，企业需要随时注意可能出现的错误，防止企业在发展期内夭折。而企业生产经营的产品还没有打开市场，未来的不确定性较大，这就需要管理者在这一时期内积累经验，保证企业未来的经营更加顺畅。

（2）成长期。企业生命周期的第二阶段，是在度过发展期之后企业快速成长的一段时间。在这一时期，企业的知名度、实力、现金流量和利润率都将快速增加，企业的规模将快速扩大。这一时期企业管理者的经验已经较为丰富，将带领企业进一步积攒企业能力。企业生产经营的产品已被消费者所熟悉并认可，销量快速增加。但这一时期企业的经营风险仍然较大，如果企业管理者不能准确掌握企业发展方向并选择适合企业的营销策略，将有可能失去成长优势，失去已经抢占的市场。所以，在成长期的企业需提升自身的管理力度，通过细致的市场分析，选择适合的营销战略，从而保证企业的快速成长。

（3）成熟期。通过发展期和成长期的沉淀，企业进入生命周期的第三阶段，即成熟期。在这一阶段的企业发展速度有所放慢，企业产品销售量和利润率的提升速度也逐渐减少，企业经营迎来了相对稳定的环境。企业管理者的管理方式趋于成熟，企业部门结构已经定型，与中间商形成了较为稳固的合作关系，管理走向正规化。企业产品标准化有所提高，企业产品的知名度和市场占有率都有很大的提高。但由于企业成熟期各个方面的经营流程已经成熟，可能会造成企业的惰性，对产品开发、选择营销方式的积极性减少，企业很容易滑入衰退期。为了能够延长企业的成熟期，企业需重拾创新精神，找寻新的经济增长点。

（4）衰退期。如果不能在成熟期发现并解决自身的问题，企业将会进入生命周期的第四阶段——衰退期。这一时期企业的发展在走下坡路，产品销量和利润大不如前，企业在消费者心目中的形象已经非常模糊，消费群快速减少。而企业管理者安于现状，管理机构臃肿，导致整体运营效率低下。企业需通过改变经营模式，对组织机构进行革新，转型进入其他行业等方式来摆脱衰退期的种种问题，重获新生。

10.2.2　企业成长性评价指标选取和评价

1. 企业成长性评价指标

进行企业成长性评价研究时有很多客观的参考标准，主要包括营运、偿债、盈利、发展、创新技术、公司规模、核心能力评价等。所以跨境电商在进行企业成长性评价时，可综合考虑以下八个指标。

（1）盈利能力指标。企业一般以利润最大化作为重要的经营目标，盈利能力体现的是企业综合运用企业资源获取利润的能力，能够反映企业一段期间内的经营业绩，是企业具备良好成长性的重要保证。一般选取净资产收益率、总资产报酬率、总资产净利率以及销售净利率作为衡量盈利能力的指标，均为正向指标。

（2）偿债能力指标。企业内部资金结构和筹资能力对企业持续成长有重要影响，偿债能力即偿还债务的能力，反映企业通过举债发挥财务杠杆作用的能力以及经营风险水平，是衡量企业成长性的重要方面。一般选取资产负债率、流动比率和速动比率作为衡量偿债能力的指标。

（3）营运能力指标。营运能力是反映企业资产管理和资源有效配置的能力，通过各项资产周转速度来衡量资产利用效率，其值越高，表明各项资产能越快进入不同经营环节，企业具有更强的资源整合配置能力。一般选取流动资产周转率和总资产周转率作为衡量营运能力的指标，且均为正向指标。

（4）成长能力指标。企业成长是一个动态发展的过程，因此在分析企业成长性时还需考虑动态指标，可选取基本每股收益增长率、净利润增长率和总资产增长率作为衡量企业成长能力的指标。

（5）成长潜力指标。成长潜力指的是企业在现有的基础上扩大规模、增强实力的能力。它不同于企业的成长能力指标，成长潜力指标是由历史财务信息计算出的指标，反映企业在过去期间的成长能力，而成长潜力指标是由根据企业经营投资相关信息计算出的指标，反映企业在未来期间的成长能力。企业可选取电商项目投资占比、无形资产占比对跨境电商企业的潜在发展能力进行评价。

（6）人力资本。人力资本是劳动者受到教育、培训、实践经验等方面的投资而获得的知识和技能的积累，是与"物质资本"对应的概念，人是生产力中最活跃的因素，很大程度上决定了企业的未来成长能力。可选取技术人员占比、高学历管理层比率和高学历员工比率来衡量这一指标。

（7）公司治理。规范的公司治理结构是企业持续成功经营的基础，良好的治理结构保证了公司重大投融资决策、经营决策和战略目标的科学性和可行性，为企业经营的持续成功不断注入动力。可选取股权集中度、股权制衡度和独立董事比率来衡量这一指标。

（8）价值链管理。波特的价值链理论为企业建立竞争优势提供了方法和依据，管理好价值链的各个环节是企业创造利润的基本途径，价值链管理能力属于企业管理能力的一部分，跨境电商企业可以从价值链角度对电商企业的成长性进行分析，可以选取主要供应商采购合计占比、主要客户销售额合计占比、销售成本下降率等指标来衡量企业的价值链管理能力。

延伸阅读 10-1

托宾 Q 理论

目前学者们进行企业成长性评价研究时并不是选择一个指标或几个指标，而是通过构建指标体系并结合数学模型的方式进行企业成长性评价。构建指标体系时，通常考虑企业成长环境对企业成长性的影响，例如：以跨国企业为研究对象时，可以采用通过单一的托宾 Q 比率指标衡量其企业成长性；以高科技公司为研究对象时，有学者构建了包括资本规模、业务流程、周边环境、营销策略等多指标的动态评价体系；很多学者构建财务指标体系来衡量企业的成长性，如利润保留率、净资产收益增长率、主营利润比例、资本周转率、资本保值增值、成本费用控制水平以及举债经营的效率等指标；此外，还有一些指标体系加入了非财务指标，使财务指标和非财务指标融合，如企业内外部的知识产权、高管与职工之间的薪酬差距、企业股权特性以及公司创始人自恋特性等。

想要进行科学合理的企业成长性评价研究既需要考虑到企业的实际情况，也要考虑数据的可得性及综合性；指标过多处理的工作量大且不利于综合分析，指标过少则不能准确地进行评价，所以要根据企业的经济环境和行业特征，选择适合研究该企业成长性的代表指标，进行综合分析评价。

2. 跨境电商企业成长性指标选取

结合电商行业的特点以及我国跨境电商企业的实际情况，跨境电商企业的成长性指标体系可以遵从以下原则选取。

（1）静态与动态指标的选取相结合。企业成长是一个长期的过程，因此在评价企业成长性时必须考虑历史的相关数据，以反映企业发展的趋势和程度。在建立指标时，应当将反映历史情况的动态指标加入指标体系中。

（2）财务指标和非财务指标相兼顾。非财务指标比财务指标具有更好的前瞻性，因为非财务指标是面向未来的。在企业成长性评价中，非财务指标比财务指标更具有价值。当然，财务指标的可比性和可计量性要好于非财务指标，因此在构建成长性评价指标体系时应兼顾两者。

（3）能以价值链为视角对跨境电商企业成长进行评估。价值链是产业链的重要组成部分，它可以反映企业价值的创造过程，企业价值的不断创造则是企业成长最直接的表现。针对企业价值链中的活动建立指标，有助于评估企业内部的价值创造能力。

（4）能够揭示跨境电商企业可持续的发展潜力。跨境电商企业的未来发展潜力很大一部分取决于企业电子商务和研发项目的资金投入，构建电商项目投资和研发活动的评价指标有利于揭示该类企业的未来发展潜力。

（5）能够反映企业的核心竞争能力。企业的核心竞争力包括企业的创新能力、管理层治理能力以及员工的综合素质。企业的核心竞争力是企业成长的源泉，针对企业的核心竞争能力建立指标能更准确地对企业成长性进行评估。

3. 跨境电商企业成长性评价方法

1）因子分析法

因子分析法的实质是降维分析，是一种简化数据的技术。因子分析法可以同时处理上百个指标，提取几个不可观测且独立的因子，使得所选取指标的大部分特征和信息集中在这几个因子上，从而更有利于研究、观察和描述。通过因子处理后，需要分析的数据大量减少，并不代表着大部分特征和信息的丢失，因为主因子会承载着选取指标的主要特征。一般认为提取主因子的累计方差贡献率达到 80% 以上，就说明提取的因子能够反映研究对象的大部分特征和信息。

2）层次分析法

层次分析法是一种综合评价方法，对选取的指标进行分级，借助上级与下级指标之间的关系，层层递进，最终汇集到最终层次的综合指标，用于评价企业成长性。指标在进行分层时分为 3 个层次，每个指标、每个层次都在一定程度上影响最终层次的指标，这个影响程度就是各个指标各个层次在评价企业成长性最终指标所占的权重。在确定权重时一般需要专家进行评判，确定指标的影响程度，各个专家看待问题的角度不同，考虑的影响因素也不同，因此在确定层级之间的影响程度会有一定的出入，不利于科学客观的对企业成长性进行评价。

3）BP 神经网络

BP 神经网络是模拟人体神经结构的信息处理模型。在运用 BP 神经网络进行评价时，所选取的数据之间不需要有关联性，且数据分布不需要呈正态分布，避免了大多数方法对数据要求呈现正太分布这一特点。在运用模型时，对一个很小的问题需要进行上百次或者上千次的迭代才能收敛，过于复杂，且算法低效，不利于复杂的数据处理。目前 BP 神经网络没有形成一个系统的指导理论，一般根据经验选定网络结构，对最后的收敛结果会造成一定的影响。基于 BP 神经网络评价法的上述特点，BP 神经网络评价法无法实现对企业成长性的科学评价。

4）功效系数法

运用功效系数法进行企业成长的评价，可以对企业中的不同因素进行综合，如财务与非财务、定向与非定向、内部与外部等。功效系数法没有对不同指标之间的特征进行区分，不能有针对性地对企业进行评价。另外，功效系数法评价企业在某一时点的成长状态时，不能充分反映企业成长动态的发展情况。

4. 案例——使用因子分析法对跨境电商企业成长性进行评价

选取盈利能力、偿债能力、营运能力和成长能力四个指标，使用因子分析法，对跨境电商企业的成长性进行评价的过程如下。

1）构建指标体系

构建基于 4 个财务层面共 12 个指标的跨境电商企业成长性评价指标体系，如表 10-1 所示。

表 10-1　评价指标体系

影响因素	盈利能力	净资产收益率（x_1）
		总资产报酬率（x_2）
		总资产净利率（x_3）
		销售净利率（x_4）
	偿债能力	资产负债率（x_5）
		流动比率（x_6）
		速动比率（x_7）
	营运能力	流动资产周转率（x_8）
		总资产周转率（x_9）
	成长能力	基本每股收益增长率（x_{10}）
		净利润增长率（x_{11}）
		总资产增长率（x_{12}）

2）因子分析

根据已有的企业成长性相关研究，通过因子分析数学模型可得各个指标的得分表达式，并以各公共因子对应的贡献率为权重，加权计算综合因子得分。选取部分 A 股市场跨境电商概念类企业、新三板挂牌跨境电商企业、美股上市企业的数据进行因子分析，可得以下 4 个指标表达式。

$$F_1=0.262x_1+0.255x_2+0.267x_3+0.289x_4+0.047x_5-0.045x_6-0.058x_7+0.027x_8+0.031x_9-0.052x_{10}-0.060x_{11}-0.073x_{12}$$

$$F_2=-0.053x_1-0.015x_2-0.035x_3-0.111x_4-0.098x_5+0.109x_6+0.045x_7-0.051x_8-0.015x_9+0.384x_{10}+0.403x_{11}+0.346x_{12}$$

$$F_3=-0.014x_1-0.009x_2+0.006x_3+0.095x_4-0.164x_5+0.050x_6-0.055x_7+0.492x_8+0.479x_9-0.074x_{10}-0.045x_{11}+0.035x_{12}$$

$$F_4=0.015x_1+0.011x_2-0.010x_3-0.101x_4+0.343x_5+0.447x_6+0.482x_7-0.086x_8-0.054x_9+0.008x_{10}+0.081x_{11}+0.002x_{12}$$

根据各指标的贡献率，可得到如下综合因子得分表达式：

$$F=\frac{31.704}{85.808}F_1+\frac{20.867}{85.808}F_2+\frac{17.299}{85.808}F_3+\frac{15.938}{85.808}F_4$$

3）计算各指标得分并进行企业定位

由此可计算得跨境电商企业成长性各指标得分和综合得分，如表 10-2 所示。

表 10-2　各跨境电商企业成长性各指标得分、综合得分举例

企业名称	盈利能力	成长能力	运营能力	偿债能力	综合得分
兰亭集势	−0.047	−0.225	0.608	1.276	0.238
安克创新	1.357	0.162	1.324	1.164	1.024
淘淘羊	−0.260	−1.209	0.179	0.531	−0.256

根据得分可将跨境电商企业划分为三类：

第一类是成长较好的，成长性综合得分大于 1；

第二类是成长一般的，成长性综合得分为 0~1；

第三类是成长较差的，成长性综合得分小于 0。

以上为对已经开展跨境电商业务的企业进行成长性定位，企业可根据自己的成长性定位确定进一步发展策略，如成长较好、较为成熟的企业可以选择开展线下业务；成长一般或较差的企业通常没有能力开展线下业务，因而可以选择继续开展线上业务。而对于未开展跨境电商的企业，则需要对企业进行资源能力等分析，确定企业是否适合开展跨境电商业务。

10.2.3　现有跨境电商企业战略创新

1. 现有跨境电商企业采用的业务战略

跨境电商企业中，成长性一般或者较差的企业占比高，这类企业通常成长能力和营运能力得分较低，大部分企业规模小，没有足够的经济实力，主要借助第三方平台来进行产品展示、货币交易、物流配给和产品供应等。第三方平台交易体系完善，可以为企业提供物流、支付、客服等服务，入驻门槛低，企业只需交纳少量的金额便可入驻平台获得企业的服务，巨大的流量为企业带来商机。借助第三方跨境电商平台，一方面，企业可以节约自建平台等成本，并且可以利用第三方平台的网络基础设施、支付平台、安全平台和管理平台等资源，完成全部线上交易流程，节省了人力和财力；另一方面，凭借平台强大的品牌影响力、广泛的市场覆盖率、自带稳定流量以及对买卖双方全面的权益保护体系，出口/进口卖家只要有商品或采购商品的渠道以及基本的运营技能，就有可能在平台上实现销售和盈利，有助于前期缺少海外客户资源积累和海外运营推广经验的中小企业以较少的费用顺利开展跨境电商业务。因此对于经济实力较弱的中小跨境电商企业来说，第三方平台是较为合适的选择。

但是这类企业由于资源能力的不足，往往在业务层面采取成本领先战略和集中化战略，导致企业无法获得进一步发展，因此，企业需要对现有战略进行分析，发现不足之处，在已有资源能力的基础上，创造差异化，实现战略创新，获得进一步发展。

1）成本领先战略

我国大多数跨境电商企业采取的是成本领先战略，凭借价格优势占据国外市场。成本领先战略即低成本战略，意味着公司的成本比同类的产品更低，包括生产成本、运输成

本、人工成本等，使其保持在一个低于标准值的状态，采用薄利多销的销售策略，用低廉的价格打开销量，在目标市场快速进行扩张，占据一定的市场份额。低成本策略适用于标准化的产品或服务。对于中小型跨境电商公司来说，商品和原材料的采购成本、运输和仓储成本以及生产成本占公司总成本的大部分，如果能大幅度地降低这些费用，那么公司的利润水平就能得到显著提高。

首先，在采购成本方面，国内同类型产品供应商往往有很多，企业可以货比三家，从中选择价格低的供应商，随后企业通过与供应商建立良好稳定的合作关系，向供应商进行统一批量采购，形成一定的规模优势，从而获取价格优势，降低采购成本，提高利润空间。其次，在跨境电商进出口公司的成本中，运输成本尤其是跨境运输成本所占的比重也很大。无论通过哪个第三方平台，头程运输都是通过国际商业快速运输的方式，国际商业快递的费用比较高。因此，越来越多的企业会选择平台海外仓的方式，将商品运输至平台在目标市场设立的海外仓进行储存，在每次运输的时候，公司都会尽可能通过大规模的运输来降低运费成本。在生产成本方面，企业大多是大批量规模化生产，且凭借多年的生产经验以及相比于发达国家的人力成本优势，企业能够实现降低生产成本，从而提供低价格的商品。

2）集中化战略

集中化战略意味着为特定区域的客户服务，因为集中故而能提升服务水平和用户满意度，此外集中化战略能降低成本，提高利润，进而获得该区域比较高的市场占有率。但是其不可忽略的缺点就是以牺牲公司其他市场份额为代价。

公司在跨境电商的业务经营过程中，会根据目标市场选择不同的第三方平台，例如亚马逊、易贝、Wish平台聚焦欧美市场，苏克（Souq）聚焦中东地区，速卖通聚焦俄罗斯市场，虾皮（Shopee）聚焦东南亚市场。集中化战略可以集中公司资源为目标市场提供精细化的服务，相对来说客户的忠诚度高，利润收入也较稳定，公司的经营风险小，面对目标市场的应变能力和灵敏度较强。

2. 现有战略存在的弊端

虽然这两种战略为中小跨境电商企业的前期发展带来了一定优势，但是也存在较多弊端，不利于后续发展。

1）产品同质化问题严重

当前，依托中国制造成本优势面向海外低端消费者销售廉价商品所带来的商品同质化竞争越发激烈，同时低质倾销所引起的激烈价格竞争以及营销成本等方面的缺陷日益凸显并成为发展瓶颈，一些企业没有形成自己独特的竞争优势，在同质化竞争中无法脱颖而出。

在出口跨境电商领域，不少跨境电商企业依靠低廉的价格吸引消费者，而非高品质的产品和独特的品牌优势，随着同行业竞争的日益激烈，同质化的产品往往会引发价格战，挤压产品利润空间，且在国际市场上的竞争力不高，抑制企业更好地成长。在进口跨境电商领域也同样存在这个问题，虽然不同跨境电商企业的切入点可能有所不同，但进口的商品货源同质化问题严重，大多集中进口某些奢侈品牌、爆款明星产品等，因此不少企业效仿电商团购的价格战模式，利润空间缩小的同时，也难以满足消费者逐渐个性化、多元化的消费需求。

2）购买者议价能力渐强

相比传统的外贸模式而言，跨境电商这种电商渠道，尤其是 B2C 的零售模式，由于各平台商品的透明性等原因，消费者可以自行比对价格，这意味着平台的购买者拥有较强的议价能力。各平台整体的跨境电商卖家越来越多，产品大同小异，各卖家都利用降低价格来吸引消费者，这无疑使得消费者的议价能力变强。同时，消费者也易转向理性消费，也更容易要求更多的附加服务项目。

3）潜在进入者威胁

跨境电商在电商领域中属于潜力巨大的细分市场，且利润高，进入壁垒小，在利好的发展环境下，行业正在不断吸引新玩家入局，因此潜在进入者的威胁很大。新进入者的进入必然会对跨境电商市场进行争夺，整个行业的竞争也会加剧。随着行业竞争激烈程度的不断加剧，企业不能一直依靠低廉的价格占领市场份额，从长期来看，企业的交易量将会逐渐减少，利润也会逐步降低。

4）产品质量把控和售后服务不完善

一些跨境电商企业不注重品控及售后服务，面临着不小的产品质量风险。不少企业都因为退换货渠道不畅，产品质量参差不齐、真伪无法保障，售后服务不到位等问题被消费者埋怨甚至投诉过，根据易贝的统计数据，中国卖家被投诉率远远高于全球平均水平，甚至在部分国外跨境电商平台，中国卖家会受到更为严厉的处罚，不仅给中国跨境电商企业带来了经济利益损失，也不利于中国卖家在跨境电商国际市场上的形象。由于跨境电商产品是面向全球消费者的，产品质量需要符合不同国家和地区标准要求，而一些跨境电商企业对产品质量的国际标准把控不到位，从客观上来讲也存在跨境电商有关服务及监督管理不到位的问题。

5）缺乏国际营销和大数据分析能力

一些企业在选择国外市场时往往是跟风作出决策，多平台泛品类销售，且由于资源能力的不足，并没有做细致的市场及消费者分析。一方面，各国不同的政治文化环境、风俗习惯、消费习惯等因素要求跨境电商企业有针对性地制定不同的营销策略，对跨境电商企业的国际化营销能力有比较高的要求。另一方面，一些跨境电商企业由于起步较晚，境外客户积累少，又受限于地理距离因素，对于潜在消费群体的相关信息和数据掌握不足，导致其无法有针对性地开展有效的国际营销。大数据挖掘和分析能力的缺乏，也导致跨境电商企业无法通过数据分析预测消费需求，提高供应链效率，提升国际营销的精准性和有效性。

6）企业品牌意识弱

随着跨境电商市场的不断成熟，产品同质化竞争不断加剧，冲动性消费需求趋于向理性化决策转变，消费者会通过产品品牌、退换货服务体系、物流配送等多方信息进行综合考量，从而作出最优决策，品牌形象的树立已然决定了未来跨境企业的核心竞争力。在现阶段，国内的跨境电商在抢占市场的过程中仍以量价取胜策略为主，品牌意识非常薄弱，品牌驾驭能力也不强，使其品牌营销策略难以与境外当地主流的销售渠道与媒体相结合。无论是从销售规模还是从运作媒体的角度来看，中国跨境电商品牌都难以在境外市场占据绝对优势，成为主流。

3. 跨境电商企业战略创新

许多企业的成功经验表明，在不存在技术革新的情况下，任何企业要想在激烈的竞争中取胜只有打破行规，进行战略创新。跨境电商企业也是如此，在成本领先战略与集中化战略无法为企业带来更多发展的情况下，企业需要进行战略创新，打造新的竞争优势。

随着时间的推移，跨境电商行业的战略定位空间会逐渐被不同的企业填满，即这些企业利用大部分企业可能采用的技术与分销方法，为大多数国内外细分市场提供各种形式的产品或服务。战略创新就是要跨境电商企业发现行业战略定位空间中的空缺，并填补这一空缺。跨境电商企业可以从下面三点寻找战略定位空间中的空缺。一是新出现的顾客细分市场或竞争对手忽视的现有顾客细分市场；二是顾客的新需要或竞争对手未能充分满足的顾客目前的需要；三是为目前或新出现的顾客细分市场生产、传递或分销现有的或创新的产品或服务的新方法。顾客需求、技术、政府政策等外部环境变化都会引起这些空缺，企业也可主动创造空缺。

跨境电商企业还必须思考以下三个基本战略问题。

（1）谁是顾客？对"谁是顾客"的根本认识可能使企业重新确定价值创造的内容。价值创造内容不仅指导着跨境电商企业所从事的业务活动，也影响企业的战略决策，如跨境电商出口企业面向国外低端消费者销售廉价商品时采取的成本领先战略。因此，企业对其当前顾客的重新思考，将可能产生最根本的战略创新。

（2）应为这些顾客提供什么产品或服务？产品或服务是企业为其顾客所创造的价值的载体。当跨境电商企业选定顾客之后，就明确了这类顾客的需求，从而确定本企业应为顾客提供哪些产品和服务。这时，对满足这些价值需求的产品和服务的选择就成为企业战略创新的源泉。当然，从战略的角度来看，也可先确定本企业应提供的产品和服务，然后再确定目标市场。因此，满足相同价值创造的不同产品或服务的选择就成为企业战略创新的途径之一，即产品服务差异化。

（3）如何有效地提供这些产品和服务？有效地提供这些产品和服务，即通过寻求方法上的创新，为顾客提供相应的产品或服务，从而更有效地满足这些顾客的价值需求。跨境电商企业要充分利用自己的核心能力，开发新产品，或采用与竞争对手完全不同的、有效的业务模式，这也是战略创新的一种来源。

具体的战略创新步骤如下。

1）战略分析

战略分析是战略制定以及战略创新的前提。跨境电商企业要进行战略创新，首先需对外部环境以及自身内部能力资源进行分析。外部环境包括行业环境、所处国外目标市场的宏观环境以及竞争环境等。内部能力涉及企业文化、组织与流程、产品与研发、销售与渠道、市场运营与服务、基础设施、信息系统、人员、成本、投资等多个维度。通过对外部环境的变化趋势以及竞争对手动态的全方位监测，加以前瞻性思考和分析，从而了解企业进一步发展的外部环境压力和动力。而跨境电商企业对自身内部能力资源的分析，可以更加清晰地了解企业在开展跨境电商时的核心能力和资源状况，存在哪些优势与不足，认识企业的核心竞争力，进而为接下来的战略创新决策提供依据。

2）重新确定企业的业务定义

成功的战略创新者会采用与所有竞争对手完全不同的竞争策略，即差异化战略，而战略创新思路的来源是管理人员对企业以前确定的商业定义质疑。跨境电商企业确定的商业定义会决定企业如何确定自己的顾客、竞争对手、竞争实力，并且明确关键性成功因素，最终决定在目标市场上的竞争策略。

跨境电商企业可通过以下三类方法来确定业务定义。

（1）传统的思维方法，企业根据自己销售的产品，确定业务定义。

（2）采用顾客导向思维方法，根据自己能满足的国内外顾客需要来确定业务定义，分析本企业的产品能为顾客提供哪些利益。

（3）企业根据自己的核心能力，思考业务定义。

这三种方法各有利弊，跨境电商企业可根据定义是否有助于本企业充分利用自身独特的能力、增强竞争优势，判断应采用哪一种定义。重大的战略创新往往是企业改变业务定义的结果。

具体而言，首先，企业应该列出所有可能的定义。例如，衣尚品信息技术有限公司是男女服饰及配件出口公司、珠宝出口公司、满足顾客时尚需求的公司、批发零售公司等。企业应尽可能列出多重定义。其次，根据一系列标准评估每一个定义。对每一个可能的定义，都应做详细的分析：谁是本企业的顾客？顾客需要什么？谁是本企业的竞争对手？本企业是否能以独特的方法比竞争对手更好地满足顾客的需要？本企业的市场是否有吸引力？本行业有哪些关键性成功因素？本企业能否履行诺言？竞争对手会作出什么反应，确定哪种业务定义？这一分析的目的是识别出对本企业最有利的业务定义。再次，确定本企业的业务定义。这是非常关键的一个步骤，是一个取舍的过程，这一决策会影响跨境电商企业的一系列后续决策。最后，分析竞争对手的反应。如果海内外市场上的竞争对手重新确定它们的业务定义。它们会采取什么战略？本企业应如何应对？跨境电商企业可通过不断的探索，发现新的业务定义，采用新的、有别于竞争对手的竞争措施，使竞争对手措手不及。

3）重新确定企业的顾客

考虑"谁是顾客"的目的是发现新的细分市场，或创造性地重新划分现有的市场，组合新的细分市场。

对于竞争对手忽视或放弃的某个小型细分市场，从特性出发，如果跨境电商企业能高效地满足这个小型细分市场的需求，就可以占领这个细分市场。在这种情况下，企业并没有发现顾客新的需要，而是发现了更有效的满足顾客目前需要的方法。跨境电商企业还可以寻找细分市场之间的共性，如电子产品可划分为多个细分市场，面向不同的顾客企业提供了不同特性的产品，企业可将其视为自己的顾客，通过探寻这些顾客对于电子产品的共同需求并把共性结合起来，从而打造一个产品，用这种产品来跨越不同的细分市场。另外，企业也可以创造性地重新划分现有市场，按照新思维方法，将几个不同的细分市场合并为一个新的细分市场，如永辉超市的"超市＋餐饮"组合，因此跨境电商企业也可尝试发现新的细分市场组合，在重新组合细分市场后，创造某种新需要，逐渐扩大这个新细分市场的规模。总之，跨境电商企业不仅可以根据顾客的需要分析，也可以采取许多其他方法，发现新的细分市场，从而根据这个市场顾客的需要，设计产品及其传递体系。聚焦于一个小型、适当的细分市场时，竞争对手往往仍专注于控制大众市场，跨境电商企业便可将小型细分市场逐渐发展成为大众市场，成为市场领先者。

4）重新确定本企业的产品或服务

要创新战略，跨境电商企业必须首先发现国内外市场上顾客新的或正在变化的需要、爱好、重视的产品或者服务属性，从而开发新产品、新服务或采用更好的方法来满足顾客的这些需要。然而大多数情况下，企业只了解顾客的需要，而没有进行创造性的思考，只有真正理解顾客的需要，才能形成开发新产品、新服务的具体构思。

尽管受到地理位置的限制，跨境电商企业仍要充分利用互联网信息、大数据技术，甚至实地调研，深入了解顾客需求和重视的属性。企业可通过顾客反馈、竞争对手、供应商、分销商、员工等了解情况，监控竞争对手的经营活动，从供应商、分销商处收集顾客需求反馈，以便加深对顾客的了解，尽早发现顾客的新需要。此外，跨境电商企业也可通过外部基准比较，发现国内外市场新动向，还可通过不断的测试新产品，探测顾客潜在的、不易觉察的需要。

5）重新确定企业提供产品或服务的方法

跨境电商企业可利用自己的核心资源能力，开发新产品，或采用与竞争对手完全不同的经营方法。

（1）分享核心能力。企业往往不会仅生产一类产品，跨境电商企业可利用某个小型业务部门在战略资产积累过程中形成的核心能力，提高另一个业务部门战略资产的质量。例如，佳能公司照相机业务部和复印机业务部采用了相似的程序，提高经销商的销售工作效率、加快产品开发速度、提高装配线生产率。因此，如果跨境电商企业的两个产品线可采用相似的程序，提高不同的战略资产使用效率，企业就可利用资产增值优势，在不同的市场采用不同的竞争策略。

（2）多次利用核心能力。企业可利用目前业务部门在战略资产积累过程中形成的核心能力，以更快的速度、更低的成本，为新业务部门创造新的战略资产。例如，佳能公司进入激光打印机市场之后，激光打印机业务部可以利用照相机业务部和复印机业务部的能力，创造激光打印机市场需要的新战略资产。这样企业就可以利用资产创建优势，打破新业务部门的行规。

（3）扩大核心能力。企业在新业务活动中积累战略资产，会逐渐掌握新技能，扩大核心能力。例如，佳能公司在创造激光打印机设计、生产、维修服务必需的战略资产过程中，掌握了改进复印机业务工作的新技能。此外，佳能公司还利用自己在复印机和激光打印机业务活动中逐渐掌握的技能，创造了图文传真机市场必需的战略资产。

跨境电商企业在识别企业的核心能力以及了解顾客需求变化的基础上，需要明确哪些核心能力应得到加强和应用；利用自己的核心能力创造新战略资产，或用特殊的方法组合现有的战略资产，以目前的竞争对手不熟悉的战略资产满足顾客的需要。总的来说，企业进行战略创新，要深入理解本企业的核心能力，明确企业定位，从而更好地划分细分市场，更正确地选择本企业的顾客，更有效地开发新的战略资产，创新企业战略。

4. 跨境电商企业提升竞争优势策略

差异化战略是企业未来可能形成竞争优势的重要方面。中小企业发展跨境电商可从产品、渠道、形象、品牌等方面实施差异化，从而在细分市场建立自己独特的竞争优势，占据一定的市场份额，且不易被轻易取代。

1）产品、服务差异化策略

针对同质化较为严重的问题，当前，跨境电商较热门的几个大类目有服装、家居、3C电子、汽车配件、饰品等，这些都是国际消费者需求较大的、热卖的产品类目，当然竞争也非常激烈。在竞争激烈的国际市场环境下，企业产品的挑选要仔细精准，选择一些符合消费者需求、有特色、与其他企业产品存在差异、有竞争优势的商品，如特色家具、个性箱包、定制服装等。在选择自己决定投入市场销售的产品以后，企业要大量地铺货，并隔期换一轮产品。例如，企业先上一大批产品，然后过两周的时间，通过查看和分析数据，撤换掉数据差的产品，经过一段时间的优胜劣汰最终选择销量较好的产品作为企业的优势产品。这种方式较适合依托第三方跨境 B2C 平台的中小企业。同时，无论什么产品，对于质量要在生产及流通环节进行严格把关，全面保证产品质量。

对于有能力的企业，可以组建产品开发设计团队，始终坚持以客户的需求为导向，来研发和设计新产品，并对原有的产品进行新的改良，使产品的质量得到保证，产品的外观设计符合目标市场客户的审美取向，产品功能满足客户的需求。

服务差异化策略方面，运用差异化策略向客户提供个性化服务。在客户咨询、物流查询、售后服务等方面制订更完善的计划，力求在服务上形成差异化的优势，满足不同客户多样化需求与愉悦购物体验的同时，提升企业在同行业中的竞争力，提高客户的忠诚度和重复购买率。企业可设置最佳售后保障服务时长，简化退货服务流程；支持客户到品牌方溯源验证，增强客户购买信心同时也能防范作假；为客户提供正品险、运费险等险种保障，购物即赠，快速理赔，以专业承保服务来打消客户的顾虑。

2）渠道差异化策略

首先，当中小外贸企业通过跨境运营积累的一定客户资源，具备一定实力后，企业可选择自设网站销售产品。其优点是可以帮助企业降低商品价格，不受第三方平台规则的限制。其次，发展分销会员，通过分销渠道去代销自己的商品。其优点是渠道覆盖范围广。这种模式对企业供应链能力的要求较高，适合自己拥有工厂的中小跨境电商企业。最后，海外仓，企业在国外自建或租用仓库，将货物批量发送至国外仓库，实现国外销售、配送的跨国物流形式。采用海外仓的优点是物流配送时效高，客户满意度高，费用优势更为明显。这种模式适合销售畅销品、高价值的产品以及尺寸大、重量大的产品。如果中小企业运营的产品是以上产品，可考虑采用海外仓的模式。

3）品牌差异化

品牌形象的树立是企业产品区别于市场其他同类产品最直观、最形象的表现，精准的品牌定位有利于获得消费者的情感认同，建立品牌黏性。跨境出口企业要明确产品定位，从产品的质量、目标消费群体、产品的个性化特征、企业的服务理念等多角度出发树立鲜明的品牌形象，如设计公司特有的徽标，并在产品包装、物流中进行统一规范设置，通过精美包装提升品牌形象和产品差异。打造自主品牌不仅可以帮助企业节省广告和销售费用，带给跨境电商企业价格优势，增加利润，还有利于企业培养忠诚客户，增强市场竞争力。

4）数据运营差异化

数据运营差异化主要包括 listing 优化和数据分析。listing 的差异化表现，主要体现在产品的标题、功能和卖点等方面的差异化描述，关键是把客户需求和产品功能结合起来。数据分析的差异化表现，主要体现在从数据中找出问题，从数据中实现业务价值，如找到产品的改进空间，提升了产品的市场竞争力，带来了更多的转化和订单等。例如在亚马逊平台经营，要随时监测客户关于产品的 review（review 是指在平台上有过购物记录的客户只针对亚马逊店铺产品的详情页作评价）和 feedback（feedback 是指用户完成订单后作出的评价，主要评价产品质量、发货时效以及服务水平与描述的是否一致等方面）的数据，通过不断的修改关键词，以及在产品的标题、功能和卖点等方面的差异化描述，结合监测的数据分析结果来进行优化，从而提高产品的排名和曝光度。

在数据方面，还可以以大数据作为支撑。跨境电商具有先天性的互联网思维，跨境电商第三方平台掌握了大量的买卖双方的数据。为更好地服务中小企业，很多跨境平台纷纷推出能够对一些关键数据做分析和研究的大数据工具。如谷歌的谷歌分析工具和阿里巴巴的"数据纵横"等，跨境电商企业也可以利用这些大数据分析工具来分析数据，如分析店铺的流量、转化率、近期飙升的关键词、热门的选品、用户相关等各类数据，从而来优化自己的产品和店铺，分析用户行为和需求，最终做到差异化。

5）营销差异化

首先，公司可以借助社交软件，实现跨境电商社交化。在互联网时代中，大部分手机用户都成为某些社交软件的忠实用户。国内外的用户都有自己常用的社交软件，国外常用的有脸书（Facebook）、推特（Twitter）等，国内用户常用的有微信、微博、小红书等。这些软件的用户都有很强的黏性，因此，公司可以在各大网站上开通自己的账号，通过账号跟其他用户进行良性沟通，介绍自己的产品，分享公司的经营状况，扩大公司的影响力，提升其他用户对公司的关注度。

其次，通过与网络红人合作的方式推广品牌知名度，对于影响力大的网络红人，使用网络红人的测评素材和红人的粉丝页投放广告促进推广效果。也可通过直播的方式，当前，直播是一种品牌营销的热门手段，直播具有较高的产品销售转化率，寻找大体量、带货能力强的主播合作，既能近距离接触真实消费者，也能提升品牌的知名度。

最后，营销策略的本土化。可以与目标国当地的大型社交平台联合进行品牌推广，建立本土化服务团队，加强品牌售后服务，以提升产品品牌在当地的影响力。

10.2.4 跨境电商企业战略创新成功案例

1. 案例简介

安克创新原名海翼股份，2018 年 1 月，正式更名为"安克创新科技股份有限公司"，简称"安克创新"，"安克"是取自其旗下品牌"Anker"。安克以性能良好的中高端充电产品进入美国、欧洲、日本等发达国家市场，以海外 B2C 渠道营销为主，依托第三方平台亚马逊，依照第三方独立卖家模式操作，对于核心运营项目进行自主管理，包括产品、价格和库存等。在海内外 100 多个国家和地区拥有超过 3000 万个用户，并有 1000 万个用户成了其忠实粉丝，在智能配件线上销售市场所占份额位列第一，在亚马逊全球品牌卖家排行中名列前茅。2017 年 1 月，在 WPP、华通明略和谷歌合作发布的"2017 年中国出海品牌 30 强"榜单中，安克位列第八，被评价为"成长最快的消费电子品牌"。

2. 成功关键因素

1）专注细分市场，注重品牌打造

安克有明确的市场定位，选择欧美这一竞争激烈的高消费市场，产品定位为中高端，致力于在细分领域打造能被消费者记住的品牌。以线上亚马逊平台起步，凭借产品力创造的用户口碑传播，打造出优质的市场品牌形象，有力地带动了新品类的增长，无线音频以及智能创新产品在优秀的口碑下稳定成长，据电子消费网站调查，基于安克充电类产品在用户市场的良好口碑，蓝牙音箱有约 1/4 买家是安克老用户。

2）重视产品差异化

安克在全球各地海外分公司吸引本地人才，组建了本地化团队，深入调研理解消费者，更加清晰地了解当地的文化和顾客需求以及全球的技术与趋势，持续为客户调研与研发团队提供最贴切的市场输入。专业团队根据竞品调研的反馈，通过数据分析认识到自身产品与竞品的不足，挖掘差异优势，从而优化产品。另外，团队定期组织研讨会，讨论什么新产品最可能改变现有的产品形态，以及该如何布局这些新的产品形态。

公司也很重视自主研发，以市场为导向，持续增加研发投入，依托科技创新打造知名品牌，有较为完善的研发流程，研发人员占员工总数的一半以上，每年研发投入超过 1 亿元，目前已拥有充电产品安克、智能家居 Eufy、智能投影 Nebula、车载智能 Roav 等多个自有品牌。公司已形成品牌效应，能制定较高的海外产品价格，消费者愿意为高性能产品支付一定的溢价，即使产品相对溢价也能够保持市场份额，此外智能家居等新的品类有更灵活的定价空间，这些都提升了安克创新的盈利能力。

3）运营模式差异化

公司的运营模式是重技术轻资产，采取外协加工生产，公司主要负责根据前端市场需求确定设计方案，外协单位根据公司要求进行原材料采购、工艺加工等。该模式下，一方面公司掌握产品设计等核心竞争力，另一方面由于消费电子产品加工市场竞争激烈，公司对外协厂的议价能力较好。为防范积货风险，公司非常重视外协厂的产品交期，有严格的库存计提标准，保证库存比刚刚好多一点，这也是公司具备较强营运能力的原因之一。

4）注重产品质量

公司注重产品质量管控，在外协厂进行工艺加工时，公司会派专人进行现场检查，开展全流程管理，经外协厂加工的产成品，需要由公司的质检部门检测，合格后才能入库，对设备精度以及人员流动性等也进行管理，从源头把控质量。公司还会定期对外协厂从品质、交付、成本方面进行资质评估。

基于各方面对产品开发的关注，安克在产品力打造上的效果十分显著，以安克充电线产品为例，平均每年根据消费者的需求，迭代现有产品，满足甚至超出消费者预期，为消费者带去了良好的产品体验。

10.3 线上线下融合发展

10.3.1 线上线下融合的背景

随着电子商务发展进入成熟期，传统零售企业的身影越来越多地出现在电子商务领域中，两者之间的边界日益模糊。一方面，传统零售企业发展遭遇瓶颈，需要借助电子商务实现企业转型增效；另一方面，当前的电子商务发展空间不断趋于饱和，纯电商已经不再具有突出的竞争优势，必须从线上走向线下，主动与实体零售商实现合作。纯零售和纯电商相分离的行业发展形势将很快被新零售这一全新的商业模式所取代，线上线下＋物流融合发展的新零售模式将不可替代。展开来说，以下两个因素催生了新零售模式，促进跨境电商线上线下融合发展。

1）线下实体零售业态频遇线上零售的挑战

电商模式的不断兴起，对传统的线下零售业态带来了颠覆性的挑战。电商业态利用互联网平台，可以方便地向消费群体开展营销，但实体零售业态相对比较被动，而且实体零售企业也面临着各项成本上升、商品价格存在竞争劣势等困境，面临不断被电商挤出的威胁。由北京工商大学经济研究所提供的数据，2012—2015 年我国有 262 家超市、138 家百货店、6209 家体育品牌市场关门，在当时引起了一场关门潮。而在传统实体零售商困难重重的时期，一批电商开始向线下拓展业务，挤占原有的线下零售市场。相比之下，电商企业较实体零售企业更能了解消费者的动态信息，包括消费人群、消费方式、消费诉求等的变化。与互联网一起成长起来的"80 后""90 后"，甚至"00 后"，这批消费群体的消费习惯也受到互联网思维的明显影响，但是很多实体零售企业难以实时捕捉消费需求，因而在竞争中处于不利地位。

2）跨境电商线上零售遭遇"天花板"

虽然实体零售业态受到线上零售的挑战，但目前线上零售自身在发展中也遇到了"天花板"。随着电商的不断铺开，互联网流量的红利正逐步压缩，传统的线上零售商也面临着增长瓶颈。根据国家统计局、商务部数据整理（图 10-3），近十年以来我国网上零售额增速总体上出现了明显的下滑，2018 年全国网上零售额 9 万亿元，同比增幅为 23.9%，相比 2014 年以前有明显下降。天猫 2018 年"双 11"的全网成交额（GMV）2135 亿元，同比增速为 27%，较 2013 年的超 60% 有明显回落。艾瑞咨询机构预测显示，我国未来几年网购增速还将放缓，年均放缓速度 8~10 个百分点。与此同时，线上零售也始终存在着体验感不强的问题，由于交易虚拟性，线上购物不具备可触性，无法满足消费者高品质、高体验感的消费需求。

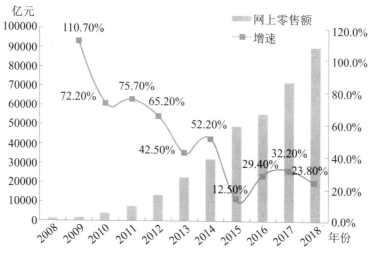

图 10-3　我国网上零售额的增长

可见，跨境电商线上零售业态自身也面临着转型瓶颈，只有探索运用新零售的模式，发展新零售业态来启动消费体验的升级，从根本上推进消费方式变革，才是跨境电商线上零售持续发展的出路。因此，在这样的背景下，线上、线下零售两股内生力量的转型驱动了新零售的兴起，并借助 O2O 商业模式促进了跨境电商的线上线下融合发展。

在兼顾跨境电商线上业务的同时，加速线下门店扩张速度成为跨境电商另一重点。O2O 实体店可借助进口商品优势打造市场竞争中的优胜劣汰，扩大其品牌影响力，提升消费者在线下实体店的消费体验，为消费者提供保税区保真商品的同时，形成与传统零售市场的差异化，并实现进口商品零售业转型破局。线上线下商品同步售卖，消费者可以线上下单，线下提取；线上下单，线下退换，切实解决了消费者购买进口商品退换货周期长、正品质量不能保证的消费痛点。可以利用线上与线下互通模式，再造线下体验的服务再升级，构建 O2O 模式的消费生态圈，实现线上线下的分享式体验性互动购物。

10.3.2 线上线下融合存在的问题

尽管跨境电商线上线下融合发展的趋势势不可当，但其发展并不可能完全一帆风顺，跨境电商企业在实现线上线下融合的过程中也面临着许多问题，比如说如何实现线上线下同质化经营、开拓线上线下融合发展的资金缺乏，以及线下市场的布局等问题。

1）线上线下同质经营

即使精选线上销售爆款放于线下实体店仍避免不了同质经营。虽说在一定程度上可以增加消费者对平台正品保障度的信心，但爆款商品通常是分散的，涉及彩妆、个护、母婴、电子数码、家电等多个品类，而且不同国家的细分存在差异，线下实体店空间有限、存货成本高，企业往往很难获取利润。此外，由于线下消费者有自己的购物习惯，因此不能完全照搬线上准则，不能将消费者从线上全部转化到线下。

网易考拉海购的线下旗舰店零售商品依据线上海量用户数据，从全球数十万款商品中精选爆款商品在旗舰店出售或展示，随数据的变化而定期改变。虽说网易考拉对线下旗舰店的定位为顾客体验，但也仅仅是视觉、触觉体验，不是全场景式的，发挥作用有限。而且网易考拉海购的顾客定位为对生活品质和商品品质有较高要求的人群，因此旗舰店大多位于潮流中心地带，店铺成本过高。

2）缺乏开拓线上线下融合发展的资金

跨境电商平台诸如天猫国际、海囤全球、奥买家、网易考拉海购等背后皆有实力雄厚的集团支持，而小红书、洋码头、蜜芽等二流平台就没有那么幸运了，不仅没有强大的流动资金，还需要撬动在各方面都领先的平台成果，虎口夺食，实属艰难。尽管平台开展线上线下全渠道融合有利于扩大平台营销范围、增加销量、提高利润，但在实际中如网易考拉海购借助线下工厂店从全球甄选制造商，孵化自有优质品牌，其人力、物力的消耗巨大，投资后回报率不确定。如果前期投入不够、中断，极容易破坏企业平衡，影响企业前途。

3）线下市场的布局问题

大多数电商企业在线上线下融合发展阶段，大多是针对线上市场开发以及整体布局展开探究，当前要注重优化线下布局来实现整体发展目标。在电商企业针对线下市场布局实践中，市场供需矛盾问题突出。主要是由于在电商平台中有较多商品主要是为了扩大小众市场发展竞争力，朝着线下转移之后，将难以对受众进行针对性处理，将会导致线下体验成本增加。企业实体在布局阶段存有较大局限性，在线下转型阶段，企业销售渠道将会不断缩减，市场销售量受到影响。其中在自主构建线下渠道基础上，将会产生销售经验不足等问题，难以在较短时间内扩大发展规模。此类问题都会对线上企业线上线下布局产生较大影响。因此当前针对各项具体问题要选取针对性处理措施，实现线上线下融合发展，提升销售行业整体发展竞争力。

10.3.3　线上线下融合的路径

对于跨境电商平台来说，线上线下全渠道零售融合是一项长期发展策略，目前中国加大对外开放力度，国家大力鼓励对外贸易的发展。面对这巨大的发展机遇，跨境电商作为移动互联网时代兴起的跨境贸易的新兴形式更应该抓紧机会，进一步完善跨境贸易供应链，推动跨境电商行业规模稳中求进地扩大。在此背景下，对我国跨境电商平台线上线下全渠道零售融合发展提出实施路径：要有全局规划与大数据技术支撑、针对线上线下消费者不同心理实施差异化经营战略、优化跨境电商线上线下物流链、建立"无界"全渠道零售、针对不同渠道树立良好的企业形象和信誉。

1）全局规划

在跨境电商线上线下融合发展中，企业要注重统筹多项影响要素，从整体发展角度出发做好多项工作优化调整。要对企业现代化建设以及发展要求进行分析，明确跨境电商线上线下融合发展重要性认识。从企业整体发展角度出发，对企业展开多方位改革，调节企业发展利益分配关系，这样便于对企业线上、线下展开全面管理。在实施企业内部各项推广工作中，要注重强化电商部门以及多个部门之间的协作融合，为线上线下融合创造更大便利。在科学化的保障机制应用中强化跨境电商线上线下融合发展成效，为销售行业提供更多高质量保障服务。

2）大数据支撑

目前企业在全面推动新零售线上与线下融合发展中，要注重各项数据资源以及数据技术合理应用，对提高各项工作具有重要意义。从多个角度全面掌握数据主要内容，对线上线下销售融合契合点、优势互补现状针对性分析，做好消费差异性要素综合分析。依照数据掌握消费者差异性消费需求，对电子商务企业展开科学化布局，强化销售活动针对性。在成本规范化控制中，要从根本上满足各个地区市场差异化需求，提高企业整体销售成效，为企业现代化管理发展提供优势条件。

3）针对线上线下消费者不同心理实施差异化经营战略

据 2017 年尼尔森研究所数据显示，偏好线上网络购物的消费者最看重"价格优惠"，其中又包含"提供送货上门服务""满减折扣与优惠券""销售独特的特色商品""节省时间""社交宣传"等电子商务的优势。而喜欢到线下实体店购物的消费者认为"即到即买"是自身选择的关键因素，当下购买即可收到商品。其中因素也包括线下有"线下体验"的机会，人们更容易相信自己亲眼看到、摸到的商品的质量。换句话说，跨境电商平台在制定线上线下零售策略时，应该把握消费者不同的心理，注意线上线下产品的差异化，最大效率地利用线下实体店的资源。

4）优化线上线下跨境电商物流链

优化跨境电商物流链的第一步是需要优化跨境电商商品通关条件。跨境电商平台应将目光投放于"海外直邮"以增加正品保障度。京东海囤全球推出赋能计划，致力于打造海外品牌入华第一站，助力海外品牌打开中国市场。构建跨境电商物流海内、海外仓，完善跨境电商物流基础设施同样具有重大意义。商品寄存于地域仓、边境仓内，能够有效避免经济动荡情况下汇率变化带来的成本增加，从而稳定商品价格。虽然京东、天猫、奥买家等都在国内外建设了大量的智慧仓储，但仓储的时间成本仍然是平台最主要的成本之一。这需要政府发挥作用，为跨境电商产品建立安全、绿色通道，也需要平台同海外品牌商建立良好合作，确保有货可发。除此之外，可以利用大数据完善跨境电商线上线下物流运作体系，如商品包装、编码、运输、配送的透明信息，同时优化商品运输路线，对跨境电商消费者群体精准定位。跨境电商与跨境电商物流链融合发展是实现两者价值最大化的路径。

5）建立"无界"全渠道零售

从全渠道角度出发，为避免消费者在购物体验中感到"有界"，全渠道服务蓝图不再是"购买"这一个阶段，其已从销售中期扩展到销售前期与后期。向前延伸可以增加新客户、吸引流量、提升知名度，在日渐拥挤的跨境电商平台中十分必要。向后延展能够提升用户黏性，留住老客户，减少不必要的销售成本。其中强调线上线下全渠道深度融合的双线购模式成为"无界"全渠道零售的典范，能有效发挥双线购渠道优势，增强用户消费体验。对"零售购物双线购"定义认可最广泛的是基于线下零售实体店和线上电商平台的线上线下渠道深度融合的商业模式，以数据为驱动，连通用户、商品、库存、营销等环节，为消费者提供全场景区分连接购物体验。

6）树立良好的企业形象和信誉

企业形象能培养忠实顾客，而正品保障更是跨境电商平台形象的生命线。因此，无论是线上还是线下平台都需要维护、统一自身的形象。线下实体店主要需要为消费者提供线上体验的缺失，消费者可以在线下体验产品线上支付买单，通过便捷的物流完成购物。网易考拉海购的线下旗舰店是目前运行的较为成功的自营店，考拉线上渠道正品保障形象深入人心，自2017年起四度蝉联第一位，在其加快布局线下实体店时便让"线上线下同价优惠"的概念深入企业、消费者群体，同时线下门店在促销期间为消费者提供接触商品实物的机会，能让用户更好地鉴别商品正品情况，因此更受消费者信赖。

10.3.4 线上线下融合未来发展趋势

零售业的发展突飞猛进，呈现出百家争鸣、百花齐放的态势。各个线上跨境电商走到线下与消费者亲密接触，提升消费者体验，建立起网络购物的真实感，增强了消费者的购物信心。同时，线下传统零售企业也纷纷触网，突破自身物理局限性，让商品具有了时间和空间的广泛属性。线上与线下的融合成为零售业打通"任督二脉"关键，二者不断加速融合，将呈现出以下三种发展趋势。

1）定位明确化，细分客户需求

传统跨境电商与传统线下实体零售商在激烈的市场竞争中，将不断调整自身的发展定位，在红海中找到自身的立足之本，以满足细分市场的需要。在线上线下的互动融合中，明确各个渠道的功能与定位，可以防止消费者的认知偏差，进而形成统一的品牌形象；否则，就可能导致消费者认知矛盾，带来负面品牌影响。线上电商的线下店铺将作为重要的品牌体验场所，给消费者带来立体化的消费感受，特别是对于初次使用的消费者而言特别重要。线下实体零售商在线上端的发展，要明确其平台的作用，是定位于实体渠道的辅助销售网络，还是服务平台，或者是未来战略转型的重点。如何结合线上与线下的消费者行为数据，对其顾客进行分类，是精准营销实现的前提，有助于解决线上线下资源整合难题。线上与线下融合的目标是要满足不同消费者的需要，良好的定位意味着具体的消费者市场。市场定位与细分需要不仅影响企业目前的资金投入与利润水平，而且关系到企业发展的战略方向。

2）增强平台承载能力与配送能力

线上线下的互动融合需要建立在开放的网络平台上，传统的信息平台加强了生产商与供应商之间的联系，平台更加具有开放性，并直接面向消费者。消费者的平台访问行为因网络的开放性而具有很大的不确定性，在一个时段可能涌入巨大线上流量，线上平台因此需要提高平台的承载能力，防止出现如沃尔玛的网上零售曾在圣诞节因无法承受过多的消费者流量而瘫痪的情况，从而影响线上业务的推广。同时，线上电商必须利用线下实体店铺的空间条件，不断加强其配送能力。线下的实体店不但成为商品体验的中心，还将成为货物集散中心，是线上商品及时到达消费者手中的重要桥梁。虽然顺丰嘿客没有实现预期的效果，但这一模式成为线上电商贴近消费者的尝试。越来越多的线上电商将通过自建、加盟、合作、并购等形式延伸到社区，从而增强其配送能力。

3）模式创新化，提高差异体验

提高线上线下的互动融合程度，关键在于模式创新，给消费者带来差异化的体验，从而增强吸引力。线上的单个消费者的购物信息可以勾勒出消费者的需求特征，从而有针对性地精确推送相关产品。线上的购物信息利用大数据分析得到目标顾客购买频率高的畅销品，从而为线下的实体店铺提供商品指引，产品的异质性越强，销售效果就越好。不论是消费者来自线上或是线下，都能够体会到商家的个性化定制服务。在模式选择上也是多方位的，如沃尔玛自主推出手机 App 速购平台，全资收购 1 号店；麦德龙与社区 001 开展配送服务，又自主推出基于地理位置的，与其线下店铺能够实现无缝对接的网上平台。在消费者差异体验上，永辉的全程自助体验超市给消费者带来了全新的感受，顾客可边逛边下单，最后经由自助付款机就能快速完成支付，享受一站式便捷购物。小 e 到家、生活圈、即买送等超市代购平台的兴起，也为线上线下的融合带来了启发与灵感。

思考题

1. 企业转型的原因有哪些？
2. 传统零售企业类型有哪些？它们分别适合哪种转型路径？
3. 结合跨境电商企业战略创新案例谈谈企业应该如何战略创新？
4. 企业战略创新的成功关键因素有哪些，结合成功案例具体阐述。
5. 谈谈跨境电商企业提升竞争优势的具体策略。
6. 零售企业线上线下融合的具体途径有哪些？

即测即练

扫描书背面的二维码，获取答题权限。

第 10 章

即测即练

案例分析

案例分析 10-1

雪榕生物
转型之路

参考文献

[1] 许慧珍. 跨境电商驱动传统零售商业模式转型研究 [J]. 汕头大学学报 (人文社会科学版), 2018,34(11):63-69+95-96.

[2] 柯瑞萍. 传统企业转型电子商务的目标市场分析与决策 [J]. 商场现代化 ,2018(19):33-34.

[3] 戎丹丹. 中国跨境电商企业成长性评价研究 [D]. 浙江大学 ,2018.

[4] 毕馨予. 中国跨境电商企业成长性研究 [D]. 山东大学 ,2019.

[5] 林立芳 .JQ 跨境电商公司竞争战略研究 [D]. 华侨大学 ,2019.

[6] 胡治芳 , 武峰. 中小外贸企业发展跨境电商的 SWOT 分析与策略 [J]. 经营与管理 ,2016(12):122-125.

[7] 张晋芳. 我国跨境电商的发展现状、问题及对策 [J]. 商讯 ,2020(18):186+188.

[8] 秦钧茹 , 张朋朋. 跨境电商平台线上线下全渠道零售融合发展研究 [J]. 江苏商论 ,2020(03):51-53.

[9] 陈文行. 探讨新零售线上线下融合的可行途径 [J]. 现代营销 (下旬刊),2020(02):152-153.

[10] 武亮 , 于洪彦 . "互联网 +" 背景下企业线上与线下的互动融合——动因、模式与发展趋势 [J]. 企业经济 ,2017,36(02):136-142.

[11] 刘俊超. 零售商线上线下全渠道营销路径探索 [J]. 商业经济研究 ,2017(07):65-67.

[12] 许慧珍. 跨境电商与传统企业商业模式转型 : 基于跨境通的案例 [J]. 商业经济研究 ,2019,No.775(12):111-113.

[13] 赵办 , 司慧娟 , 刘婷 等. 跨境电商企业数字化升级模式解析 —— 以安克创新为例 [J]. 商场现代化 ,2021(09):26-28.DOI:10.14013/j.cnki.scxdh.2021.09.010.

[14] 王亚田. 百圆裤业战略转型动因及绩效研究 [D]. 兰州财经大学 ,2018.

教师服务

感谢您选用清华大学出版社的教材！为了更好地服务教学，我们为授课教师提供本书的教学辅助资源，以及本学科重点教材信息。请您扫码获取。

≫ 教辅获取

本书教辅资源，授课教师扫码获取

≫ 样书赠送

电子商务类重点教材，教师扫码获取样书

 清华大学出版社

E-mail: tupfuwu@163.com
电话：010-83470332 / 83470142
地址：北京市海淀区双清路学研大厦 B 座 509

网址：http://www.tup.com.cn/
传真：8610-83470107
邮编：100084